1

내가 뽑은 원픽!　　최신 출제경향에 맞춘 최고의 수험서

2026

3D프린터
운용기능사
필기

이빛샘 편저

머리말

산업사회가 빠르게 변화한다는 것을 새삼 느낍니다. 만능제도판 위에 온갖 제도용구를 올려놓고 일일이 수작업으로 도면을 그리던 80년대를 지나 90년대가 되니 CAD라는 프로그램이 그 많던 제도용구를 대체하여 모니터 앞에 앉아 도면을 그리는 시대가 되었습니다. 그리고 2000년대에 접어들면서 3D 모델링 프로그램이 퍼스널 컴퓨터에서도 구동되고, 모델링을 통한 도면 작업 및 데이터 가공까지 가능할 정도로 기술력은 끊임없이 발전하였습니다.

오늘날 제조 산업의 혁신은 단연코 3D 모델링 기술의 발전이 있었기에 가능했다고 봅니다. 여기에 기계 가공이 갖고 있는 한계를 모두 뛰어넘으며 3D 모델링 기술을 한층 더 발전시킨 3D 프린팅 기술의 등장은 그야말로 혁명이나 다름없는 파급효과를 가져왔습니다.

4차 산업사회에 맞춰 교육현장은 물론 국가직무능력표준(NCS) 역시 발 빠르게 교육 계획과 신기술 자격증에 대한 출제 기준을 만들어 가고 있습니다. 3D프린터 운용기능사는 산업 현장에서 요구하는 대표적인 신기술 자격증입니다. 아직은 미흡한 부분도, 열악한 부분도 있지만, 본 자격은 미래를 준비하는 데 반드시 필요한 자격이 될 것임을 믿어 의심치 않습니다.

본서는 무궁무진한 3D 프린팅 산업의 전면에 나서고자 하는 수험생 여러분들께 도움이 되고자 다음과 같은 사항에 중점을 두고 집필되었습니다.

1. 출제기준에 맞춰 NCS 3D프린터 관련 능력단위 완벽 분석

NCS 학습모듈 중 3D프린터의 능력 단위인 제품 스캐닝, 넙스 모델링, 엔지니어링 모델링, 3D프린터 SW 설정, 3D프린터 HW설정, 출력용 데이터 확정, 제품 출력, 3D프린터 안전관리 등에 관한 핵심 내용을 요약 · 정리하고 다양한 예시로 이해하기 쉽게 풀이하였습니다.

2. 각 PART마다 출제 예상 문제 배치

PART가 끝날 때마다 적중률 높은 예상 문제를 배치하여 학습한 내용을 즉시 복습할 수 있도록 하였으며, 각 문제에는 상세한 해설을 첨부하여 핵심 개념들을 더 확실히 익힐 수 있도록 하였습니다.

3. 최신 기출복원문제 풀이

최신 기출복원문제를 수록하여 실전에 대한 적응력을 키우고, 자세한 해설로 문제에 대한 이해의 폭을 넓힐 수 있도록 하였습니다.

3D프린터운용기능사 자격시험에 도전하는 여러분들이 부디 3D프린터로 3D 모델링 기술을 마음껏 표현하여 산업사회를 이끌어가는 선두주자가 되길 바랍니다. 그 과정에 본서가 조금이나마 도움이 되기를 기원합니다.

저자 이빛샘

가이드

3D프린터운용기능사 개요

기존의 subtractive manufacturing의 한계를 벗어난 additive manufacturing을 대표하는 3D프린터 산업에서 창의적인 아이디어를 실현하기 위해 시장조사, 제품스캐닝, 디자인 및 3D 모델링, 적층 시뮬레이션, 3D프린터 설정, 제품 출력, 후가공 등의 기능 업무를 수행할 숙련 기능인력 양성을 위한 자격으로 제정되었다.

수행직무

DfAM(Design for Additive Manufacturing)을 이해하고 창의적인 제품을 설계하며, 3D프린터를 기반으로 아이디어를 실현하기 위해 시장조사, 제품스캐닝, 디자인 및 3D모델링, 출력용데이터 확정, 3D프린터 SW설정, 3D프린터 HW설정, 제품 출력, 후가공, 장비 관리 및 작업자안전사항 등의 직무를 수행할 수 있다.

시험정보

• 시험일정

구분		접수기간	시험일	결과발표
1회	필기	25.01.06.~25.01.09.	25.01.21.~25.01.25.	25.02.06.
	실기	25.02.10.~25.02.13.	25.03.15.~25.04.02.	25.04.11.
2회	필기	25.03.17.~25.03.21.	25.04.05.~25.04.10.	25.04.16.
	실기	25.04.21.~25.04.24.	25.05.31.~25.06.15.	25.06.27.
3회	필기	25.06.09.~25.06.12.	25.06.28.~25.07.03.	25.07.16.
	실기	25.07.28.~25.07.31.	25.08.30.~25.09.17.	25.09.26.
4회	필기	25.08.25.~25.08.28.	25.09.20.~25.09.25.	25.10.15.
	실기	25.10.20.~25.10.23.	25.11.22.~25.12.10.	25.12.19.

※ 상기 일정은 2025년도 기준이며, 2026년 시험일정은 2025년 시험일정과 유사할 것으로 예상됩니다. 정확한 시험일정은 큐넷 홈페이지(www.q-net.or.kr)를 참고하시기 바랍니다.

• 응시자격 : 연령, 학력, 경력, 성별, 지역 등에 제한을 두지 않음(제한 없음)
• 필기
  - 검정방법 : 객관식 4지 택일형 60문항(60분)
  - 합격기준 : 100점을 만점으로 하여 60점 이상
  - 과목 : 데이터 생성, 3D프린터 설정, 제품출력 및 안전관리

제품 스캐닝	• 스캐닝 방식	• 스캔데이터
3D 모델링	• 도면분석 및 2D 스케치 • 객체 조립	• 객체 형성 • 출력용 설계 수정

3

3D프린터 SW 설정	• 문제점 파악 및 수정 • 슬라이싱	• 출력보조물 • G코드
3D프린터 HW 설정	• 소재 준비	• 장비출력 설정
제품출력	• 출력 확인 및 오류 대처 • 출력물 후가공	• 출력물 회수
3D 프린팅 안전관리	• 안전수칙 확인	• 예방점검 실시

- 실기
  - 검정방법 : 작업형(4시간 정도)
  - 합격기준 : 100점을 만점으로 하여 60점 이상
  - 과목 : 3D 프린팅 운용 실무

엔지니어링모델링	• 2D 스케치하기 • 객체 조립하기	• 3D 엔지니어링 객체 형성하기 • 출력용 설계 수정하기
넙스 모델링	• 3D 형상 모델링하기 • 출력용 데이터 수정하기	• 3D 형상데이터 편집하기
폴리곤 모델링	• 3D 형상 모델링하기 • 출력용 데이터 수정하기	• 3D 형상데이터 편집하기
출력용 데이터 확정	• 문제점 파악하기 • 수정데이터 재생성하기	• 데이터 수정하기
3D프린터 SW 설정	• 출력보조물 설정하기 • G코드 생성하기	• 슬라이싱하기
3D프린터 HW 설정	• 소재 준비하기 • 장비출력 설정하기	• 데이터 준비하기
제품 출력	• 출력과정 확인하기 • 출력물 회수하기	• 출력오류 대처하기
3D 프린팅 안전관리	안전수칙 확인하기	

응시현황

연도	필기			실기		
	응시	합격	합격률(%)	응시	합격	합격률(%)
2024	7,487	3,792	50.6%	4,284	2,989	69.8%
2023	7,661	4,544	59.3%	4,719	3,430	72.7%
2022	4,718	3,162	67.0%	3,613	2,654	73.5%
2021	5,757	3,960	68.8%	3,858	2,926	75.8%
2020	3,859	2,802	72.6%	3,179	2,396	75.4%
2019	3,242	2,316	71.4%	2,706	1,525	56.4%

CBT 모의고사 이용 가이드

STEP 1 예문에듀 홈페이지 로그인 후 메인 화면 상단의 [CBT 모의고사]를 누른 다음 시험 과목을 선택합니다.

STEP 2 시리얼 번호 등록 안내 팝업창이 뜨면 [확인]을 누른 뒤 [시리얼 번호]를 입력합니다.

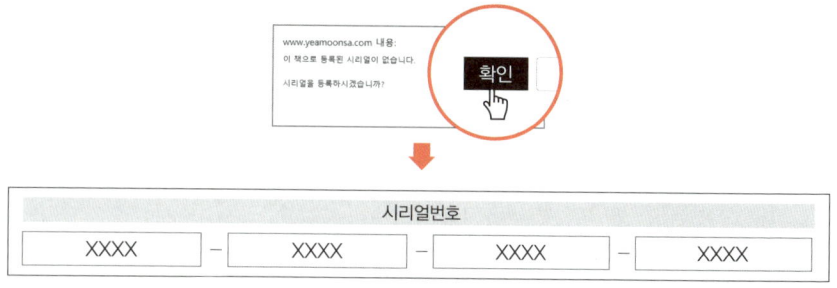

STEP 3 [마이페이지]를 클릭하면 등록된 CBT 모의고사를 [모의고사]에서 확인할 수 있습니다.

시리얼 번호
S046 - 1P15 - 25V0 - W1L0

5

구성과 특징

출제 기준에 따른 핵심이론

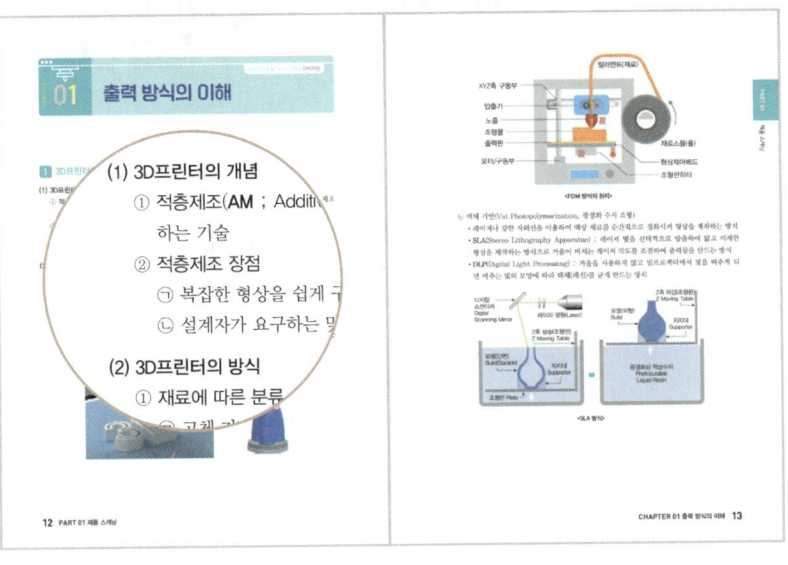

효율적인 학습을 위해 국가직무표준 기반의 출제 기준에 따른 핵심이론을 체계적으로 PART를 나누어 구성하였습니다.

독학 학습이 가능한 다양한 이미지 자료

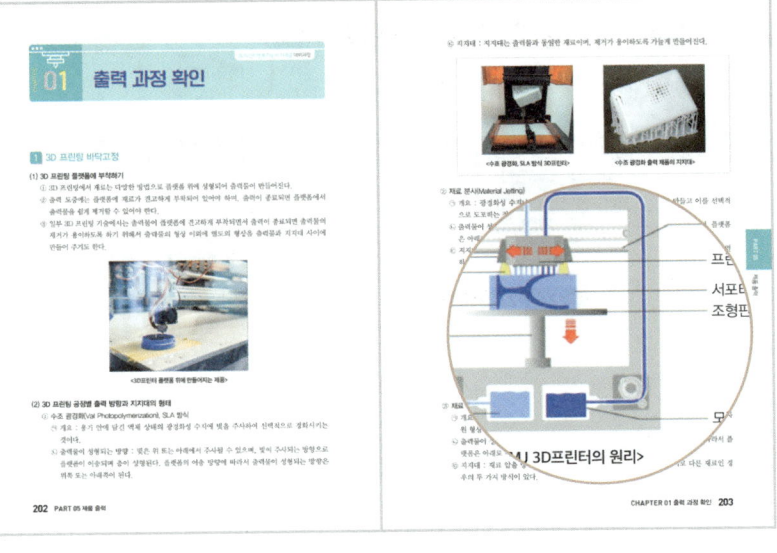

누구나 독학 학습이 가능하도록 이론에 따른 풍부한 이미지 자료를 ALL COLOR로 첨부하여 개념에 대한 이해도를 높일 수 있게 하였습니다.

6

핵심이론 내용을 반영한 출제 예상 문제

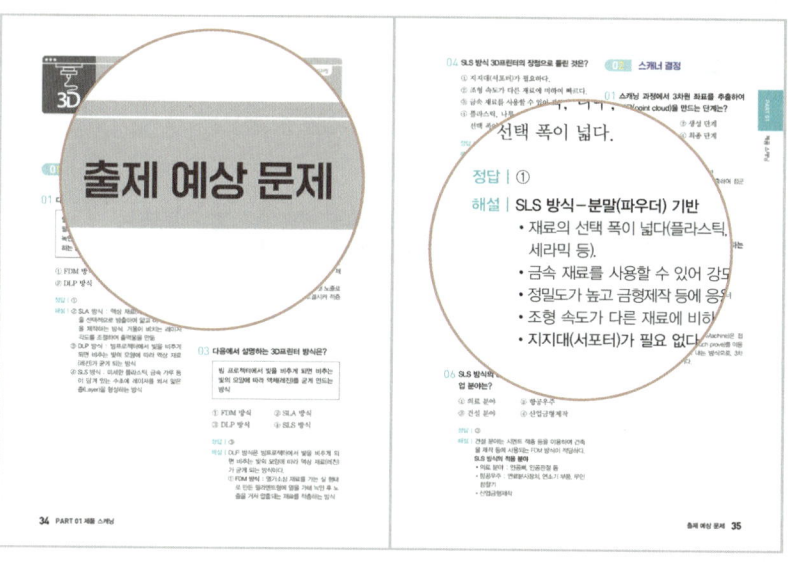

- PART별로 핵심이론을 반영한 출제 예상 문제를 수록하여 실력을 점검할 수 있게 하였습니다.
- 문제 바로 아래 정답과 해설을 배치하여 빠른 학습이 가능하도록 하였습니다.

최신 기출복원문제로 실제 시험 완벽 대비

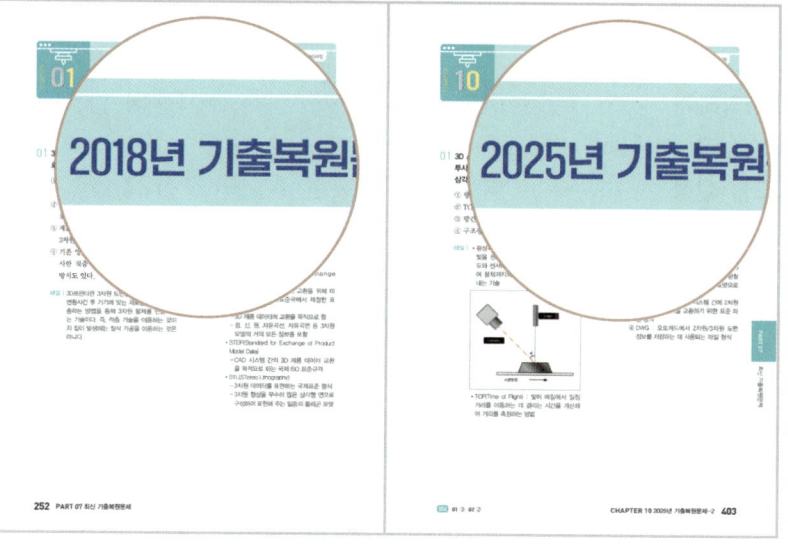

- 2018~2025년 기출복원문제 10회분을 수록하였습니다.
- 시험 전 최신 출제 경향을 파악할 수 있고, 자신의 실력 또한 최종적으로 점검할 수 있습니다.

7

목차

PART 01 | 제품 스캐닝

CHAPTER 01 | 출력 방식의 이해······························ 12
CHAPTER 02 | 스캐너 결정································· 16
CHAPTER 03 | 스캔 데이터 보정····························· 28
| 출제 예상 문제······························· 34

PART 02 | 3D 형상 모델링

CHAPTER 01 | 도면의 이해··································· 42
CHAPTER 02 | 2D 스케치··································· 54
CHAPTER 03 | 3D 형상 모델링······························ 60
CHAPTER 04 | 3D 형상 데이터 편집·························· 68
CHAPTER 05 | 출력용 데이터 수정·························· 73
CHAPTER 06 | 3D 엔지니어링 객체 형성······················ 84
CHAPTER 07 | 객체 조립···································· 88
CHAPTER 08 | 출력용 설계 수정···························· 91
| 출제 예상 문제······························· 96

PART 03 | 3D프린터 SW 설정

CHAPTER 01 | 문제점 파악하기····························· 114
CHAPTER 02 | 데이터 수정 및 재생성························· 121
CHAPTER 03 | 출력보조물 설정····························· 127
CHAPTER 04 | 슬라이싱······································ 132
CHAPTER 05 | G코드 생성·································· 139
| 출제 예상 문제······························ 149

PART 04 3D프린터 HW 설정

CHAPTER 01 | 소재 준비 ··· 160
CHAPTER 02 | 데이터 준비 ·· 175
CHAPTER 03 | 장비 출력 설정 ·· 179
　　　　　　 | 출제 예상 문제 ··· 191

PART 05 제품 출력

CHAPTER 01 | 출력 과정 확인 ·· 200
CHAPTER 02 | 출력 오류 대처 ·· 208
CHAPTER 03 | 출력물 회수 ·· 212
　　　　　　 | 출제 예상 문제 ··· 217

PART 06 3D프린터 안전관리

CHAPTER 01 | 안전수칙 확인 ··· 224
CHAPTER 02 | 예방 점검 실시 ·· 240
　　　　　　 | 출제 예상 문제 ··· 242

PART 07 최신 기출복원문제

CHAPTER 01 | 2018년 기출복원문제 ··· 248
CHAPTER 02 | 2019년 기출복원문제 ··· 267
CHAPTER 03 | 2020년 기출복원문제-1 ······································ 284
CHAPTER 04 | 2020년 기출복원문제-2 ······································ 302
CHAPTER 05 | 2021년 기출복원문제 ··· 318
CHAPTER 06 | 2022년 기출복원문제 ··· 333
CHAPTER 07 | 2023년 기출복원문제 ··· 349
CHAPTER 08 | 2024년 기출복원문제 ··· 363
CHAPTER 09 | 2025년 기출복원문제-1 ······································ 380
CHAPTER 10 | 2025년 기출복원문제-2 ······································ 399

PART

01

 **3D PRINTING** 3D프린터운용기능사 자격증 대비과정
3D프린터운용기능사 필기

제품 스캐닝

CHAPTER 01	출력 방식의 이해
CHAPTER 02	스캐너 결정
CHAPTER 03	스캔 데이터 보정
	출제 예상 문제

CHAPTER 01

3D프린터운용기능사 자격증 대비과정

출력 방식의 이해

1 3D프린터의 개념과 방식

(1) 3D프린터의 개념

① 적층제조(AM ; Additive Manufacturing) : 매우 얇은 단면을 한 층씩 형상을 쌓아 결과물을 제조하는 기술

② 적층제조 장점

㉠ 복잡한 형상을 쉽게 구현할 수 있다.

㉡ 설계자가 요구하는 맞춤형 3차원 모델링을 만들어 제품을 빠르게 만들 수 있다.

(2) 3D프린터의 방식

① 재료에 따른 분류

㉠ 고체 기반(FDM ; Fused Deposition Modeling)

• 필라멘트 : 열가소성 재료를 가는 실 형태로 만든 것을 필라멘트형이라고 함. 이에 열을 가해 녹인 후 노즐을 거쳐 압출되는 재료를 적층하는 방식

• 왁스 : 고체 왁스를 열을 가해 녹여서 노즐을 통해 적층하는 방식

• 플라스틱 시트, 필름 : 얇은 플라스틱 시트나 필름을 모양에 따라 잘라서 한 겹씩 적층하는 방식

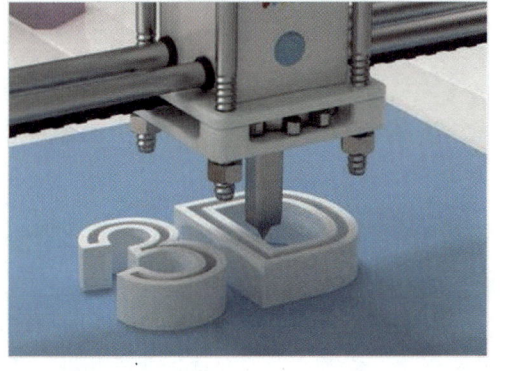
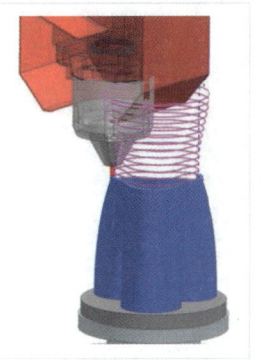

12 PART 01 제품 스캐닝

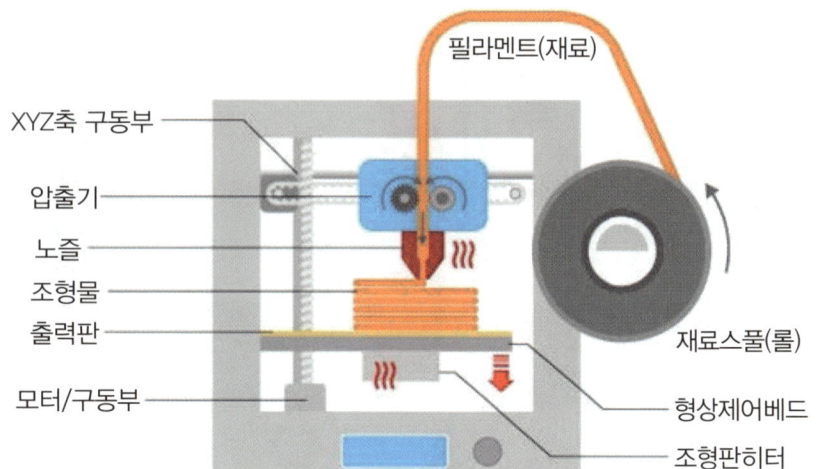

<FDM 방식의 원리>

ⓛ 액체 기반(Vat Photopolymerization, 광경화 수지 조형)

- 레이저나 강한 자외선을 이용하여 액상 재료를 순간적으로 경화시켜 형상을 제작하는 방식
- **SLA**(Stereo Lithography Apparatus) : 레이저 빛을 선택적으로 방출하여 얇고 미세한 형상을 제작하는 방식으로 거울이 비치는 레이저 각도를 조절하여 출력물을 만드는 방식
- **DLP**(Digital Light Processing) : 거울을 사용하지 않고 빔프로젝터에서 빛을 비추게 되면 비추는 빛의 모양에 따라 액체(레진)를 굳게 만드는 방식

<SLA 방식>

CHAPTER 01 출력 방식의 이해 13

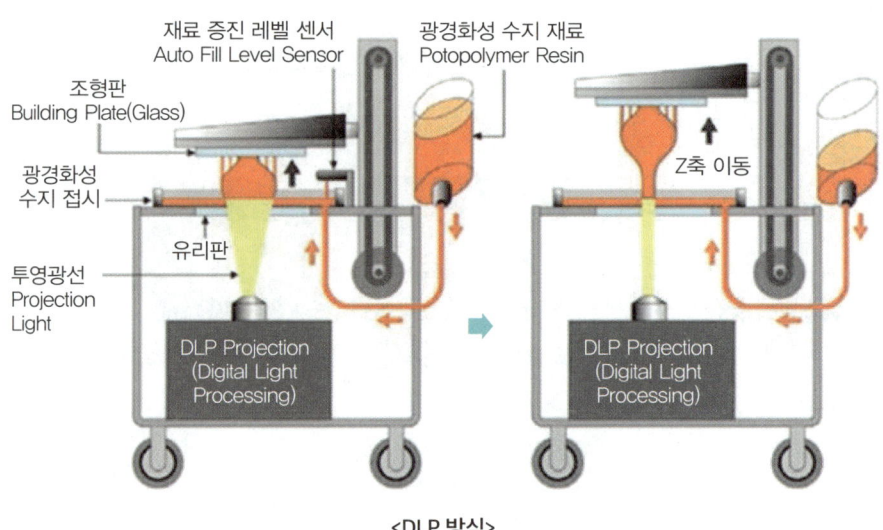

\<DLP 방식\>

ⓒ **분말(파우더) 기반(SLS ; Selective Laser Sintering, 선택적 레이저 소결)**

- 파우더(미세한 플라스틱, 금속 가루)가 담겨 있는 수조에 레이저를 쏴서 얇은 층(Layer)을 형성하는 원리
- 층이 형성된 뒤에 다시 파우더를 뿌리고 다시 레이저를 쏘는 과정을 반복해서 물체를 조형함
- 장점
    - 재료의 선택 폭이 넓다(플라스틱, 나무, 메탈, 세라믹 등).
    - 금속 재료를 사용할 수 있어 강도가 높다.
    - 정밀도가 높고 금형 제작 등에 응용할 수 있다.
    - 조형 속도가 다른 재료에 비하여 빠르다.
    - 지지대(서포터)가 필요 없다.

스캐너	레이저 광원
파우더 재료 레벨링 홀러 (재료 공급과 평탄화 작업)	롤러 구동부
조형판	소결 상태의 조형물
조형판 피스톤	미소결 분말

\<SLS 방식\>

14 PART 01 제품 스캐닝

2 3D 프린팅 적용 분야

3D프린터는 단순한 물건을 넘어 건축, 식품, 생체조, 스마트팩토리 등 여러 분야에 활용되고 있다.

(1) FDM(Fused Deforsition Modeling) 방식

필라멘트라고 불리는 얇은 플라스틱 실을 녹여서 아래부터 위로 층층이 쌓아 가는 방식으로, 글루건(Glue gun)으로 물체를 만드는 것을 상상한다면 더 쉽게 이해할 수 있음

① 건설 분야
② 센서 및 액추에이터
③ 전자 부품
④ 식품 분야
⑤ 의료 분야

\<FDM 방식-건설 분야\>

(2) SLA, DLP 방식(Vat Photopolymerization, 광경화 수지 조형)

빛을 받으면 고체로 변하는 광경화성 수지(photopolymer : 평상시에는 액체 상태이지만 레이저 등의 특수한 빛을 쏘이면 고체처럼 단단하게 굳는 특이한 성질을 갖는 플라스틱)가 들어 있는 수조에 레이저 빔을 쏘아서 필요한 부분만을 고체화시키는 방식

① 자동차 분야
② 항공 분야

\<SLA 방식-자동차모형제작\>

(3) SLS 방식(파우더형)

① 의료 분야 : 인공뼈, 인공관절 등
② 항공우주 : 연료분사장치, 연소기 부품, 무인정찰기
③ 산업금형제작

\<SLS 방식-산업금형제작\>

CHAPTER 01 출력 방식의 이해 **15**

CHAPTER 02 스캐너 결정

3D프린터운용기능사 자격증 대비과정

1 3D 스캐닝의 개념과 종류

(1) 스캐닝의 개념
① 일반 스캐닝 : 측정 대상으로부터 문자, 모양, 크기, 위치 등의 특정 정보를 얻는 것
② 3차원 스캐닝 : 측정 대상으로부터 3차원 좌푯값인 X, Y, Z를 읽어내는 것

(2) 스캐닝 과정
① 준비 단계 : 측정 대상물 준비
② 생성 단계 : 3차원 좌표를 추출하여 점군(point cloud)을 생성
③ 최종 단계 : 3차원 모델로 재구성

(3) 스캐닝의 원리
대상물을 직접 접촉해서 좌표를 얻는 접촉식 방식과 거리를 두고 측정하는 비접촉식 방식이 있다.
① 접촉식 3차원 스캐닝
　㉠ 접촉식 센터인 터치 프로브(Touch prove)를 이용하여 3차원 좌표를 읽어 내는 방식
　㉡ 대표적으로 CMM(Coordinate Measuring Machine, 3차원 측정기)이 있음

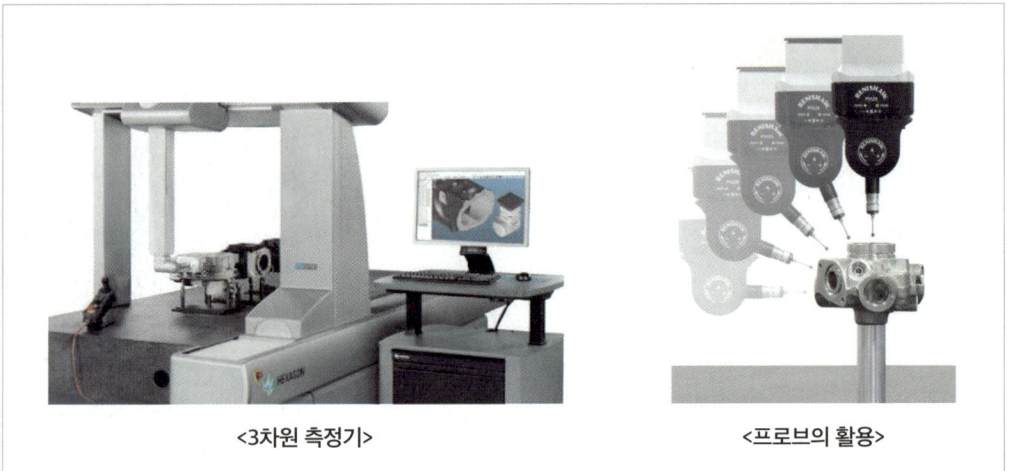

<3차원 측정기>　　　　　　　　<프로브의 활용>

<접촉식 3차원 스캐닝>

16　PART 01 제품 스캐닝

ⓒ 장점 : 대상물이 투명하거나 거울과 같이 반사가 일어나는 제품도 측정 가능함

ⓔ 단점 : 제품이 너무 복잡한 경우에는 측정이 곤란하고, 작은 힘에도 쉽게 변형이 되는 제품은 측정할 수 없음

② **비접촉식 3차원 측정기** : 제품과 직접 접촉하지 않고 레이저와 같은 광학 방식으로 제품을 측정하는 방식

　ⓖ TOF(Time Of Flight) 방식 레이저 3차원 스캐너

　　• 스캐너에서 발사된 레이저가 대상체에 반사되어 돌아오는 시간을 계산하는 방식

　　※ 거리＝속도×시간

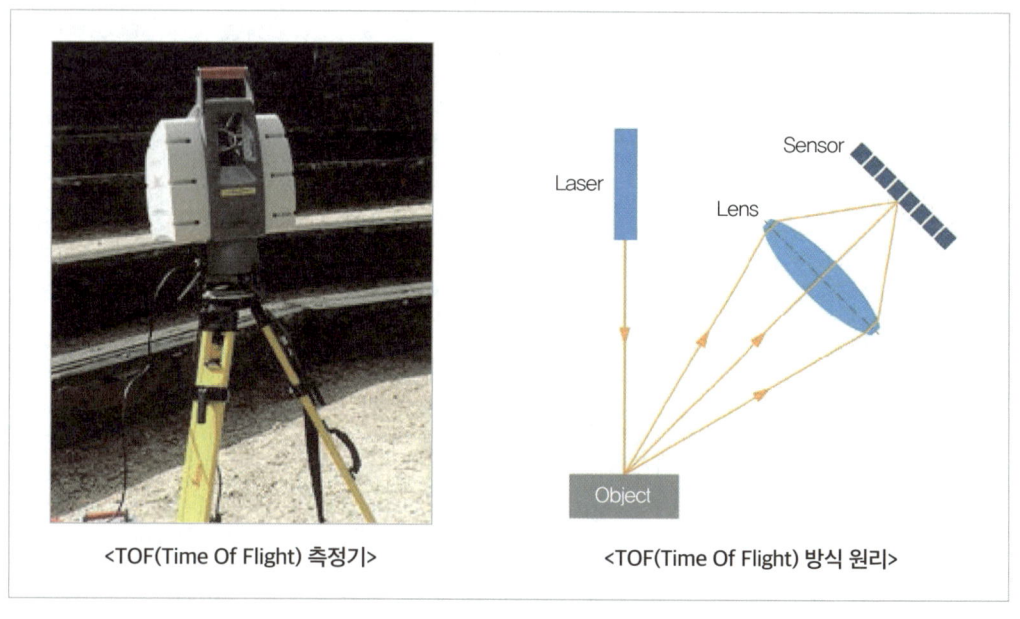

　　　　　　　　　　　〈TOF(Time Of Flight) 측정기〉　　　　　　〈TOF(Time Of Flight) 방식 원리〉

　　• 장점 : 먼 거리의 대형 구조물을 측정하는 데 용이함

　　• 단점 : 정밀 측정이나 낮고 작은 제품에는 적합하지 않음

　ⓛ 레이저 기반 삼각 측량 3차원 스캐너

　　• TOF 방식처럼 레이저를 이용함

　　• 레이저를 측정 대상물에 주사하여 레이저 발진부, 수광부, 측정 대상물로 이루어진 삼각형에서 한 변과 2개의 각으로부터 나머지 변의 길이를 계산하는 방식

　　• 스캐닝의 속도를 높이기 위해 라인 타입의 레이저가 주로 이용됨

CHAPTER 02 스캐너 결정 17

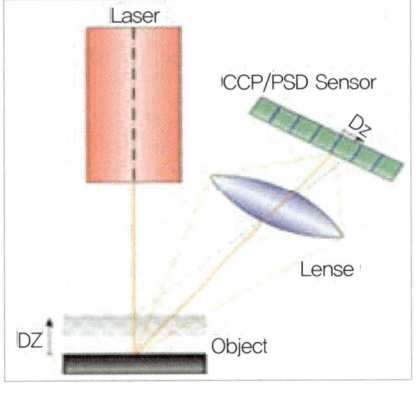

<레이저 기반 삼각 측량 3차원 스캐너 원리>

- 장점 : 한 번에 측정할 수 있는 점의 개수가 TOF 방식보다 많음
- 단점 : 전체 형상을 스캔하기 위해 턴테이블을 이용하여 회전시켜야 함

ⓒ 패턴 이미지 기반의 삼각 측량 3차원 스캐너
- 이미 알고 있는 패턴의 광을 이미지 생성 장치(레이저 인터페로미터)를 이용하여 측정 대상물에 조사하고, 측정 대상물에 변형된 패턴을 카메라에서 측정하여 모서리 부분들에 대한 삼각 측량법으로 3차원 좌표를 구하는 방식
- 장점
  - 광 패턴을 바꾸면서 초점의 심도 조절이 가능함
  - 한꺼번에 넓은 영역을 빠르게 측정할 수 있음
  - 휴대용으로 개발이 용이함
ⓔ 핸드헬드(Handheld) 스캐너, 핸드 스캐너
- 3D 이미지를 얻기 위해 레이저 기반 삼각법을 주로 이용하는 스캐너
- 손으로 움직여서 그림이나 문서, 사진 등을 이미지 형태로 읽어 내는 방식
- 구성
  - 점(dot) 또는 선(line) 타입의 레이저를 피사체에 투사하는 레이저 발송자
  - 반사된 빛을 받는 수신 장치(CCD ; Change Coupled Device, 이미지 센서)
  - 내부 좌표계를 기준 좌표계와 연결하기 위한 시스템

<핸드헬드 스캐너>

• 장점 : 가격이 저렴하고 휴대하기가 편리함
• 단점 : 큰 이미지는 여러 번 스캔해야 하며 숙련도에 따라 정확성이 떨어질 수 있음
ⓜ 백색광(White light) 방식의 스캐너
• 특정 패턴을 물체에 투영하고 그 패턴의 변형 형태를 파악해 3D 정보를 획득하는 방식
• 카메라는 패턴에서 라인을 인식하고 그 라인을 구성하는 모든 화소의 깊이 값은 레이저 삼각법을 이용해 구함
• 1차원 패턴 방식 : 하나의 라인 패턴으로 물체를 훑어 내는 방식
• 2차원 패턴 방식 : 그리드(grid) 또는 스트라이프 무늬의 패턴으로 물체를 훑어 내는 방식

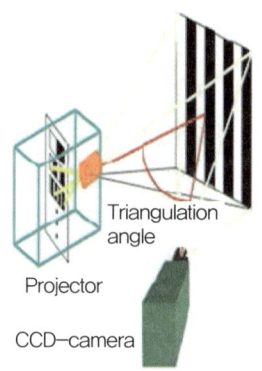

<백색광(White light) 방식 스캐너의 원리>

• 장점 : 전체 촬영 영역 전반에 걸려 있는 모든 피사체의 3차원 좌표를 한 번에 얻어 낼 수 있어 측정 속도가 빠름
• 산업체에서 정밀한 스캐닝을 목적으로 사용됨
ⓗ 변조광(Structured light) 방식의 3D 스캐너
• 물체 표면에 지속적으로 주파수가 다른 빛을 쏘고 수신광부에서 이 빛을 받을 때 주파수의 차이를 검출하여 거리 값을 구하는 방식
• 중거리 영역인 10~30m 영역을 스캔할 때 주로 사용

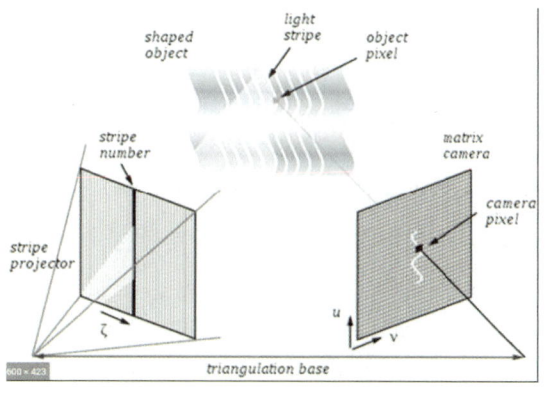

<변조광(Structured light) 방식의 3D 스캐너>

- 장점 : 주파수가 다른 빛의 배제가 가능하여 간섭에 의한 노이즈를 감쇄할 수 있음
- 단점 : 고속 스캔이 가능하지만 레이저의 세기는 약함

ⓢ CT(Computed Tomography, 컴퓨터 단층촬영)
- 스캐너를 이용한 컴퓨터 단층촬영법
- 엑스선이나 초음파를 여러 각도에서 인체에 투영하고 이를 컴퓨터로 재구성하여 인체 내부 단면의 모습을 화상으로 처리하는 것

2 적용 가능 스캐닝 방식

(1) 3D 스캐닝의 종류와 특징
3D 스캐닝의 종류를 고정식과 이동식으로 분류한다.

① **고정식 3D 스캐너** : 스캔을 하는 도중에 스캐너 혹은 피측정물을 이동할 수 없는 방식으로 저가형과 고가형 장비로 나눌 수 있다.

ⓐ 저가형 3D 스캐너 : 두 개의 레이저 빔을 사용하며 측정 대상물에 투사된 레이저 라인 빔을 CCD 혹은 CMOS 카메라에서 인식해서 삼각 측량법으로 그 좌표를 구한다. 턴테이블이 돌아가기 때문에 360도의 모든 각도에서 측정이 가능하며 이송이 편리하나, 측정 도중에는 움직일 수 없다. 측정 정밀도는 보통 $50\mu m$ 내외이다.

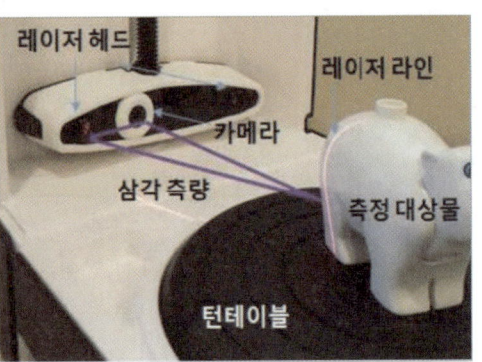

<고정식 저가형 3D 스캐너의 원리>

- **측정이 안 되는 경우**
  - 레이저의 난반사가 일어나는 표면
  - 거울과 같이 전반사가 일어나는 표면
  - 유리와 같이 레이저가 투과하는 표면
  - 날카로운 표면과 같이 레이저가 여러 방향으로 난반사가 일어나는 경우
  - 해결 방법 : 보통 피측정물에 특수 코팅을 수행한 다음 레이저 빔이 피측정물 표면에 잘 맺히도록 하는 전처리 작업이 있음

ⓛ 고가형 3D 스캐너 : 고가형 고정식 스캐너는 보통 고정밀 라인 레이저를 사용하고 정밀도를 높일 수 있는 정반(base), 고정밀 이송 장치 등을 구비하고 있으며, 1990년대 중후반부터 역설계(Reverse Engineering) 분야 등 산업용으로 많이 사용된다. 저가형의 레이저 삼각측량법을 이용하는 방식과 동일하고 측정 범위가 수 미터에 이르는 것도 있으며, 측정 정밀도도 수 ㎛으로 매우 뛰어나다. 정합 및 병합을 위해서 측정물 혹은 고정구(fixture)에 마커(marker)를 부착하기도 한다.

- 정합 : 하나의 흩어져 있는 데이터를 가지런히 정리하는 것
- 병합 : 둘 이상의 데이터를 합치는 것
- 마커 : 데이터 수집을 위해 위치 점을 정확하게 알 수 있도록 하는 보조 테이프

※ 역설계(Reverse Engineering) : 이미 제작된 제품에서 스캐너 등을 이용하여 설계 데이터를 획득하고 3차원 모델을 생성하는 기술

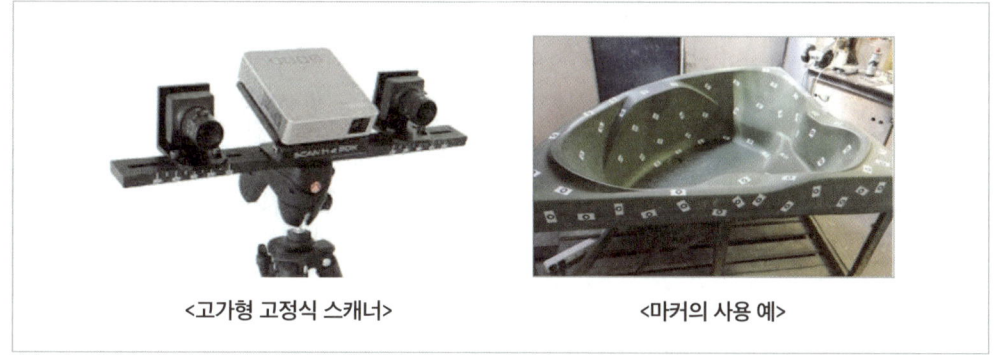

<고가형 고정식 스캐너> <마커의 사용 예>

② 이동식 3D 스캐너 : 측정 도중 움직이면서 측정할 수 있는 스캐너로 정밀도는 고정식보다 떨어진다.
　㉠ 사용처
- 스캐너의 광이 못 미치는 먼 거리의 경우
- 스캐너를 설치하기 힘든 경우
- 측정 대상물이 클 경우
- 특정 부위만 측정할 경우

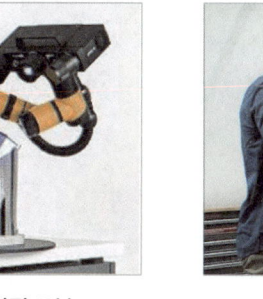

<이동식 3D 스캐너 다관절 로봇> <이동식 휴대용 3D 스캐너>

3 스캐닝 데이터 유형 및 스캐너 선택

(1) 스캐닝 데이터의 유형 및 특징

스캔 데이터를 점(Point), 폴리라인(Polyline), 삼각형 메시(Triangulation Mesh)로 구분하여 알아본다.

① 점군(Point Cloud) : 레이저 빔을 회전하면서 피측정물에 쏴서 좌표를 얻을 때 데이터는 점들의 집합으로 구하게 된다.

　㉠ 3D 데이터 파일 생성 과정

　　• 측정된 점군 데이터는 이웃하는 세 점을 연결해서 삼각형 메시를 형성하고 이를 통하여 3D프린터의 기본 데이터인 stl 파일을 생성한다.

　　• 여러 번의 측정을 통해서 얻어진 점들을 필터링 (filtering) 및 보정(fairing)한 다음, 이러한 점군들을 서로 정합(registration) 및 병합(merging)시켜 최종적으로 3D프린터의 기본 데이터인 stl 파일을 생성한다.

<레이저 빔으로 수집된 점군(Point Cloud)>

　㉡ 점군을 이용한 3차원 곡면 형성 순서

　　ⓐ 점군 데이터

　　ⓑ 2차원 자유곡선(B-Spline)

　　ⓒ 3차원 자유곡면

<세 점을 이용한 삼각형 메시>

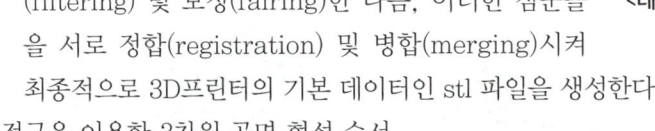

<점군을 이용한 3차원 곡면 형성>

② 폴리라인(Polyline) : 보통 라인 레이저의 경우에는 점들이 서로 연결된 폴리라인 형태의 데이터가 저장된다. 하나의 폴리라인은 수십에서 수백 개의 점 데이터로 구성되어 있다. 필터링 및 페어링을 거친 다음 삼각형 메시를 곧바로 생성하여 3차원 프린팅을 할 수도 있으며, 파라메트릭 수식을 이용하여 거의 오차가 없는 자유 곡면을 생성할 수도 있다.

22 PART 01 제품 스캐닝

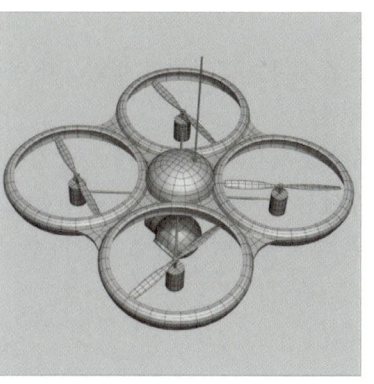

<드론을 스캔하여 폴리라인으로 자유 곡면 생성>

③ 삼각형 메시(Triangulation Mesh) : 점군 혹은 폴리라인을 가장 쉽게 3D화하는 방법은 가까운 세 점을 연결해서 삼각형을 만드는 것이다. 이 데이터를 필터링과 보정 과정을 거쳐 stl 파일로 변환해서 3D 프린팅을 할 수 있다.

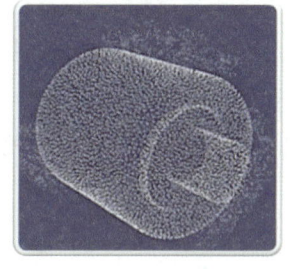

<점군을 이용한 삼각형 메시 형성 과정>

(2) 최적 스캐닝 방식 및 스캐너 선택

측정 대상물의 **표면 재질 및 특성, 복잡도, 크기**에 따라서 접촉식, 비접촉식을 선택한다.

① 측정 대상물에 따른 스캐닝 방식과 스캐너 선택

　㉠ 측정 대상물이 투명하거나 유리와 같은 소재이며, 그 표면에 코팅을 수행할 수 없을 경우에는 접촉식을 선택한다.

　㉡ 표면 코팅이 가능할 경우에는 광(레이저)을 기반으로 하는 비접촉식 측정도 가능하다.

　㉢ 측정 대상물이 쉽게 변형될 경우에는 비접촉식을 사용한다.

　㉣ 측정 대상물의 내부 측정이 필요할 경우에는 CT(Computed Tomography, 컴퓨터 단층촬영) 와 같은 특수 스캐너를 사용한다.

　㉤ 원거리의 대상을 측정할 경우에는 TOF(Time-Of-Flight) 방식의 스캐너를 사용한다.

　㉥ 측정 대상물이 크지만 일부를 스캔해야 하는 경우 이동식 스캐너를 사용한다.

② 적용 분야

　　㉠ 산업용 스캐너는 고가이며 정밀도가 우수하여 3차원 측정기를 대신하여 가공품의 검사 용도로 사용한다.

　　㉡ 프로토타입(시제품)용으로 사용할 경우에는 저가형이 유리하며, 최종 제품 개발용으로 사용할 경우에는 고가형을 선택하도록 한다.

　　㉢ 여러 번 측정해야 하며 측정 시간이 중요할 경우에는 광 패턴 방식의 고속 스캐너를 사용한다.

4 대상물 스캔

(1) 스캐닝 준비

> ※ 스캐닝을 준비하는 과정에서 고려할 사항
> • 스캐닝의 방식
> • 측정 대상물의 크기 및 표면
> • 적용 분야(고정밀 산업용 또는 일반용)

① 측정 대상물의 표면 상태 : 일반적으로 라인 레이저 방식에서는 레이저가 측정 대상물의 표면에 잘 주사되고 그 초점이 잘 맺혀야 하며, CCD 혹은 CMOS 방식의 카메라에서 측정 대상물의 표면에 맺힌 레이저 스팟(spot)을 잘 읽을 수 있어야 한다.

　　㉠ **측정 대상물의 표면이 투명할 경우** : 레이저 빔이 투과를 해서 표면에 레이저 스팟이 생성되지 않는다.

　　㉡ **측정 대상물이 거울과 같이 전반사가 일어날 경우** : 정확한 레이저 스팟의 측정이 어렵다.

　　㉢ **가시광 레이저를 사용할 경우** : 레이저 스팟이 측정 대상물에 어느 정도 흡수되어 선명하게 보여야 이를 측정 카메라에서 인식하게 된다.

　　㉣ **전반사 혹은 투명한 표면이 아닌데 난반사가 일어나는 경우** : 레이저 빔, 카메라의 사양에 따라서 주변 밝기를 조절하고 동시에 카메라의 노출 정도를 조절한다.

② 측정물의 표면처리 코팅제

　　㉠ **코팅제** : 매우 미세한 백색 파우더가 포함된 액체 재료를 사용한다.

　　㉡ **도포 방법** : 주로 스프레이 방식으로 재료를 피측정물 표면에 뿌린다.

　　㉢ 파우더의 입자가 클 경우에는 측정 오차가 생길 수 있으므로, 요구되는 측정 정밀도에 맞게 코팅제를 선택한다.

　　㉣ 측정이 끝난 다음에는 쉽게 제거되어 피측정물의 본래 표면을 그대로 유지할 수 있어야 한다.

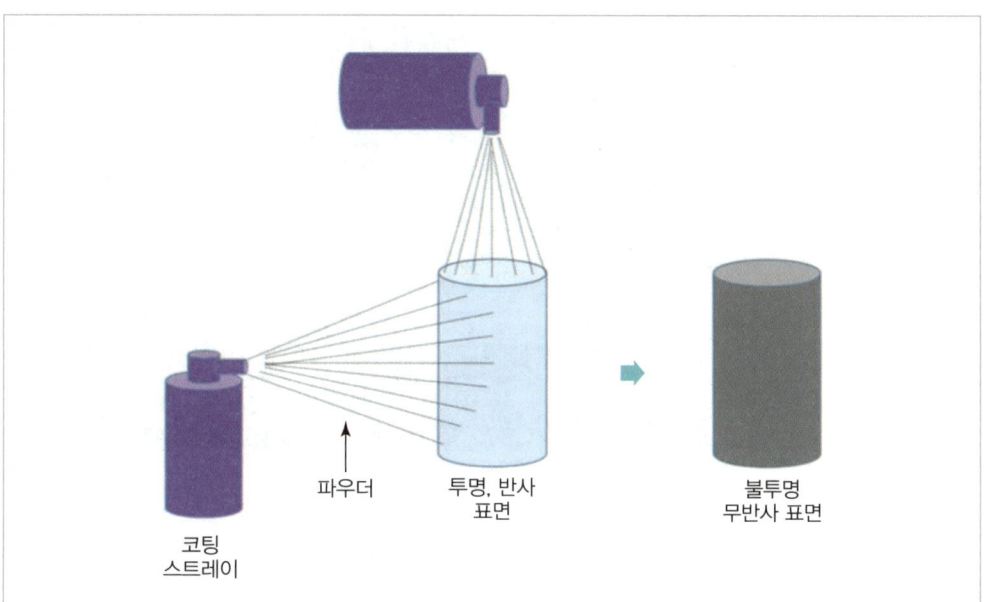

<코팅 스프레이를 이용한 표면 코팅>

③ 측정 대상물의 크기에 따른 스캐너 선택

　　㉠ 피측정물이 측정 범위를 벗어날 경우

　　　• 측정 방식을 바꾸도록 한다.

　　　• 여러 부분으로 측정해서 데이터의 정합 및 병합을 검토한다.

　　　• 여러 번의 측정으로 중첩된 표면의 원활한 정합 및 병합으로 원하는 데이터를 구한다.

　　　• 표면이 복잡하고 중요한 경우에는 측정이 잘되는 위치에서 측정을 실시해야 한다.

　　㉡ 산업용 고정밀 라인 레이저 측정

　　　• 정합용 마커(registration marker)를 많이 사용한다.

　　　• 정합용 마커는 치수 정밀도가 매우 우수한 볼 형태로 이를 측정 대상물에 미리 고정시킨다.

　　　• 보통 **3개 이상의 볼**이 필요하다.

　　　• 고정된 볼은 측정 대상물과 같이 스캔이 된다.

　　　• 모든 측정 방향에서 부착된 볼이 모두 측정되어야 한다.

　　　• 서로 다른 측정 데이터에서 동일한 볼의 중심을 일치시킴으로써, 각각의 측정 데이터는 회전 및 병진을 통해서 최종적으로 정합 작업이 완료된다.

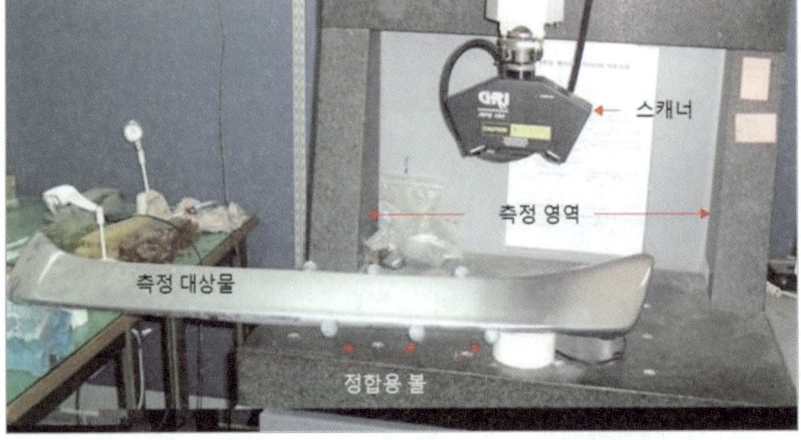

<정합용 볼 마커 사용>

④ **적용 분야에 따른 스캐너 선택** : 요구되는 측정 데이터의 정밀도에 따라 적용 분야가 다르고 이에 따라 스캐너를 선정해야 하며 크게 산업용과 일반용으로 나눈다.

　㉠ 산업용
　　• 수 마이크론(μm)의 정밀도를 가져야 한다.
　　• 정밀 측정을 위해 표면 코팅을 수행하여 모든 난반사를 미리 제거해 둔다.

　㉡ 일반용
　　• 비교적 낮은 수준의 정밀도가 요구된다.
　　• 일반 측정의 경우에는 특별한 코팅 과정이 필요하지 않을 수도 있다.

(2) 스캐닝 설정

스캐닝 설정에는 스캐너 보정, 노출 설정, 측정 범위, 측정 위치 선정, 스캐닝 간격 및 속도 설정 등이 있다.

① **스캐너 보정(calibration)** : 스캐너는 스캐닝을 시작하기 **이전**에 보정을 수행해야 한다.

　㉠ 주변 조도에 따라 카메라 보정을 한다.
　㉡ 이송 장치의 원점 설정 : 보통의 스캐너는 자동 보정 기능이 있으며 이는 스캐닝 방식마다 다르기 때문에 매뉴얼을 숙지해야 한다.

② **조도(illumination) 설정** : 측정 방식에 따라서 주변 밝기, 즉 조도를 조절해야 한다.

　㉠ 레이저 방식, 광 패턴 방식 : 너무 밝은 빛이 있으면 표면에 투사된 레이저가 카메라에서 잘 측정되지 않으므로 **직사광선**은 피하도록 한다.
　㉡ 너무 어두울 경우에는 카메라에 들어오는 빛의 양이 줄어들기 때문에 제대로 된 측정이 이루어지지 않을 수 있다.

③ **측정 범위 설정**

　㉠ 측정 대상물이 클 경우에는 측정 영역을 미리 설정한다.
　㉡ 측정 대상물에 큰 단차가 존재할 경우에는 카메라의 초점 심도 밖으로 측정 대상물이 위치할 수 있다.

ⓒ 측정 경로 설정 방법
- 측정 방향으로 시작과 끝점을 잡는다.
- 레이저광의 진행 방향으로 초점 심도를 고려한다.

② 고정형 스캐너 : 주로 360° 턴테이블이 사용되기 때문에 자동으로 전면의 측정이 이루어지고 정합과 병합을 거쳐 최종 데이터를 얻는다.

⑩ 이동형 스캐너 : 별다른 **측정 영역이 필요 없으며** 원하는 영역을 이동 속도를 고려해서 측정할 수 있다.

④ 스캐닝 간격 및 속도
ⓐ 스캐닝 간격
- **라인 레이저를 사용하는 스캐너** : 연속된 2개의 레이저 빔 라인에 대한 간격을 설정
- **스캐너가 직선으로 이송하는 경우** : 이송 방향으로 스캔 간격을 미리 설정
- **간단한 형상을 가진 면을 스캔할 경우** : 스캐닝 간격을 넓게 설정
- **턴테이블을 이용하는 방식** : 회전량을 조절함으로써 측정 간격을 조절
- **복잡한 면의 스캐닝** : 스캐닝 간격을 좁게 설정해서 가능한 한 많은 점의 데이터를 확보해야 원래 형상을 제대로 복원할 수 있음

ⓑ 스캐닝 속도
- 스캐닝 속도는 스캐닝 점의 개수를 조절함으로써 속도 조절이 가능함
- 라인 스캐너 : 정지 상태에서 측정이 진행되고, 다시 다음 위치로 이송을 하여 측정을 진행할 수도 있으며, 연속적으로 이송을 하면서 측정을 수행할 수도 있음
- 연속적으로 측정을 하는 경우에는 **측정 정밀도가 떨어짐**

CHAPTER
03 스캔 데이터 보정

3D프린터운용기능사 자격증 대비과정

1 스캐닝 데이터 생성

(1) 측정 대상물의 자세에 따른 스캔 방법

① 턴테이블 위에서의 측정은 제품의 모양에 따라 미리 설정된 자세로 돌아가면서 이루어진다. 측정 자세는 형상의 복잡도 크기 및 원하는 측정 영역에 따라서 1개 혹은 여러 개로 설정할 수 있다.

② 직선 이송 방식의 측정에서 측정 대상물은 정반(base)에 고정이 되고 스캐너가 이송을 하면서 데이터를 측정하게 되며, 완전한 데이터를 얻기 위해서는 측정 대상물을 여러 번 측정하게 된다.

③ 측정 데이터는 잡음 데이터(noise data)를 포함하고 있으며, 이는 추후 데이터 보정 과정을 통해서 필터링(filtering)된다.

2 스캔 데이터 저장

(1) 저장 형태

① 기본적으로 점군의 형태로 저장되며 X, Y, Z 좌표를 포함

② 표준 포맷 : 다른 소프트웨어에서 사용 가능

③ 전용 포맷 : 스캐너 자체 소프트웨어에서만 사용 가능

④ STL 파일
  ㉠ 법선 벡터(normal vector)
  ㉡ 색깔 정보
  ㉢ 이웃하는 점과의 위상(topology) 정보를 포함

(2) 표준 포맷

모든 스캔 소프트웨어 혹은 데이터 처리 소프트웨어에서 사용이 가능한 포맷으로 XYZ, IGES와 STEP가 있다.

① XYZ 데이터
  ㉠ 가장 단순하다.
  ㉡ 각 점에 대한 좌푯값인 X, Y, Z 값을 포함한다.

28 PART 01 제품 스캐닝

② **IGES**(Initial Graphics Exchanges Specification)
  ㉠ 최초의 표준 포맷(그래픽정보의 교환을 위해 설정된 미국 표준규격, 1980년)이다.
  ㉡ 형상 데이터를 나타내는 엔터티(entity)로 이루어져 있다.
  ㉢ 점뿐만 아니라 선, 원, 자유곡선, 자유곡면, 트림곡면, 색상, 글자 등 CAD/CAM 소프트웨어에서 3차원 모델의 거의 모든 정보를 포함한다.
  ㉣ **IGES 파일은 다섯 개의 섹션**(section)으로 구성된다.
    • start 섹션
    • global 섹션
    • directory entry 섹션
    • parameter data 섹션
    • terminate 섹션

③ **STEP**(Standard for Exchange of Product Data)
  ㉠ ISO 10303에서 규정한 3D CAD 도면 파일이며 1994년에 처음 만들어졌다.
  ㉡ 서로 다른 CAD 프로그램, 엔지니어링 및 제조 시스템 간에 데이터 정보를 교환할 수 있다.
  ㉢ 모델 서피스는 삼각측정된 서피스의 집합으로 구성되어 있다.

3 스캔 데이터 보정

스캔 데이터를 정합 또는 병합하여 하나의 스캔 데이터를 생성할 수 있다.

(1) 정합(Registration)

스캔 데이터는 보통 여러 번의 측정에 따른 점군 데이터를 서로 합친 최종 데이터를 의미한다. 정합이란 이렇게 개별 스캐닝 작업에서 얻어진 **점 데이터들이 합쳐지는 과정이다.** 정합용 툴을 이용하는 방법과 점군 데이터를 직접 이용하는 방법이 있다.

① 정합용 툴을 이용하는 방법
  ㉠ 정합용 마커는 최소 **3개 이상의 볼이** 서로 정합될 데이터에 모두 측정되게끔 간격을 조절하여 부착한다.
  ㉡ 서로 합쳐야 할 점 데이터에서 동일한 **정합용 볼들의 중심을 서로 매칭**시킴으로써, 측정 데이터들이 하나로 합쳐지게 된다.
  ㉢ 최종적으로 3개의 볼을 모두 매칭시키고 난 다음, 이들 볼에 대한 점 데이터를 제거한다.

CHAPTER 03 스캔 데이터 보정 **29**

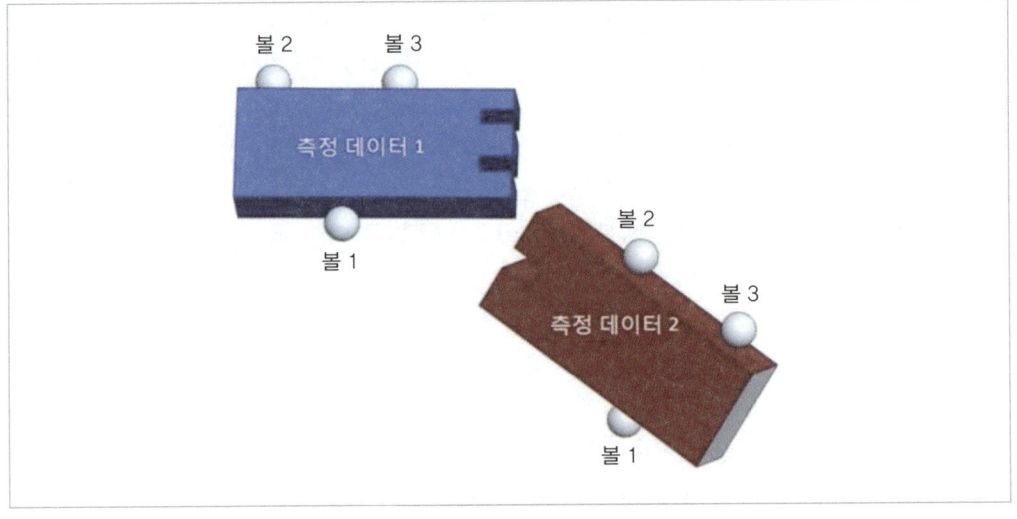

<피측정물에 정합용 볼을 부착>

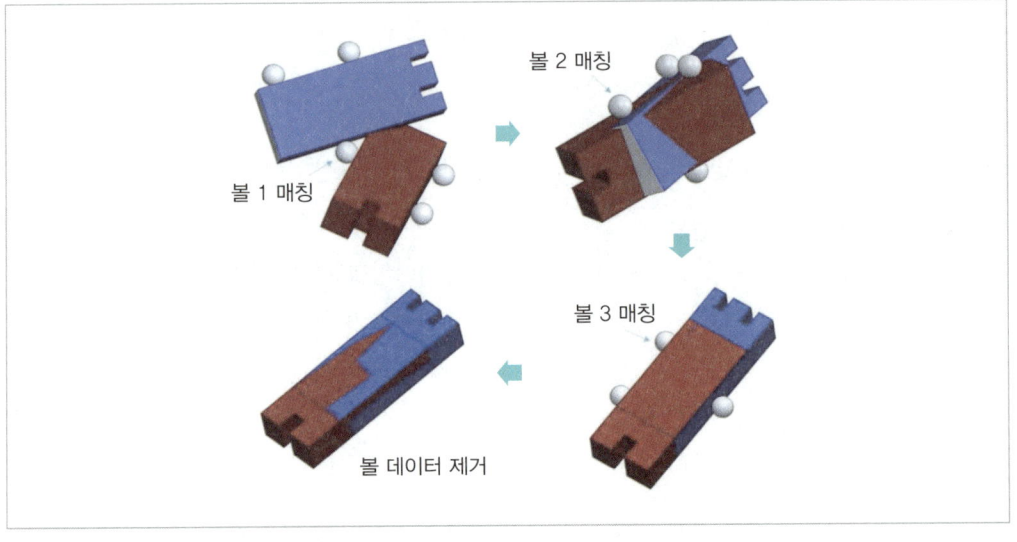

<정합용 볼을 이용한 정합 과정>

② 점군 데이터를 직접 이용하는 방법

　㉠ 측정된 점 데이터로부터 중첩되는 특징 형상들을 찾아내서 그 부분을 일치시킴으로써 정합을
　　하게 된다.

　㉡ 정합을 하기 전에 점 데이터를 보정하고 필터링을 먼저 수행해야 한다.

측정 1 데이터

측정 2 데이터

정합 1 데이터

<측정 데이터를 이용한 정합 과정>

(2) 병합(Merging)

① 병합은 정합을 통해서 중복되는 부분을 서로 합치는 과정이다.

② 보통의 소프트웨어에서는 병합 과정이 별도로 존재하지 않는 경우가 많으며, 정합 데이터를 새로운 파일로 저장함으로써 **자동 병합이 수행**된다.

③ 서로 중첩되는 부분에는 상대적으로 불필요하게 많은 점 데이터들이 존재하기 때문에 최종 데이터를 생성하기 이전에 데이터 용량을 줄이는 효과가 있다.

4 스캔 데이터 보정 및 페어링

(1) 스캔 데이터 보정

초기의 스캔 데이터는 기본적으로 많은 노이즈를 포함하고 있어 측정, 정합 및 병합 후에 불필요한 데이터를 필터링해야 한다.

① 데이터 클리닝(cleaning)

　㉠ 노이즈가 생기는 원인

　　• 측정 환경

　　• 측정 대상물의 표면 상태

　　• 스캐닝 설정

　㉡ 노이즈 제거 방식

　　• 자동 필터링 기능을 사용

　　• 수동으로 필요 없는 점들을 제거

　　　- 수동 기능은 특정 영역을 설정해서 필요 없는 점들을 제거할 수 있다.

　　　- 너무 좁은 Crop 영역은 보존해야 할 측정 데이터까지 제거할 수도 있다.

　　　- Crop 높이를 회전축 방향으로 설정하면 설정된 높이 아래의 모든 점들을 한꺼번에 제거할 수 있다.

　　　- 브러시 툴(brush tool) 기능을 이용해서 브러시 내에 있는 점들을 한꺼번에 선정해서 지울 수 있다.

CHAPTER 03 스캔 데이터 보정 31

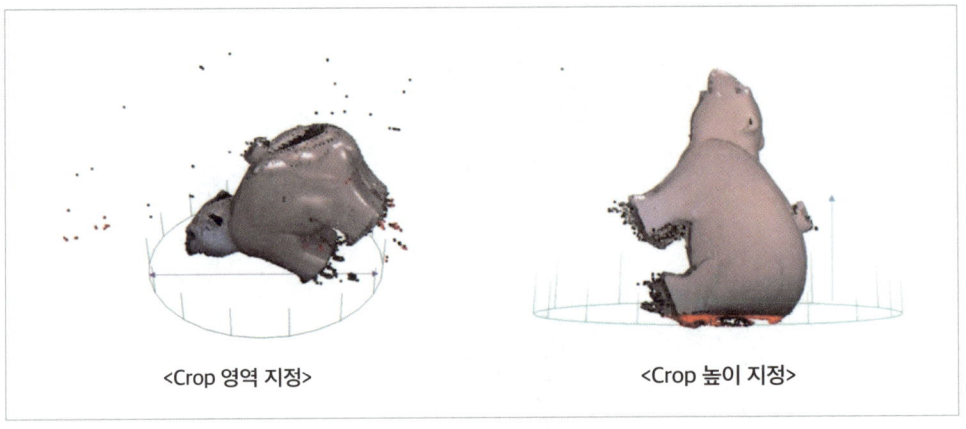

<Crop 영역 지정>   <Crop 높이 지정>

※ Crop(자르기) : 컴퓨터 그래픽에서 필요 없는 부분을 잘라 내는 작업. 스캐너로 입력한 사진 등의 화상에서 가장자리의 여백이나 원하지 않는 부분을 잘라 내는 작업

② 스캔 데이터 보정
　　㉠ **필터링**(filtering) : 중첩된 점의 개수를 걸러내어(줄여) 데이터 처리를 쉽게 하는 것
　　㉡ **스무딩**(smoothing) : 측정 오류로 주변 점들에 비해서 불규칙적으로 형성된 점들을 수정하여 매끄럽게 하는 것
③ 스캔 데이터 페어링(Fairing)
　　㉠ 3D 프린팅을 하기 위해 불필요한 점을 제거하고 다양한 오류를 바로 잡아 최종적으로 삼각형 메시(trianglar mesh)를 만들어 주는 과정이다.
　　㉡ 형상 수정
　　　• 점 데이터를 삼각형 메시로 변환한다.
　　　• 측정이 되지 않은 부분은 비정상적으로 움푹 파여 있을 때 **패치**(patch)와 같은 툴로 주변 점들을 연결해서 수정할 수 있다.

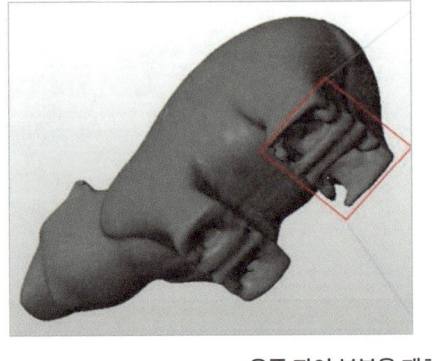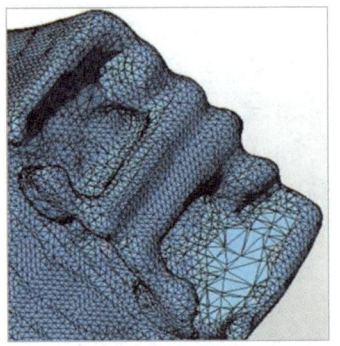

<움푹 파인 부분을 패치(patch)로 수정>

32　PART 01 제품 스캐닝

(2) 삼각형 메시 생성

① 삼각형 메시 생성 법칙
  ㉠ 삼각형들은 꼭짓점을 항상 공유해야 한다(**점과 점 사이의 법칙**, vertex-to-vertex rule).
  ㉡ 공간상에서 삼각형이 서로 교차하지 않는다.
  ㉢ 삼각형들끼리 서로 겹치지 않는다.

② 페어링 작업
  ㉠ 형상을 부드럽게 하는 작업
  ㉡ 삼각형의 크기를 균일하게 하는 작업
  ㉢ 삼각형의 면의 방향으로 바로잡는 작업
  ㉣ 큰 삼각형에 노드를 추가해서 작은 삼각형으로 만드는 작업
  ㉤ 페어링 작업을 통해서 최종적으로 생성된 삼각형 메시로 STL 파일을 만들어 바로 3차원 프린팅이 가능

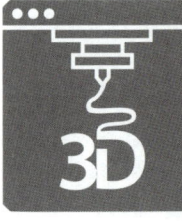

3D프린터운용기능사 자격증 대비과정

출제 예상 문제

01 출력 방식의 이해

01 다음에서 설명하는 3D프린터 방식은?

> 열가소성 재료를 가는 실 형태로 만든 것을 필라멘트형이라고 하는데, 이것에 열을 가해 녹인 후 노즐을 거쳐 압출되는 재료를 적층 하는 방식

① FDM 방식 ② SLA 방식
③ DLP 방식 ④ SLS 방식

정답 | ①

해설 | ② SLA 방식 : 액상 재료(레진)에 레이저 빛을 선택적으로 방출하여 얇고 미세한 형상을 제작하는 방식. 거울이 비치는 레이저 각도를 조절하여 출력물을 만듦
③ DLP 방식 : 빔프로젝터에서 빛을 비추게 되면 비추는 빛의 모양에 따라 액상 재료(레진)가 굳게 되는 방식
④ SLS 방식 : 미세한 플라스틱, 금속 가루 등이 담겨 있는 수조에 레이저를 쏴서 얇은 층(Layer)을 형성하는 방식

02 다음에서 설명하는 3D프린터 방식은?

> 레이저나 강한 자외선을 이용하여 액상 재료를 순간적으로 경화시켜 형상을 제작하는 방식

① FDM 방식 ② SLA 방식
③ MJF 방식 ④ SLS 방식

정답 | ②

해설 | SLA 방식은 액상 재료(레진)에 레이저 빛을 선택적으로 방출하여 얇고 미세한 형상을 제작하는 방식이다.
③ MJF(Multi Jet Fusion) 방식 : 잉크젯 노즐로 얇은 층의 분말을 분사하고 소결시켜 적층하는 방식

03 다음에서 설명하는 3D프린터 방식은?

> 빔 프로젝터에서 빛을 비추게 되면 비추는 빛의 모양에 따라 액체(레진)를 굳게 만드는 방식

① FDM 방식 ② SLA 방식
③ DLP 방식 ④ SLS 방식

정답 | ③

해설 | DLP 방식은 빔프로젝터에서 빛을 비추게 되면 비추는 빛의 모양에 따라 액상 재료(레진)가 굳게 되는 방식이다.
① FDM 방식 : 열가소성 재료를 가는 실 형태로 만든 필라멘트형에 열을 가해 녹인 후 노즐을 거쳐 압출되는 재료를 적층하는 방식

34 **PART 01** 제품 스캐닝

04 SLS 방식 3D프린터의 장점으로 틀린 것은?

① 지지대(서포터)가 필요하다.
② 조형 속도가 다른 재료에 비하여 빠르다.
③ 금속 재료를 사용할 수 있어 강도가 높다.
④ 플라스틱, 나무, 메탈, 세라믹 등 재료의 선택 폭이 넓다.

정답 | ①
해설 | SLS 방식 – 분말(파우더) 기반
• 재료의 선택 폭이 넓다(플라스틱, 나무, 메탈, 세라믹 등).
• 금속 재료를 사용할 수 있어 강도가 높다.
• 정밀도가 높고 금형제작 등에 응용할 수 있다.
• 조형 속도가 다른 재료에 비하여 빠르다.
• 지지대(서포터)가 필요 없다.

05 FDM 방식의 3D프린터를 적용하기 힘든 산업 분야는?

① 건설 분야   ② 전자부품
③ 식품 분야   ④ 산업금형제작

정답 | ④
해설 | 산업금형제작은 금속 분말을 이용하여 금형을 제작할 수 있는 SLS 방식이 적당하다.

06 SLS 방식의 3D프린터를 적용하기 힘든 산업 분야는?

① 의료 분야   ② 항공우주
③ 건설 분야   ④ 산업금형제작

정답 | ③
해설 | 건설 분야는 시멘트 적층 등을 이용하여 건축물 제작 등에 사용되는 FDM 방식이 적당하다.
SLS 방식의 적용 분야
• 의료 분야 : 인공뼈, 인공관절 등
• 항공우주 : 연료분사장치, 연소기 부품, 무인정찰기
• 산업금형제작

---

02   스캐너 결정

01 스캐닝 과정에서 3차원 좌표를 추출하여 점군(point cloud)을 만드는 단계는?

① 준비 단계   ② 생성 단계
③ 정렬 단계   ④ 최종 단계

정답 | ②
해설 | 스캐닝 과정
㉠ 준비 단계 : 측정 대상물 준비
㉡ 생성 단계 : 3차원 좌표를 추출하여 점군(point cloud)을 생성
㉢ 최종 단계 : 3차원 모델로 재구성

02 3D 스캐너의 종류 중 접촉식에 해당하는 것은?

① CMM 측정기
② TOF(Time Of Flight) 방식 스캐너
③ 레이저 기반 삼각 측량 3차원 스캐너
④ 핸드헬드(Handheld) 스캐너

정답 | ①
해설 | CMM(Coordinate Measuring Machine)은 접촉식 센터인 터치 프로브(Touch prove)를 이용하여 3차원 좌표를 읽어 내는 방식으로, 3차원 측정기가 대표적이다.

출제 예상 문제 **35**

03 접촉식 3차원 스캐닝의 설명으로 틀린 것은?

① 접촉식 센터인 터치 프로브(Touch prove)를 이용하여 3차원 좌표를 읽어 내는 방식이다.
② 대상물이 투명하거나 거울과 같이 반사를 일으키는 제품은 측정이 불가능하다.
③ 대표적으로 CMM 방식 측정기가 있다.
④ 제품이 너무 복잡한 경우 측정이 곤란하고, 작은 힘에도 쉽게 변형이 되는 제품은 측정할 수 없다.

정답 | ②

해설 | 접촉식 3차원 스캐닝의 장단점
- 장점 : 대상물이 투명하거나 거울과 같이 반사를 일으키는 제품도 측정이 가능하다.
- 단점 : 제품이 너무 복잡한 경우 측정이 곤란하고, 작은 힘에도 쉽게 변형이 되는 제품은 측정할 수 없다.

04 다음에서 설명하는 3차원 스캐너의 종류는?

> 이미 알고 있는 패턴의 광을 이미지 생성 장치(레이저 인터페로미터)를 이용하여 측정 대상물에 조사하고 측정 대상물에 변형된 패턴을 카메라에서 측정하여 모서리 부분들에 대한 삼각 측량법으로 3차원 좌표를 구한다.

① TOF(Time Of Flight) 방식 스캐너
② 패턴 이미지 기반의 삼각 측량 3차원 스캐너
③ 레이저 기반 삼각 측량 3차원 스캐너
④ 핸드헬드(Handheld) 스캐너

정답 | ②

해설 | 패턴 이미지 기반의 삼각 측량 3차원 스캐너의 장점
- 광 패턴을 바꾸면서 초점의 심도 조절이 가능하다.
- 한꺼번에 넓은 영역을 빠르게 측정할 수 있다.
- 휴대용으로 개발이 용이하다.

05 다음에서 설명하는 3차원 스캐너의 종류는?

> - 스캐너에서 발사된 레이저가 대상체에 반사되어 돌아오는 시간을 계산하는 방식이다.
> - 먼 거리의 대형 구조물을 측정하는 데 용이하다.
> - 정밀 측정이나 낮고 작은 제품의 측정에는 적합하지 않다.

① TOF(Time Of Flight) 방식 스캐너
② 패턴 이미지 기반의 삼각 측량 3차원 스캐너
③ 레이저 기반 삼각 측량 3차원 스캐너
④ 핸드헬드(Handheld) 스캐너

정답 | ①

해설 |
- ③ 레이저 기반 삼각 측량 3차원 스캐너 : 레이저를 측정 대상물에 주사하여 레이저 발진부, 수광부, 측정대상물로 이루어진 삼각형에서 한 변과 2개의 각으로부터 나머지 변의 길이를 계산하는 방식
- ④ 핸드헬드(Handheld) 스캐너 : 3D 이미지를 얻기 위해 레이저 기반 삼각법을 주로 이용. 손으로 움직여서 그림이나 문서, 사진 등을 이미지 형태로 읽어 내는 스캐너

06 저가형 3D 스캐너를 사용할 때 측정이 안되는 경우가 아닌 것은?

① 레이저의 난반사가 일어나는 표면
② 거울과 같이 전반사가 일어나는 표면
③ 유리와 같이 레이저가 투과하는 표면
④ 부드러운 곡면이 있는 경우

정답 | ④

해설 | 저가형 3D 스캐너가 측정이 안 되는 경우
- 레이저의 난반사가 일어나는 표면
- 거울과 같이 전반사가 일어나는 표면
- 유리와 같이 레이저가 투과하는 표면
- 날카로운 표면과 같이 레이저가 여러 방향으로 난반사가 일어나는 경우

07 이동식 3D 스캐너를 사용하는 것과 거리가 먼 것은?

① 측정 대상물이 작을 경우
② 특정 부위만 측정할 경우
③ 스캐너를 설치하기 힘든 경우
④ 스캐너의 광이 못 미치는 먼 거리의 경우

정답 | ①

해설 | **이동식 3D 스캐너의 사용처**
- 스캐너의 광이 못 미치는 먼 거리의 경우
- 스캐너를 설치하기 힘든 경우
- 측정 대상물이 클 경우
- 특정 부위만 측정할 경우

08 스캐닝을 준비하는 과정에서 고려사항이 아닌 것은?

① 스캐닝의 방식
② 측정 대상물의 크기 및 표면
③ 적용 분야(산업용 또는 일반용)
④ 3D프린터의 크기

정답 | ④

해설 | **스캐닝을 준비하는 과정에서의 고려사항**
- 스캐닝의 방식
- 측정 대상물의 크기 및 표면
- 적용 분야(고정밀 산업용 또는 일반용)

09 스캔 측정 대상물의 표면 상태에 따른 설명으로 틀린 것은?

① 측정 대상물의 표면이 투명할 경우 레이저 빔이 투과를 해서 표면에 레이저 스팟이 생성되지 않는다.
② 측정 대상물이 거울과 같이 전반사가 일어날 경우 정확한 레이저 스팟이 생성되어 스캔의 정확도가 높아진다.
③ 가시광 레이저를 사용할 경우 레이저 스팟이 측정 대상물에 어느 정도 흡수되어 선명하게 보여야 이를 측정 카메라에서 인식하게 된다.
④ 전반사 혹은 투명한 표면이 아닌데 난반사가 일어나는 경우 레이저 빔, 카메라의 사양에 따라서 주변 밝기를 조절하고 동시에 카메라의 노출 정도를 조절한다.

정답 | ②

해설 | 측정 대상물이 거울과 같이 전반사가 일어날 경우 정확한 레이저 스팟의 측정이 어렵다

10 산업용 고정밀 라인 레이저 스캐닝 측정에 대한 설명으로 틀린 것은?

① 보통 3개 이상의 볼이 필요하다.
② 고정된 볼은 스캔이 되지 않고 측정 대상물만 스캔이 된다.
③ 정합용 마커는 치수 정밀도가 매우 우수한 볼 형태로 이를 측정 대상물에 미리 고정시킨다.
④ 서로 다른 측정 데이터에서 동일한 볼의 중심을 일치시킴으로써, 각각의 측정 데이터는 회전 및 병진을 통해서 최종적으로 정합 작업이 완료된다.

정답 | ②

해설 | 고정된 볼은 측정 대상물과 같이 스캔된다.
　　　※ 모든 측정 방향에서 부착된 볼이 모두 측정되어야 한다.

11 스캐닝 간격 및 속도에 대한 설명으로 틀린 것은?

① 스캐닝 속도는 스캐닝 점의 개수를 조절함으로써 조절이 가능하다.
② 턴테이블을 이용하는 방식은 회전량을 조절함으로써 측정 간격을 조절한다.
③ 간단한 형상을 가진 면을 스캔할 경우 스캐닝 간격을 넓게 설정한다.
④ 라인 스캐너를 연속적으로 측정하는 경우에는 측정 정밀도가 올라간다.

정답 | ④

해설 | **스캐닝 속도**
- 스캐닝 속도는 스캐닝 점의 개수를 조절함으로써 조절이 가능하다.
- 라인 스캐너의 경우 정지 상태에서 측정이 진행되고, 다시 다음 위치로 이송하여 측정을 진행할 수도 있으며, 연속적으로 이송하면서 측정을 수행할 수도 있다.
- 연속적으로 측정하는 경우에는 **측정 정밀도**가 떨어진다.

03　스캔 데이터 보정

01 측정 대상물의 자세에 따른 스캔 방법으로 틀린 것은?

① 완전한 데이터를 얻기 위해서는 측정 대상물을 한 번만 측정하면 된다.
② 턴테이블 위에서의 측정은 제품의 모양에 따라 미리 설정된 자세를 돌아가면서 이루어진다.
③ 직선 이송 방식의 측정에서 측정 대상물은 정반(base)에 고정이 되고 스캐너가 이송을 하면서 데이터를 측정하게 된다.
④ 측정 데이터는 잡음 데이터(noise data)를 포함하고 있으며, 이는 추후 데이터 보정 과정을 통해서 필터링(filtering)된다.

정답 | ①

해설 | 완전한 데이터를 얻기 위해서는 측정 대상물을 여러 번 측정한다.

02 모든 스캔 소프트웨어 혹은 데이터 처리 소프트웨어에서 사용이 가능한 포맷이 아닌 것은?

① XYZ　　　　② IGES
③ STEP　　　　④ DWG

정답 | ④

해설 | **표준 포맷**
- XYZ : 가장 단순하며 각 점에 대한 좌푯값인 X, Y, Z 값을 포함
- IGES : 최초의 표준 포맷. 그래픽정보의 교환을 위해 설정된 미국 표준규격
- STEP : 서로 다른 CAD 프로그램, 엔지니어링 및 제조 시스템 간에 데이터 정보를 교환
- DWG : Auto CAD 도면 저장 파일

03 다음에서 설명하는 데이터 처리 소프트웨어로 옳은 것은?

> • 최초의 표준 포맷(그래픽정보의 교환을 위해 설정된 미국 표준규격, 1980년)이다.
> • 형상 데이터를 나타내는 엔터티(entity)로 이루어져 있다.
> • 점뿐만 아니라 선, 원, 자유곡선, 자유곡면, 트림곡면, 색상, 글자 등이 있다.
> • CAD/CAM 소프트웨어에서 3차원 모델의 거의 모든 정보를 포함한다.

① XYZ　　　② IGES
③ STEP　　　④ DWG

정답 | ②

해설 | IGES(Initial Graphics Exchanges Specification)는 최초의 표준 포맷(그래픽정보의 교환을 위한 미국 표준규격, 1980년)이다.

04 스캔 데이터는 보통 여러 번의 측정에 따른 점군 데이터를 서로 합친 최종 데이터이다. 이렇게 개별 스캐닝 작업에서 얻어진 점 데이터들이 합쳐지는 과정을 무엇이라 하는가?

① 정합　　　② 병합
③ 보정　　　④ 집합

정답 | ①

해설 | 스캔 데이터는 보통 여러 번의 측정에 따른 점군 데이터를 서로 합친 최종 데이터이다. 이렇게 개별 스캐닝 작업에서 얻어진 점 데이터들이 합쳐지는 과정을 정합(Registration)이라 한다.
② 병합(Merging) : 정합을 통해서 중복되는 부분을 서로 합치는 과정

05 측정 오류로 주변 점들에 비해서 불규칙적으로 형성된 점들을 수정하여 매끄럽게 보정해 주는 것은?

① 필터링(filtering)
② 스무딩(smoothing)
③ 블렌딩(blending)
④ 리메싱(remeshing)

정답 | ②

해설 | 스무딩(smoothing)은 측정 오류로 주변 점들에 비해서 불규칙적으로 형성된 점들을 수정하여 매끄럽게 하는 것을 말한다.
① 필터링(filtering) : 중첩된 점의 개수를 걸러내어(줄여) 데이터 처리를 쉽게 하는 것
③ 블랜딩(blending) : 이미 정의된 두 곡면을 매끄럽게 연결하는 것
④ 리메싱(remeshing) : 종방향의 배열이 맞지 않는 데이터에서 오와 열의 배열이 가지런한 형태의 곡면 입력 점을 새로이 구해내는 절차

06 다음에서 설명하는 스캔 데이터 보정 과정은?

> 3D 프린팅을 하기 위해 불필요한 점을 제거하고 다양한 오류를 바로잡아 최종적으로 삼각형 메시(trianglar mesh)를 만들어 주는 과정

① 필터링(filtering)
② 스무딩(smoothing)
③ 블렌딩(blending)
④ 페어링(fairing)

정답 | ④

해설 | 페어링 작업을 통해서 최종적으로 생성된 삼각형 메시로 STL 파일을 만들어 바로 3차원 프린팅을 할 수 있다.
페어링 작업
• 형상을 부드럽게 하는 작업
• 삼각형의 크기를 균일하게 하는 작업
• 삼각형의 면의 방향으로 바로잡는 작업
• 큰 삼각형에 노드를 추가해서 작은 삼각형으로 만드는 작업

출제 예상 문제 39

PART

02

3D PRINTING

3D프린터운용기능사 자격증 대비과정
3D프린터운용기능사 필기

3D 형상 모델링

CHAPTER 01	도면의 이해
CHAPTER 02	2D 스케치
CHAPTER 03	3D 형상 모델링
CHAPTER 04	3D 형상 데이터 편집
CHAPTER 05	출력용 데이터 수정
CHAPTER 06	3D 엔지니어링 객체 형성
CHAPTER 07	객체 조립
CHAPTER 08	출력용 설계 수정
	출제 예상 문제

3D프린터운용기능사 자격증 대비과정

CHAPTER 01 도면의 이해

1 제도 통칙

(1) 제도의 정의

① 구조물의 모양 또는 크기를 일정한 규격에 따라 **점·선·문자·부호** 등을 사용하여 도면을 작성하는 과정을 말한다.

② 도면에는 물체의 모양이나 치수, 재료, 다듬질의 정도, 공정 등을 간단하고 정확하게 표시하여 설계자의 의사가 제작자 또는 사용자에게 명확하게 전달되어야 한다.

(2) KS 부문별 분류기호

분류기호	KS A	KS B	KS C	KS D	KS E	KS F	KS G	KS H	KS I	KS J	KS K
부문	기본	기계	전기	금속	광산	건설	일용품	식료품	환경	생물	섬유

분류기호	KS L	KS M	KS P	KS Q	KS R	KS S	KS T	KS V	KS W	KS X	
부문	요업	화학	의료	품질경영	수송기계	서비스	물류	조선	항공우주	정보	

(3) 국제 및 국가별 표준 규격과 기호

국제 및 국가별 표준 규격	규격기호
국제표준화기구	ISO(International Organization for Standardization)
한국산업표준	KS(Korean Industrial Standards)
영국 규격	BS(British Standards)
독일 규격	DIN(Deutsche Industric Normen)
미국 규격	ANSI(American National Standards Institute)
스위스 규격	SNV(Schweizerische Normen des Vereinigung)
프랑스 규격	NF(Norme Francaise)
일본 공업 규격	JIS(Japanese Industrial Standards)

42 PART 02 3D 형상 모델링

2 도면의 크기

① 도면의 세로와 가로의 비는 $1:\sqrt{2}$이며 A0의 넓이는 $1m^2$이다.

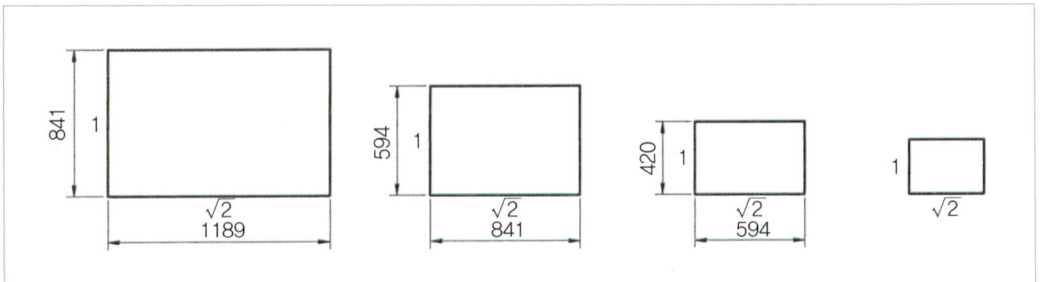

② 제일 작은 도면의 크기는 A4(210×297mm)로 일반적으로 많이 사용하는 복사 용지 크기이다.

용지 호칭		A0	A1	A2	A3	A4
a×b		841×1189	594×841	420×594	297×420	210×297
d	철하지 않을 때	20	20	10	10	10
	철할 때	25	25	25	25	25

③ A4의 2가지 특권

　㉠ 일반적으로 도면은 긴 쪽을 좌우로 놓고 사용한다. A4는 짧은 쪽을 좌우로 놓고 사용해도 된다.

　㉡ 도면을 접어 보관할 때는 A4 크기로 하며 표제란은 오른쪽 아래에 보이도록 한다.

④ 원도는 접지 않고 보관하는 것이 좋다(복사할 경우 접은 부위가 선으로 나타나기 때문). 말아서 보관하는 경우에는 안지름을 40mm 이상으로 하는 것이 좋다(돌돌 말면 펼칠 때 말리기 때문).

3 척도와 선의 종류

(1) 척도의 종류

척도의 종류	의미	값
실척(현척)	실물과 동일한 크기	1:1
축척	실물보다 작게 그림	1:2, 1:5, 1:10, 1:20, 1:50, 1:100, 1:200
		$1:\sqrt{2}$, 1:2.5, $1:2\sqrt{2}$, 1:3, 1:4, $1:5\sqrt{2}$, 1:25, 1:250
배척	실물보다 크게 그림	2:1, 5:1, 10:1, 20:1, 50:1
		$\sqrt{2}:1$, $2.5\sqrt{2}:1$, 100:1
N · S(Non Scale)	비례척이 아닌 것	물체의 크기와는 상관 없이 임의로 그린 경우 표기

CHAPTER 01 도면의 이해 **43**

(2) 선의 종류

① 모양에 따른 선의 종류

명칭	선 모양	설명
실선	———————	연속으로 그어진 선
파선	··········	일정한 길이로 반복되어 그어진 선(선 길이 3~5mm)
일점 쇄선	—·—·—·—	길고 짧은 길이로 반복되어 그어진 선
이점 쇄선	—··—··—··	긴 길이, 짧은 길이, 짧은 길이로 반복되어 그어진 선

② 굵기에 따른 선의 종류

명칭	선 모양	설명
가는 선	———————	굵기가 0.18~0.5mm인 선
굵은 선	———————	굵기가 0.35~1mm인 선
아주 굵은 선	———————	굵기가 0.7~2mm인 선

※ 선의 굵기 비율

가는 선 : 굵은 선 : 아주 굵은 선	1 : 2 : 4

③ 겹치는 선의 우선 순위

ㄱ 외형선 　　　　ㄴ 숨은선
ㄷ 절단선 　　　　ㄹ 중심선
ㅁ 무게 중심선 　　ㅂ 치수 보조선

④ 용도에 따른 선의 종류

선의 종류		용도에 의한 명칭	선의 용도
굵은 실선	——————	외형선	대상물의 보이는 부분의 겉모양을 표시한 선
가는 실선	——————	치수선	치수를 기입하기 위한 선
		치수 보조선	치수를 기입하기 위하여 도형에서 인출한 선
		지시선	지시, 기호 등을 나타내기 위하여 인출한 선
		회전 단면선	도형 내에 그 부분의 절단면을 90° 회전시켜서 나타내는 선
		중심선	도형의 중심을 나타내는 선
		수준면선	수면, 액면 등의 위치를 나타내는 선
가는 파선 또는 굵은 파선	– – – –	숨은선	대상물의 보이지 않는 부분의 모양을 표시하는 선
가는 1점쇄선	—·—·—·	중심선	• 도형의 중심을 나타내는 선 • 중심이 이동한 중심 궤적을 나타내는 선
		기준선	특히 위치 결정의 근거임을 명시할 때 쓰이는 선
		피치선	반복 도형의 피치를 잡는 기준이 되는 선

선의 종류		용도에 의한 명칭	선의 용도
굵은 1점쇄선	— · — ·	기준선	기준선 중 특히 강조하는 데 쓰이는 선
		특수 지정선	특수한 가공을 하는 부분 등 특별한 요구사항을 적용할 범위를 나타내는 선
가는 2점쇄선	— · · — · ·	가상선	• 인접하는 부분 또는 공구, 지그 등을 참고로 표시하는 선 • 가공 부분을 이동 중의 특정 위치, 또는 이동 한계의 위치를 나타내는 선
		무게 중심선	단면의 무게 중심을 연결하는 선
파형의 가는 실선	∿	파단선	대상물의 일부를 파단한 경계, 또는 일부를 떼어낸 경계를 표시하는 선
지그재그의 가는 실선	⌁		
가는 1점쇄선과 선의 끝 및 방향이 변화되는 부분을 굵게 한 선이 조합된 선	⌐ — · —	절단선	단면도를 그리는 경우 그 절단 위치를 대응하는 그림을 나타내는 선
가는 실선으로 규칙적으로 빗줄을 그은 선	/////	해칭선	단면도의 절단면을 나타내는 선

4 투상법 및 단면도법

(1) 회화적 투상도

종류	특징
투시도	원근감을 갖게 한 그림으로 토목 건축 제도에 사용
등각 투상도	X, Y, Z축을 서로 120°씩 등각으로 투상한 그림에 세 면을 같은 정도로 나타냄
부등각 투상도	등각 투상과 비슷하지만 각을 서로 틀리게 하여 나타낸 것
사투상도	한 화면을 중점적으로 정확하게 나타내며 경사시켜 투상하는 방법

※ VP(소점) : 물체가 기면에 평행으로 무한히 멀리 있을 때 수평선 위 1점에 모이게 되는 점

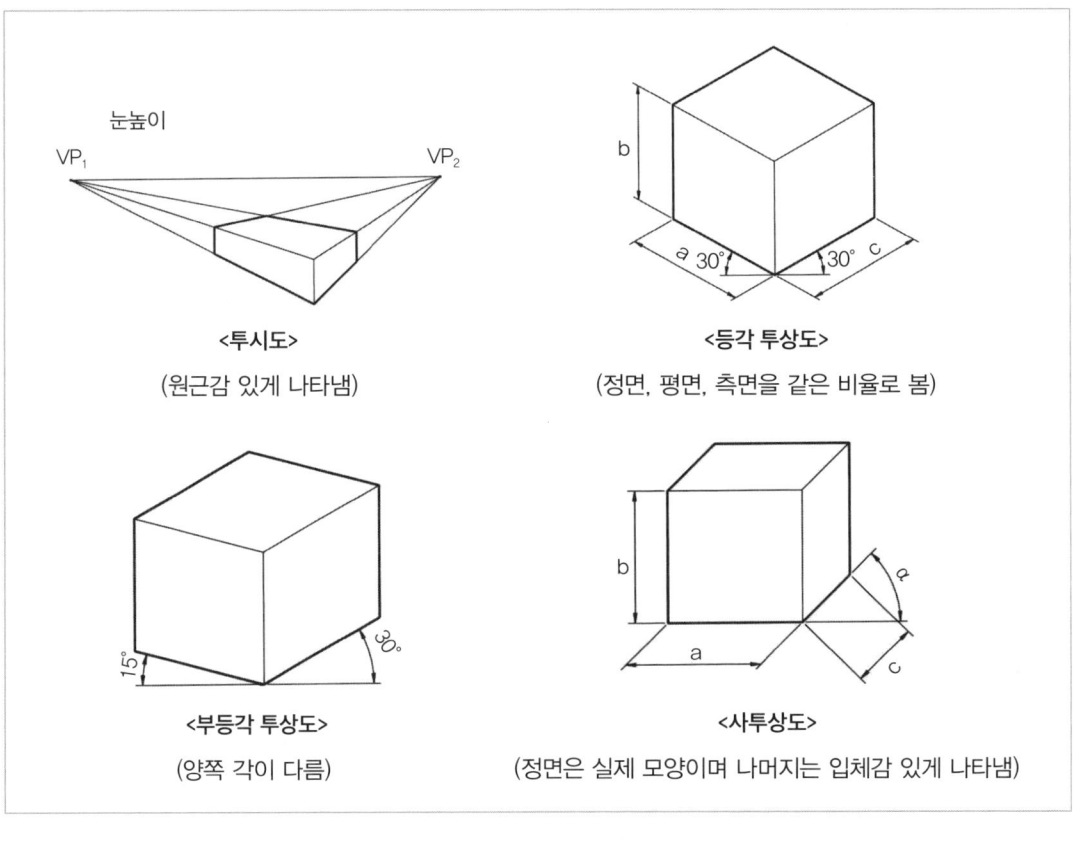

(2) 정투상도

종류	원리	기호
3각법	눈 → 투상면 → 물체	
1각법	눈 → 물체 → 투상면	

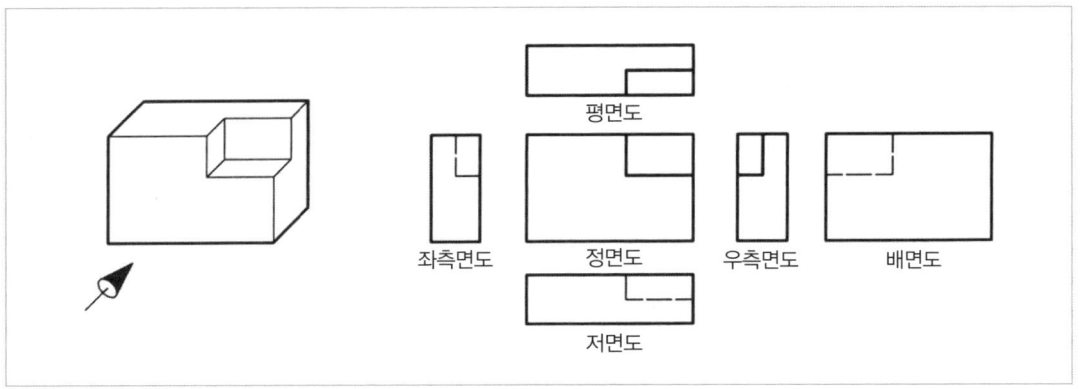

<제3각법의 배치>

46 PART 02 3D 형상 모델링

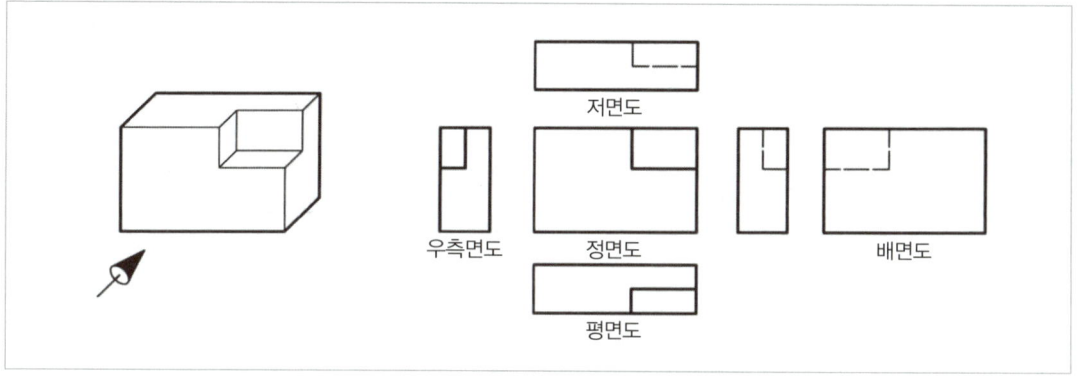

<제1각법의 배치>

(3) 특수 투상도

① **보조 투상도** : 경사면부가 있는 대상물에서 그 경사면의 실제 모양을 표시할 필요가 있는 경우에
그린 투상도

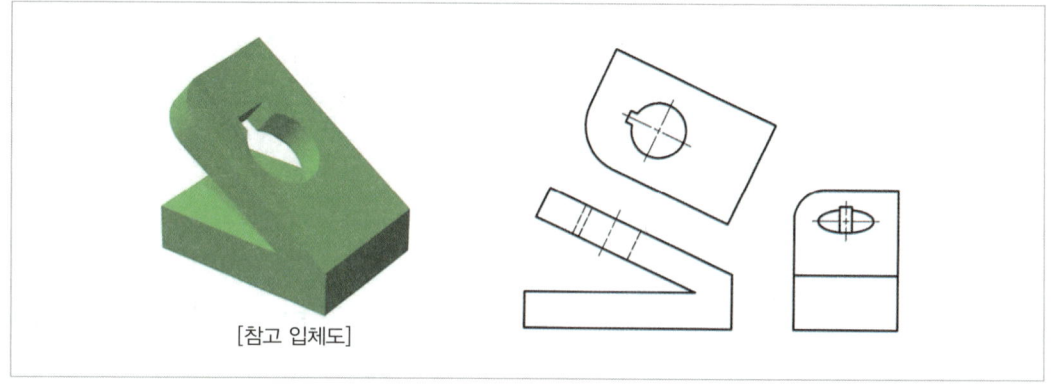

[참고 입체도]

<보조 투상도>

② **부분 투상도** : 그림의 일부를 도시하는 것으로 충분한 경우 그 필요 부분만을 나타내는 투상도

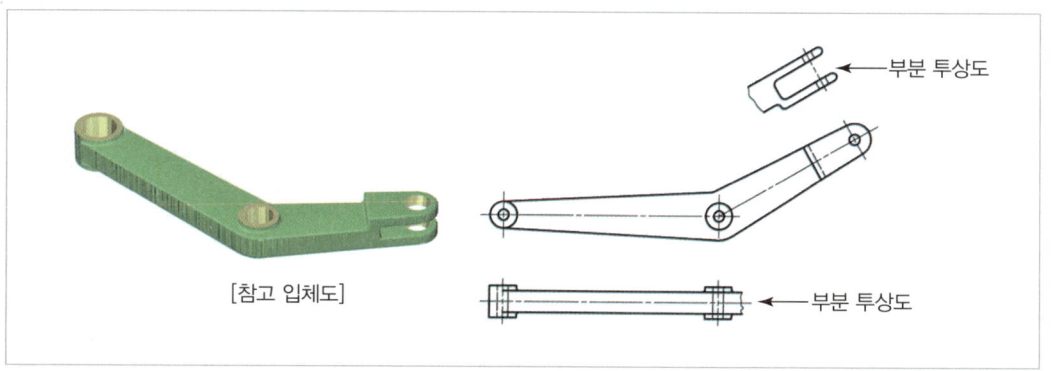

[참고 입체도]

<부분 투상도>

CHAPTER 01 도면의 이해 **47**

③ 회전 투상도 : 투상면이 어느 정도의 각도를 가지고 있어 실제 모양이 나타나지 않을 때 그 부분을 회전하여 투상하는 방법

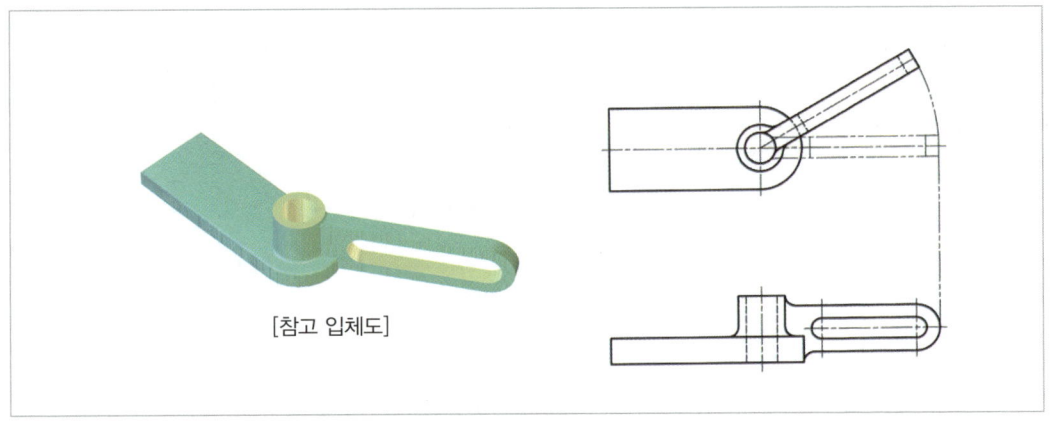

<회전 투상도>

④ 국부 투상도
  ㉠ 대상물의 구멍, 홈 등의 한 국부(특수 부분)만의 모양을 표시한 투상도
  ㉡ 투상의 관계를 나타내기 위해 중심선, 기준선, 치수 보조선 등으로 나타냄

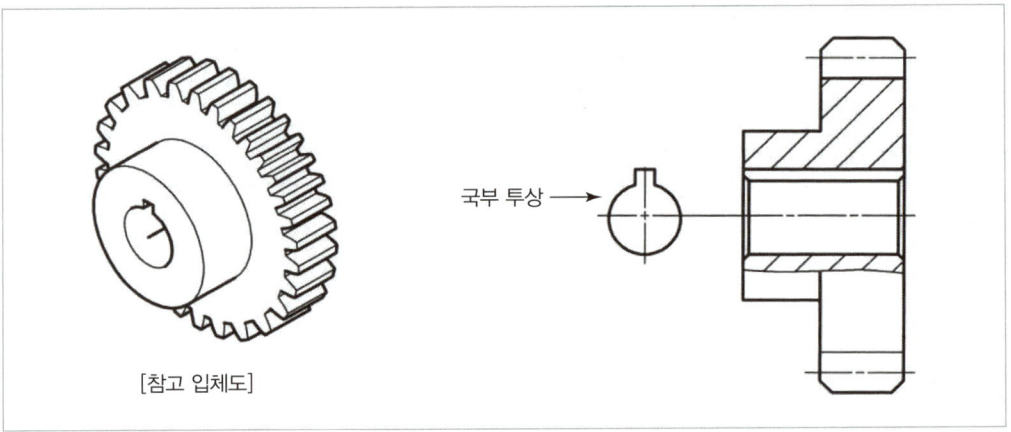

<국부 투상도>

48　PART 02 3D 형상 모델링

(4) 단면도법

① 온단면도(전단면도) : 물체의 1/2 절단

② 한쪽 단면도(반단면도) : 대칭 물체를 1/4 절단, 내부와 외부를 동시에 보여줌

③ 부분 단면도

　　㉠ 필요한 부분만을 절단하여 단면으로 나타냄

　　㉡ 절단 부위는 가는 파단선을 이용하여 경계를 나타냄

④ 회전 단면도 : 암, 리브, 축, 훅 등의 일부를 90° 회전하여 나타냄

⑤ 계단 단면도 : 계단 모양으로 물체를 절단하여 나타낸 것

⑥ 곡면 단면도 : 구부러진 관 등의 단면을 나타낸 것

⑦ **얇은 두께 부분의 단면도** : 개스킷, 발판, 형강 등의 절단면이 얇은 경우 실제 치수와 상관없이 **아주 굵은 실선**으로 단면 표현

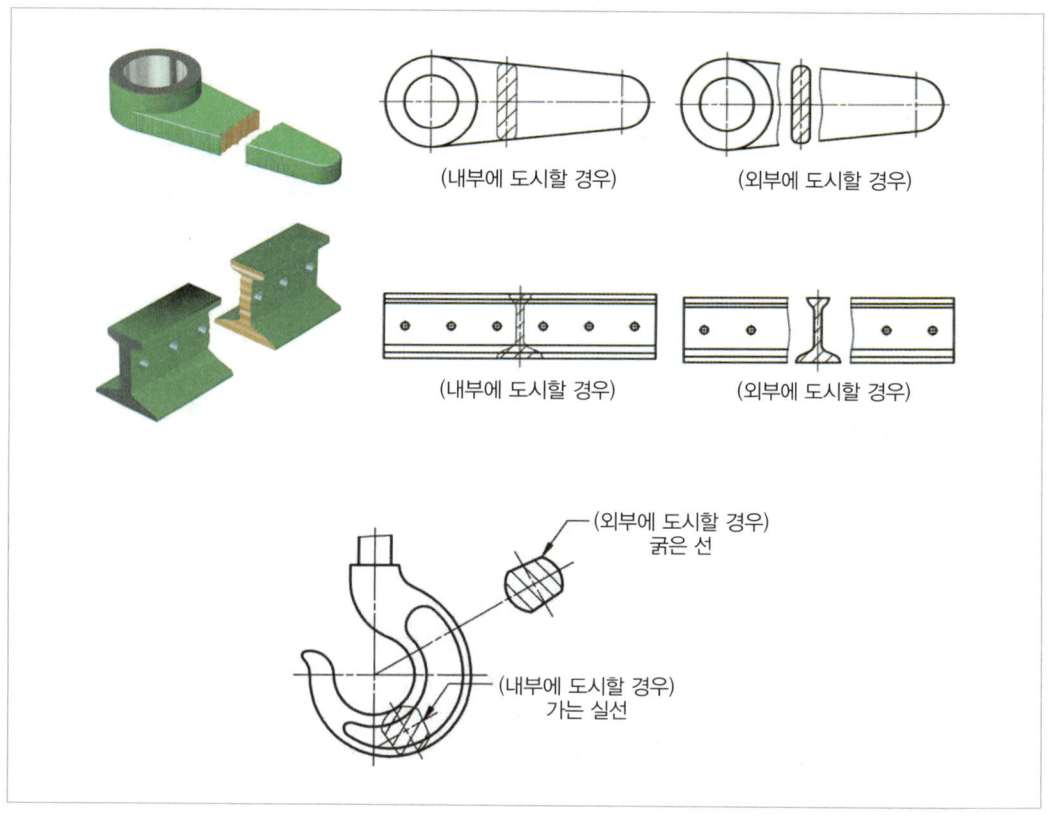

<회전 단면도의 예>

CHAPTER 01 도면의 이해　**49**

⑧ 절단하지 않는 부품 : 절단을 하여 표현할 경우 도면 해독에 지장이 있어 다음 요소들은 단면하지 않음

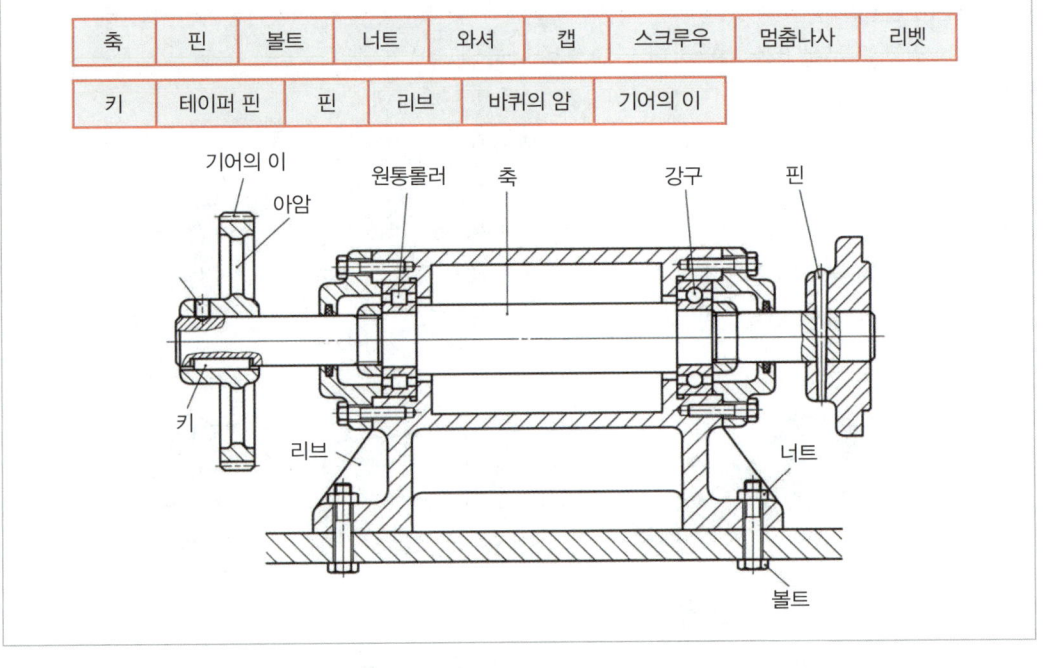

축	핀	볼트	너트	와셔	캡	스크루우	멈춤나사	리벳
키	테이퍼 핀	핀	리브	바퀴의 암	기어의 이			

5 치수 기입 일반

(1) 치수 기입 요소

① 치수선
② 치수 보조선
③ 화살표
④ 치수

(2) 치수 기입의 원칙

① 대상물의 기능, 제작, 조립 등을 고려하여 필요하다고 생각되는 치수를 명료하게 도면에 기입한다.
② 치수는 대상물의 크기, 자세 및 위치를 가장 명확하게 표시하는 데 필요하고도 충분한 것을 기입한다.
③ 치수는 되도록 정면도에 집중하여 기입한다(보기 좋게 알맞게 기입하면 절대 안 됨).
④ 치수는 중복 기입을 피한다.
⑤ 치수는 선에 겹치게 기입해서는 안 된다.
⑥ 치수는 되도록 계산하여 구할 필요가 없도록 기입한다.
⑦ 치수는 치수선이 서로 만나는 곳에 기입하면 안 된다.
⑧ 치수는 필요에 따라 기준으로 하는 점, 선, 또는 면을 기초로 한다.

50 **PART 02** 3D 형상 모델링

(3) 치수보조기호

기호 이름	기호 모양	기호의 해독
지름	∅	원형의 지름 치수 앞에 붙어 있다.
반지름	R	원형의 반지름 치수 앞에 붙어 있다.
구의 지름	S∅	구의 지름 치수 앞에 붙어 있다.
구의 반지름	SR	구의 반지름 치수 앞에 붙어 있다.
정사각형의 변	□	정사각형의 모양이나 위치 치수 앞에 붙어 있다.
판의 두께	t=	판재의 두께 치수 앞에 붙어 있다.
원호의 길이	⌒	원호의 길이 치수 앞에 붙어 있다.
45° 모떼기	C	45°의 모떼기 치수 앞에 붙어 있다.

기호 이름	기호 모양	기호의 해독
이론적으로 정확한 치수	50	위치 공차 기호를 지시할 때 이론적으로 정확한 치수는 사각형으로 둘러싸여 있다.
참고 치수	(50)	참고로 지시하는 치수를 괄호로 하고 제작치수로 사용하지 않는 치수로 사용한다.
치수의 취소	5̶0̶	치수를 가로질러 직선을 붙이며, 치수를 수정할 때 사용한다.
비례 척도가 아닌 치수	<u>50</u>	치수 밑에 직선을 붙이며, 투상도의 크기와 치수 값이 일치하지 않을 때 사용한다.
치수의 기준(기점)	⊥	누진·좌표치수를 지시할 때 치수의 기준이 되는 지점을 표시한다.

(4) 치수 공차 용어

보기	용어	치수	해설
$100^{+0.05}_{-0.03}$	최대 허용치수	100.05	형체에 허용되는 최대치수
	최소 허용치수	99.97	형체에 허용되는 최소치수
	기준치수	100	허용 한계치수의 기준
	허용 한계치수	100.05 99.97	최대 허용치수와 최소 허용치수를 말함
	위치수 허용차	0.05	최대 허용치수−기준치수
	아래치수 허용차	−0.03	최소 허용치수−기준치수
	치수공차	0.08	최대 허용치수와 최소 허용치수와의 차

CHAPTER 01 도면의 이해 **51**

(5) 끼워맞춤의 종류

① 헐거움 끼워맞춤 : 구멍과 축 사이에 항상 틈새가 있다.

② 억지 끼워맞춤 : 구멍과 축 사이에 항상 죔새가 있어야 한다.

③ 중간 끼워맞춤 : 실제 치수에 따라 틈새와 죔새가 있다.

구분	용어	치수	해설
구멍 $100^{+0.05}_{+0.03}$	최소 틈새	$100.03 - 99.97 = 0.06$	구멍의 최소 허용치수－축의 최대 허용치수
축 $100^{-0.03}_{-0.05}$	최대 틈새	$100.05 - 99.95 = 0.1$	구멍의 최대 허용치수－축의 최소 허용치수
구멍 $100^{-0.03}_{-0.05}$	최소 죔새	$100.03 - 99.97 = 0.06$	축의 최소 허용치수－구멍의 최대 허용치수
축 $100^{+0.05}_{+0.03}$	최대 죔새	$100.05 - 99.95 = 0.1$	축의 최대 허용치수－구멍의 최소 허용치수

(6) IT기본공차

① 기본 공차의 등급을 01급, 1급, 0급, 2급, …, 18급으로 총 20등급으로 구분하여 규정한다.

② 구멍은 알파벳의 대문자로, 축은 소문자로 표기한다.

구분＼적용	게이지 제작 공차	끼워맞춤 공차	끼워맞춤 이외 공차
구멍	IT01급~IT5급	IT6급~IT10급	IT11급~IT18급
축	IT01급~IT4급	IT5급~IT9급	IT10급~IT18급

③ 끼워맞춤 예 : 구멍은 대문자 H가 기준이며 축은 소문자 h가 기준이다.

구멍	축	상호 관계
∅50H7	∅50g6	구멍 기준 헐거운 끼워맞춤
∅50H7	∅50p6	구멍 기준 억지 끼워맞춤
∅50G6	∅50h7	축 기준 헐거운 끼워맞춤
∅50N6	∅50h7	축 기준 억지 끼워맞춤

6 기하공차

기하공차의 목적은 기계 부품의 치수 공차에 형상 및 위치 공차를 주어 제품을 정밀하고 효율적으로 생산하여 경제성이 있도록 하는 데 있다.

적용하는 형체	공차의 종류		기호
단독형체 (데이텀이 필요 없음)	모양 공차	진직도 공차	—
		평면도 공차	▱
		진원도 공차	○
		원통도 공차	⌭
		선의 윤곽도 공차	⌒
단독형체 또는 관련형체		면의 윤곽도 공차	⌓
관련형체 (데이텀이 필요함)	자세 공차	평행도 공차	//
		직각도 공차	⊥
		경사도 공차	∠
	위치 공차	위치도 공차	⊕
		동심도 공차	◎
		대칭도 공차	═
	흔들림 공차	원주 흔들림 공차	↗
		온 흔들림 공차	↗↗

CHAPTER 01 도면의 이해 **53**

3D프린터운용기능사 자격증 대비과정

2D 스케치

1 3D 엔지니어링 소프트웨어 기능 파악

(1) 3D 엔지니어링 소프트웨어에 따른 기능

① 3D 엔지니어링 소프트웨어 기능
  ㉠ 형상 디자인과 부품 설계, 조립품, 조립 유효성 검사 및 시뮬레이션
  ㉡ 디지털 프로토타입(시제품)의 실현
  ㉢ 제품의 오류 최소화

② 기능별 템플릿
  ㉠ 파트(부품) 작성
    • 하나의 부품 형상을 모델링하는 곳
    • 3D 엔지니어링 소프트웨어에서 형상을 표현하는 가장 중요한 요소임
  ㉡ 조립품 작성
    • 파트 작성을 통해 생성된 부품을 조립하는 곳
    • 3D 엔지니어링 소프트웨어를 통해 부품 간 간섭, 조립 유효성 검사 및 시뮬레이션 등 의도한 디자인대로 동작하는지 체크 가능
  ㉢ 도면 작성 : 작성된 부품 또는 조립품을 도면화시키고, 현장에서 형상을 제작하기 위한 2차원 도면을 작성하는 요소

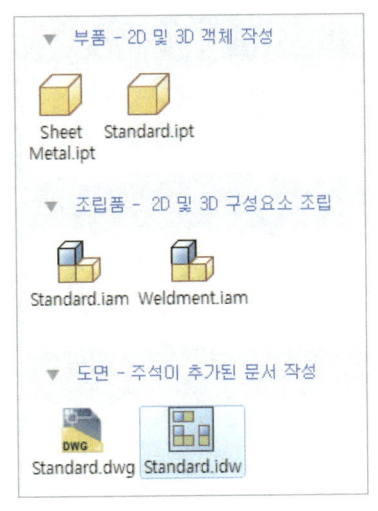

<인벤터에서 사용하는 시작 템플릿>

(2) 파트 작성 기능 파악하기

3D 엔지니어링 소프트웨어의 파트 작성 기능은 크게 스케치 작성, 솔리드 모델링, 곡면 모델링 기능으로 나눌 수 있다.

① 스케치 작성
  ㉠ 모델링 형상을 만들기 위해 스케치 영역에서 형상의 레이아웃(단면 형상)을 작성
  ㉡ 2차원 스케치 : 평면을 기준으로 선, 원, 호 등 작성 명령을 이용하여 형상을 표현하며, 일반적으로는 2차원 스케치를 통해서 프로파일을 작성

54 PART 02 3D 형상 모델링

ⓒ 3차원 스케치 : 3차원 공간에서 직접적으로 선을 작성하는 기능

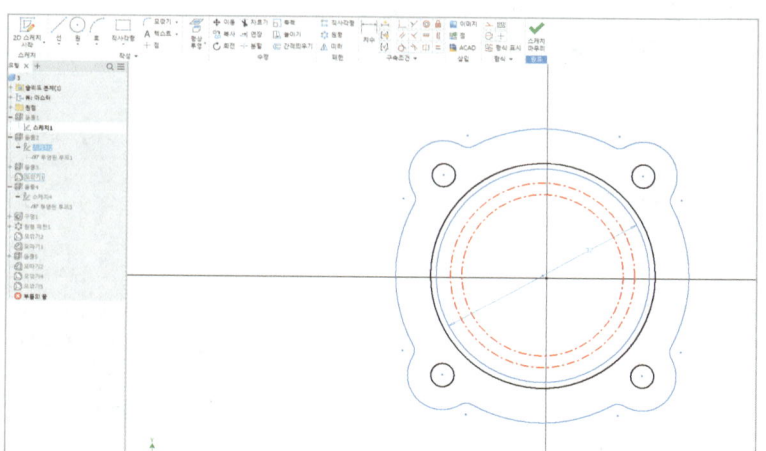

<인벤터 프로그램을 이용한 2D 스케치 작성>

② 솔리드 모델링

　ⓐ 3D 엔지니어링 소프트웨어에서 3차원 형상의 표면뿐만 아니라 내부에 **질량, 체적, 부피** 값
　등 여러 가지 정보가 존재할 수 있으며 점, 선, 면의 집합체로 되어 있음

　ⓑ 솔리드 모델링은 앞서 스케치에서 생성된 프로파일(단면형상)에 각종 모델링 명령(돌출, 회전,
　구멍 작성, 스윕, 로프트) 등을 이용하여 형상을 표현하는 것

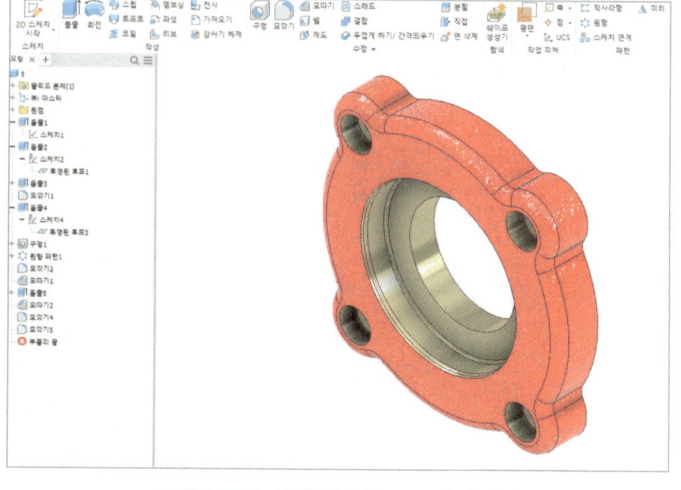

<인벤터 프로그램을 이용한 3D 스케치 작성>

③ 3D 곡면(서피스) 모델링

　ⓐ 솔리드 모델링으로 표현하기 힘든 기하곡면을 처리하는 기법으로 솔리드 모델링과는 다르게
　형상의 표면 데이터만 존재하는 모델링 기법

　ⓑ 곡면 모델링 기법으로 3차원 형상을 표현하고, 3D 엔지니어링 소프트웨어에서 제공하는 기능
　을 이용하여 솔리드 형상으로 변경하여 완성함

CHAPTER 02 2D 스케치　**55**

ⓒ 3D 엔지니어링 소프트웨어에서는 솔리드 모델링과 곡면 모델링을 같이 수행할 수 있는 기능을 제공하고 있으며 이를 **하이브리드 모델링**이라고도 함

ⓓ 산업 디자인에 많이 사용

<곡면 모델링 작성>

2 기하학적 드로잉(Drawing) 및 스케치 명령

드로잉이란 치수 추출이 가능한 기하학적 형상을 그리는 것으로 형상의 기본 단면(프로파일)을 표현하기 위한 스케치를 뜻하는 것이다.

(1) 스케치 명령 구성

① 드로잉(그리기) 도구

<그리기 도구 메뉴>

아이콘	설명
	기본적인 선을 그리는 명령으로, 스케치에서 가장 많이 사용되는 연속되는 선 그리기 기능을 가지고 있다.
	원을 그리는 명령으로, 기본적으로 중심점을 먼저 지정하고 원의 크기를 지정하여 원을 스케치한다.
	사각형을 그리는 명령으로, 사각형의 코너와 반대편 코너를 지정하여 사각형을 그릴 수 있으며 하위 명령에 따라 그리는 방법을 다양하게 변경할 수 있다.
	원호를 그리는 명령으로, 원의 일부분을 그릴 때 많이 사용하고 있으며 하위 명령에 따라 다양하게 호를 그릴 수 있다.

56 **PART 02** 3D 형상 모델링

아이콘	설명
	정다각형을 그리는 명령으로, 정삼각형 이상의 정다각형 도형을 그릴 수 있다. 명령을 선택하고 먼저 변의 개수를 지정하고, 중심점과 다각형의 크기 점을 지정해서 다각형을 그릴 수 있다.
	타원을 그리는 명령으로, 장축과 단축으로 이루어진 원을 그릴 때 사용한다. 중심점을 먼저 지정하고, 장축의 위치와 단축의 위치를 지정하여 그린다.
	직선뿐만이 아닌 호(Arc)와 조합하여 연속적인 선 그리기가 가능한 메뉴이며 단일 평면 객체 생성이 가능하다.
	객체의 모서리 부분을 둥글게 라운드 처리하는 기능으로 반지름을 지정하고 모서리 선을 각각 지정하여 둥글게 모깎기를 한다.
	객체의 모서리 부분을 지정한 거리만큼 떼어내는 기능으로 각각 잘라낼 길이만큼 길이를 지정하고 두 변을 선택하면 모떼기가 된다.
	장공 모양의 스케치 요소를 그린다. 중심 대 중심, 전체, 중심점, 3점호, 중심점호 슬롯 등으로 그릴 수 있다.

② 스케치 편집 도구

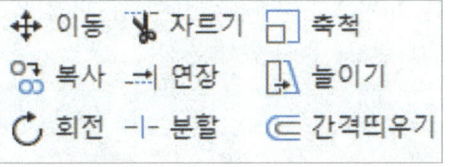

<인벤터 프로그램에서 사용되는 편집 도구>

아이콘	설명
이동	객체를 이동시키는 메뉴이다. 기준점을 설정한 후 이동하고자 하는 위치를 지정하여 이동시킨다.
회전	객체를 회전시키는 메뉴이다. 회전하고자 하는 객체를 지정하고 회전의 기준점을 설정한 후 회전하고자 하는 위치를 지정하여 회전시킨다.
복사	원하는 객체를 복사할 수 있는 메뉴이다. 반복 복사가 가능하기 때문에 하나의 객체를 여러 개로 복사할 수 있다.
대칭	원하는 객체를 거울처럼 이동, 복사하는 메뉴이다. 원하는 객체를 지정하고 대칭이 될 기준을 지정하게 되면 복사된다.
자르기	가장 가까운 교차곡선 또는 선택한 경계형상까지 선을 자른다.
연장	가장 가까운 교차곡선 또는 선택한 경계형상까지 곡선을 연장한다.
분할	곡선 도면 요소를 두 개 이상의 단면으로 분할한다.
축척	선택한 스케치 형상의 크기를 비례하여 늘리거나 줄인다.
늘리기	지정된 점을 사용하여 선택한 형상을 늘린다.
간격띄우기	선택한 스케치 형상을 복제하고 동적으로 원점에서부터 간격띄우기를 한다.

CHAPTER 02 2D 스케치 **57**

3 구속조건 부여

구속조건이란 객체들 간의 자세를 흐트러짐 없이 잡아 두고, 차후 디자인 변경이나 수정 시 편리하고 직관적으로 업무를 수행하기 위해서 필요한 가장 중요한 기능을 말한다.

(1) 구속조건의 종류

구속조건에는 크게 형상 구속과 치수 구속의 두 가지가 있으며 이 두 구속조건을 모두 충족해야만 정상적이고 안전한 형상을 모델링할 수 있다.

<인벤터 프로그램에서의 구속조건>

① 형상 구속 : 스케치 객체들의 자세가 자유롭게 변형되는 것을 막고, 설계자가 의도한 대로 스케치 형상을 유지할 수 있도록 설정하는 구속이다.

아이콘	설명
일치	2D 및 3D 스케치의 다른 형상에 점을 일치시켜 구속한다.
평행	선택한 선형 형상이 서로 평행으로 놓이도록 구속한다.
접선	스플라인의 끝을 포함하는 곡선을 다른 곡선에 접하도록 구속한다.
동일선상	두 개 이상의 선 세그먼트 또는 타원 축이 동일한 선에 놓이도록 한다.
직각	선택한 선형 형상이 서로 직각으로 구속한다.
부드럽게	곡률 속 조건을 스플라인에 적용한다.
동심	중심점에 두 개의 호, 원 또는 타원을 구속한다.
수평	스케치 좌표계의 X축에 평행이 되도록 선, 타원 축, 점 쌍을 생성한다.
대칭	선택한 선 또는 곡선이 선택한 선을 기준으로 대칭되도록 구속한다.
고정	스케치 좌표계에 상대적인 위치에 점과 곡선을 고정시킨다.
수직	선, 타원축 또는 점의 쌍이 스케치 좌표계의 Y축에 평행이 되도록 놓이게 한다.
동일	선택된 원과 호가 동일한 반지름을 갖거나 선택된 선이 동일한 길이를 갖도록 구속한다.

② **치수 구속** : 스케치의 값을 정해서 크기를 맞추는 구속이다.

아이콘	설명
일반치수	2D 또는 3D 스케치에서 치수를 배치한다.
자동치수	선택된 스케치 형상에 누락된 치수와 구속조건을 적용한다.
구속조건표시	선택한 스케치 형상에 대한 구속조건 정보를 표시한다.
구속조건 설정	스케치 구속조건 및 치수의 화면표시, 작성, 추정, 완화끌기 및 과도한 구속에 대한 설정을 제어한다.

3D프린터운용기능사 자격증 대비과정

3D 형상 모델링

1 3D CAD 프로그램 활용

(1) 모델링의 종류

① 폴리곤(Polygon) 모델링

ⓐ 폴리곤(Polygon, 다면체)은 형태를 구성하는 점, 선, 면의 집합으로 메시(Mesh)를 제작하는 방식이다.

ⓑ 게임 그래픽에 많이 사용한다.

ⓒ 폴리곤의 최소 단위는 삼각형이다.

ⓓ 곡선 표현이 부족하기 때문에 얼라이어싱(Aliasing, 계단 현상)이 발생한다.

ⓔ 폴리곤 개수를 많이 늘려 부드러운 곡선으로 표현한다.

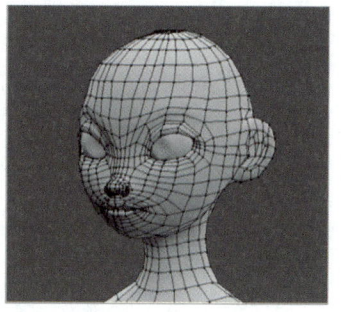

<폴리곤 방식의 게임 캐릭터 모델링>

② 넙스(Nurbs) 모델링

ⓐ NURBS는 Non-Unifrom Rational B-Spline의 줄임말로 비정형 유리 B-스플라인이라고 한다.

ⓑ 폴리곤의 단점을 보완하기 위해 만들어진 기술이다.

ⓒ 높은 품질의 곡면체를 만들 수 있다.

ⓓ 제품디자인에 많이 쓰인다.

ⓔ 먼저 선(Curve)을 이용해 형태를 잡고 선들을 Loft시켜서 면(Surface)을 만든다.

ⓕ 제어점(Control Vertex)을 이용해 형태를 수정, 접합하는 방식으로 모델링한다.

60 PART 02 3D 형상 모델링

<넙스(Nurbs) 모델링을 이용한 제품디자인>

③ 섭디비젼(Subdivision) 모델링

　　㉠ 직관적인 폴리곤의 장점과 곡선이 완벽한 넙스의 장점을 모두 가지고 있다.

　　㉡ 겉으로 보이는 폴리곤 모델링을 기본으로 완만한 곡선 형태를 이룬다.

　　㉢ 폴리곤의 점(Vertex)이 곡선에 영향을 미치는 제어점이 되어 모델링을 할 수 있다.

　　㉣ 미국 픽사(Pixar)에서 개발하여 영화나 애니메이션 제작에 사용한다.

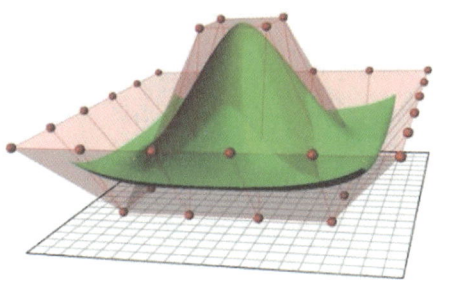

<섭디비젼(Subdivision)을 이용한 모델링>

④ 스컬핑(Sculpting) 모델링

　　㉠ 최근 유행하는 모델링 방식으로 점토로 석상을 만드는 과정을 3D로 옮겨온 것이다.

　　㉡ 기본적으로 조형에 대한 이해가 있어야 원하는 모델링을 할 수 있다.

　　㉢ 게임이나 애니메이션에 사용하기 위해서는 표면을 폴리곤으로 재가공하는 과정이 필요하다.

<스컬핑(Sculpting) 모델링을 이용한 캐릭터 제작>

CHAPTER 03 3D 형상 모델링 **61**

(2) 3D CAD 프로그램

① 3D 디자인 소프트웨어의 주요 기능

ㄱ 객체 모델링과 편집

ㄴ 재질 입히기

ㄷ 랜더링

② 좌표계와 뷰포트(Viewport)

ㄱ 좌표계

- 3차원 객체를 모델링하기 위해서 3차원 좌표계를 사용한다.
- 3차원 공간의 좌표계는 축의 방향을 설정하는 방법에 따라 왼손 좌표계, 오른손 좌표계로 나뉜다.
- X축과 Y축은 동일하나 Z축의 방향은 반대로 되어 있다.

<왼손 좌표계, 오른손 좌표계>

ㄴ 뷰포트(Viewport)

- 3D 객체를 모델링하기 위한 3D 작업 공간을 Viewport라고 한다.
- Front(정면), Top(평면), Left(좌측면), Perspective(원근법)로 기본 설정되어 있다.

Front view	정면에서 바라본 장면
Top view	객체를 위에서 바라본 장면
Left view	왼쪽에서 바라본 장면
Right view	오른쪽에서 바라본 장면
Perspective view	원근감이 있는 입체적인 장면

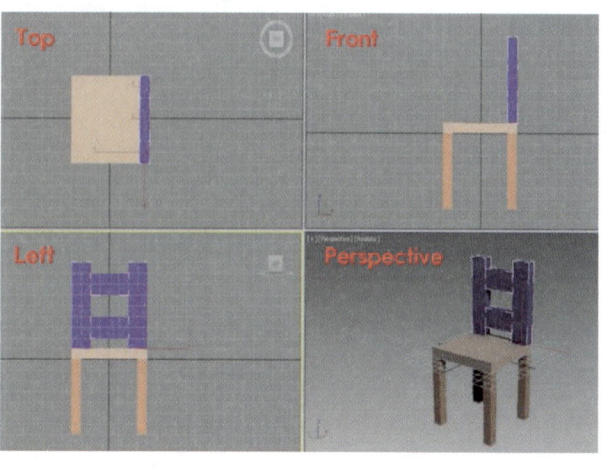

③ 3D 모델링 소프트웨어의 주요 기능

ㄱ 기본 메뉴 기능

• 기본 기능은 파일의 생성, 열기, 저장, 닫기, 환경 설정 등이 있다.

• 생성된 객체에 대해 이동, 회전, 스케일 조정의 기능이 제공된다.

이동 기능	3차원 객체를 생성한 뒤 적당한 위치로 이동
회전 기능	생성된 3차원 객체를 X축, Y축, Z축 방향으로 회전
스케일 기능	객체의 크기를 변화

ㄴ 3D 모델링 기능

• 3D 객체를 생성하기 위한 모델링 방법
  −3D 기본 도형을 이용하는 방법
  −2D 라인을 3D 객체로 만드는 방법

• 폴리곤 모델링 기법

CSG(Constructive Solid Geometry)	도형 단위 요소를 불러와서 조합(합, 차, 적)으로 물체를 표현하는 방식
B−Rep (Boundary Representation, 경계 표현)	입체를 둘러싸고 있는 면의 조합으로 표현하는 방식

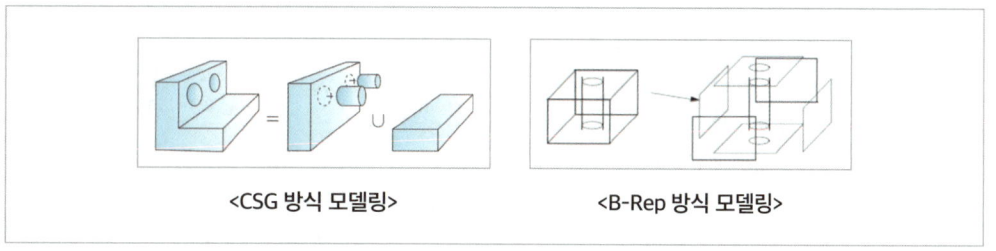

<CSG 방식 모델링>   <B-Rep 방식 모델링>

ㄷ Modify(수정) 기능

• 생성된 3D 객체 수정 가능

• 점, 선, 면에 대한 삽입, 삭제, 수정 기능

• 객체 구부리기, 비틀기, 늘리기, 돌출시키기, 부드럽게 하기 등의 기능

CHAPTER 03 3D 형상 모델링 **63**

ⓔ 재질 입히기 및 렌더링 기능
- 3D 객체에 색상이나 문양, 질감을 표현하는 기능
- 유리나 플라스틱, 금속, 천, 나무, 돌 등의 재질 표현 기능
- 이미지 매핑 기능
- 빛의 세기 조절과 반사 굴절 효과 기능
- 모델링된 결과물 출력 가능
- 랜더링 : 3D로 제작된 결과물을 출력하는 계산 과정

④ 3D 디자인 소프트웨어에서 지원하는 모델링 종류

㉠ 3D 기본 도형 모델링 : 박스, 콘, 구, 실린더, 튜브 등 가장 기본이 되는 간단한 도형을 합치거나 변형하여 비교적 단순한 3D 객체를 생성할 수 있다.

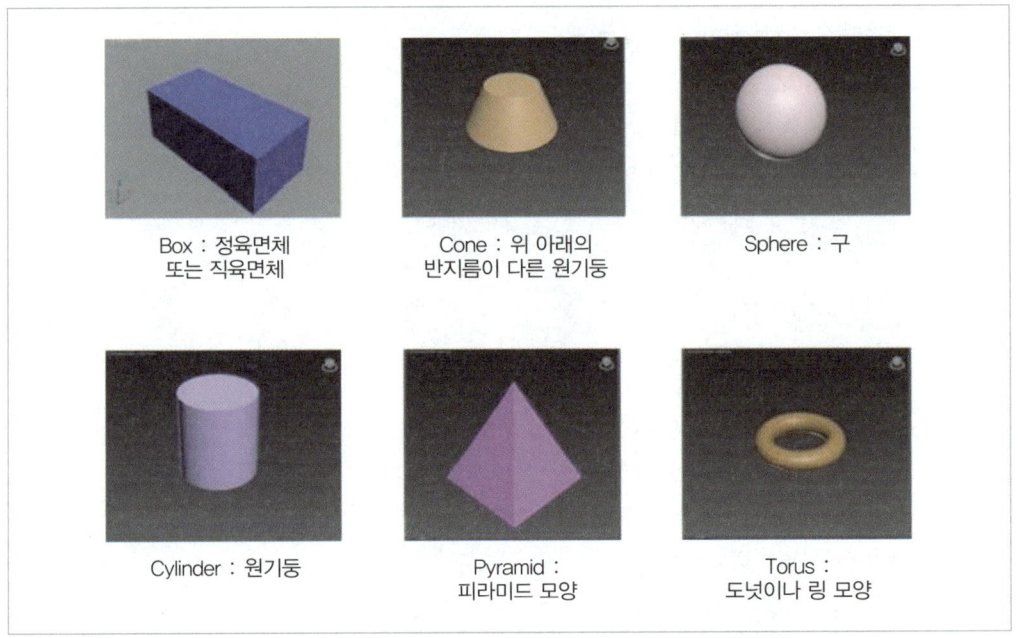

<3D 기본 도형의 종류>

㉡ 폴리곤 모델링 : 삼각형을 기본면으로 하여 3D 객체를 모델링하는 방법으로 폴리곤 편집 명령에는 삭제, 분할, 연결, 높이 변경, 모서리 깍기 등이 있다.
- 점(Vertex, 정점)
  - 점 삭제 기능
  - 점과 점을 이어 주는 기능
  - 선택한 점에 높이를 주는 기능
  - 지정된 범위 안에 점을 합치는 기능
  - 선택한 점에 새로운 점을 만들어 분리시키는 기능
- 선(Edge, 변)
  - 선택한 선의 삭제 기능
  - 선택한 선을 분리시키는 기능

－선택한 선에 높이를 주는 기능

－지정한 범위 안에 선을 합치는 기능

－선택한 선을 다른 선과 연결 하는 기능

－선택한 선을 새로운 모양으로 만들어 주는 기능

－선택한 선에 수직이 되는 방향으로 면을 분할하는 기능

• 면(Polygon)

－면에 높이를 주는 기능

－면과 면을 연결하는 기능

－선을 따라 선택한 면을 돌출시키는 기능

－선택한 면의 넓이를 늘리거나 줄이는 기능

• 폴리곤 모델링에서 점과 선, 면의 구성

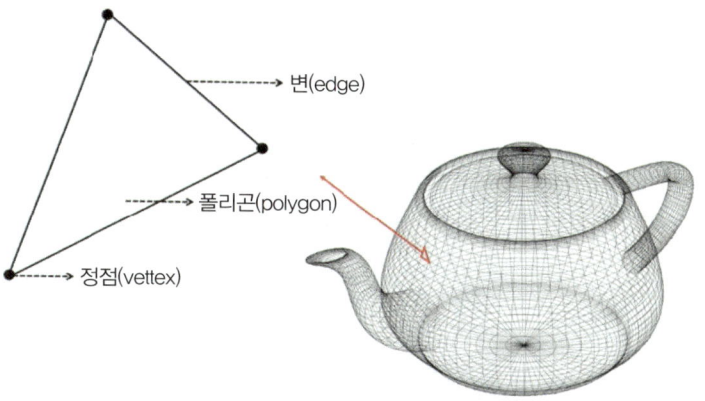

<폴리곤 모델링에서 점과 선(변), 면의 기능>

ⓒ 2D 라인을 이용한 3D 모델링 : 2D 라인으로 단면을 그리고 단면에 두께를 주거나 2D 라인을 회전시키는 등의 방식으로 3D 객체를 생성하는 방법이다. 2차원 객체로는 선, 사각형, 원, 타원, 호, 텍스트 등이 있다.

• 돌출(Extrude) 모델링 : 2D 단면에 두께 값을 주어 면을 돌출시키는 방식

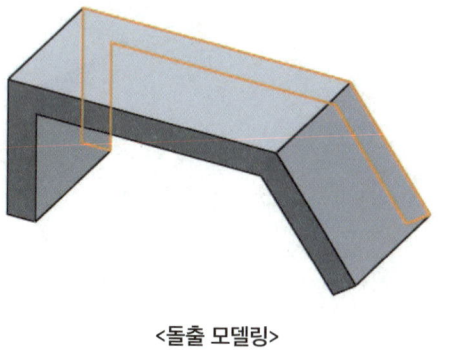

<돌출 모델링>

CHAPTER 03 3D 형상 모델링 **65**

• 스윕(Sweep) 모델링 : 경로를 따라 2D 단면을 돌출시키는 방식. 스윕 모델링을 하기 위해서 경로와 2D 단면이 있어야 함

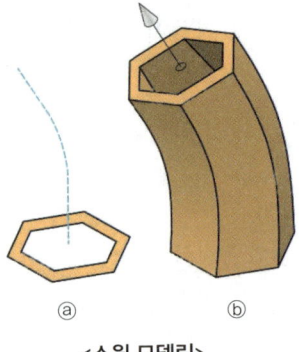

<스윕 모델링>

• 회전(Revolve) 모델링 : 축을 기준으로 2D 라인을 회전하여 3D 객체로 만드는 방식

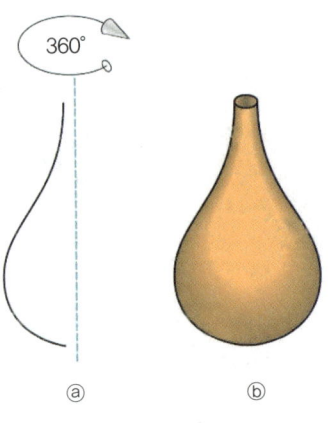

<회전 모델링>

• 로프트(Loft) 모델링 : 2개 이상의 라인을 사용하여 3D 객체를 만드는 방식. 사용되는 라인 중 하나는 경로(path)로 사용되며, 다른 하나는 표면(shape)을 만들게 됨

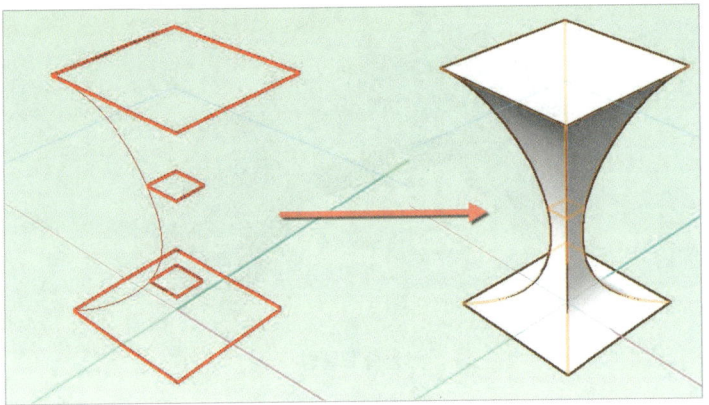

<로프트 모델링>

66 **PART 02** 3D 형상 모델링

2 작업지시서 작성

(1) 작업지시서

① 제품 제작 시에 반영해야 할 정보를 정리한 문서

② 디자인 요구사항, 영역, 길이, 각도, 공차, 제작 수량에 대한 정보를 포함하고 있음

(2) 작업지시서에 포함되어야 할 내용

① 제작 개요에 대한 내용

㉠ 제작 물품명

㉡ 제작 방법

㉢ 제작 기간

㉣ 제작 수량

② 디자인 요구사항에 대한 내용

㉠ 모델링 방법에 대한 자세한 설명을 표기한다.

㉡ 제작 시 주의사항과 요구사항을 작성한다.

㉢ 출력할 3D프린터의 스펙 및 출력 가능 범위를 정확히 체크하고 그에 맞는 모델링을 수행한다.

(3) 정보 도출에 대한 내용

① 전체 영역과 부분의 영역에 대한 정보 도출

② 각 부분의 길이, 두께, 각도에 대한 정보 도출

(4) 도면 그리기

① Top view, Front view, Left view, Perspective View에 대한 도면을 그린다.

② 각 도면에 대한 정확한 영역과 길이, 두께, 각도 등에 대한 정보를 표기한다.

CHAPTER **04** 3D프린터운용기능사 자격증 대비과정

3D 형상 데이터 편집

1 작업 환경 설정

3D 객체 형성 전에 작업 환경을 설정해야 한다.

(1) 스케일(축척) 설정
① 3D 출력물의 정확도와 여러 객체를 조립할 때 크기를 통일하기 위해서 꼭 필요하다.
② 3D프린터용 출력물 모델링을 위해서 **단위를** mm로 설정하도록 한다.

(2) 자동 저장 기능 설정
예기치 못하게 다운되는 경우가 종종 있으므로 자동 저장 기능을 설정해 두는 것이 필요하다.

(3) 명령어 취소 기능 횟수 설정
복잡한 객체의 경우, 높게 설정해 두면 수정하기 편리하다.

2 3D 객체 생성 과정

(1) 2D 라인 그리기
① 작업지시서를 보고 2차원 그래픽 소프트웨어에서 2D 라인으로 단면을 제작한 후 3D 디자인 소프트웨어로 불러들여 작업을 할 수 있다.
② 3D 디자인 소프트웨어에서 기본적으로 제공하는 선, 원, 호, 사각형, 다각형, 텍스트 등을 이용하여 자체 기능만으로도 작성할 수 있다.
③ 스케치된 그림이나 이미지 파일이 있으면 최대한 동일하게 라인을 생성시킨다.

(2) 3D 객체 만들기
① 2D 라인을 이용하여 3D 객체를 제작하는 방법
　㉠ 돌출 모델링
　㉡ 스윕 모델링
　㉢ 회전 모델링
　㉣ 로프트 모델링 등

68　PART 02 3D 형상 모델링

② 2D 라인 없이 3D 객체를 만드는 방법

ㄱ 기본 도형을 이용한 모델링

ㄴ 폴리곤 모델링

ㄷ CSG 방식

(3) 객체 병합 및 수정

① 개별 객체가 만들어지면 하나의 객체로 병합하는 과정을 거치고, 폴리곤 편집을 통해 수정할 수 있다.

② 수정 도구를 이용하여 크기, 각도, 위치, 두께, 부드러움 정도를 수정할 수 있다.

3 객체 형상 데이터 조립

(1) 형상 데이터 조립 방법

복잡한 형상을 가진 3D 객체의 경우에는 부분을 따로 제작한 뒤 하나의 형상으로 조립해야 한다. 여러 객체로 이루어진 하나의 공간을 구현할 때에도 각각 제작된 객체를 하나의 공간으로 합치는 조립을 수행해야 한다.

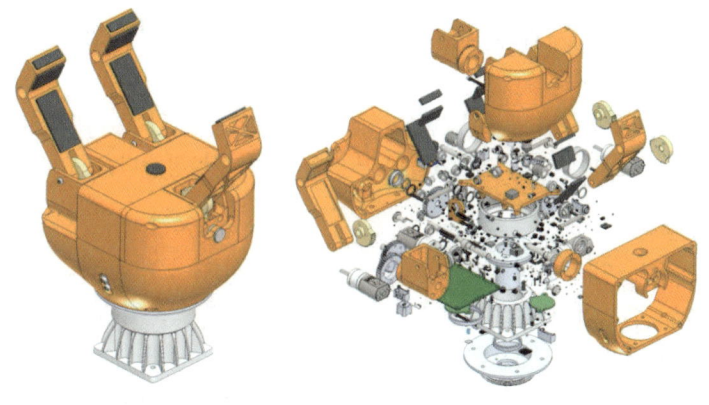

<각각의 부품을 모델링하여 하나의 조립 모델링 완성>

① 부분 형상 제작

ㄱ 하나의 객체로 조립할 부분 형상들을 제작할 때에는 모두 동일한 작업 환경을 이용해야 한다.

ㄴ 동일한 좌표계와 동일한 스케일 환경에서 작업을 해야 조립이 용이하다.

ㄷ 객체 조립 부위의 크기와 두께가 일치되도록 주의해야 한다.

② 객체 조립

ㄱ 부분 형상이 준비되면 객체들을 하나의 공간으로 불러들여 조립을 수행한다.

ㄴ 이때 병합 기능을 이용하여 병합할 객체를 한 공간으로 모은다.

ㄷ 부분 형상들을 병합할 위치에 배치하고 형상을 하나로 조립한다.

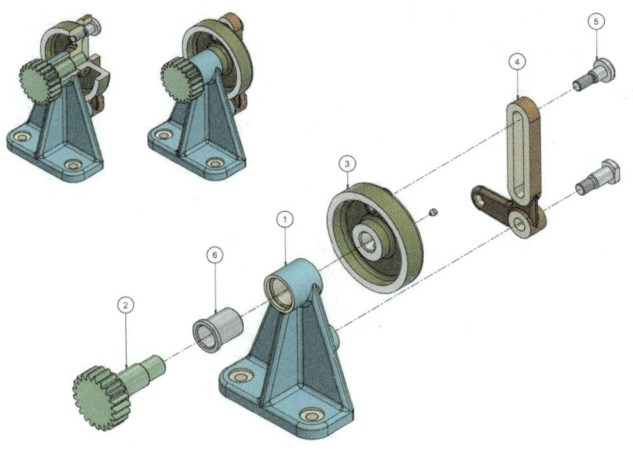

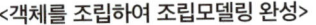

<객체를 조립하여 조립모델링 완성>

- 부분 형상 확인하기 : 부분 형상을 병합하기 전에 각각의 형상이 3D프린터로 출력이 가능한지 확인한다.
- 객체 병합 기능
  - 객체 병합 기능을 이용하여 부분 형상을 하나의 객체로 합칠 수 있다.
  - 병합 기능은 여러 개의 형상을 하나로 합쳐서 하나의 객체로 만들어 준다.

③ 폴리곤 연결
  ㉠ 연결할 두 면을 선택한 뒤 폴리곤 연결 기능을 적용하여 두 면을 자연스럽게 이어 준다.
  ㉡ 연결할 두 면의 크기가 동일해야 **연결된 부분의 크기도 일정**하다.

(2) 객체 형상 데이터 검증
작업지시서의 디자인 도면과 형상 데이터를 비교하기 위해서 다음 내용을 고려해야 한다.

① 전체 형상의 모양과 크기 비교 : 작업지시서의 디자인 도면과 조립된 3D 형상의 크기와 모양을 비교한다.

② Top, Front, Left 도면과 형상 비교 : 정확한 비교를 위해 작업지시서에 표시된 Top, Front, Left 도면과 조립된 3D 형상의 Top, Front, Left view를 비교한다.

③ 각 부분 수치 비교 : 각 부분의 크기, 두께, 각도 등을 면밀히 검토하여 차이점이 없는지 확인해야 한다.

④ 조립 부위의 연결 비교 : 하나의 객체로 조립이 되었는지 확인하고 조립 부위의 연결이 자연스러운지 검토해야 한다.

(3) 형상 데이터 수정
① 데이터 수정 기능
  ㉠ 크기, 두께, 각도 수정하기
  - 작업지시서의 도면과 모델링된 3D 데이터의 크기 및 두께, 각도에 차이가 있다면 3D 디자인 소프트웨어의 수정 도구를 이용하여 수정한다.
  - 3D 디자인 소프트웨어의 크기 측정 도구를 이용하여 각 뷰에서의 크기를 측정한다.

- 측정된 크기가 도면과 다르다면 스케일 기능이나 객체의 속성값 설정을 통해 크기를 수정한다. 이때 수정하고자 하는 축이 바르게 선택되었는지 확인한다.
- 각도의 경우도 수정하고자 하는 방향이 맞는지 확인 후 각도를 수정한다.

② 2D 라인 수정하기

  ㉠ 2D 라인으로 단면이나 경로를 작성한 경우에는 2D 라인을 수정할 수 있다.

- 3D 디자인 소프트웨어는 각 작업을 스택이나 레이어 형태로 기록하고 있기 때문에, 2D 작업 후 3D 작업을 했더라도 2D 부분의 수정이 가능하다.
- 작업이 완료되기 전까지는 각각의 작업을 하나로 병합하지 말고 수정할 수 있도록 유지한다.

  ㉡ 2D 객체를 구성하는 하위 요소인 점과 선을 수정할 수 있다.

- 점에 대한 수정 기능 : 점 삽입, 점 삭제, 점 분리, 점들의 병합, 점을 기준으로 곡률 조절 등
- 선에 대한 수정 기능 : 선 삽입, 선 삭제, 선 분할, 선 연결 등

  ㉢ 2D 도형에 대한 수정 기능

- 2D 도형 합치기
- 도형에 대한 집합 연산
- 모서리 둥글게 만들기 등

③ 폴리곤 수정하기 : 폴리곤 수정은 폴리곤을 구성하는 하위 객체인 점, 선, 면의 수정을 통해 이루어진다.

점에 대한 수정 기능	• 점 삽입 • 점 삭제 • 점 분할 • 점 병합 • 점의 위치 이동 등
선에 대한 수정 기능	• 선 삽입 • 선 삭제 • 선 분할 • 선 연결 • 선의 위치 이동 등
면에 대한 수정 기능	• 선택한 면에 높이 주기 • 선택한 면의 넓이를 늘리거나 줄이기 • 면과 면을 연결하기 등

④ 정렬하기 : 객체 조립을 위해 **정렬 기능**을 이용하면 기준점을 중심으로 정확한 위치에 객체를 배치시킬 수 있다.

⑤ 부드럽게 처리하기 : 최종 결과물의 연결 부위 또는 전반적으로 부드럽게 처리할 부분에 대해서 **면 분할 기능**을 이용해 출력물을 부드럽게 처리할 수 있다.

(4) 데이터 수정 방법

　① 차이 나는 부분 분석하기 : 작업지시서의 도면과 모델링된 3D 데이터의 차이점을 분석한다.

　② 수정 방법 선택하기

　　㉠ 기본 도구를 이용 : 크기나 두께, 위치 이동, 각도 수정 가능

　　㉡ 폴리곤 편집 : 폴리곤에 돌출 값을 주어 돌출 모델링 생성

　　㉢ 2D 라인 편집 : 회전 모델링과 스윕 모델링, 로프트 모델링의 경우 라인 수정을 통해 편집

　　㉣ 폴리곤 모양을 변경해야 할 경우 : 폴리곤의 점과 선, 면 편집을 통해 수정

　　㉤ 3D 디자인 소프트웨어 : 구부리기, 비틀기, 늘리기 등 다양한 수정 도구가 있음

　③ 수정하기 : 선택한 수정 방법과 도구를 이용하여 도면과 일치하도록 수정한다.

　④ 수정 확인하기 : 수정이 제대로 되었는지 확인한다.

CHAPTER **05** 출력용 데이터 수정

3D프린터운용기능사 자격증 대비과정

PART 02

3D 형상 모델링

1 3D프린터 방식과 재료

3D프린터의 재료는 고체 기반 재료와 액체 기반 재료, 분말 기반 재료로 나눌 수 있다.

(1) 고체 기반형

3D프린터를 처음 접하는 사람이나 일반 가정용으로 사용하기 적당하다. 주로 섬세한 표현보다는 전체적인 윤곽에 대한 출력이나 시제품 제작 등에 사용된다.

① **FDM**(Fused Deposition Modeling, 용융 적층 모델링)
  ㉠ 열가소성 재료를 녹인 후 노즐을 거쳐 압출되는 재료를 적층해 가는 방식
  ㉡ 열가소성 재료에는 ABS, PLA 등의 필라멘트 형태가 있음

② **LOM**(Laminated Object Manufacturing) : 종이판이나 플라스틱 등의 시트를 CO_2 레이저나 칼로 커팅 후 열을 가하여 접착하면서 모델을 제작하는 방식

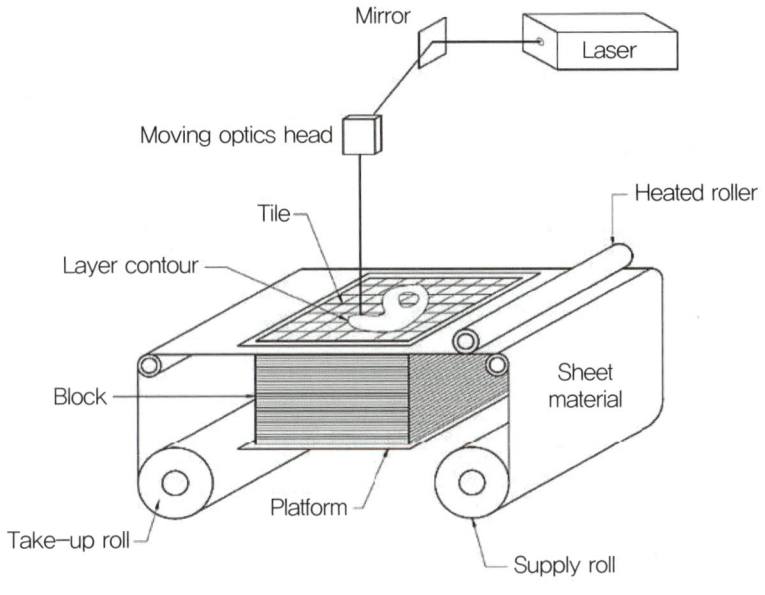

<종이 시트를 이용한 LOM 방식 3D프린터 원리>

CHAPTER 05 출력용 데이터 수정 **73**

③ 고체 기반 3D프린터의 장단점
  ㉠ 장점
    • 친숙한 소재 ABS, 친환경적 소재 PLA를 사용할 수 있다.
    • 3D프린터와 재료의 가격이 다른 3D프린터 방식에 비해 저렴하다.
    • 작동 원리가 간단하고 사용 가능한 오픈소스가 많아 활용하기 좋고, 가장 보편적인 방식으로 접근성이 좋다.
  ㉡ 단점
    • 다른 3D프린터 방식에 비해 출력의 품질이 떨어진다.
    • 미세 분진과 가열된 플라스틱 냄새가 발생한다.
    • 정교한 작업이 어렵다.

(2) 액체 기반형
액체 상태의 플라스틱을 광원을 이용하여 고체로 굳혀 조형물을 만드는 방식이다. 출력 사이즈가 작아 악세사리 및 치기공, 피규어 제작 등 정밀한 형상을 제작할 때 사용한다.

① DLP(Digital Light Processing) : 빔 프로젝터를 이용하여 레이저빔이나 강한 자외선에 반응하는 광경화성 액상 수지를 경화시켜 제작하는 방식

<DLP 방식>

② SLA(Stereo Lithography Apparatus, 광경화성 수지 조형 방식) : 거울을 이용하여 레이저의 각을 조절하며 빛에 민감한 반응을 하는 광경화성 수지가 들어 있는 수조에 자외선 레이저를 주사하여 모델을 제작하는 방식

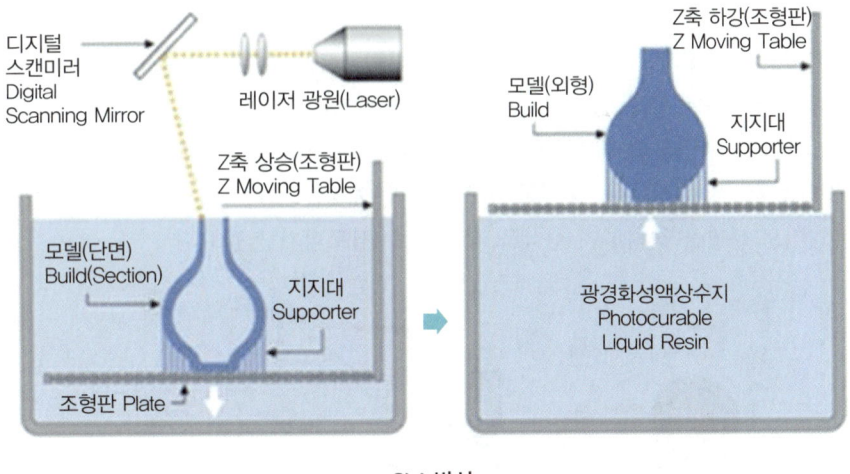

\<SLA 방식\>

③ Polyjet/MJM(Multi Jet Modeling) : 프린트 헤드의 노즐에서 액상의 컬러 잉크와 바인더라는 경화 물질을 분말 상태 재료에 분사하여 모델을 제작하는 방식

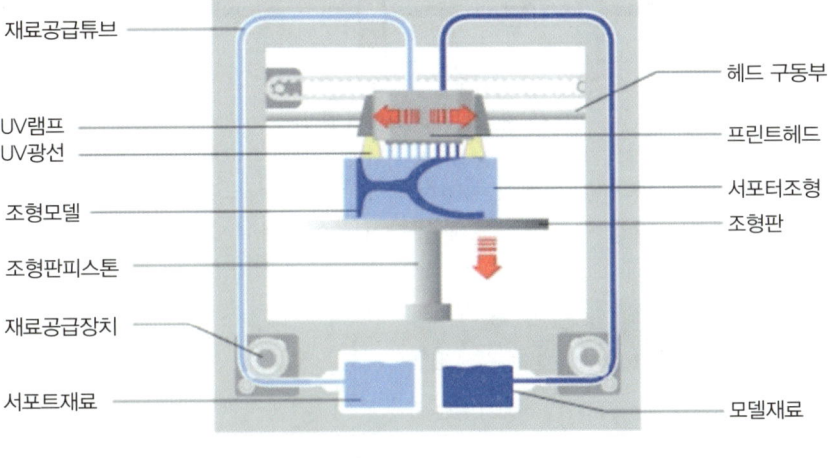

\<MJM 방식의 3D프린터 원리\>

④ 액체 기반형 3D프린터의 장단점

　㉠ 장점

　　• 약 0.1mm 이하의 해상도를 가지기 때문에 품질이 좋다.

　　• 소재의 종류가 5종 이상으로 다양하다.

　　• 출력 속도가 빠르고 컬러 출력도 지원된다.

　㉡ 단점

　　• 재료의 가격이 비싸다.

　　• 사용 및 취급 시 세심한 주의가 필요하다.

CHAPTER 05 출력용 데이터 수정 75

(3) 분말 기반형

다양한 분말 재료를 접합제, 레이저, 전자빔 등의 다양한 에너지 소스들을 사용하여 접합, 소결, 용융 등의 형태로 적층하는 방식의 3D프린터이다. 금속 및 세라믹, 모래 등을 사용하는 레이저 방식의 3D프린터는 복잡한 형상과 함께 강도와 내열성 등이 필요한 자동차 부품 등의 산업에 사용된다.

① 3DP(3D Dimensional Printing) : 분말을 바인더라 불리는 접착제를 이용하여 단면 조형 후 적층하고 바인더로 분말을 접착하여 형상을 제작하며, 서포터가 불필요함

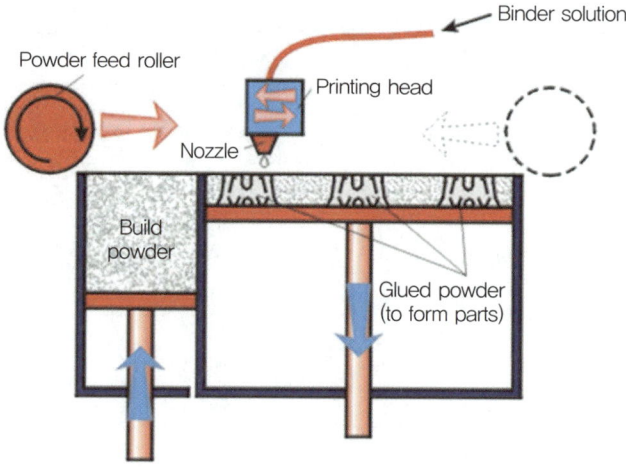

<3DP 방식의 3D프린터 원리>

② SLS(Selective Laser Sintering, 선택적 레이저 소결 방식), DMLS(Direct Metal Laser Sintering, 직접 금속 레이저 소결) : 분말 형태의 재료를 레이저를 이용하여 소결 또는 용해하여 형상을 제작

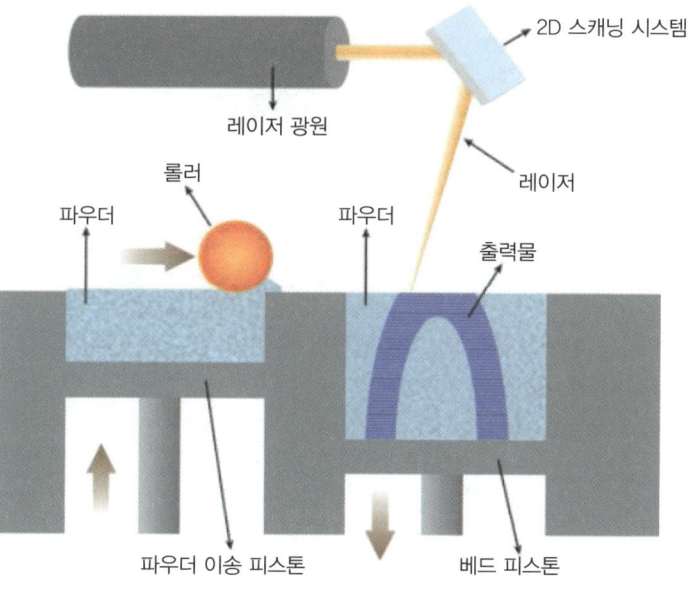

<SLS/DMLS 방식의 3D프린터 원리>

③ EBM(Electron Beam Melting, 전자빔 소결 방식) : 전자빔을 이용하여 분말 형태의 재료를 소결 또는 융해하여 형상을 제작

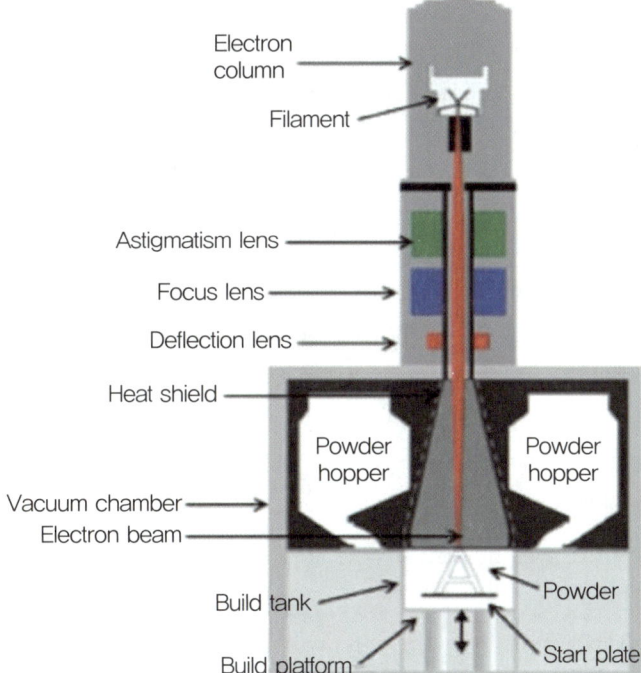

<EBM 방식의 3D프린터 원리>

④ 분말 기반형 3D프린터의 장단점
  ㉠ 장점
    • 3DP 방식은 서포터가 필요치 않기 때문에 출력 후 서포터 제거 등의 작업이 필요하지 않다.
    • 금속을 비롯해 세라믹, 플라스틱 등 분말로 된 다양한 소재를 사용할 수 있다.
    • 컬러 표현이 가능하다.
  ㉡ 단점
    • 분진이 발생하므로 피부와 호흡기에 영향을 미칠 수 있다.
    • 3D프린터와 재료의 가격이 비싸다.
    • 2차 처리 과정을 거쳐야 하는 번거로움이 있다.

2 출력용 데이터 저장

(1) 3D프린터에 따른 형상 데이터 변경

① 3D프린터에 따라 출력 가능 해상도가 다르다.

② 3D 모델링 데이터를 출력할 프린터의 해상도에 맞추어 데이터를 변경해야 한다.

③ 출력할 3D프린터의 특성을 고려하지 않고 정밀하게 모델링된 데이터의 경우

    ㉠ 3D 모델링한 제품의 가장 작은 부분의 크기가 0.1mm 정도이고, 3D프린터의 출력이 가능하다.

    ㉡ 해상도가 0.4mm인 경우에는 3D 모델링 데이터를 최소 0.4mm 이상으로 변경해야 한다.

    ㉢ 3D 디자인 소프트웨어의 스케일 기능을 이용하여 두께와 크기를 변경한다.

(2) 슬라이서 프로그램에서 형상 데이터 변경

3D 모델링 프로그램으로 모델링한 stl 데이터를 출력하기 위해서는 슬라이스 프로그램이 필요하다. 슬라이스 프로그램에서 G-code 변환 후 프린터에 전송하여 출력을 하게 된다. code 변환 시 각 층(layer) 두께, 노즐 크기, 온도 등에 따라서 설정이 가능하며 슬라이서 프로그램의 능력 및 설정값에 따라 출력물의 품질이 달라진다.

① 출력물의 정밀도 설정

    ㉠ 적층의 높이 지정(Layer height) : 높이 값이 작을수록 프린팅 해상도는 좋아지지만 프린팅 속도는 느려진다.

    ㉡ 벽 두께 : 출력물의 벽 두께를 설정한다. 노즐 구경보다 작은 값을 설정할 수 없다. 노즐의 구경이 0.4mm라면 벽 두께는 그 이상을 설정해야 한다.

② 출력물의 채움 방식

    ㉠ 출력물 내부 채움 밀도(%) : 출력물의 내부를 채울 때 밀도(%)를 설정한다.

    ㉡ 수치가 높을수록 밀도가 높고 내부에 재료를 꽉 채우게 된다.

    ㉢ 재료가 ABS인 경우, 밀도가 높을수록 재료 수축률이 높아져 갈라짐 현상이 발생할 수 있다.

③ 속도와 온도

    ㉠ 출력 속도, 노즐과 베드 판의 온도를 설정한다.

    ㉡ 각 축의 모터 이동 속도를 너무 높이면 표면의 결속 상태가 좋지 않게 되는 문제가 발생할 수 있다.

④ 출력할 재료에 대한 설정

    ㉠ 프린팅 필라멘트(재료)의 직경과 압출되는 재료의 양을 설정한다.

    ㉡ 노즐에서 분사되는 양이 많으면 흐름 현상이 생기고, 너무 적으면 출력물이 갈라지거나 그물같이 구멍이 뚫릴 수도 있다.

(3) 형상 데이터 분할 출력

- 분할 출력이란 하나의 3D 형상 데이터를 나누어 출력하는 것이다.
- 최대 출력 크기보다 큰 모델링 데이터는 분할 출력의 과정을 거쳐야 한다.
- 분할 출력 후 다시 하나의 형태로 만들어지는 것을 고려하여 분할해야 한다.
- 분할된 개체를 다시 하나로 연결시켜 줄 때 주로 접착제를 사용한다.
- **모델링의 수정**을 통해 접착제 없이 결합이 될 수 있는 구조로 수정할 수 있다.

<분할 출력하여 접착제 없이 결합하여 조립하는 구조>

① 캐릭터 모델링 분할 출력

　㉠ 기다란 형태의 캐릭터를 출력하려고 하면 서포터(지지대)가 많이 필요하다.

　㉡ 크기가 큰 캐릭터는 큰 덩어리로 나누어 분할 출력하는 것이 효율적이다.

　㉢ 서포터를 설치한 후 출력을 했을 때, 서포터를 제거하는 과정에서 출력물이 손상될 수 있기 때문이다.

<서포터가 있는 상태에서 출력>

(4) 출력용 데이터 저장

① 3D 형상 데이터에 부가 요소 추가 : 3D프린터는 적층 방식으로 출력이 이루어지므로 모델의 구조에 따라 서포터와 같은 부가 요소를 추가해야 한다.

㉠ 서포터(Supporter, 지지대)의 역할 : 적층이 되려면 바닥면부터 레이어가 차례로 쌓여야 하는데, 바닥면과 떨어져 있는 레이어는 갑자기 허공에 뜨게 되어 출력이 제대로 이루어지지 않는다. 3D 프린팅에서 서포터는 바닥면과 모델에서 지지대가 필요한 부분을 이어 주는 역할을 한다.

<서포터 없이 출력한 경우-형상이 무너짐>　　　　<서포터가 있는 경우-출력 후 서포터 제거>

㉡ 스커트(Skirt)의 역할 : 프린터를 켜고 노즐 온도가 올라가기 시작한 후 필라멘트가 녹기 시작하면 중력에 의해서 노즐 밖으로 흘러나온다. 이때 노즐목 근처에 빈 공간이 생기고 이 빈 공간은 정작 출력이 시작되면 토출이 안 되는 끊김 현상의 원인이 된다. 이런 현상을 없애기 위해서 빈 공간이 있는 부분을 출력을 시작하기 전에 미리 빼주는 기능이다.

<스커트는 본 형상 출력 전에 배출되어 떼어냄>

㉢ 브림(Brim, 모자의 챙)의 역할 : 바닥 밑면적이 작거나 바닥에 고정이 잘 안 되는 형상의 경우 출력물의 첫 번째 레이어를 연장하여 지정한 크기만큼 얇은 바닥을 만들어 준다.

80　PART 02 3D 형상 모델링

<브림 생성>

ㄹ 래프트(Raft, 뗏목, 부교)의 역할 : 바닥의 레벨이 잘 안 맞거나 고정이 잘 안 되는 상황일 때, 별도 형상으로 바닥 보조물을 만들어 주는 기능으로 완성 후 출력물을 떼어내기 쉽도록 형상과 래프트 간의 간격을 유지하면서 출력한다.

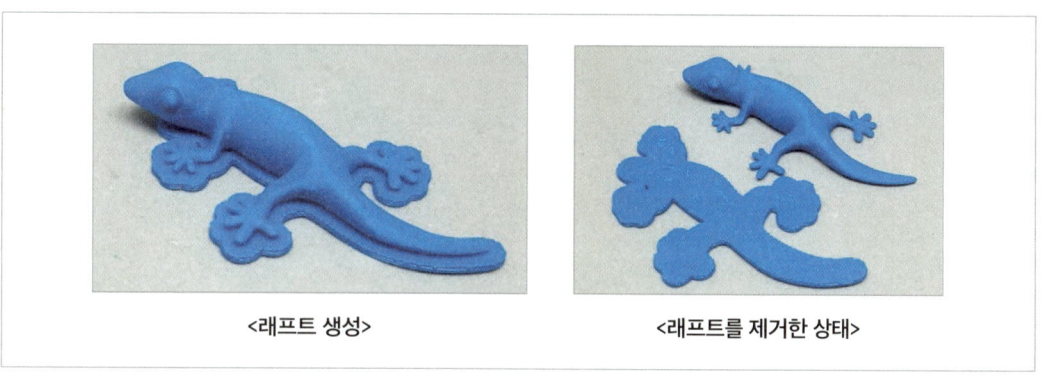

<래프트 생성>   <래프트를 제거한 상태>

② 3D프린터 종류에 따른 부가 요소 추가 방식
  ㉠ FDM(Fused Deposition Modeling) 방식
    • 필라멘트를 이용
    • 출력 소프트웨어 : Cura, Makerbot, Meshmixer 등
    • 자동 서포터 실행
  ㉡ DLP(Digital Light Processing) 방식
    • 빔프로젝터를 이용하여 레진을 경화
    • 출력 소프트웨어 : Meshmixer, B9Creator, Stick+ 등
    • 자동 서포터를 지원하거나 직접 서포터를 설치할 수 있음. 서포터를 모델에 직접 설치하면 자동으로 설치하는 것에 비해 소재의 비용 절감과 함께 높은 품질의 출력물을 얻을 수 있음
  ㉢ SLA(Stereo Lithography Apparatus) 방식
    • 레이저를 레진에 직접 쏴서 경화시키는 방식
    • 출력 소프트웨어 : B9Creator, Stick+ 등(광원이 다른 점 외에는 DLP와 비슷)
    • 자동 서포터를 지원하고 직접 서포터도 설치할 수 있음

CHAPTER 05 출력용 데이터 수정 **81**

③ 출력용 데이터로 저장
　㉠ 출력용 디자인 데이터로 저장
　　• 3D프린터용 데이터로 저장하려면 3D프린터 표준 파일로 저장해야 한다.
　　• 3D 설계 툴은 설계 목적에 따라 다양한 툴들이 있다.
　　• *.stl, *.obj 파일로 변환이 가능하다면 어떠한 툴도 상관없다.
　　• 슬라이서 프로그램에서 stl 파일의 레이어 분할 및 출력 환경을 설정할 수 있다.
　　• 슬라이서 프로그램에서 레이어 및 출력 환경이 결정되면 G코드로 변환한다.
　㉡ 슬라이서 프로그램
　　• 입체 모델링을 단면별로 나누어 프린팅 소프트웨어에서 동작할 수 있게 G코드를 생성하는
　　　프로그램이다.
　　• 출력물이 바른 자세와 형태를 유지하기 위해 필요한 서포터의 설치를 지원한다.

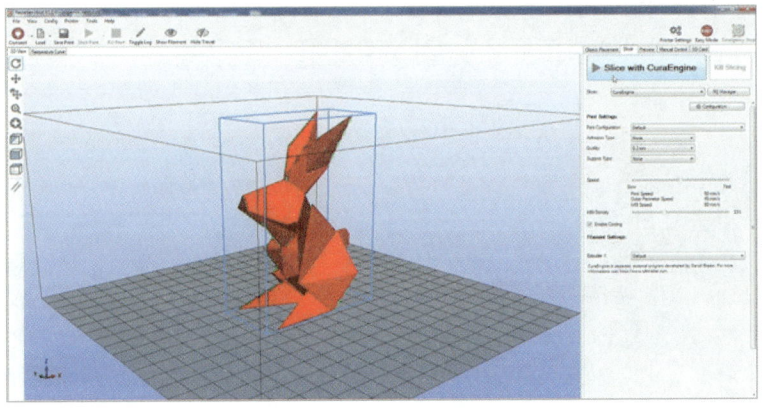

<슬라이서 프로그램의 예>

④ 성공적인 프린팅을 위한 고려사항
　㉠ 외곽선의 끊김을 확인한다.
　　• 3D 프린팅을 위한 모델링 데이터는 모든 면이 닫혀 있어야 한다.
　　• 3D 프린팅에서 모든 출력은 **폴리곤 모델링으로 전환**해 출력하게 되므로 메시의 갈라짐에
　　　유의해야 한다.
　㉡ 두께를 지정한다.
　　• 두께를 지정하지 않으면 **내부를 모두 채워 출력**하게 된다.
　　• 모든 면에 두께를 주는 것이 재료를 아끼고 형태 변형을 줄이는 방법이다.
　㉢ 정확한 치수를 확인해 모델링한다.
　　• 정확한 치수로 각 부품을 모델링한 후 출력하여 각 부품을 조립하면 실제 사용 가능한 제품
　　　을 제작할 수 있다.
　　• 재료의 수축률은 일일이 알기 어렵기 때문에 정확한 치수에 따른 모델링을 하고 재료의 수
　　　축률로 생기는 오차에 대비하는 것이 좋다.

82　PART 02 3D 형상 모델링

㉣ 슬라이싱 간격
- 슬라이서 프로그램에서 프린팅 설정 시 고축의 최소치와 최대치를 알아야 한다.
- 적층 높이의 수치가 낮을수록 출력물 품질은 좋아지지만 프린팅 속도는 느려진다.
- 0.1~0.15mm의 높이는 좋은 품질의 출력물을 얻을 수 있다.

㉤ 내부 채움(Infill) 방식
- 기본 채움 정도는 20%로 재료의 온도 변화에 따른 수축률과 속도, 강도를 테스트한 경험에서 나온 수치이다.
- 내부 채움 방식 설정은 경험치에 의한 것이므로 많은 시험 출력이 필요하다.
- ABS 재료는 수축률이 크고, PLA 재료는 수축률이 작다.

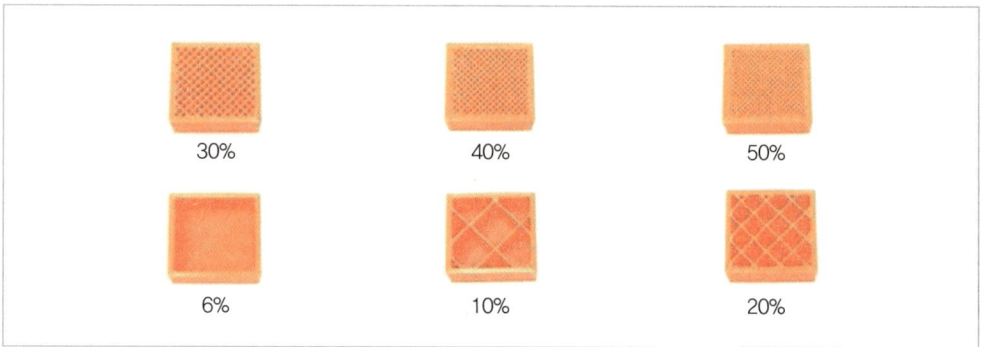

<내부 채움 비교>

CHAPTER
06

3D프린터운용기능사 자격증 대비과정

3D 엔지니어링 객체 형성

1 파트 제작 순서와 드로잉 입체화

(1) 파트 제작 순서

하나의 객체를 제작할 땐 제작 순서를 미리 정해 놓는 것이 중요하기 때문에 설계를 시작하기 전에 먼저 어디서부터 제작할 것인지 생각한다.

① 형상 입체화에 필요한 피처 명령

아이콘		설명
	돌출	프로파일에 깊이를 추가하여 돌출 피처를 작성한다.
	회전	축을 기준으로 하나 이상의 스케치된 프로파일을 회전하여 피처를 작성한다.
	스윕	경로 스케치와 단면 스케치를 이용하여 경로를 따라가는 형상을 작성한다.
	로프트	두 개 이상의 스케치 사이에 전환 세이프를 작성한다.
	코일	나선형 코일 스프링 또는 스레드 피처를 작성한다.
	엠보싱	프로파일에 볼록하거나 오목한 피처를 작성한다.
	리브	열린 프로파일 또는 닫힌 프로파일을 사용하여 리브(지지대)를 작성한다.
	구멍	돌출 또는 회전에 의해서 생성된 3D 형상에 규격에 맞는 구멍을 작성한다.
	셸	작성된 3D 형상의 동일 두께를 가진 통을 작성한다.
	제도	부품의 지정된 면에 각도를 지정한다.
	스레드	구멍이나 샤프트에 스레드(나사)를 작성한다.
	결합	둘 이상의 솔리드 본체에서 잘라내기, 접합, 또는 교차 작업을 수행한다.

ⓐ 돌출(Extrude,)
- 2D로 제작된 스케치를 단순히 그 모양 그대로 입체화시키는 기능
- 2D 스케치를 한 다음에 돌출 기능을 이용하면 입체화된 도형이 나타나며, 돌출 높이를 지정하여 형상을 완성

84 PART 02 3D 형상 모델링

ⓛ 회전(Revolve, 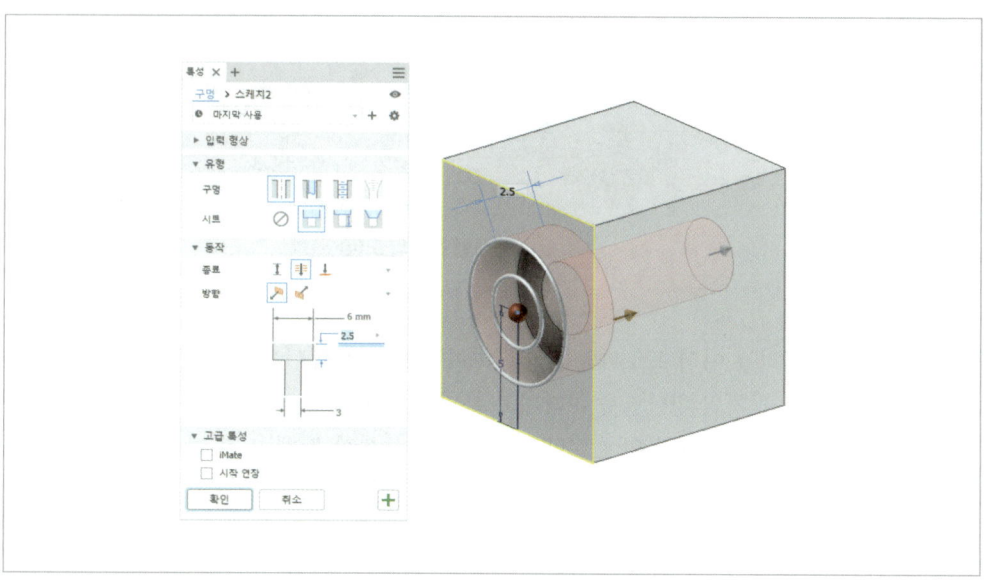)

- 작성된 2D 스케치의 단면과 작성한 중심축을 기준으로 회전시켜 형상을 완성
- 보통 축과 같이 전체가 회전 형태를 띠고 있는 객체를 주로 생성

ⓒ 구멍(Hole,)

- 규격에 따른 구멍 생성을 목적으로 하는 경우 이 명령을 이용하여 구멍을 작성
- 별도의 스케치를 작성하지 않고 생성된 3차원 형상에 직접 작업을 수행

<구멍의 유형을 결정하여 생성>

ⓔ 스윕(Sweep,)

- 스윕은 돌출이나 회전으로 작성하기 힘든 자유 곡선이나 하나 이상의 스케치 경로를 따라 가는 형상을 모델링함
- 스윕은 경로 스케치와 별도로 단면 스케치를 각각 작성하여 형상을 완성함

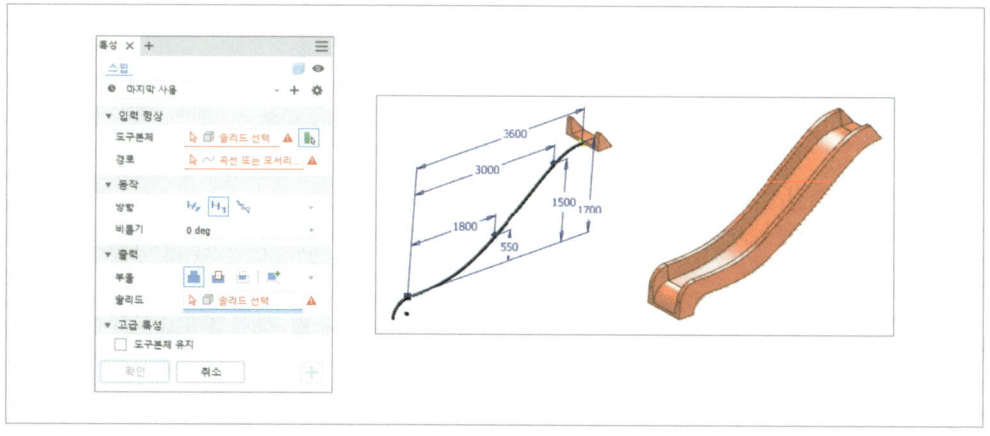

<경로를 이용한 스윕 작업>

CHAPTER 06 3D 엔지니어링 객체 형성 **85**

ⓜ 셸(Shell, )
  - 생성된 3차원 객체의 면 일부분을 제거한 후, 남아 있는 면에 일정한 두께를 부여하여 속을 만드는 기능
  - 주로 플라스틱 케이스 등 3D프린터를 이용하여 제품 목업을 목적으로 하는 경우 사용

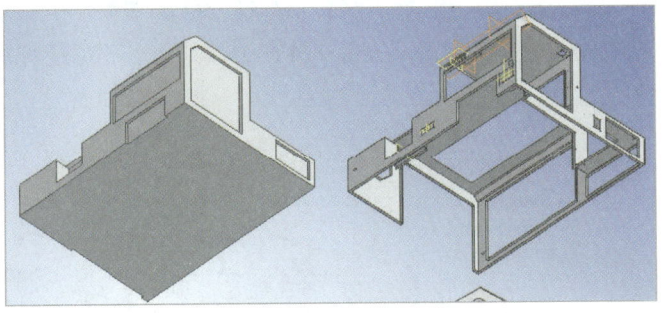

<셸 작업 전후의 모양>

ⓗ 로프트(Loft, 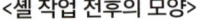)
  - 단면이라는 여러 프로파일을 혼합하여 부드러운 쉐이프로 만드는 것
  - 로프트 피처의 횡단면을 나타내고 분리된 평면에 스케치 단면이 포함된 스케치에서 작업함
  - 스케치된 프로파일 외에 로프트 단면으로 포함할 객체 면과 점 선택 가능

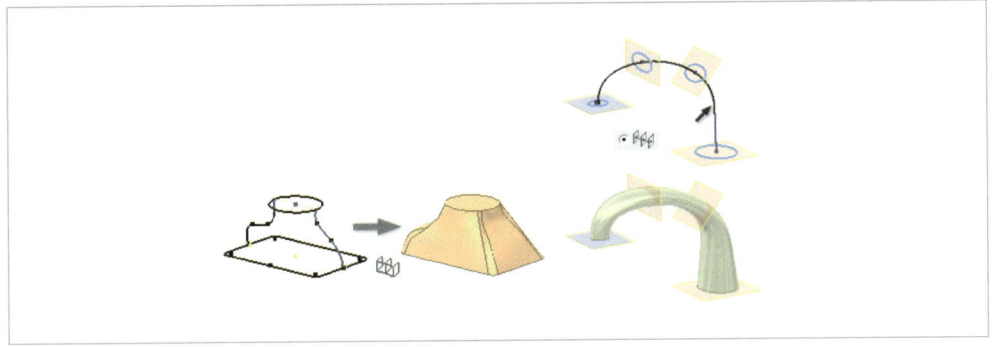

<프로파일을 이용한 로프트 작업>

2 부품명, 속성 부여

(1) 파트 파일 저장 및 주의사항

① 파일은 부품 하나에 하나의 파일로 이루어지고 있으며, 두 개 이상의 부품을 하나의 파일로 저장할 수 없다.

② 하나의 부품이 완성되면 반드시 저장 기능을 이용하여 컴퓨터 로컬디스크 또는 이동식 저장 장치에 저장하여야 한다.

③ 모델링을 시작하기 전 로컬디스크나 이동식 저장 장치에 미리 저장될 폴더를 생성해 놓고 작업하는 경우도 있다.

86 PART 02 3D 형상 모델링

④ 최소 부품을 모델링한 후, 원하는 저장 위치에 직접 폴더를 생성하고 저장해도 무관하다.

⑤ 부품에 대한 속성이 정의되지 않으면 파일명이 부품명으로 사용되므로 저장할 때 적용하고자 하는 부품명으로 파일명을 지정하여 저장한다.

(2) 저장 명령의 위치

저장 기능은 상단 메뉴바의 파일에 있으며 저장, 다른 이름으로 저장, 모두 저장 등 다양한 저장 기능을 제공한다.

① 저장 명령의 종류

ㄱ 저장 : 최초 한 번 저장된 상태에서 계속적인 작업 후, 현재 작업물을 안전하게 보관할 때 저장 명령을 선택하면, 최초 저장된 파일명으로 저장 장치에 바로 저장되는 기능

ㄴ 다른 이름으로 저장 : 현재 작업물을 최초로 저장하거나 이미 저장된 내용이 있는 경우, 현재 파일명이 아닌 다른 파일명 또는 다른 속성의 파일 포맷으로 저장할 때 사용하며, 3D 프린팅을 목적으로 저장할 경우 다른 이름으로 저장 기능을 이용하여 파일을 저장하여야 함

ㄷ 모두 저장 : 현재 3D 엔지니어링 프로그램의 작업 창에 열려 있는 모든 부품 및 조립품 작업 도큐먼트를 저장하는 기능으로, 거의 모든 프로그램에서 하나 이상의 부품과 조립품 그리고 도면을 작성할 수 있기 때문에 일괄 저장으로 손쉽게 작업 파일을 저장할 수 있음

② 3D 프린팅을 위한 부품 파일 저장

ㄱ 일반적으로 3D 엔지니어링 프로그램에서의 저장 기능은 해당 프로그램의 작업 원본 파일을 저장하는 기능으로, 3D 프린팅을 위한 슬라이싱 프로그램과는 파일이 호환되지 않는다. 저장된 원본 부품을 3D프린터로 출력하기 위해서는 부품의 파일 형식을 슬라이싱 프로그램에서 받을 수 있도록 stl 파일로 변경해 주어야 한다.

ㄴ 3D 엔지니어링 프로그램에서 제공하는 '다른 이름으로 사본 저장' 기능을 이용하여 슬라이싱 프로그램에서 받을 수 있는 *.stl 파일 형식으로 변경하고, 사용자가 원하는 파일 이름을 작성하여 저장한다.

```
Autodesk Inventor 부품(*.ipt)              ∨
Autodesk Inventor 부품(*.ipt)
AutoCAD DWG 파일(*.dwg)
BMP Files (*.bmp)
CATIA V5 부품 파일(*.CATPart)
DWF 파일(*.dwf)
DWFx 파일(*.dwfx)
GIF Files (*.gif)
IGES 파일(*.igs;*.ige;*.iges)
JPEG Files (*.jpg)
JT 파일(*.jt)
OBJ 파일 (*.obj)
PDF 파일(*.pdf)
PNG Files (*.png)
Parasolid 이진 파일(*.x_b)
Parasolid 텍스트 파일(*.x_t)
Pro/ENGINEER 그래니트 파일(*.g)
Pro/ENGINEER 중립 파일(*.neu*)
SAT 파일(*.sat)
SMT 파일(*.smt)
STEP 파일(*.stp;*.ste;*.step;*.stpz)
STL 파일 (*.stl)
TIFF Files (*.tiff)
모든 파일(*.*)
```

\<다른 이름으로 사본 저장하기에서 stl 파일로 저장\>

CHAPTER

07 객체 조립

3D프린터운용기능사 자격증 대비과정

1 파트(Part) 배치

(1) 조립품의 구성

① 조립품 구성을 위한 시작 : 기계 디자인의 [Part Design], [어셈블리 디자인], [도면] 등의 기능을 사용한다.

기계 디자인 ──→ Part Design : 단일 설계파트 생성
　　　　　　　──→ 어셈블리 디자인 : 단일 파트와 어셈블리 결합
　　　　　　　──→ 도면 : 파트 또는 어셈블리의 설계 도면

② 3D 엔지니어링 프로그램에서 조립품을 생성하는 이유

　㉠ 실제 형상을 제작하였을 때 나타날 수 있는 오류들을 최대한 줄이기 위함

　㉡ 디자인된 형상의 동작 및 해석 시뮬레이션 등 다양한 설계 분석을 목적으로 함

(2) 조립을 위한 부품 배치

조립품은 크게 상향식과 하향식으로 나누어진다.

① 상향식(Bottom-up)

　㉠ 파트를 모델링해 놓은 상태에서 조립품을 구성하는 것

　㉡ 상향식으로 조립을 하기 위해서는 우선 모델링된 부품을 현재 조립품 상태로 배치를 해야 함

② 하향식(Top-down) : 조립도에서 부품을 조립하면서 모델링하는 방식

<상향식 조립의 예>

88　**PART 02** 3D 형상 모델링

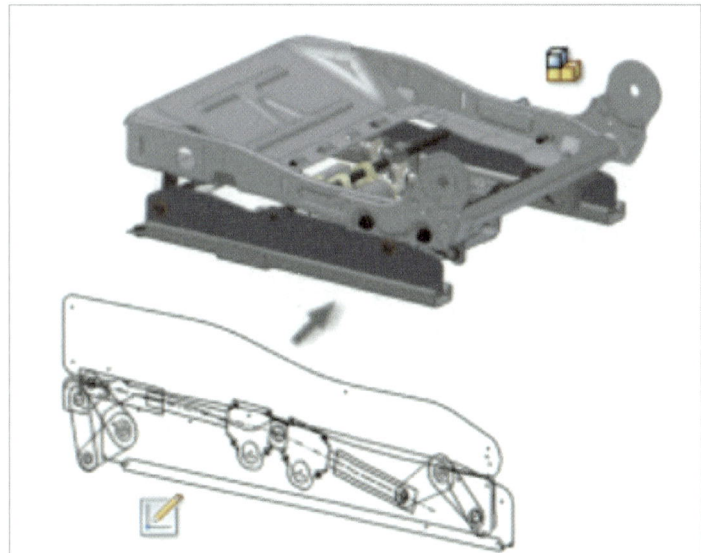

<하향식의 예>

(3) 부품 배치

① 기준 부품 배치
ㄱ 기준 부품 배치는 조립품에서 기준이 되는 부품을 제일 먼저 가져와 배치하는 것
ㄴ 기준 부품은 조립품상에서 자유롭게 움직이지 않도록 자동으로 고정됨

② 기타 부품 배치
ㄱ 기준 부품이 배치된 이후, 조립에 사용될 나머지 부품을 현재 조립품상에 가져옴
ㄴ 부품 삽입은 조립 순서에 맞게 부품을 하나씩 가져올 수도 있고, 여러 부품을 한 번에 가져올 수도 있음
ㄷ 조립 순서 또는 부품에 대한 내용을 숙지하고 있는 상태라면 부품을 하나씩 가지고 와서 배치와 동시에 조립을 수행하는 것이 수월하며, 그렇지 못한 경우 필요한 부품을 전부 가져와 대략적으로 화면에 배치한 후 조립품을 생성하는 것이 편리함

2 파트(Part) 조립

(1) 파트 조립품 생성
① 조립품에 배치된 부품을 이용하여, 조립 순서와 조건에 맞게 조립품을 생성한다.
② 부품 조립 또한 조립 구속 조건에 의해서 부품 간 조립이 이루어진다.

(2) 제약 조건
① 제약 조건은 부품과 부품 간 위치 구속을 목적으로 적용하는 기능이다.
② 부품 간 정확한 조립과 동작 분석을 위해서 사용한다.
③ 제약 조건의 선택 : 부품의 다양한 요소를 선택하여 조건에 맞는 제약 조건 부여 가능
　　㉠ 면과 면
　　㉡ 선과 선
　　㉢ 점과 점
　　㉣ 면과 선
　　㉤ 면과 점
　　㉥ 선과 점 등
④ 제약 조건 적용
　　㉠ 가장 많이 사용되는 제약 조건
　　　• 일치 제약 조건
　　　• 접촉 제약 조건
　　　• 오프셋 제약 조건
　　㉡ 부품의 조립과 동작의 조건에 따라 제약 조건이 두 개 이상 적용될 수 있음
　　㉢ 부품과 부품 사이에 제약 조건을 과도하게 걸면 오류가 나는 원인이 됨
　　㉣ 제약 조건은 디자인 변경 및 수정 시 발생하는 문제를 최소화시킬 수 있으며, 부품 간 동작을
　　　확인해 볼 수 있도록 함
⑤ 제약 조건의 종류
　　㉠ 일치 : 일치시키고자 하는 면과 면, 선과 선, 축과 축 등을 선택하면 일치시켜 주는 제약 조건
　　㉡ 접촉 : 선택한 면과 면, 선과 선을 접촉하도록 하는 제약 조건
　　㉢ 오프셋 : 선택한 면과 면, 선과 선 사이에 오프셋으로 거리를 주는 제약 조건
　　㉣ 각도 : 면과 면, 선과 선을 선택해 각도로 제약을 주는 조건
　　㉤ 고정 컴포넌트 : 선택한 파트를 고정시켜 주는 기능

CHAPTER 08 출력용 설계 수정

3D프린터운용기능사 자격증 대비과정

1 파트(Part) 수정

(1) 부품 간 조립 분석

프로그램 조립 기능을 이용하여 각 부품을 조립할 경우 부품 간에 간섭이 생기더라도 문제없이 조립이 된다. 하지만 프로그램상 문제가 없더라도 실제 제작을 하거나 3D프린터를 이용하여 결과물을 출력하여 조립하였을 때는 다시 수정과 출력을 반복하면서 부품의 오류를 바로잡아 가야 하는 불편함이 있다. 3D 엔지니어링 프로그램은 이런 설계상 발생하는 오류를 직관적으로 분석하고 찾아내어 설계자로 하여금 신속한 수정이 가능하도록 기능을 제공하고 있다.

① 간섭 분석 : 조립된 부품 간의 문제점을 분석하기 위해서는 3D 엔지니어링 프로그램에서 제공하는 간섭 분석 명령을 이용하여 부품의 잘못된 부분을 확인할 수 있으며, 분석된 내용을 토대로 잘못된 부품을 수정할 수 있다.

② 부품 수정 : 설계상 오류가 발생한 부품은 부품 하나를 직접 프로그램으로 열거나, 파트 하나를 지정하여 조립 상태에서도 수정이 가능

　㉠ 부품을 직접 열어 수정하는 경우 : 도면의 치수가 명확하게 존재하고 작업자의 실수에 의한 부분이라면 원본 부품 파일을 열어 직접 수정 가능함

　㉡ 하향식으로 작업을 진행하는 경우 : 정확한 도면과 값이 임의적일 경우 조립품에서 부품을 수정하는 것이 일반적으로 수월함

　㉢ 간섭이 발생하지 않는 부품의 경우 : 화면 복잡성을 최소화하기 위해서 불필요한 부품은 숨겨 놓고 수정하면 편리함

2 공차, 크기, 두께 변경

(1) 3D프린터로 출력할 부품 수정의 이해

① 일반적인 3D프린터 출력 방식은 FDM(Fused Deposition Modeling, 열가소성 적층 방식)으로, ABS나 PLA 계열로 되어 있는 플라스틱을 노즐 안에서 높은 온도로 녹여 적층한다. 이때 모든 물체가 열을 가하고 식으면서 나타나는 열 수축 현상이 발생하여 정확한 치수의 제품을 얻을 수 없다.

② 하나 이상의 부품을 조립하기 위해 모델링된 부품을 그대로 출력하면 수축과 팽창 공차에 의해서 조립이 되지 않는다.

③ 3D프린터 출력 후 조립을 해야 하는 상황에서는 모델링된 파트를 출력한 후, 조립이 가능하도록 모델링을 수정해야 한다.

④ 3D프린터 특성상 너무 작은 구멍이나 기둥, 면의 두께를 가지고 있는 형상, 벽면 같은 경우 원활한 출력을 위해 부품을 수정해야 한다.

(2) 출력 공차 적용

① 일반적인 제품 가공에는 가공 공차가 부여되어 가공자가 주어진 공차에 맞게 가공한다. 하지만 3D프린터의 경우, 모델링된 형상 데이터를 그대로 읽어 들여 출력하므로 가공자에 의한 출력공차를 부여할 수 없다.

② 3D 형상을 모델링할 때 제작자는 모델링 단계에서부터 직접 3D프린터의 출력 공차를 이해하고, 사용 중인 3D프린터의 최소 · 최대 출력 공차를 분석한 후 그 값에 맞게 부품을 수정해야 한다.

③ 3D프린터 출력 공차는 장비들마다 다르게 적용되지만, 보통 0.05~0.4mm에서 공차가 발생하고 평균적으로 0.2~0.3mm 정도의 출력 공차를 부여하는 것이 바람직하다.

(3) 출력 공차 적용 대상

① 부품과 부품이 조립되는 부분에 대해서 출력 공차를 부여한다.

② 부품 간 유격이 발생한 경우라도 출력 공차 범위 내에 들어오는 조립 부품들 또한 출력 공차를 적용하여 부품 파일을 수정할 수 있도록 한다.

③ 조립 부품 중에서 두 개의 부품을 모두 수정하는 것이 아니라, 두 부품 중에서 하나의 부품에만 공차를 적용하는 것이 바람직하다.

④ 모델링 지름이 작은 축과 구멍으로 조립이 되는 경우 구멍을 조금 더 키워 출력한다.

⑤ 구멍의 벽이 얇은 형태와 축의 경우라면 축을 조금 줄이는 공차를 적용하는 것이 바람직하다.

(4) 크기 및 두께 변경

① 크기 변경

　㉠ FDM 방식의 3D프린터 특성상 아주 작은 구멍이나 간격이 좁은 부품 요소들이 제대로 출력이 되지 않는 경우가 발생하므로 조립이 가능하도록 부품의 크기를 변경해야 함

　㉡ FDM 방식의 3D프린터로 출력할 경우, 구멍이 지름 1mm 이하이면 출력이 되지 않을 수 있으며, 축은 지름 1mm 이하에서 출력되지 않음

　㉢ 형상과 형상 사이의 간격은 최소 0.5mm 떨어지게 해야 하며, 가능하면 1mm 이상의 간격을 유지하도록 수정해야 함

② 두께 변경 : 디자인된 3D 모델링 형상의 외벽 두께가 노즐 크기보다 작은 벽면 두께로 모델링된 경우 출력이 되지 않는 경우가 발생할 수 있으며, 출력이 된다 하더라도 품질을 신뢰할 수 없는 결과물이 나올 수 있다. 특성상 아주 작은 구멍이나 간격이 좁은 부품 요소들은 제대로 출력이 되지 않는 경우가 발생한다.

　㉠ FDM 방식 3D프린터의 출력 노즐은 통상 0.2mm 노즐 또는 0.4mm 노즐을 사용하며, 출력 시간을 고려하여 보통 0.4mm 노즐을 사용하여 3D 프린팅함

ⓛ 너무 얇은 외벽 두께를 가진 부품의 형상 또한 부품 수정을 통해 외벽 두께를 변경해야 하며, 최소한 lmm 이상의 벽면으로 출력될 수 있도록 수정해야 함

ⓒ 출력 방향에 따라 외벽의 두께가 변경될 수 있으므로, 부품의 모든 외벽 두께를 변경하는 것이 안전함

3 파트(Part) 분할

(1) 파트 분할의 이해

3D프린터의 경우, 일반적인 금형과는 다르게 금형으로 표현할 수 없는 제품의 형상도 손쉽게 출력이 가능하지만, 3D프린터 장비가 가지고 있는 특수성으로 인해 3D프린터로 출력할 모델링 형상 또한 분할하여 출력하고, 출력된 2개 이상의 파트 조각을 붙여서 하나의 완성된 형태로 만드는 경우가 발생한다.

① 파트를 분할하여 조각으로 출력하는 경우

ⓐ 서포터(지지대)를 제대로 제거할 수 없는 형상의 경우에 파트를 분할하여 출력

ⓑ 모델링 내부에 공간이 발생되어 있고 그 모델링 공간에서 조립이나 동작 등이 이루어져야 하는 경우 사용

ⓒ 3D프린터의 출력 사이즈보다 큰 물체를 출력할 경우

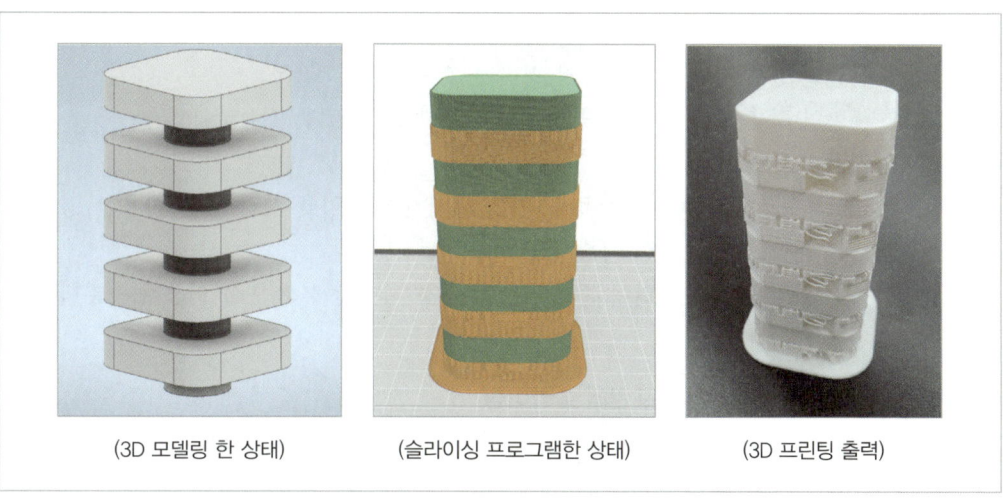

(3D 모델링 한 상태)　　　(슬라이싱 프로그램한 상태)　　　(3D 프린팅 출력)

<과하게 생성된 서포터(지지대) 제거가 힘든 경우>

② 파트 분할의 장점
  ㉠ 지지대의 제거 또한 손쉽게 이루어질 수 있음
  ㉡ 출력된 형상의 표면을 최대한 깨끗하게 유지한 상태로 출력할 수 있음

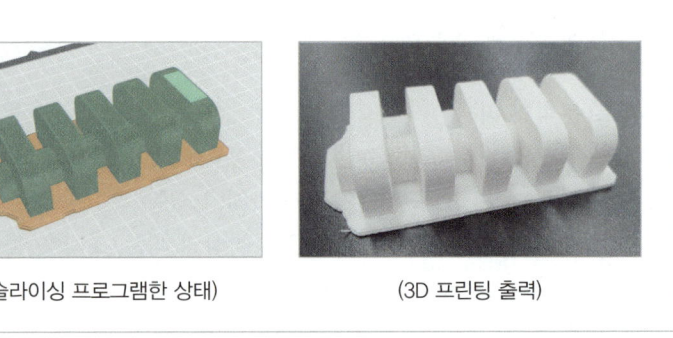

(파트를 분할한 모델링)　　　(슬라이싱 프로그램한 상태)　　　(3D 프린팅 출력)

＜파트 분할로 서포터 생성을 최소화한 경우＞

(2) 파트 분할 적용

프로그램에서 제공하는 분할 명령을 이용하여 파트를 분할한다.

① 분할을 하기 위해 지점에 기준 평면(사용자 평면) 또는 서피스(곡면)로 이루어진 분할 객체가 존재해야 한다.

② 단순 분할인 경우 기준 평면(사용자 평면)을 이용한다.

③ 특수 분할인 경우 서피스(곡면)를 생성하여 분할할 수 있다.

④ 기준 평면 사용 방법
  ㉠ 기준 평면 분할은 처음 모델링을 위한 스케치 드로잉을 시작할 때 사용한 평면을 기준으로, 파트를 분할할 때 위치한 기준 평면으로 파트를 분할
  ㉡ 원하는 위치에 기준 평면이 존재하지 않는 경우, 사용자 평면을 이용하여 분할할 파트 위치에 평면을 생성하고 분할

(3) 분할된 파트 조각 저장 및 3D프린터 슬라이싱

① 3D 엔지니어링 프로그램에서 제공하는 분할 파트 저장 기능을 이용하여 분할된 파트 조각을 각각의 부품 파일로 별도 저장한다.

② 저장된 부품 조각을 3D프린터 슬라이싱 프로그램에서 사용할 수 있는 *.stl 파일 형식으로 저장한다.

94　PART 02 3D 형상 모델링

4 모델링 데이터 저장

(1) 3D 프린팅을 위한 모델링 데이터 변환

① 3D프린터는 모델링 데이터를 G코드라는 파일로 변환해서 3D프린터로 전송해야만 출력이 되는 장비이다.

② G코드는 머시닝센터, CNC선반 등 공작기계에 가공을 하기 위해 가공 사전에 가공 명령어들과 좌표를 프로그래밍하는 것이다. 3D 프린팅에서는 슬라이싱 프로그램을 통하여 적층하는 경로를 G코드로 생성한다.

③ 3D프린터로 출력하기까지의 데이터 저장 과정(인벤터 및 메이커봇의 예)은 다음과 같다.

(2) 모델링 데이터 변환 저장하기

① 3D프린터 슬라이싱 프로그램에서 불러올 수 있는 파일 형식은 크게 2가지 형식으로 *.stl 형식과 *.obj 형식을 사용한다.

② *.stl 형식은 주로 3D CAD 프로그램에서 제공하며, *.obj 형식은 3D 그래픽 프로그램에서 많이 사용된다.

③ STL파일 옵션 변경 : 단위는 mm로, 해상도는 **높음**으로 선택하면 3D프린터로 출력되는 형상의 곡면이 매끄러운 곡면을 유지하면서 출력이 이루어진다.

\<인벤터에서 STL 파일로 저장할 때 옵션 선택\>

④ 해상도를 높이면 STL 파일의 용량에 변화가 생기는 것이지 **3D프린터에서의 출력 속도를 결정하는 것은 아니다.**

CHAPTER 08 출력용 설계 수정 **95**

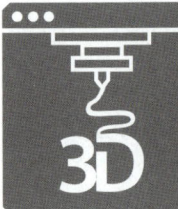

출제 예상 문제

3D프린터운용기능사 자격증 대비과정

01 도면의 이해

01 제도 통칙에 대한 설명으로 틀린 것은?

① 제도는 구조물의 모양 또는 크기를 일정한 규격에 따라 그린다.

② 제도는 점, 선, 문자, 부호 등을 사용하여 도면을 작성하는 과정을 말한다.

③ 설계자가 정한 제도규칙에 맞게 도면을 추상적으로 그려 사용자가 해독할 수 있도록 한다.

④ 도면에는 물체의 모양이나 치수, 재료, 다듬질의 정도, 공정 등을 간단하고 정확하게 표시한다.

정답 | ③

해설 | 제도는 설계자가 정한 제도규칙이 아니라 KS 제도법에 맞게 제작자 또는 사용자에게 명확하게 전달될 수 있도록 그려야 한다.

02 KS 부분별 기호와 부문이 잘못 연결된 것은?

① KS A : 기본

② KS B : 기계

③ KS C : 금속

④ KS X : 정보

정답 | ③

해설 | • KS C : 전기
• KS D : 금속

03 국제 및 국가별 표준규격과 기호가 잘못 연결된 것은?

① 국제 표준화 기구 : ISO

② 한국 산업표준 : KS

③ 독일 규격 : DIN

④ 미국 규격 : AMS

정답 | ④

해설 | • 미국 규격 : ANSI(American National Standards Institute)
• 일본 공업규격 : JIS(Japanese Industrial Standards)

96 PART 02 3D 형상 모델링

04 다음 중 도면의 크기에 대한 설명으로 틀린 것은?

① A0의 넓이는 $1m^2$이다.

② A2의 크기는 420×594mm이다.

③ 도면의 세로와 가로의 비는 1:√2이다.

④ 도면을 접어 보관할 때는 A4 크기로 하며 표제란은 왼쪽 아래에 보이도록 한다.

정답 | ④

해설 | 도면을 접어 보관할 때는 A4 크기로 하며 **표제란은 오른쪽 아래에 보이도록 한다.**

05 척도에 대한 설명으로 틀린 것은?

① 척도 1 : 2는 실물보다 작게 그린 축척이다.

② 척도 1 : 1은 실물과 같은 크기로 그린 실척이다.

③ 척도 5 : 1은 실물보다 크게 그린 배척이다.

④ 척도 NS는 실물과 같은 비율로 그린 비례척이다.

정답 | ④

해설 | NS(Non Scale)는 **비례척이 아닌 것으로.** 물체의 크기와는 상관없이 임의로 그린 경우를 말한다.

06 대상물의 보이지 않는 부분의 모양을 표시하는 선으로 옳은 것은?

① 외형선   ② 숨은선

③ 중심선   ④ 절단선

정답 | ②

해설 | **숨은선**은 대상물의 보이지 않는 부분의 모양을 표시하는 선으로 가는 파선 또는 굵은 파선으로 그린다.

07 선이 겹치는 경우 선의 우선순위로 맞는 것은?

① 외형선 > 숨은선 > 절단선 > 중심선 > 치수 보조선

② 외형선 > 중심선 > 절단선 > 숨은선 > 치수 보조선

③ 숨은선 > 외형선 > 치수 보조선 > 중심선 > 절단선

④ 숨은선 > 외형선 > 절단선 > 중심선 > 치수 보조선

정답 | ①

해설 | **겹치는 선의 우선순위**

ㄱ 외형선

ㄴ 숨은선

ㄷ 절단선

ㄹ 중심선

ㅁ 무게 중심선

ㅂ 치수 보조선

08 다음에서 설명하는 투상도의 종류는?

한 화면을 중점적으로 정확하게 나타내며 경사시켜 투상하는 방법

① 투시도

② 등각 투상도

③ 부등각 투상도

④ 사투상도

정답 | ④

해설 | **사투상도**는 한 화면을 중점적으로 정확하게 나타내며 경사시켜 투상하는 방법이다.

사투상도

출제 예상 문제 **97**

09 인접하는 부분 또는 공구, 지그 등을 참고로 표시하는 선의 종류는?

① 중심선　　　② 피치선
③ 가상선　　　④ 기준선

정답 | ③

해설 | 가상선은 인접하는 부분 또는 공구, 지그 등을 참고로 표시하는 선이다.

가상선
- 가는 2점 쇄선을 사용
- 인접하는 부분 또는 공구, 지그 등을 참고로 표시하는 선
- 가공 부분을 이동 중의 특정 위치, 또는 이동 한계의 위치를 나타내는 선

10 다음의 정투상도 그림 기호에 대한 설명으로 틀린 것은?

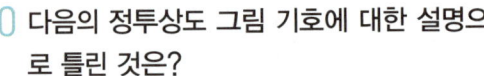

① 제3각법이다.
② 원리는 '눈 → 투상면 → 물체' 순으로 투상한다.
③ 정면도의 오른쪽에 좌측면도가 자리한다.
④ KS 규격에서 권장하는 투상법이다.

정답 | ③

해설 | 정면도의 **왼쪽**에 자측면도가 자리한다.

제3각법의 배치

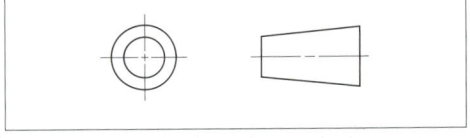

11 제1각법과 제3각법에서 투상도의 위치가 같은 것은?

① 우측면도
② 좌측면도
③ 평면도
④ 배면도

정답 | ④

해설 | 배면도는 제1각법과 제3각법에서 투상도의 위치가 같다.

- 제1각법 배치

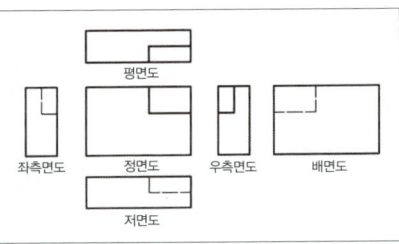

- 제3각법 배치

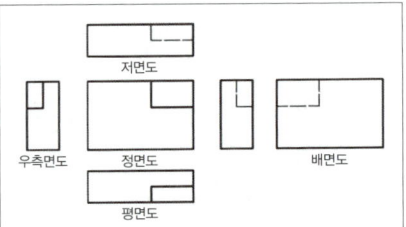

12 다음 그림에 나타난 단면도법은?

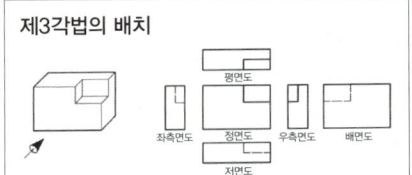

(내부에 도시할 경우)

① 온단면도　　　② 한쪽 단면도
③ 부분 단면도　　④ 회전 단면도

정답 | ④

해설 | 회전 단면도는 암, 리브, 축, 훅 등의 일부를 90° 회전하여 나타낸다.

98 PART 02 3D 형상 모델링

13 다음에서 설명하는 특수투상도의 종류는?

> 경사면부가 있는 대상물에서 그 경사면의 실제 모양을 표시할 필요가 있는 경우에 그린 투상도

① 보조투상도
② 부분투상도
③ 회전투상도
④ 국부투상도

정답 | ①

해설 | **보조투상도**는 경사면부가 있는 대상물에서 그 경사면의 실제 모양을 표시할 필요가 있는 경우에 그린 투상도이다.

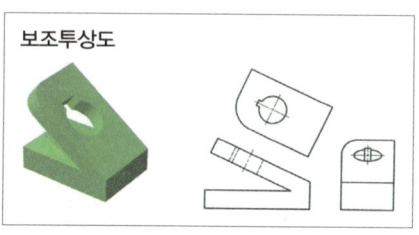

보조투상도

14 치수 보조 기호와 명칭이 잘못 연결된 것은?

① SØ : 구의 지름
② (   ) : 이론적으로 정확한 치수
③ t= : 판의 두께
④ C : 45° 모떼기 치수

정답 | ②

해설 | • 괄호 안에 치수는 **참고 치수**를 나타낸다.
  • □ : 사각 테두리 안에 치수는 이론적으로 정확한 치수를 나타낸다.
  • □ : 정사각형 기호를 치수 앞에 기입하면 정사각형 변의 크기를 나타낸다.

15 구멍과 축 사이에 항상 죔새가 있는 끼워맞춤의 종류는?

① 헐거움 끼워맞춤
② 억지 끼워맞춤
③ 중간 끼워맞춤
④ 가열 끼열맞춤

정답 | ②

해설 | **끼워맞춤의 종류**
  • **헐거움 끼워맞춤** : 구멍과 축 사이에 항상 틈새가 있다.
  • **억지 끼워맞춤** : 구멍과 축 사이에 항상 죔새가 있어야 한다.
  • **중간 끼워맞춤** : 실제 치수에 따라 틈새와 죔새가 있다.

16 다음에서 설명하는 특수투상도의 종류는?

> • 대상물의 구멍, 홈 등의 한 특수 부분만의 모양을 표시한 투상도이다.
> • 투상의 관계를 나타내기 위해 중심선, 기준선, 치수 보조선 등으로 나타낸다.

① 보조투상도
② 부분투상도
③ 회전투상도
④ 국부투상도

정답 | ④

해설 | **국부투상도**는 대상물의 구멍, 홈 등의 한 특수 부분만의 모양을 표시한 투상도로, 투상의 관계를 나타내기 위해 중심선, 기준선, 치수 보조선 등으로 나타낸다.

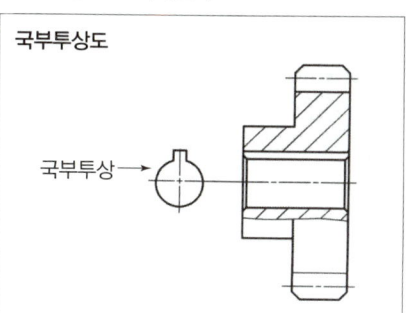

국부투상도

국부투상 →

17 치수 기입의 원칙으로 틀린 것은?

① 치수는 중복 기입을 피한다.
② 치수는 투상도마다 고르게 기입한다.
③ 치수는 되도록 계산하여 구할 필요가 없
  도록 기입한다.
④ 치수는 대상물의 크기, 자세 및 위치를
  가장 명확하게 표시하는 데 필요하고도
  충분한 것을 기입한다.

정답 | ②

해설 | **치수 기입의 원칙**
- 대상물의 기능, 제작, 조립 등을 고려하여
  필요하다고 생각되는 치수를 명료하게 도
  면에 기입한다.
- 치수는 대상물의 크기, 자세 및 위치를 가
  장 명확하게 표시하는 데 필요하고도 충분
  한 것을 기입한다.
- 치수는 되도록 **정면도에 집중하여** 기입한
  다(보기 좋게 알맞게 기입하면 절대 안 됨).
- 치수는 중복 기입을 피한다.
- 치수는 선에 겹치게 기입해서는 안 된다.
- 치수는 되도록 계산하여 구할 필요가 없도
  록 기입한다.
- 치수는 치수선이 서로 만나는 곳에 기입하
  면 안 된다.
- 치수는 필요에 따라 기준으로 하는 점, 선,
  또는 면을 기초로 한다.

18 다음 기하 공차 기호와 명칭이 잘못 연결된 것은?

① ▱ : 평행도
② ⊥ : 직각도
③ ⊕ : 위치도
④ ⌒ : 원통도

정답 | ①

해설 | • ▱ : 평면도
        • / / : 평행도

02 　2D 스케치

01 3D 엔지니어링 소프트웨어 기능이 아닌 것은?

① 형상 디자인과 부품 설계
② 제품 생산 단가의 결정
③ 디지털 프로토타입(시제품)의 실현
④ 조립 유효성 검사 및 시뮬레이션

정답 | ②

해설 | **3D 엔지니어링 소프트웨어 기능**
- 형상 디자인과 부품 설계, 조립품, 조립 유
  효성 검사 및 시뮬레이션
- 디지털 프로토타입(시제품)의 실현
- 제품의 오류 최소화

02 다음에서 설명하는 모델링의 종류는?

> 3D 엔지니어링 소프트웨어에서 3차원 형상
> 의 표면뿐만 아니라 내부에 질량, 체적, 부피
> 값 등 여러 가지 정보가 존재할 수 있으며
> 점, 선, 면의 집합체로 되어 있다.

① 와이어프레임 모델링
② 서페이스 모델링
③ 솔리드 모델링
④ 폴리곤 모델링

정답 | ③

해설 | **솔리드 모델링**은 3D 엔지니어링 소프트웨어
        에서 3차원 형상의 표면뿐만 아니라 내부에
        질량, 체적, 부피 값 등 여러 가지 정보가 존재
        할 수 있으며 점, 선, 면의 집합체로 되어 있다.
① 와이어프레임 모델링 : 선으로 물체의 윤
  곽을 표현한 모델링
② 서페이스 모델링 : 기하곡면을 처리하는
  기법으로 솔리드 모델링과는 다르게 형상
  의 표면 데이터만 존재하는 모델링 기법
④ 폴리곤 모델링 : 평면 다각형을 계속 붙여
  가며 물체의 형상을 만드는 방식

100 PART 02 3D 형상 모델링

03 다음에서 설명하는 3D 엔지니어링 소프트웨어 기능별 템플릿은?

> • 하나의 부품 형상을 모델링하는 곳
> • 3D 엔지니어링 소프트웨어에서 형상을 표현하는 가장 중요한 요소

① 파트 작성
② 조립품 작성
③ 도면 작성
④ 애니메이션 작성

정답 | ①

해설 | ② **조립품 작성** : 파트 작성을 통해 생성된 부품을 조립하는 곳이다. 3D 엔지니어링 소프트웨어를 통해 부품 간 간섭, 조립 유효성 검사 및 시뮬레이션 등에 의한 디자인대로 동작하는지 체크할 수 있다.
③ **도면 작성** : 작성된 부품 또는 조립품을 도면화시키고, 현장에서 형상을 제작하기 위한 2차원 도면을 작성하는 요소이다.

04 드로잉 도구에서 객체의 모서리 부분을 둥글게 라운드 처리하는 기능으로 옳은 것은?

① 모떼기
② 모깎기
③ 슬롯
④ 타원

정답 | ②

해설 | **모깎기**는 객체의 모서리 부분을 둥글게 라운드 처리하는 기능이다.
• ⌐ : 모떼기, 모따기(Chamfer)
• ◠ : 모깎기(Fillet)
• ⬭ : 슬롯(Slot)

05 다음 중 스케치 편집 도구가 아닌 것은?

① 복사
② 자르기
③ 회전
④ 호

정답 | ④

해설 | 호(Arc)는 그리기 도구이다.

06 3D 곡면(서피스) 모델링에 대한 설명으로 틀린 것은?

① 곡면 모델링은 솔리드 모델링으로 표현하기 힘든 기하곡면을 처리하는 기법으로 솔리드 모델링과 같이 질량, 체적, 부피 값 등 물리적 성질을 구할 수 있다.
② 곡면 모델링 기법으로 3차원 형상을 표현하고, 3D 엔지니어링 소프트웨어에서 제공하는 기능을 이용하여 솔리드 형상으로 변경하여 완성한다.
③ 3D 엔지니어링 소프트웨어에서는 솔리드 모델링과 곡면 모델링을 같이 수행할 수 있는 기능을 제공하고 있으며 이를 하이브리드 모델링이라고도 한다.
④ 산업 디자인에 많이 사용한다.

정답 | ①

해설 | 3D 곡면(서피스) 모델링은 형상의 표면 데이터만 존재하는 모델링 기법으로 질량, 체적, 부피 값 등 **물리적 성질을 구할 수 없다.** 물리적 성질은 솔리드 모델링에서만 구할 수 있다.

07 구속 조건과 설명이 옳지 않은 것은?

① 동심 : 중심점에 두 개의 호, 원 또는 타원을 구속한다.
② 일치 : 2D 및 3D 스케치의 다른 형상에 점을 일치시켜 구속한다.
③ 접선 : 스플라인의 끝을 포함하는 곡선을 다른 곡선에 접하도록 구속한다.
④ 동일선상 : 선택된 원과 호가 동일한 반지름을 갖거나 선택된 선이 동일한 길이를 갖도록 구속한다.

정답 | ④

해설 | • ✓ 동일선상 : 두 개 이상의 선 세그먼트 또는 타원 축이 동일한 선에 놓이도록 한다.
• ＝ 동일 : 선택된 원과 호가 동일한 반지름을 갖거나 선택된 선이 동일한 길이를 갖도록 구속한다.

출제 예상 문제 **101**

03　3D 형상 모델링

01 폴리곤(Polygon) 모델링에 대한 설명으로 틀린 것은?

① 게임 그래픽에 많이 사용한다.
② 폴리곤의 최소 단위는 삼각형이다.
③ 점, 선, 면의 집합으로 메시(Mesh)를 제작하는 방식이다.
④ 폴리곤 개수를 최소한 줄여서 부드러운 곡선으로 표현한다.

정답 | ④

해설 | **폴리곤(Polygon) 모델링**
- 형태를 구성하는 점, 선, 면의 집합으로 메시(Mesh)를 제작하는 방식이다.
- 게임 그래픽에 많이 사용한다.
- 폴리곤의 최소 단위는 삼각형이다.
- 곡선 표현이 부족하기 때문에 에일리어싱(Aliasing, 계단현상)이 발생한다.
- 폴리곤 개수를 많이 늘려 부드러운 곡선으로 표현한다.

02 3D 디자인 소프트웨어의 주요 기능과 거리가 먼 것은?

① 객체 모델링과 편집
② 재질 입히기
③ 렌더링
④ 제작도면 작성하기

정답 | ④

해설 | **3D 디자인 소프트웨어의 주요 기능**
- 객체 모델링과 편집
- 재질 입히기
- 렌더링

03 넙스(Nurbs) 모델링에 대한 설명으로 틀린 것은?

① 제품디자인에 많이 쓰인다.
② 높은 품질의 곡면체를 만들 수 있다.
③ 면의 꼭짓점을 이용해 형태를 잡고 선들을 Loft시켜서 면(Surface)을 만든다.
④ 제어점(Control Vertex)을 이용해 형태를 수정, 접합하는 방식으로 모델링한다.

정답 | ③

해설 | **넙스(Nurbs) 모델링**
- NURBS(Non-Unifrom Rational B-Spline, 비정형 유리 B-스플라인)
- 폴리곤의 단점을 보안하기 위해 만들어진 기술
- 높은 품질의 곡면체를 만들 수 있음
- 제품디자인에 많이 쓰임
- **먼저 선(Curve)을 이용해 형태를 잡고 선들을 Loft시켜서 면(Surface)을 만듦**
- 제어점(Control Vertex)을 이용해 형태를 수정, 접합하는 방식으로 모델링을 함

04 뷰포트(Viewport)에 대한 설명으로 틀린 것은?

① Front view : 객체를 정면에서 바라본 장면
② Top view : 객체를 위에서 바라본 장면
③ Left view : 오른쪽에서 바라본 장면
④ Perspective view : 원근감이 있는 입체

정답 | ③

해설 |
- Left view : 왼쪽에서 바라본 장면
- Right view : 오른쪽에서 바라본 장면

05 도형 단위 요소를 불러와서 조합(합, 차, 적)으로 물체를 표현하는 모델링 기법은?

① CSG 기법
② B-Rep 기법
③ 와이어프레임 모델링
④ 서페이스 모델링

정답 | ①

해설 | CSG(Constructive Solid Geometry)는 도형 단위 요소를 불러와서 조합(합, 차, 적)으로 물체를 표현하는 방식이다.
② B-Rep(Boundary Representation, 경계표현) : 입체를 둘러싸고 있는 면의 조합으로 표현하는 방식
③ 와이어프레임 모델링(Wire-frame Modeling) : 직선, 곡선으로 표현한 3D 모델링
④ 서페이스 모델링(Surface-based Modeling) : 면을 중심으로 하여 물체를 표현하며, 주로 곡선과 곡면을 통해 물체의 외형만을 표현하는 방법

06 폴리곤 모델링에서 면(Polygon)의 기능으로 틀린 것은?

① 면에 높이를 주는 기능
② 면과 면을 연결하는 기능
③ 면을 따라 선택한 면을 돌출시키는 기능
④ 선택한 면의 넓이를 늘리거나 줄이는 기능

정답 | ③

해설 | **폴리곤 모델링에서 면(Polygon)의 기능**
• 면에 높이를 주는 기능
• 면과 면을 연결하는 기능
• 선을 따라 선택한 면을 돌출시키는 기능
• 선택한 면의 넓이를 늘리거나 줄이는 기능

07 경로를 따라 2D 단면을 돌출시키는 방식의 모델링 기법은?

① 돌출(Extrude) 모델링
② 스윕(Sweep) 모델링
③ 회전(Revolve) 모델링
④ 로프트(Loft) 모델링

정답 | ②

해설 | 스윕(Sweep) 모델링은 경로를 따라 2D 단면을 돌출시키는 방식의 모델링 기법이다.
① 돌출(Extrude) 모델링 : 2D 단면에 두께 값을 주어 면을 돌출시키는 방식
③ 회전(Revolve) 모델링 : 축을 기준으로 2D 라인을 회전하여 3D 객체로 만드는 방식
④ 로프트(Loft) 모델링 : 2개 이상의 라인을 사용하여 3D 객체를 만드는 방식. 사용되는 라인 중 하나는 경로(path)로 사용되며, 다른 하나는 표면(shape)을 만들게 됨

08 작업 지시서에 포함되어야 할 내용 중 제작 개요에 대한 내용으로 거리가 먼 것은?

① 제작 물품명　　② 제작 방법
③ 제작 기간　　　④ 제작 비용

정답 | ④

해설 | **작업 지시서의 제작 개요**
• 제작 물품명
• 제작 방법
• 제작 기간
• 제작 수량

04 3D 형상 데이터 편집

01 2D 라인을 이용하여 3D 객체를 제작하는 방법이 아닌 것은?

① 돌출 모델링
② 스윕 모델링
③ 회전 모델링
④ 폴리곤 모델링

정답 | ④

해설 | 2D 라인을 이용하여 3D 객체를 제작하는 방법
- 돌출 모델링
- 스윕 모델링
- 회전 모델링
- 로프트 모델링 등

02 2D 라인 없이 3D 객체를 만드는 방법이 아닌 것은?

① CSG 방식
② 폴리곤 모델링
③ 로프트 모델링
④ 기본 도형을 이용한 모델링

정답 | ③

해설 | 2D 라인 없이 3D 객체를 만드는 방법
- 기본 도형을 이용한 모델링
- 폴리곤 모델링
- CSG 방식

03 형상 데이터 조립에 대한 설명으로 틀린 것은?

① 연결할 두 면의 크기가 동일하면 연결된 부분이 합쳐지지 않는다.
② 객체 병합 기능을 이용하여 부분 형상을 하나의 객체로 합칠 수 있다.
③ 동일한 좌표계와 동일한 스케일 환경에서 작업을 해야 조립이 용이하다.
④ 부분 형상을 병합하기 전에 각각의 형상이 3D프린터로 출력이 가능한지 확인한다.

정답 | ①

해설 | 폴리곤 연결
- 연결할 두 면을 선택한 뒤 폴리곤 연결 기능을 적용하여 두 면을 자연스럽게 이어 준다.
- 연결할 두 면의 크기가 동일하면 연결된 부분의 크기도 일정하다.

04 다음은 폴리곤을 수정하는 방법에 대한 내용이다. 무엇을 수정하는 기능인가?

- 선택한 면에 높이 주기
- 선택한 면의 넓이를 늘리거나 줄이기
- 면과 면을 연결하기

① 점   ② 선
③ 면   ④ 모서리

정답 | ③

해설 | 주어진 방법들은 면에 대한 수정 기능이다.
① 점에 대한 수정 기능
　㉠ 점 삽입　　　㉡ 점 삭제
　㉢ 점 분할　　　㉣ 점 병합
　㉤ 점의 위치 이동 등
② 선에 대한 수정 기능
　㉠ 선 삽입　　　㉡ 선 삭제
　㉢ 선 분할　　　㉣ 선 연결
　㉤ 선의 위치 이동 등

104 PART 02 3D 형상 모델링

05 데이터 수정 방법 선택으로 틀린 것은?

① 폴리곤에 돌출 값을 주어 돌출 모델링 생성

② 폴리곤 모양을 변경해야 할 경우 모델링 상태에서 수정 가능

③ 기본 도구를 이용하여 크기나 두께, 위치 이동, 각도의 수정 가능

④ 회전 모델링과 스윕 모델링, 로프트 모델링의 경우 라인 수정을 통해 편집

정답 | ②

해설 | 폴리곤 모양을 변경해야 할 경우 폴리곤의 점과 선, 면 편집을 통해 수정 가능하다.

---

05 출력용 데이터 수정

01 다음에서 설명하는 3D프린터의 종류는?

> 종이판이나 플라스틱 등의 시트를 CO_2 레이저나 칼로 커팅 후 열을 가하여 접착하면서 모델을 제작하는 방식

① FDM ② LOM
③ DLP ④ SLA

정답 | ②

해설 |

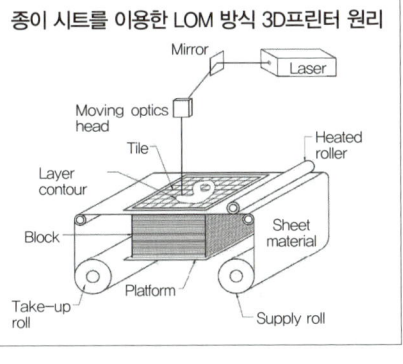

종이 시트를 이용한 LOM 방식 3D프린터 원리

02 3D프린터에서 사용하는 재료와 프린터의 종류가 잘못 연결된 것은?

① FDM : 고체 기반 ABS 필라멘트 사용

② DLP : 액체 기반 광경화성 액상수지 사용

③ SLA : 분말 기반형 광경화성 액상수지 사용

④ SLS : 분말 기반형 플라스틱 분말 사용

정답 | ③

해설 | SLA(Stereo Lithography Apparatus, 광경화성 수지 조형 방식)는 액체(레진) 기반 재료를 사용하여 광경화성 수지가 들어 있는 수조에 자외선 레이저를 주사하여 모델을 제작하는 방식이다.

출제 예상 문제 **105**

03 고체 기반형 3D프린터의 장단점으로 틀린 것은?

① 친숙한 소재 ABS, 친환경적 소재 PLA를 사용할 수 있다.
② 3D프린터와 재료의 가격이 다른 3D프린터 방식에 비해 저렴하다.
③ 다른 3D프린터 방식에 비해 출력의 품질이 떨어진다.
④ 분진이나 냄새가 나지 않아 별도의 환기 시설이 필요 없다.

정답 | ④
해설 | 고체 기반 3D프린터는 미세 분진과 가열된 플라스틱 냄새가 발생하여 환기시설이 필요하다.

04 3D프린터로 출력할 때 현상에 대한 설명으로 틀린 것은?

① 노즐에서 분사되는 양이 많으면 흐름 현상이 생긴다.
② 노즐에서 분사되는 양이 너무 적으면 출력물이 갈라지거나 그물같이 구멍이 뚫릴 수도 있다.
③ 재료가 ABS인 경우, 밀도가 높을수록 재료 수축률이 높아져 갈라짐 현상이 발생할 수 있다.
④ 각 축의 모터 이동 속도를 높이면 제품과 플랫폼의 표면 결속 상태가 좋아진다.

정답 | ④
해설 | **속도와 온도**
• 출력 속도, 노즐과 베드 판의 온도를 설정한다.
• 각 축의 모터 이동 속도를 너무 높이면 **표면의 결속 상태가 좋지 않게 되는 문제**가 발생할 수 있다.

05 분말 기반형 3D프린터의 장단점으로 틀린 것은?

① 컬러 표현이 가능하다.
② 출력 후 서포터 제거 등의 작업을 해야 한다.
③ 분진이 발생하므로 피부와 호흡기에 영향을 미칠 수 있다.
④ 금속을 비롯해 세라믹, 플라스틱 등 분말로 된 다양한 소재를 사용할 수 있다.

정답 | ②
해설 | 분말 기반형 3D프린터는 **서포터가 필요하지 않기** 때문에 출력 후 서포터 제거 등의 작업이 필요하지 않다. 성형이 되지 않은 분말이 서포터 역할을 해준다.

06 슬라이서 프로그램에서 출력물의 정밀도 설정에 관한 내용으로 틀린 것은?

① 출력물의 내부를 채울 때 밀도(%)를 설정한다.
② 적층 높이 값이 작을수록 프린팅 해상도는 좋아진다.
③ 적층 높이 값이 작을수록 출력 프린팅 시간은 늘어난다.
④ 노즐의 구경이 0.4mm라면 벽 두께는 그 이하를 설정해야 한다.

정답 | ④
해설 | 노즐의 구경이 0.4mm라면 벽 두께는 그 이상을 설정해야 한다.
출력물의 정밀도 설정
• 적층의 높이 지정(Layer height) : 높이 값이 작을수록 프린팅 해상도는 좋아지지만 프린팅 속도는 느려진다.
• 벽 두께 : 출력물의 벽 두께를 설정한다. 노즐 구경보다 작은 값을 설정할 수 없다.

106 PART 02 3D 형상 모델링

07 액체 기반형 3D프린터의 장단점으로 틀린 것은?

① 소재의 종류는 한 가지 액체만을 사용한다.
② 사용 및 취급 시 세심한 주의가 필요하다.
③ 출력 속도가 빠르고 컬러 출력도 지원된다.
④ 약 0.1mm 이하의 해상도를 가지기 때문에 품질이 좋다.

정답 | ①

해설 | 액체 기반형 3D프린터는 소재의 종류가 5종 이상으로 다양하다.

08 다음에서 설명하는 3D 형상 데이터에 추가하는 부가 요소 종류는?

바닥의 레벨이 잘 안 맞거나 고정이 잘 안 되는 상황일 때, 별도 형상으로 바닥 보조물을 만들어 주는 기능

① 서포터(Supporter)
② 스커트(Skirt)
③ 브림(Brim)
④ 래프트(Raft)

정답 | ④

해설 | 래프트(Raft, 뗏목, 부교)는 바닥의 레벨이 잘 안 맞거나 고정이 잘 안 되는 상황일 때, 별도 형상으로 바닥 보조물을 만들어 주는 기능으로 완성 후 출력물을 떼어내기 쉽도록 형상과 래프트 간의 간격이 유지되면서 출력된다.

래프트가 생성된 제품

09 형상 데이터 분할 출력에 대한 설명으로 틀린 것은?

① 최대 출력 크기보다 큰 모델링 데이터는 분할 출력의 과정을 거쳐야 한다.
② 분할 출력 후 다시 하나의 형태로 만들어지는 것을 고려하여 분할해야 한다.
③ 분할된 개체를 다시 하나로 연결시켜 줄 때 주로 접착제를 사용한다.
④ 분할 출력을 하기 위해 슬라이서 프로그램에서 모델링을 수정할 수 있다.

정답 | ④

해설 | 분할 출력을 하기 위해서는 3D 모델링 프로그램을 이용하여 모델링을 수정해야 한다.

10 다음에서 설명하는 3D 형상 데이터에 추가하는 부가 요소 종류는?

프린터를 켜고 노즐 온도가 올라가기 시작한 후 필라멘트가 녹기 시작하면 중력에 의해서 노즐 밖으로 흘러나온다. 이때 노즐목 근처에 빈 공간이 생기고 이 빈 공간은 정작 출력이 시작되면 토출이 안 되는 끊김 현상이 원인이 된다. 이런 현상을 없애기 위해서 빈 공간이 있는 부분을 출력을 시작하기 전에 미리 빼주는 것이다.

① 서포터(Supporter)
② 스커트(Skirt)
③ 브림(Brim)
④ 래프트(Raft)

정답 | ②

해설 | 스커트(Skirt)는 출력 전에 필라멘트를 미리 빼내어 원활한 출력이 되도록 하는 기능이다.

06 3D 엔지니어링 객체 형성

01 형상 입체화에 필요한 피처 명령으로 프로파일에 볼록하거나 오목한 피처를 작성하는 것은?

① 돌출
② 스윕
③ 코일
④ 엠보싱

정답 | ④

해설 | 엠보싱은 형상 입체화에 필요한 피처 명령으로 프로파일에 볼록하거나 오목한 피처를 작성하는 것이다.
　① **돌출** : 프로파일에 깊이를 추가하여 피처를 작성
　② **스윕** : 경로 스케치와 단면 스케치를 이용하여 경로를 따라가는 형상을 작성
　③ **코일** : 나선형 코일 스프링 또는 스레드 피처를 작성

02 파트 파일 저장 및 주의사항으로 틀린 것은?

① 파일은 부품 하나에 하나의 파일로 이루어지고 있으며, 두 개 이상의 부품을 하나의 파일로 합쳐서 저장할 수 있다.
② 하나의 부품이 완성되면 반드시 저장 기능을 이용하여 컴퓨터 로컬디스크 또는 이동식 저장 장치에 저장하여야 한다.
③ 모델링을 시작하기 전 로컬디스크나 이동식 저장 장치에 미리 저장될 폴더를 생성해 놓고 작업하는 경우도 있다.
④ 최소 부품을 모델링한 후, 원하는 저장 위치에 직접 폴더를 생성하고 저장해도 무관하다.

정답 | ①

해설 | 파일은 부품 하나에 하나의 파일로 이루어지고 있으며, 두 개 이상의 부품을 하나의 파일로 저장할 수 **없다**.

03 다음에서 설명하는 피처 명령으로 옳은 것은?

> • 단면이라는 여러 프로파일을 혼합하여 부드러운 쉐이프로 만드는 것이다.
> • 피처의 횡단면을 나타내고 분리된 평면에 스케치 단면이 포함된 스케치에서 작업한다.
> • 스케치된 프로파일 외에 단면으로 포함할 객체 면과 점을 선택할 수 있다.

① 돌출(Extrude)
② 회전(Revolve)
③ 스윕(Sweep)
④ 로프트(Loft)

정답 | ④

해설 |

로프트(Loft)

04 형상 입체화에 필요한 피처 명령으로 작성된 3D 형상의 동일 두께를 가진 통을 작성하는 것은?

① 구멍
② 리브
③ 셸
④ 스레드

정답 | ③

해설 | 셸은 형상 입체화에 필요한 피처 명령으로 작성된 3D 형상의 동일 두께를 가진 통을 작성하는 것이다.
　① **구멍** : 돌출 또는 회전에 의해서 생성된 3D 형상에 규격에 맞는 구멍을 작성
　② **리브** : 열린 프로파일 또는 닫힌 프로파일을 사용하여 리브(지지대)를 작성
　④ **스레드** : 구멍이나 샤프트에 스레드(나사)를 작성

108 PART 02 3D 형상 모델링

07   객체 조립

01 조립품 구성을 위한 기계 디자인의 기능이 아닌 것은?

① 도면
② 파트 디자인
③ 어셈블리 디자인
④ 견적서 작성

정답 | ④

해설 | 기계 디자인의 기능
- Part Design : 단일 설계 파트 생성
- 어셈블리 디자인 : 단일 파트와 어셈블리 결합
- 도면 : 파트 또는 어셈블리의 설계도면

02 파트를 모델링 해놓은 상태에서 조립품을 구성하는 조립 방식은?

① 상향식 방식
② 하향식 방식
③ 파트 조립 방식
④ 상대 조립 방식

정답 | ①

해설 | 상향식 방식은 파트를 모델링 해놓은 상태에서 조립품을 구성하는 조립 방식이다.

상향식 조립의 예

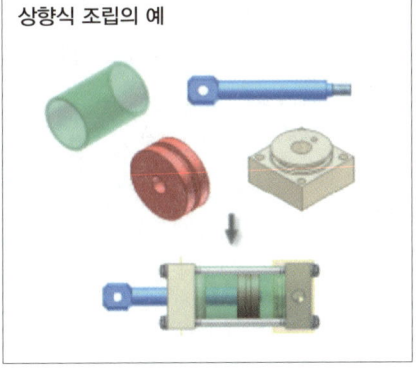

03 다음에서 설명하는 조립 방식으로 옳은 것은?

- 조립도에서 부품을 조립하면서 모델링하는 방식이다.
- 기준 부품 배치는 조립품에서 기준이 되는 부품을 제일 먼저 가져와 배치하는 것이다.
- 부품 삽입은 조립 순서에 맞게 부품을 하나씩 가져올 수도 있고, 여러 부품을 한 번에 가져올 수도 있다.

① 상향식 방식
② 하향식 방식
③ 부품 조립 방식
④ 기준 조립 방식

정답 | ②

해설 | 하향식(Top−down) 방식은 조립도에서 부품을 조립하면서 모델링하는 방식이다.

04 선택한 면과 면, 선과 선 사이에 거리를 주는 제약 조건은?

① 일치   ② 접촉
③ 오프셋   ④ 고정 컴포넌트

정답 | ③

해설 | 오프셋은 선택한 면과 면, 선과 선 사이에 거리를 주는 제약 조건이다.
- ① **일치** : 일치시키고자 하는 면과 면, 선과 선, 축과 축 등을 선택하면 일치시켜 주는 제약 조건
- ② **접촉** : 선택한 면과 면, 선과 선을 접촉하도록 하는 제약 조건
- ④ **고정 컴포넌트** : 선택한 파트를 고정시켜 주는 기능

출제 예상 문제 **109**

PART 02

3D 형상 모델링

05 파트 조립품을 생성할 때 제약 조건을 적용하는 내용으로 틀린 것은?

① 많이 사용하는 제약 조건으로 일치, 접촉, 오프셋 등이 있다.
② 부품의 조립과 동작의 조건에 따라 제약 조건은 두 개 이상 적용할 수 없다.
③ 부품과 부품 사이에 제약 조건을 과도하게 걸면 오류가 나는 원인이 된다.
④ 제약 조건은 디자인 변경 및 수정 시 발생하는 문제를 최소화시킬 수 있으며, 부품 간 동작을 확인해 볼 수 있도록 해준다.

정답 | ②

해설 | 제약 조건 적용
- 가장 많이 사용되는 제약 조건으로 일치, 접촉, 오프셋 등이 있다.
- 부품의 조립과 동작의 조건에 따라 **제약 조건이 두 개 이상 적용될 수 있다.**
- 부품과 부품 사이에 제약 조건을 과도하게 걸면 오류가 나는 원인이 된다.
- 제약 조건은 디자인 변경 및 수정 시 발생하는 문제를 최소화시킬 수 있으며, 부품 간 동작을 확인해 볼 수 있도록 해준다.

06 다음 중 제약 조건을 선택할 때 틀린 것은?

① 면과 면
② 선과 선
③ 점과 좌표
④ 면과 선

정답 | ③

해설 | 점과 좌표는 제약 조건의 선택 요소에 해당하지 않는다.
제약 조건의 선택
- 면과 면
- 선과 선
- 점과 점
- 면과 선
- 면과 점
- 선과 점 등

---

08 출력용 설계 수정

01 3D 엔지니어링 프로그램에서 부품 수정을 할 경우에 대한 설명으로 틀린 것은?

① 설계상 오류가 발생한 부품은 부품 하나를 직접 프로그램으로 열 수 있으나, 파트 하나를 지정하여 조립 상태에서 수정하는 것은 불가능하다.
② 부품을 직접 열어 수정하는 경우 도면의 치수가 명확하게 존재하고 작업자의 실수에 의한 부분이라면 원본 부품 파일을 열어 직접 수정할 수 있다.
③ 하향식 방식으로 작업을 진행하는 경우 정확한 도면과 값이 임의적이라면 조립품에서 부품을 수정하는 것이 일반적으로 수월하다.
④ 간접이 발생하지 않는 부품의 경우 화면 복잡성을 최소화하기 위해서 불필요한 부품은 숨겨 놓고 수정하면 편리하다.

정답 | ①

해설 | 설계상 오류가 발생한 부품은 부품 하나를 직접 프로그램으로 열거나, 파트 하나를 지정하여 조립 상태에서도 수정이 가능하다.

110 PART 02 3D 형상 모델링

02 3D프린터로 출력할 부품 수정에 대한 내용으로 틀린 것은?

① FDM 방식 3D프린터는 열 수축 현상이 발생하여 정확한 치수의 제품을 얻을 수 없다.

② 하나 이상의 부품을 조립하기 위해 모델링된 부품을 그대로 출력하여도 조립에는 아무 문제가 없다.

③ 3D프린터 출력 후 조립을 해야 하는 상황에서는 모델링된 파트를 출력한 후, 조립이 가능할 수 있도록 모델링을 수정해야 한다.

④ 3D프린터 특성상 너무 작은 구멍이나 기둥, 면의 두께를 가지고 있는 형상, 벽면의 경우 원활한 출력을 위해 부품을 수정해야 한다.

정답 | ②

해설 | 하나 이상의 부품을 조립하기 위해 모델링된 부품을 그대로 출력하면 수축과 팽창 공차에 의해서 조립이 되지 않는다.

03 3D프린터로 출력할 부품에 출력 공차를 적용할 경우에 대한 설명으로 틀린 것은?

① 부품과 부품이 조립되는 부분에 대해서 출력 공차를 부여한다.

② 모델링 지름이 작은 축과 구멍으로 조립이 되는 경우 구멍을 조금 더 키워 출력한다.

③ 두 개의 조립 부품이 있으면 두 개의 부품 모두에 공차를 적용하여 모델링을 수정한다.

④ 구멍의 벽이 얇은 형태와 축의 경우라면 축을 조금 줄이는 공차를 적용하는 것이 바람직하다.

정답 | ③

해설 | 조립 부품 중에서 두 개의 부품을 모두 수정하는 것이 아니라, 두 부품 중에서 하나의 부품에만 공차를 적용하는 것이 바람직하다.

04 FDM 방식 3D프린터로 출력할 경우 크기 및 두께 변경에 대한 내용으로 틀린 것은?

① 아주 작은 구멍이나 간격이 좁은 부품 요소들이 제대로 출력되지 않는 경우가 발생하므로 조립이 가능하도록 부품의 크기를 변경해야 한다.

② 구멍의 지름이 1mm 이하이면 출력되지 않을 수 있으며, 축은 지름 1mm 이하에서 출력되지 않는다.

③ 너무 얇은 외벽 두께를 가진 부품의 형상 또한 부품 수정을 통해 외벽 두께를 변경해야 하며, 최소한 1mm 이상의 벽면으로 출력될 수 있도록 수정한다.

④ 출력 방향에 따라 외벽의 두께가 변경될 수 있으나, 부품의 모든 외벽 두께를 변경할 필요는 없다.

정답 | ④

해설 | 출력 방향에 따라 외벽의 두께가 변경될 수 있으므로, 부품의 모든 외벽 두께를 변경하는 것이 안전하다.

출제 예상 문제 **111**

PART

03

 **3D PRINTING** 3D프린터운용기능사 자격증 대비과정
3D프린터운용기능사 필기

3D프린터
SW 설정

CHAPTER 01	문제점 파악하기
CHAPTER 02	데이터 수정 및 재생성
CHAPTER 03	출력보조물 설정
CHAPTER 04	슬라이싱
CHAPTER 05	G코드 생성
	출제 예상 문제

3D프린터운용기능사 자격증 대비과정

CHAPTER 01

문제점 파악하기

1 오류 검출 프로그램 선정

(1) 오류 검출 프로그램의 종류

① Netfabb 프로그램의 기능

㉠ 모든 CAD 포맷을 IMPORT(불러오기)하거나, 다른 포맷으로 변환해 EXPORT(내보내기)하는 것이 가능

㉡ 자동 복구 도구를 이용해 모델의 구멍이나 교차점 및 기타 결함을 제거

㉢ 수동 복구 도구와 사용자 정의 복구 스크립트를 사용하면 오류를 잘라 메시를 편집하고 원본 파일과 수정된 메시를 비교 가능

㉣ 구멍을 만들어 별도의 부품을 병합하거나 기능을 추출

㉤ 그림과 텍스처에 텍스트 추가 가능

㉥ 모델의 형상에 오프셋, 벽 두께 등을 조정하고, 날카로운 모서리를 줄일 수 있음

㉦ 메시를 조정하여 메시의 수를 줄여 단순화하고 파일의 크기를 줄일 수 있음

㉧ 레이저 기반의 3D프린터의 경우 온도를 조정하여 계산 속도와 처리 시간을 감소시키고 패턴을 정의할 수 있음

② Meshmixer 프로그램의 기능

㉠ 메시를 부드럽게 함

㉡ 구멍이나 브릿지, 일그러진 경계면 등의 오류를 어느 부분에 어떤 오류가 있는지 알려주고 자동 복구시켜 주며 수동으로도 가능

㉢ 메시의 단순화 혹은 감소가 가능

㉣ 모델의 표면에 형상을 만들거나 3D 프린팅을 위해 서포터를 조절할 수 있음

㉤ 3D 프린팅 시 자동으로 3D프린터 베드에 알맞게 방향을 최적화해 주며 평면을 자르거나 미러링하는 것이 가능

㉥ 3D 측정이나 안정성 및 두께 분석 등이 가능한 분석도구 보유

③ MeshLab 프로그램의 기능

㉠ VCG 라이브러리를 기반으로 윈도우, 맥, 리눅스에서 사용 가능

※ VCG(Visualization and Computer Graphics) : 삼각형 및 사면체 메시의 오픈 그래픽 라이브러리를 사용하여 조작, 처리 및 표시하기 위한 오픈소스

114 PART 03 3D프린터 SW 설정

ⓛ 구조화되지 않은 큰 메시의 관리 및 처리를 하는 것을 목적으로 함

ⓒ healing(회복), cleaning(클리닝), editing(편집), inspecting(검사), rendering(렌더링) 도구를 제공

ⓔ 오토매틱 메시 클리닝 필터의 기능
- 중복 제거
- 참조되지 않은 정점 제거
- 아무 가치 없는 면 제거
- 다양하지 않은 모서리 등 제거

ⓜ 메싱 도구의 기능
- 2차의 에러 측정, 많은 종류의 세분화된 면, 두 표면 재구성 알고리즘에 기초하여 높은 품질의 단순화를 지원
- 표면에 일반적으로 존재하는 노이즈를 제거
- 곡률 분석 및 시각화를 위한 많은 종류의 필터와 도구를 제공

(2) 출력용 파일의 오류 종류

① 클로즈 메시와 오픈 메시
　ⓐ 클로즈 메시 : 메시의 삼각형 면의 한 모서리가 **2개의 면과 공유**하는 것
　ⓑ 오픈 메시 : 메시의 삼각형 면의 한 모서리가 한 면에만 포함되는 경우

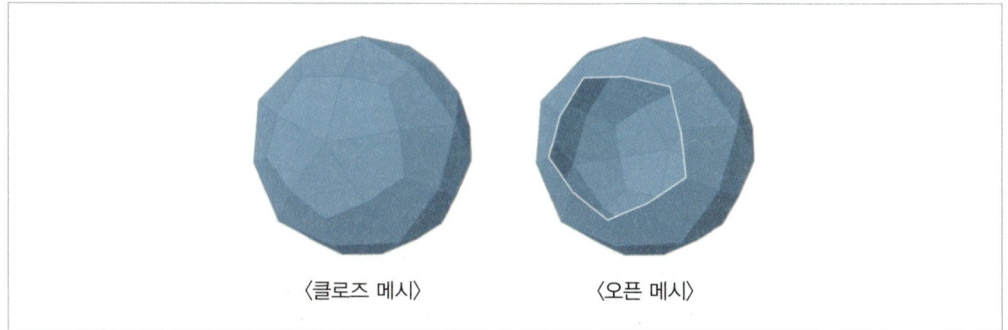

〈클로즈 메시〉　　　　　〈오픈 메시〉

② 비(非)매니폴드(Manifold, 다양체) 형상
　ⓐ 비매니폴드 형상은 실제 존재할 수 없는 구조를 말하는 것으로 3D 프린팅, 부울 작업, 유체 분석 등에 오류 발생 가능
　ⓑ 비매니폴드 메시의 일반적인 조건
- 구멍 또는 내부 면에서 떨어져 있는 가장자리
- 분리된 토폴로지 및 중복 면들
- 적어도 3면의 접합을 만드는 둘 이상의 가장자리 또는 가장자리를 공유하지 않는 면에 의해 공유되는 모든 정점을 포함하는 경우 이 메시는 비매니폴드로 간주 가능

CHAPTER 01 문제점 파악하기 115

ⓒ 매니폴드와 비매니폴드의 형태

매니폴드	비매니폴드	
두 개의 면이 공유	하나의 가장자리에 세 면이 T분기점으로 연결	두 개의 정점에서 면이 공유되지 않음

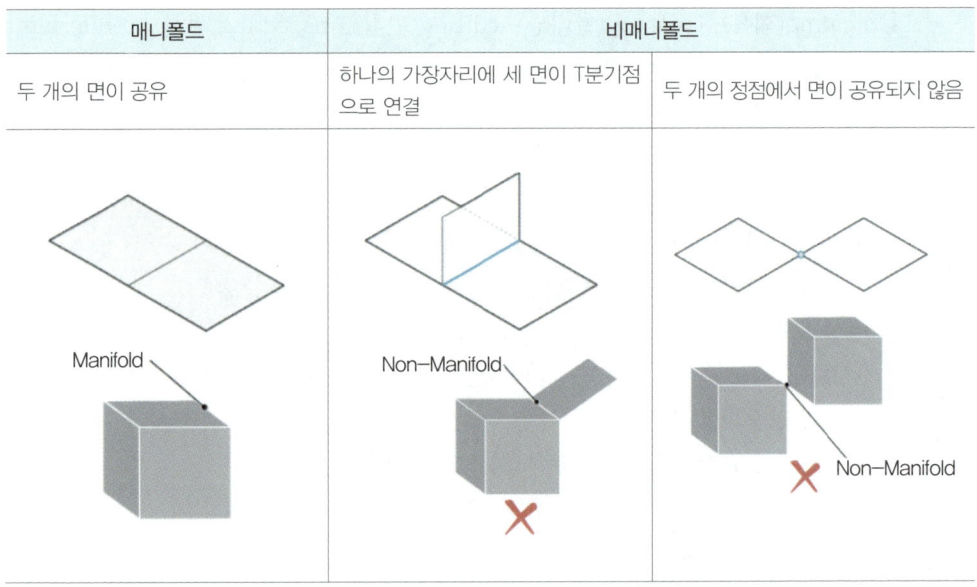

③ **메시(Mesh)가 떨어져 있는 경우** : 메시와 메시 사이의 거리가 눈으로 구분하기 힘들 정도로 작게 떨어져 있을 수 있는데 이런 부분을 잘 수정하지 않으면 3D 프린팅을 했을 때 큰 오류가 날 수 있음

④ **반전(Reverse) 면** : 오른손 법칙에 의해 생긴 노멀 벡터(normal vector)가 반시계 방향으로 입력되어 인접된 면과 같은 방향으로 되어야 하지만, 반대로 시계 방향으로 입력되어 인접된 면과 노멀 벡터의 방향이 반대 방향일 경우 반전 면이 생기게 됨

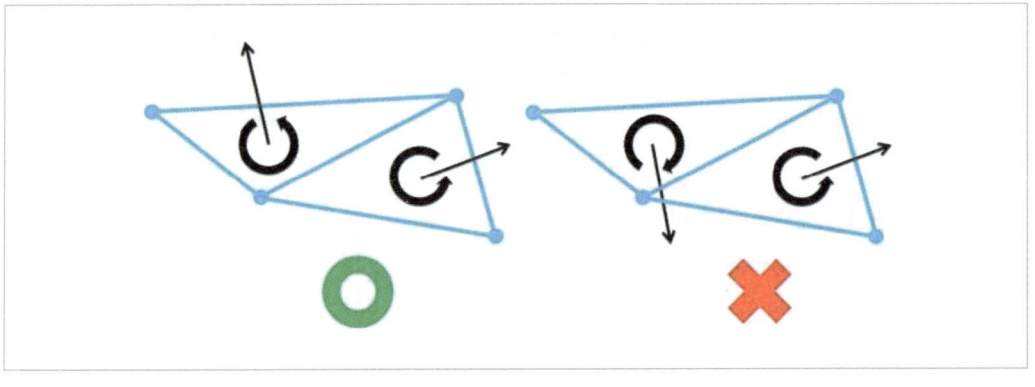

<노멀 벡터 방향의 차이로 생긴 반전 면>

2 문제점 리스트를 작성하고 출력용 파일의 형태로 저장

(1) 3D 프린팅 시의 문제점

출력용 파일의 오류가 없더라도 다른 요소들을 미리 생각하고 오류들과 함께 문제점 리스트에 작성해 놓고 하나씩 수정한다면 출력하고자 하는 모델을 수정 없이 한 번에 출력할 수 있을 것이다.

① 모델의 크기

　㉠ 모델의 크기가 3D프린터의 플랫폼의 크기를 넘어 버린다면 출력 불가

　㉡ 출력할 모델의 크기가 너무 크거나, 너무 작은 경우 비율을 조절하여 출력

　㉢ 크기가 너무 큰 경우 3D 프로그램과 오류 검출 프로그램을 이용해 분할 출력 가능

② 서포터

　㉠ 모델의 방향에 따라 서포터가 달라지기 때문에 가장 빨리 출력할 수 있는 방향으로 조절

　㉡ 서포터가 적게 생성되도록 모델의 방향을 수정하여 출력해야 출력 시간 최소화 가능

<출력 방향(❸ : 서포터를 만들지 않고 출력할 수 있는 방향)>

③ 조립 부품의 공차

　㉠ 출력물이 다른 부품과 결합 또는 조립되어야 한다면 공차를 고려해야 함

　㉡ FDM 형식의 3D프린터

　　• 치수대로 만들더라도 열을 받은 필라멘트는 수축과 팽창으로 인해 치수가 달라질 수 있음

　　• 같은 3D프린터로 출력할 경우 오차값이 일정하기 때문에 평소에 출력했던 출력물의 수치를 측정해 오차 범위를 알아 둘 것

④ 내부 채우기(Infill)

　㉠ 출력물의 강도가 강해야 할 경우 내부를 많이 채울 것

　㉡ 출력물의 강도가 약해도 된다면 내부 채우기를 조금만 해서 출력 시간을 줄일 것

　㉢ 채우기를 많이 하면 출력 시간이 오래 걸리기 때문에 적당하게 채워야 함

CHAPTER 01 문제점 파악하기　117

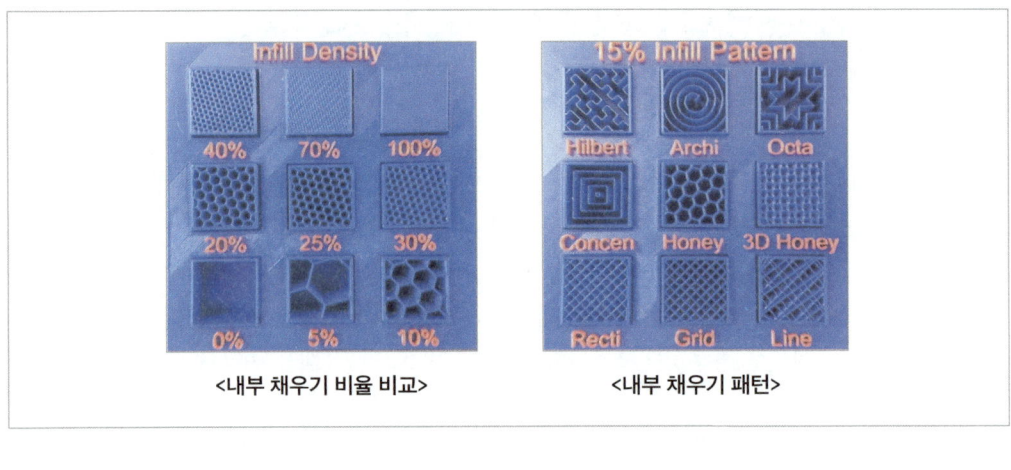

<내부 채우기 비율 비교>   <내부 채우기 패턴>

(2) 문제점 리스트 작성법

① 문제점 리스트를 작성할 경우, 제일 먼저 출력할 모델에 오류가 있는지를 확인

② 오류 수정 후 확인 사항 순서

　㉠ 크기 확인

　㉡ 공차 확인

　㉢ 서포터 확인

　㉣ 채우기 확인

(3) 최종 출력용 모델링 파일의 형태로 저장하기

대다수의 오류 검출 프로그램에서는 출력용 모델링 파일 포맷으로 변환을 지원한다.

① 3MF 포맷

　㉠ 마이크로소프트 주도로 STL 포맷을 대체하기 위해 만든 것

　㉡ 색상, 재질, 재료, 메시 등의 정보를 한 파일에 담을 수 있음

　㉢ 매우 유연한 형식으로 필요한 데이터의 추가가 가능

② PLY 포맷

　㉠ 90년대 중반 스탠포드 그래픽 연구소의 Greg turk에 의해 개발됨

　㉡ PLY 포맷은 OBJ 포맷의 부족한 확장성으로 인한 성질과 요소의 개념을 종합하기 위해 고안됨

　㉢ 삼각형 형식 또는 다각형 파일 형식으로, 주로 3D 스캐너를 이용해 물건이나 인물 등을 3D 스캔한 스캔 데이터를 저장하기 위해 설계됨

　㉣ 표면의 법선 색상, 투명도 좌표 및 데이터를 포함

　㉤ PLY 포맷은 STL 포맷과 비슷하게 ASCII 형식과 binary 형식이 있음

(4) 출력용 파일의 종류와 특징

① STL(STereo Lithography) 파일

　㉠ 모든 CAD 시스템으로부터 쉽게 생성되도록 매우 단순하게 설계하여 3D 프린팅의 표준 입력 파일 포맷으로 사용

　㉡ 3차원 데이터의 surface 모델을 삼각형 면에 근사시키는 방식

ⓒ 오차가 없도록 surface를 가능한 한 많은 삼각형으로 최대한 근사시켰기 때문에 그 과정에서 오류가 생길 수 있음

ⓔ 입체 모형을 삼각형 면으로 구성하는 것이 특징이며, 세밀하게 조절하면 원형에 가까운 모형 설계가 가능

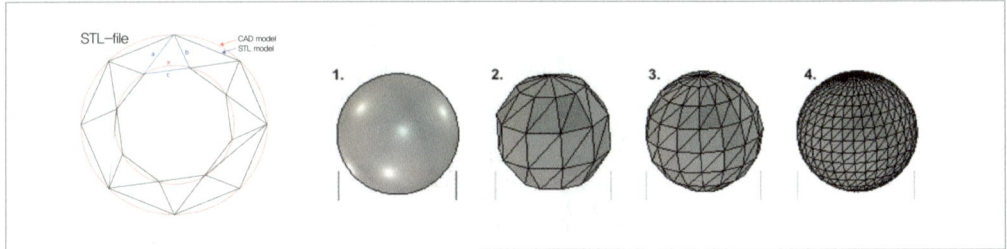

<STL 파일의 구성원리>

ⓜ STL 포맷의 개념

• STL 포맷은 삼각형의 세 꼭짓점이 나열된 순서에 따른 **오른손 법칙**을 사용
• normal vector를 축으로 반시계 방향으로 꼭짓점이 입력되어야 하고, 각 꼭짓점(vertex)은 인접한 모든 삼각형의 꼭짓점이여야 한다는 **꼭짓점 법칙**을 만족시켜야 함

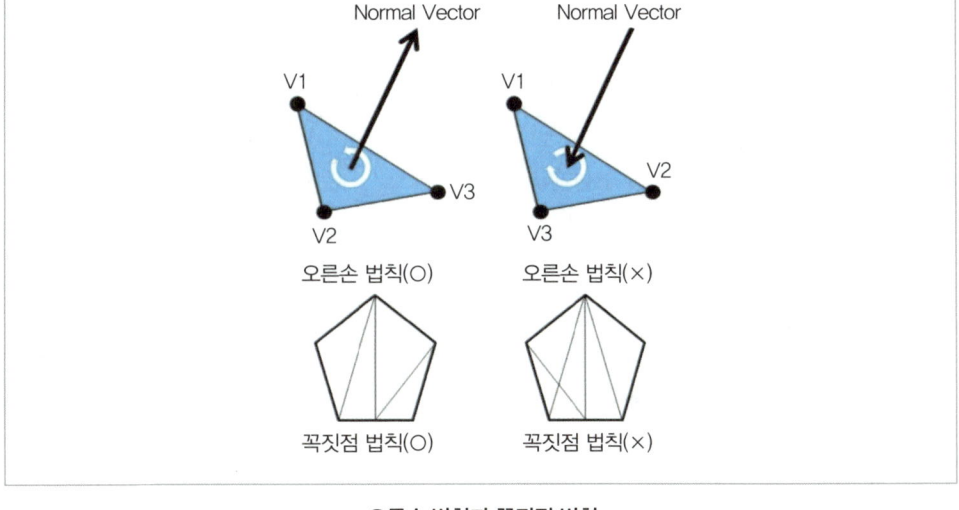

<오른손 법칙과 꼭짓점 법칙>

ⓗ 유한요소 격자생성(mesh generation) 방식을 사용하여 3D 모델을 삼각형들로 분할한 후 각각의 삼각형으로 출력, 쉽게 STL 파일로 출력할 수 있기 때문에 특별한 해석 없이 사용 가능

CHAPTER 01 문제점 파악하기 **119**

ⓢ STL 포맷의 꼭짓점 수와 모서리 수를 구하는 법

- 꼭짓점 수 $=\dfrac{삼각형의\ 수}{2}+2$

- 모서리 수 $=(꼭짓점의\ 수\times3)-6$

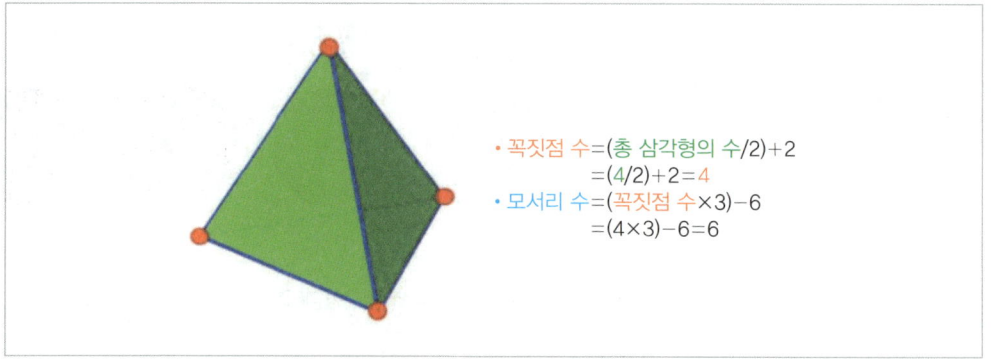

꼭짓점 수=(총 삼각형의 수/2)+2
            =(4/2)+2=4
모서리 수=(꼭짓점 수×3)-6
            =(4×3)-6=6

\<삼각뿔의 꼭짓점과 모서리 수 구하기\>

ⓞ STL 파일의 단점

- 최소 3번의 중복된 꼭짓점의 좌표정의가 필요하고 기하학적 위상정보가 부족하며, 곡면으로 구성된 모델의 경우 곡면을 삼각형만으로 표현하기 위해 아주 많은 삼각형을 필요로 함
- 동일한 vertex가 반복된 법칙으로 인해 파일의 크기가 매우 커지게 되어 전송 시간이 길고 저장 공간을 많이 차지함
- 삼각형과 삼각형 사이의 구멍이나 면들의 연결 존재 등의 위상정보가 없고 관계에 대한 정보가 없어 특정 모양의 정보처리도 매우 느리고 비효율적임

② AMF(Additive Manufacturing File) 파일

ⓐ XML에 기반해 STL의 단점을 다소 보완한 파일 포맷

ⓑ STL 포맷은 표면 메시에 대한 정보만을 포함하지만, AMF 포맷은 **색상, 질감과 표면 윤곽**이 반영된 면을 포함해 STL 포맷에 비해 곡면을 잘 표현할 수 있음

ⓒ 색상 단계를 포함하여 각 재료 체적의 색과 메시의 각 삼각형의 색상 지정이 가능

ⓓ 3D 모델링을 할 때 모델의 단위를 계산할 필요가 없고, 같은 모델을 STL과 AMF로 변환했을 때 AMF의 용량이 매우 작음

③ OBJ(Object, 목적) 파일

ⓐ 3D 애니메이션 프로그램인 Wavefront Technologies에 의해 개발

ⓑ OBJ 포맷은 3D 모델 데이터의 한 형식으로 기하학적 정점, 텍스처 좌표, 정점 법선과 다각형 면들을 포함함

ⓒ 3차원 좌표, 이진법 형식, 컬러 정보 등으로 저장 가능

ⓓ 단점 : 매 프레임에 하나의 파일이 필요하고 많은 용량이 필요하며, OBJ 파일로 내보내고 불러오는 데 오랜 시간이 걸림

3D프린터운용기능사 자격증 대비과정

데이터 수정 및 재생성

CHAPTER 02

1 데이터 수정

(1) 자동 수정 기능

① Netfabb 오류 검출 프로그램

㉠ 가장 일반적으로 사용되는 CAD 응용프로그램에서 모델을 가져오고, 프린팅 가능성을 분석하고, 3D 프린팅을 위해 자동 복구할 수 있음

㉡ 라이브러리에 포함된 200여 개 이상의 통합된 3D프린터 중에서 선택하고, 분할 및 사용자 지정 가능한 가공 경로 생성을 통해 프린팅을 준비할 수 있음

㉢ 빌드 시간을 줄이거나, 서포터를 최소화하거나, 부품을 효율적으로 네스팅할 수 있도록 모델의 방향을 설정할 수 있음

㉣ 부품의 속을 비우고 내부 격자를 생성하여 재료 사용량을 줄일 수 있음

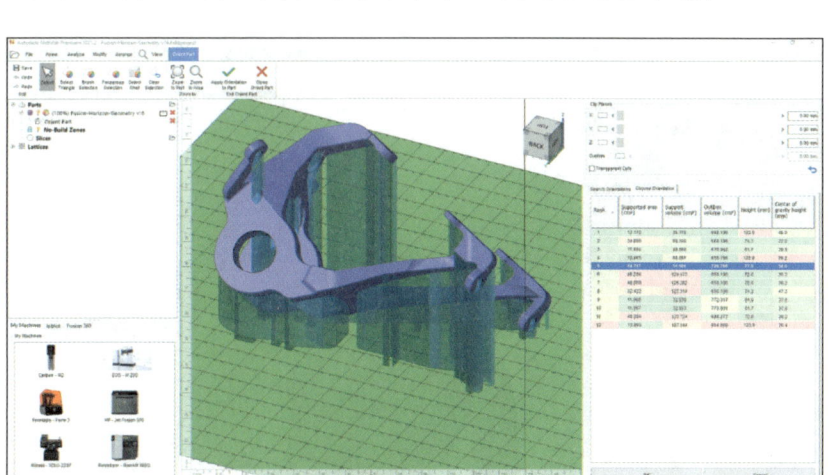

\<Netfabb 프로그램의 활용\>

CHAPTER 02 데이터 수정 및 재생성 **121**

② Meshmixer 오류 검출 프로그램
  ㉠ STL 파일을 보다 간편하게 편집&수정할 수 있는 모델링 프로그램
  ㉡ 사용하는 도구
    • 드래그 앤 드롭 메시 믹싱
    • 3D 조각 및 표면 스탬핑
    • 3D 프린팅을 위한 견고한 솔리드로 변환
    • 3D 패턴 및 격자
    • 중공(탈출 구멍 포함)
    • 3D 프린팅을 위한 분기 지지 구조
    • 자동 프린트 베드 방향 최적화, 레이아웃 및 패킹
    • 브러싱, 표면 올가미 및 구속을 포함한 고급 선택 도구
    • 메시 재작성 및 메시 단순화 · 축소
    • 메시 스무딩 및 자유형 변형
    • 구멍 채우기, 브리징, 경계 지퍼 및 자동 수리
    • 평면 절단, 미러링 및 부울
    • 돌출, 오프셋 표면 및 대상 표면에 투영
    • 인테리어 튜브 및 채널
      −피벗으로 정확한 3D 포지셔닝
      −표면의 자동 정렬
      −3D 측정
      −안정성 및 두께 분석

<Meshmixer 프로그램 활용>

③ MeshLab 오류 검출 프로그램
  ㉠ 3D 메시를 편집 및 가공할 수 있는 소프트웨어
  ㉡ 겹쳐지거나 잘못 형성된 메시를 자동으로 검출하고 교정해주기 때문에 불필요한 메시를 줄이고 3D 프린팅을 쉽게 진행할 수 있도록 도와줌
  ㉢ 메시를 편집(editing), 정리(cleaning), 복구(healing), 검사(inspecting), 렌더링(rendering) 및 변환(converting)하기 위한 도구 모음을 제공

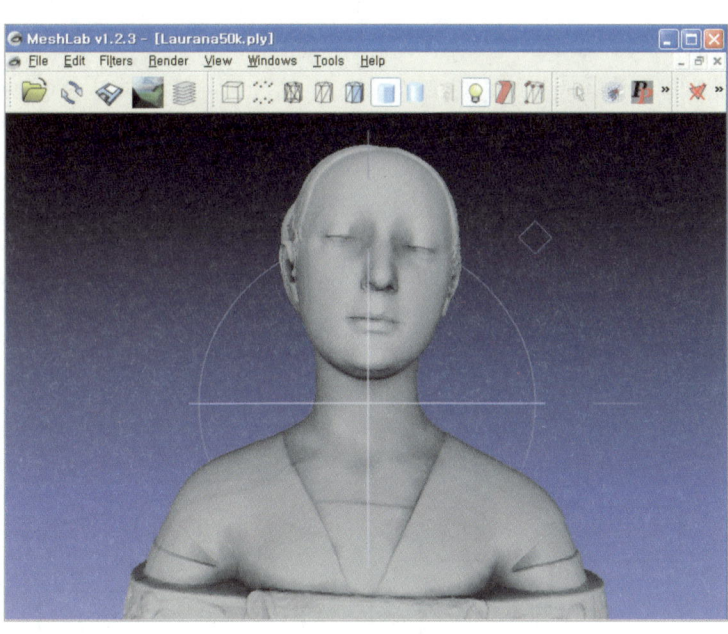

<MeshLab 프로그램의 활용>

(2) 수동 수정 기능
① 수동 오류 수정 가능 여부
  ㉠ 수동 오류 수정 가능 : 자동 오류 수정을 했지만 오류로 인해 수정되지 않은 부분은 수동 오류 수정 기능을 사용하면 대부분의 모델을 수정할 수 있음
  ㉡ 수동 오류 수정 불가능
    • 다른 출력물과 결합이 필요한 모델은 수동 오류 수정이 불가능
    • 결합 부분이 자동 오류 수정으로 수정되지 않아 수동 오류 수정으로 수정할 경우 정확한 치수를 줄 수 없기 때문에 비슷한 모양으로는 가능할지 몰라도 결합은 힘들 수 있음
    • 모델 자체에 치명적인 오류가 있을 경우 수정 불가
    • 치명적인 오류가 있는 경우에는 모델링 프로그램에서 다시 수정하거나 모델링해야 함

CHAPTER 02 데이터 수정 및 재생성 **123**

2 데이터 재생성

(1) 모델링 소프트웨어에서 재수정을 위한 문제점 리스트 작성

① 문제점 리스트 작성을 위한 절차(알고리즘)

㉠ 출력용 데이터로 저장한 모델링 파일에 오류 검사를 실시

㉡ 오류가 검출되지 않았으면 최종 출력용 데이터로 저장하고, 그렇지 않으면 오류의 종류를 파악

㉢ 치명적인 오류 또는 결합 부위 오류일 경우 모델링 소프트웨어를 사용해 수정하고, 출력용 데이터로 저장해 오류 검사를 다시 실시. 그렇지 않은 경우 자동 오류 수정으로 수정

㉣ 오류가 없으면 최종 출력용 데이터로 저장하고, 남은 오류가 있다면 수동으로 오류를 수정

㉤ 수동으로 오류 수정을 했음에도 잔류 오류가 있다면 모델링 소프트웨어를 이용해 수정하고 출력용 데이터로 저장

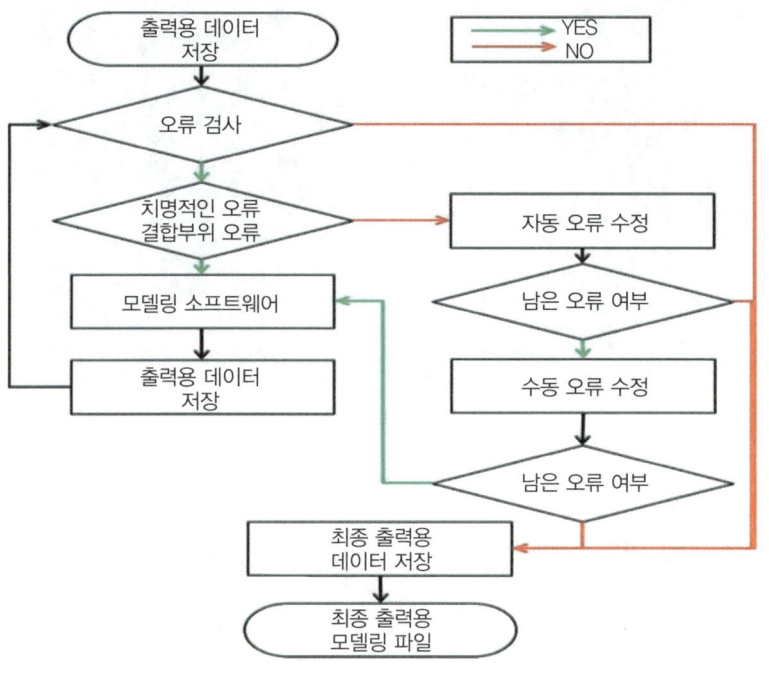

<문제점 리스트 작성을 위한 알고리즘>

② 문제점 리스트 작성

㉠ 오류 검사를 통해 어떤 오류인지 알아보고 자동 오류 수정을 할 것인지 모델링 소프트웨어로 모델링 자체를 수정할 것인지 파악

㉡ 일반적인 오류라면 문제점 리스트의 일반적인 오류에 체크하고 수정법의 자동 오류 수정에 체크하며, 오류의 종류에 구멍, 비매니폴드 형상, 단절된 메시의 개수를 작성

㉢ 자동 수정 후 전체가 수정되었다면 전체에 체크하고, 일부 수정이 불가능한 경우라면 일부 수정 불가에 체크

124 PART 03 3D프린터 SW 설정

㉣ 자동 오류 수정에서 일부 오류가 수정 불가이기 때문에 수동 오류 수정을 통해 수정이 되는지 파악하고, 수정이 불가능하면 모델링 소프트웨어에서 수정해야 하며, 어떤 부분이 수정이 필요한지 작성

㉤ 모델링 소프트웨어에서 재수정을 위한 문제점 리스트

문제점 리스트			
오류	오류 검사	오류 여부	일반적인 오류
			치명적인 오류
			결합부위 오류
	수정 방법		자동 오류 수정
			모델링 소프트웨어
	일반적인 오류	오류 종류	구멍
			비매니폴드 형상
			단절된 메시
수정	자동 오류 수정	수정 여부	수정 완료
			일부 수정 불가
		오류 수정 방법	예 수동 오류 수정
	수동 오류 수정	수정 여부	수정 완료
			일부 수정 불가
		오류 수정 방법	예 모델링 소프트웨어
	모델링 소프트웨어	수정이 필요한 오류	

(2) 수정 부분을 파악하여 원본 모델링 파일 수정

① 수정 부분 파악하고 수정하기

㉠ 수정 부분 파악하기
- 문제점 리스트를 통해 파악된 다음 오류는 모델링 소프트웨어를 통해 수정할 것
  - 치명적인 오류
  - 결합 부위 오류
  - 수동 오류 수정
- 모델링 소프트웨어의 수정이 필요한 오류 항목에 작성된 오류로 수정 부분을 파악

㉡ 출력용 모델링 파일과 원본 모델링 파일
- 출력용 모델링 파일을 모델링 소프트웨어에서 수정하기 위해서는 출력용 모델링 파일로 저장했었던 원본 모델링 파일이 필요
- STL, OBJ 등의 출력용 모델링 파일은 메시로 이루어져 있기 때문에 메시 수정 소프트웨어가 아닌 일반 3D CAD 모델링 프로그램에서는 수정이 불가능
- 모델링 소프트웨어에서 출력용 모델링 파일로 저장하기 위해 만들었던 모델링 파일을 수정해서 다시 출력용 모델링 파일로 저장해야 하기 때문

- 인터넷에서 내려받아 저장한 출력용 모델링 파일(STL, OBJ 등)은 3D 모델링 소프트웨어에서 수정 불가
  - ⓒ 치명적인 오류 수정 방법
    - 모델링 소프트웨어에서 모델링 파일을 만들어 출력용 모델링 파일로 저장하는 경우 소프트웨어상에서 오류가 생기는 일이 많음
    - 이 경우 모델링 파일을 출력용 모델링 파일로 다시 저장하면 대부분 해결되지만, 그래도 해결되지 않는다면 모델링을 다시 해야 함
  - ⓔ 결합 부위 오류 수정 방법
    - 자동 오류 수정 후 메시 부분이 제거되면 수동 오류 수정으로 수정
    - 다른 부품과 결합된 부분이 제거된다면 메시 수정 소프트웨어로는 정확한 치수로 복구가 불가능하기 때문에 모델링 소프트웨어 프로그램으로 수정해야 함
- ② 수정된 모델링 파일을 출력용 모델링 파일로 저장
  - ㉠ 모델링 소프트웨어에서 출력용 모델링 파일로 저장
    - [파일]-[다른 이름으로 저장]에서 출력용 모델링 파일로 저장
    - 3D CAD 소프트웨어는 3D프린터로 프린팅하기 위해 표준화되어 있는 .stl 확장자만 지원하는 경우가 많음
    - CAD 소프트웨어가 아닌 애니메이션 등에 사용되는 3D 모델링 소프트웨어는 .obj, .stl 등의 많은 확장자를 지원
  - ㉡ 오류 검출 프로그램에서 출력용 모델링 파일로 저장 : 모델링 소프트웨어에서 원하는 확장자를 지원하지 않더라도 오류 검출 프로그램에서 출력용 모델링 파일을 열어 다른 출력용 모델링 데이터 확장자로 저장할 수 있기 때문에 모델링 소프트웨어에서 다른 출력용 모델링 파일로 저장해도 문제없음
- ③ 출력용 모델링 파일을 자동 오류 검사를 실시하고 최종 모델링 파일로 저장
  - ㉠ 출력용 모델링 파일을 자동 오류 검사
    - 모델링 소프트웨어에서 수정된 출력용 모델링 파일을 자동 오류 검사를 통해 검사
    - 오류가 있는 경우 : 문제점 리스트를 작성하는 데 사용했던 알고리즘을 바탕으로 오류 검사, 오류 종류에 따른 수정 방법을 오류가 없어질 때까지 반복
  - ㉡ 최종 모델링 파일로 저장 : 오류가 없을 경우, 오류 검출 프로그램에서 최종 출력용 모델링 파일의 형태로 저장하는 것과 똑같이 자신이 원하는 모델링 파일 확장자로 저장

출력보조물 설정

3D프린터운용기능사 자격증 대비과정

1 출력보조물의 필요성 판별

(1) 지지대

3D프린터로 제품 출력 시 필요한 바닥받침대와 형상보조물을 말한다.

① **형상보조물(서포터, Supporter)** : 제품의 출력 시 적층바닥과 제품이 떨어져 있을 경우 이를 보조해 주는 지지대를 말한다.

② **바닥받침대(브림, Brim)** : 제품의 출력 시 적층바닥과 제품을 보다 견고하게 유지시켜 주는 지지대를 말한다.

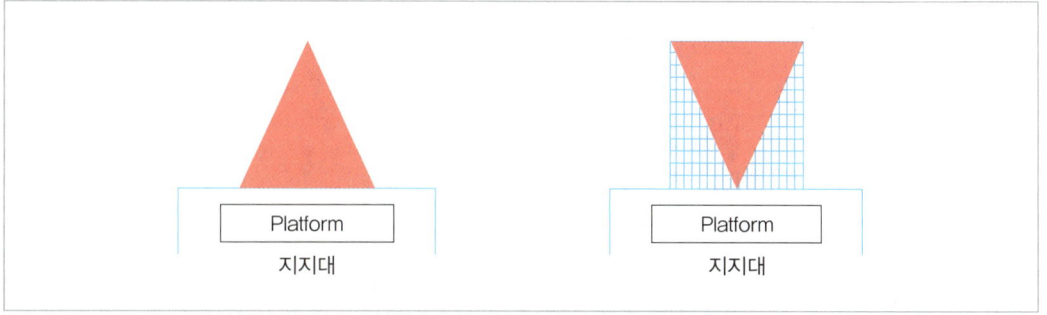

<제품 방향에 따른 지지대의 생성>

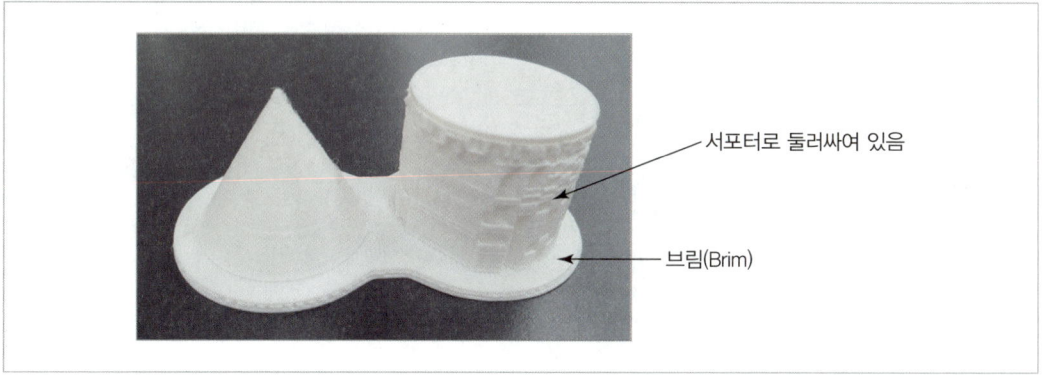

<3D프린터를 이용한 출력물>

CHAPTER 03 출력보조물 설정 127

2 지지대의 필요성

3D 프린팅은 제작 방식에 따라 제작의 오차 및 오류가 존재한다. 이를 해결하기 위해서 지지대를 형상 제작에 이용하면 효율적으로 제품의 품질을 향상시키고 오차를 줄일 수 있다.

① FDM 방식 : 구조물을 제작할 때 제품의 아랫면이 크거나 뒤틀림이 존재할 때에는 지지대를 이용하여 제품을 제작하면 제품의 뒤틀림과 오차를 줄일 수 있다.

② SLA 방식 : 제품을 제작할 때 지지대를 제작하느냐 안 하느냐에 따라 형상의 오차 및 처짐 등이 발생할 수 있다.

3 출력보조물 선정

(1) 지지대 구조물(Supporter structures)

① 서포터의 종류와 형상

종류	형상	설명
Overhang (돌출부)		외팔보와 같이 돌출되어 새로 생성되는 층이 받쳐지지 않아 아래로 휘게 되는 경우를 방지하기 위한 지지대
Ceiling (천장)		기둥의 간격이 크면 천장(Ceiling) 가운데 부분에서 처짐이 과도하게 발생하여 처치는 경우를 방지하기 위한 지지대
Island (섬)		이전에 단면과는 연결되지 않는 단면이 새로이 등장하는 경우로, 지지대가 받쳐주지 않으면 허공에 떠 있는 상태가 되어 제대로 성형되지 않을 때 이를 방지하는 지지대
Unstable (불안정한)		특별히 지지대가 필요한 면은 없지만 불안정한 자세 또는 형상으로 성형 도중에 자중에 의하여 스스로 붕괴하게 되는 경우를 방지하는 지지대
Base (기초)		기초 지지대로 성형 중 진동이나 충격이 가해졌을 경우 성형품의 이동이나 붕괴를 방지하기 위한 지지대
Raft (뗏목, 부교)		성형 플랫폼에 처음으로 만들어지는 구조물로서 성형 중에는 플랫폼에 대한 강한 접착력을 제공하고, 성형 후에는 부품의 손상 없이 플랫폼에서 분리하기 위한 지지대의 일종

128 PART 03 3D프린터 SW 설정

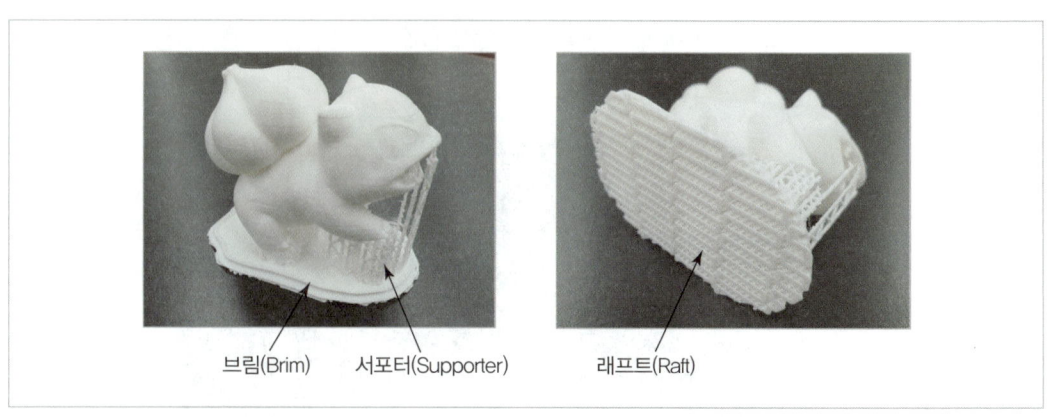

브림(Brim)　서포터(Supporter)　래프트(Raft)

<3D프린터 출력물에 생성된 지지대의 종류>

② 지지대와 관련한 성형 결함
　　㉠ Sagging(새깅, 처짐) : 제작 중 하중으로 인해 아래로 처지는 현상
　　㉡ Warping(워핑, 뒤틀림) : 소재가 경화하면서 수축에 의해서 뒤틀림이 발생하는 현상
③ 지지대를 과도하게 형성할 경우
　　㉠ 조형물과의 충돌로 인하여 제품 품질이 하락하고 후공정에 있어서 작업 과정을 복잡하고 어
　　　렵게 만듦
　　㉡ 필요한 지지대는 생성하되 과도하지 않도록 적절한 수준의 지지대 생성 필요

(2) 출력보조물인 지지대 제거(후가공)
　　3D프린터는 적층성형 방식이므로 표면에 레이어가 남으며 또한 출력 후 생기는 지지대를 제거해야
　　하는데 이것을 후가공이라 한다.
① SLA의 경우 : 광경화성 수지를 사용하기 때문에 모델 재료와 지지대 재료가 같고, 가는 기둥형
　　이다.

서포터

<SLA 방식의 서포터 생성>

CHAPTER 03 출력보조물 설정 **129**

② 3DP, SLS 방식의 경우 : 따로 **지지대를 사용하지 않기 때문에** 파우더만 털어주면 깨끗한 출력물을 얻을 수 있다.

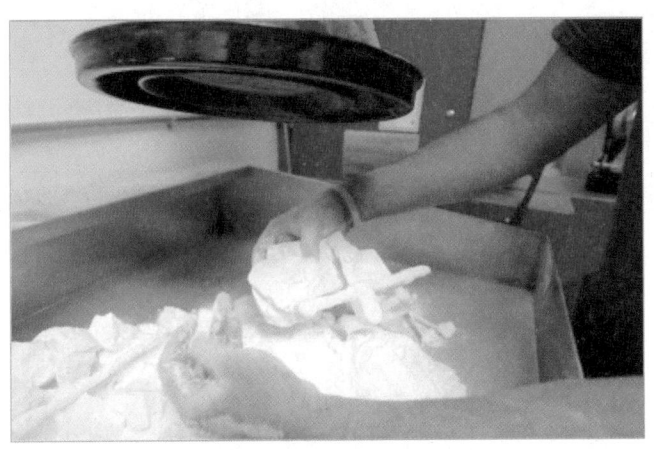

<SLS 방식의 출력물을 털어내는 과정>

③ FDM 방식의 경우 : 강도가 강한 경화된 플라스틱을 제거하므로 지지대를 제거한 표면이 거칠거나 손상이 갈 수 있어 주의가 필요하다.

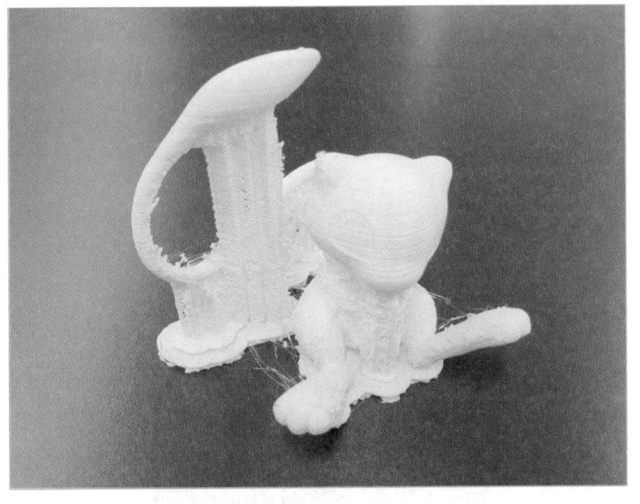

<FDM 방식 출력물의 지지대 제거>

(3) 지지대 설정

지지대 설정은 Infill, Supporter type으로 크게 설정할 수 있다.

① Infill(내부 채움)

ㄱ 내부 채우기 정도를 뜻하는 것으로 0~100%까지 채우기가 가능함

ㄴ 채우기 정도가 높아질수록 출력 시간이 오래 소모되며, 출력물의 무게가 무거운 단점이 있음

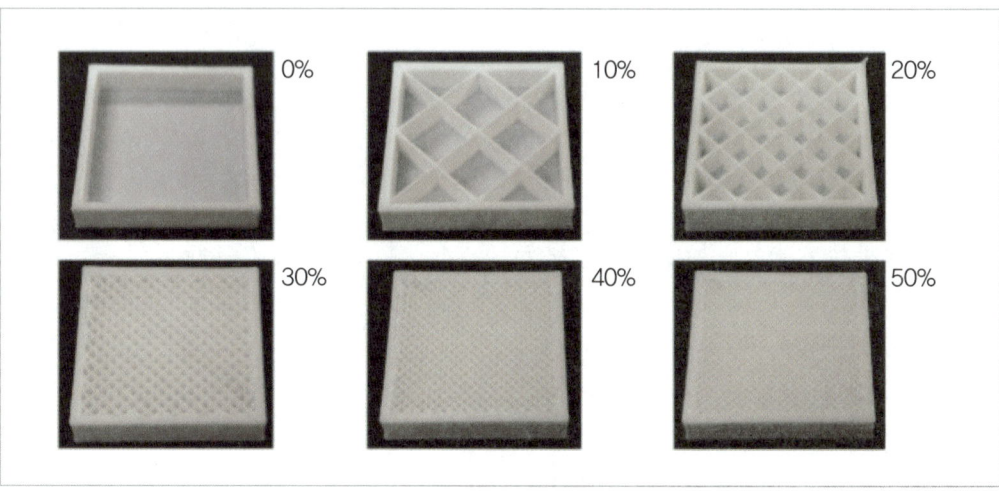

<내부 채움 값의 비교>

② Supporter Type

ㄱ 전체 서포터

- 형상물 전체에 서포터를 설정해주는 방식으로 시간이 오래 소모됨
- 형상물의 모양을 최대한 유지시켜 출력시키지만 서포터를 제거하는 데 있어서 어려움이 있어 출력물의 품질을 기대하기는 어려움

ㄴ 부분 서포터 : 지지대를 필요로 하는 부분을 슬라이서 프로그램이 자동으로 설정해주는 방식으로 효율적이라고 할 수 있음

ㄷ 지지대 없음 : 지지대를 필요로 하지 않는 형상물을 출력할 때 사용

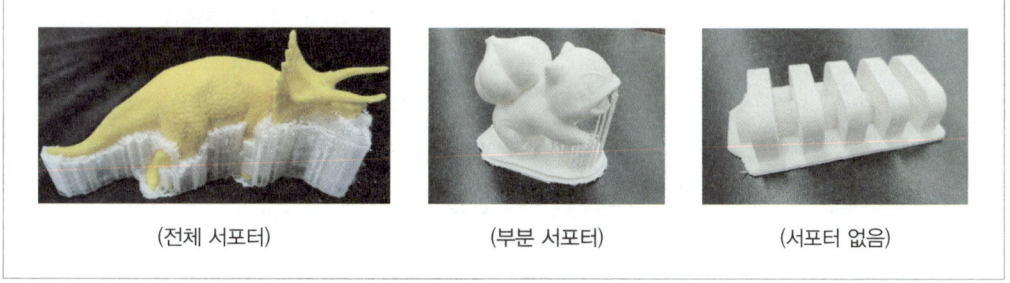

| (전체 서포터) | (부분 서포터) | (서포터 없음) |

<서포터 타입>

3D프린터운용기능사 자격증 대비과정

CHAPTER 04 슬라이싱

1 제품의 형상 분석

(1) 형상 설계

3D 모델링 프로그램을 이용하여 3차원 형상물을 만드는 것을 형상 설계라고 한다.

① 형상 설계에서 고려할 사항

  ㉠ 설계 방식에 따라 3D 프린팅 제품의 품질이 결정되기 때문에 품질에 따른 설계 방식을 고려해야 함

  ㉡ 3D프린터의 종류에 따라 제품의 치수 정밀도가 달라지기 때문에 사용하는 3D프린터의 특징과 오차 범위를 체크해야 함

② 3D프린터 종류에 따른 설계 방식

  ㉠ FDM 방식 : 최대 정밀도가 0.1mm 정도로 이보다 더 정밀한 치수 정밀도를 갖는 제품의 출력은 어려움

  ㉡ SLA 방식

  • 최대 정밀도가 1~5㎛으로 FDM에 비하여 높은 정밀도의 제품 출력 가능

  • 하지만 광경화성 수지의 특징 및 성질을 이해하지 않고 제품의 형상을 설계하면 뒤틀림 등의 오차 발생 가능

(2) 형상 분석

3D 프린팅에서 제품의 품질을 향상시키기 위해 최적의 자세와 형태로 배치하여 지지대를 최소화하여 제품을 생산해낼 수 있도록 한다.

① 회전(Rotate) : X, Y, Z축으로 회전하면서 형상을 분석할 수 있다.

② 확대 및 축소(Scale) : 형상을 자세히 관찰하여 형상의 오류를 찾고 지지대 없이 출력되는 부분이 없는지를 분석할 수 있다.

③ 이동(Move) : 좌, 우, 앞, 뒤로 이동하면서 형상을 분석하고 출력 위치를 선택할 수 있다.

2 최적의 적층(Layer)값 설정

① **적층값** : 3D프린터가 형상물을 출력하는 데 적층하는 수치를 뜻한다.
② 적층값은 3D프린터마다 각각 다르며 적층값에 따라 제품의 출력 품질과 시간에 많은 영향을 끼친다. 적층값이 높을수록 정밀도는 떨어진다.

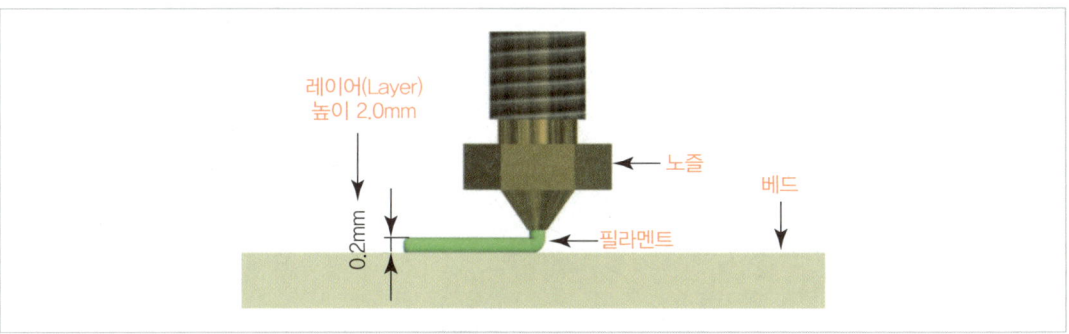

<적층 방법>

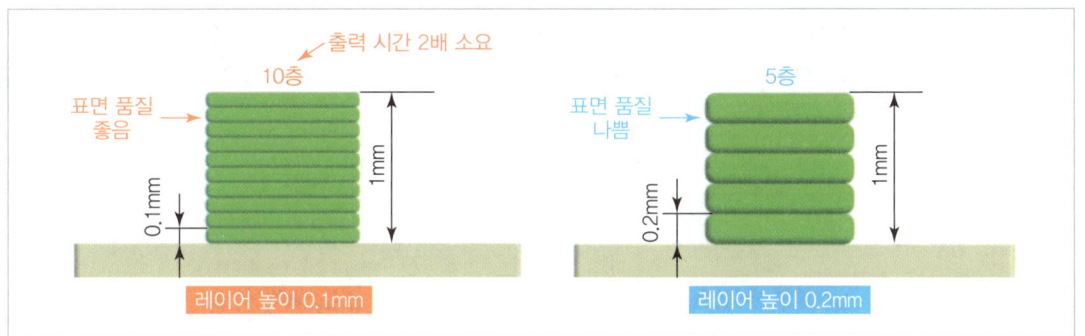

<적층값에 따른 출력 시간과 품질의 비교>

3 적층값 설정 시 고려사항

(1) 벽 두께(Surface, 출력 두께)

① 3차원 구조물 면이 두껍지 않으면 3D프린터에서 출력이 되지 않는다.
② 3차원 구조물이 출력되려면 모델의 벽 두께는 0.5mm보다 얇아선 안 된다.

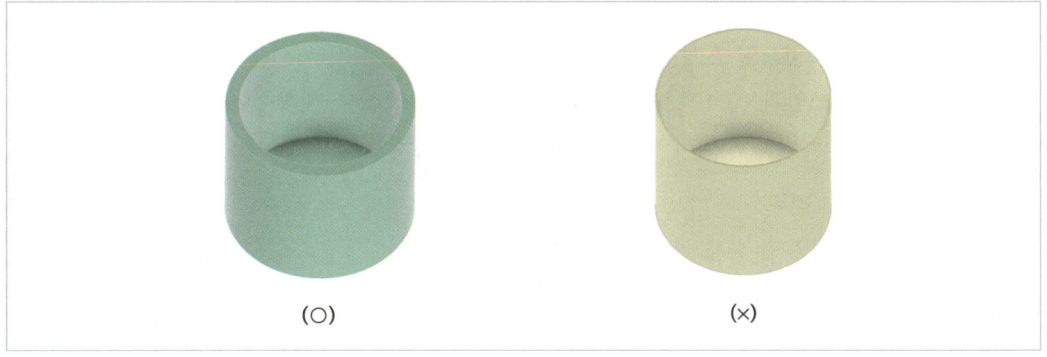

<벽 두께에 따른 출력>

CHAPTER 04 슬라이싱 133

(2) 3D 모델 면의 Open 및 Close

① 3D 모델의 면과 면 사이는 전부 막혀(Close) 있어야 출력이 된다.

② 3D 모델의 면이 Open되어 있으면 하나의 솔리드(Solid)로 인식되지 않아 출력이 안 된다.

<3D 모델 면의 Open 및 Close에 따른 출력 여부>

(3) 두 형상 이상 출력할 때 간격

① 두 개 이상의 출력물을 한 번에 출력할 때에는 구조물 간의 간격 조정은 필수적이다.

② 모서리 부분이나 한쪽 면이 접촉되어 있거나 너무 근접한 경우 하나의 덩어리로 출력되어 원하는 제품을 얻을 수 없다.

③ 모델과 모델 사이의 간격은 최소 0.1mm 이상의 공간을 두어야 한다.

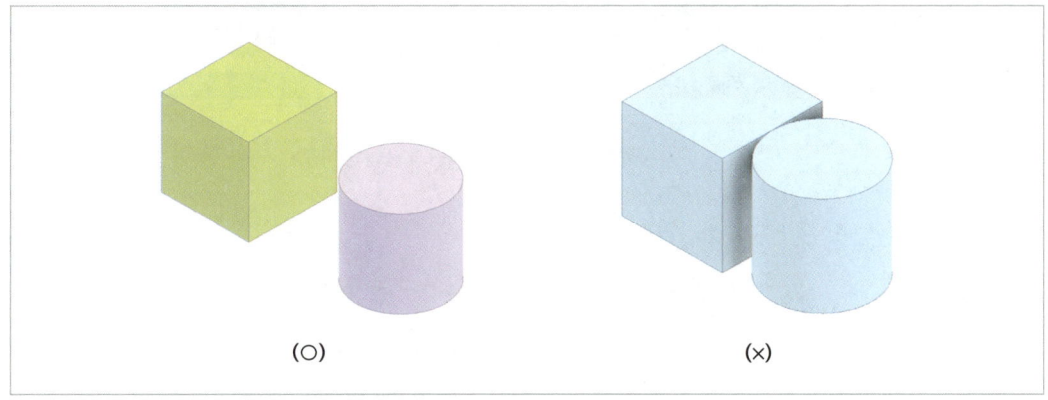

<두 형상 이상 출력할 때 간격 띄우기>

(4) 출력물(Model)의 재료 및 스케일

① 모델 제품의 쓰임과 목적에 따라 재료를 선택하여 구조물을 제작해야 한다.

② 3D 모델의 스케일을 조정하여 프린터의 재료 소모량 및 제작 시간을 수정할 수 있다.

(5) 3D프린터의 출력 범위

① 프린터 출력 사양에 맞게 구조물을 설계해야 한다.

② 구조물이 프린터의 출력 범위를 벗어나면 프린팅이 되지 않는다.

③ 너무 큰 구조물은 분할 작업 등을 통해 프린터 사양 안에서 출력될 수 있도록 수정해야 한다.

(6) 구조물의 안정성

① 3차원 구조물을 제작할 때 무게중심을 고려하여 안정성 있는 설계를 하는 것이 중요하다.

② 힘이나 하중을 받는 부분을 설계할 때 안정적인 설계를 통해 구조물의 품질을 향상시킬 수 있다.

<힘을 받는 부분의 무게 중심을 고려하여 설계>

4 슬라이싱(Slicing)

3D 프린팅을 위한 3D 모델링 디자인 작업물의 출력 방향, 노즐 온도 설정, 프린팅 속도 등을 지정해주는 과정으로 3D프린터가 가지고 있는 고유의 명령 체계, 즉 G-code같이 프린터가 인식하는 언어로 바꾸는 단계이다. 이런 슬라이싱 역할을 해주는 것이 슬라이싱 프로그램(Slicing Program)이다.

(1) 슬라이서 프로그램 종류

메이커봇(Makerbot) 데스크톱, 큐라(Cura), SIMPLIFY3D, Skeinforge, Redsanpper, Kisslicer 등 많은 종류의 슬라이서 프로그램들이 오픈소스로 나와 있다.

① 메이커봇(Makerbot) 데스크톱

㉠ Explore, Library, Prepare, Store, Learn 다섯 개 메뉴로 구성

㉡ 싱기버스(Thingiverse) 홈페이지와 연동되어 미리 3D 모델링된 데이터 공유가 가능

② 큐라(Cura)

㉠ 오픈소스 슬라이서에서 가장 인기가 좋은 소프트웨어

㉡ 시중의 거의 모든 3D프린터에서 사용할 수 있는 다목적 기능을 제공

ⓒ 전문가, 초보자 모두 사용하기 편리함

ⓔ STL, 3MF 및 OBJ 등의 확장자 형식 지원

ⓜ 전문가 세팅으로 적용할 경우 매우 다양한 조건 설정 가능

③ SIMPLIFY3D

㉠ 유료 프로그램

㉡ 처리 속도가 빨라 프로그램이 가볍다고 느껴짐

㉢ 비교적 쉽게 G코드 편집이 가능하며, 레이어별 두께 설정 등의 다양한 조건 설정 기능이 있음

(2) 슬라이서 프로그램 기본(Basic) 기능

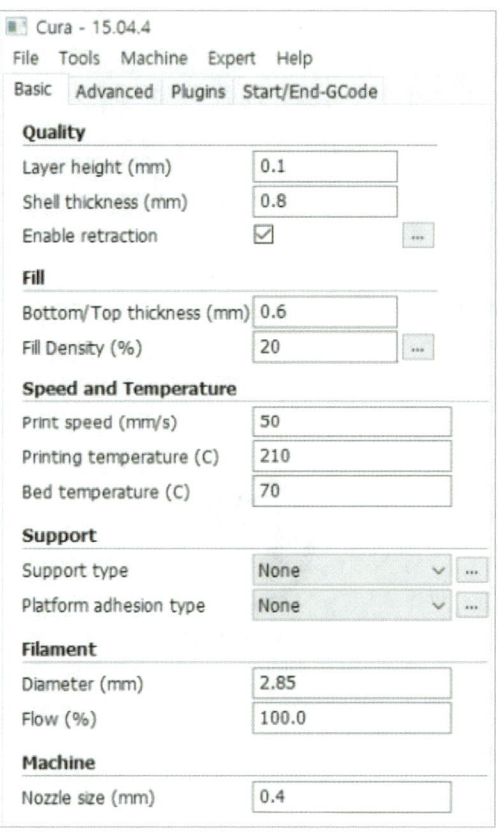

<Cura 프로그램의 기본 기능 예>

① Quality 메뉴

㉠ Layer height

• 적층 높이를 설정하는 기능

• 설정값이 낮을수록 가공 시간은 증가하며 품질이 향상됨

• 설정값은 노즐의 직경보다 작아야 함

ⓛ Shell thickness
- 적층하는 3D 모델의 외형을 구성하는 외벽의 두께 값을 지정하는 부분
- 벽 내부를 완전히 채운다면 설정할 필요 없음

② Fill 메뉴
ⓐ Bottom/top thickness(mm) : 하단 면과 상단 면을 닫을 때 두께 값을 지정하는 부분
ⓛ Fill density(%)
- 출력물의 내부를 채우는 기능
- 0~100% 채우기가 가능하며 채우기를 많이 할수록 강도는 좋아지나, 제작 시간이 오래 걸리며 열변형도 심해짐

③ Speed and Temperature 메뉴
ⓐ 출력하는 속도를 조절하며 재질에 따른 노즐의 온도를 지정
ⓛ 출력 속도를 높일수록 모델을 출력하는 시간의 단축이 가능하나 적층의 균일성이 떨어질 수 있음
ⓒ Print speed(mm/s)
- 스테핑 모터의 속도를 결정하는 부분
- 모터의 속도는 40~60mm/s이 적당하며 80mm/s 이상은 품질이 좋지 않음
- 출력 속도를 높일수록 모델을 출력하는 시간 단축이 가능하나, 적층의 균일성이 떨어짐
ⓡ Printing temperature(℃)
- 노즐의 온도를 결정하는 부분
- PLA는 180℃부터, ABS는 220℃부터 녹기 시작하나 온도가 너무 낮으면 노즐이 자주 막히는 상황이 발생하며, 온도가 너무 높으면 흘러내리거나 타는 경우가 생김
- PLA는 200~220℃, ABS는 230~260℃ 정도가 적절
ⓜ Bed temperature(℃)
- FDM 방식에만 적용됨
- 모델이 제작되는 베드의 온도를 결정하는 부분
- 베드가 적당한 온도로 되어 있으면 제품의 열 변형이 적어지며 제품을 떼어낼 때 편리함

소재	히팅베드 사용
PLA, PVA 소재 등	필요 없음, 사용 시에는 50℃ 이하로 사용
ABS, HIPS, PC 소재 등	필수 사용, 사용 시에는 80℃ 이상으로 설정

④ Supporter 메뉴
ⓐ Supporter(지지대) type
- None : 서포터 없음
- Touching build plate : 부분 서포터. 출력물과 플레이트 사이에만 서포터를 생성하고 출력물 자체에는 생기지 않음
- Everywhere : 전체 서포터. 출력물 전체의 필요한 부분에 서포터를 생성함

CHAPTER 04 슬라이싱 137

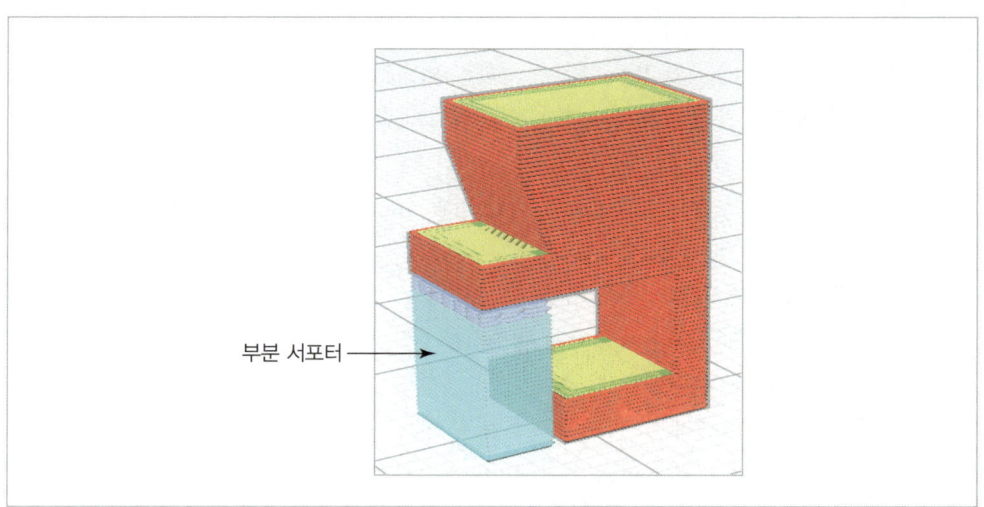

부분 서포터 —

<큐라 슬라이싱에서 생성된 부분 서포터(Touching build plate)>

ⓒ Platform adhesion type : 지지대의 형상을 결정하는 메뉴

- none : 사용 안 함
- Brim : 첫 번째 레이어를 확장시켜 플레이트에 넓은 판을 깔아주는 옵션
- Raft : 제품을 베드에서 떼어낼 때 편리를 위해 출력물 아래에 접지 면을 깔아주는 옵션
- 외부환경에 상관없는 모델링은 none을 선택하고, 외부환경에 영향을 미친다면 Raft 사용

⑤ Machine

㉠ Nozzle size(mm) : 노즐의 크기를 설정

CHAPTER **05**

3D프린터운용기능사 자격증 대비과정

G코드 생성

1 슬라이싱 상태 파악

(1) 가상적층

① 3D프린터에서 실제로 재료를 적층하기 전에 슬라이싱 소프트웨어를 통해 출력될 모델을 볼 수 있다.

② 가상적층을 통해 서포터의 종류와 형태, 출력물과 플랫폼 사이에 브림이나 래프트 등의 모양을 미리 알 수 있다.

(2) 가상적층 보는 법

슬라이싱 프로그램에서 가상적층을 할 때 경로, 서포터, 플랫폼 등을 확인해야 한다.

① 경로

ㄱ 3D프린터의 헤드가 움직이는 경로를 나타냄

ㄴ 시작할 때는 모델 외부에서 들어와 출력이 모두 끝났을 때 위로 나가는 것을 알 수 있음

② 서포터 : 형상이 무너지지 않도록 받침대를 세우는 데 이때의 형상을 확인한다.

\<서포터의 위치와 형상을 확인\>

CHAPTER 05 G코드 생성 **139**

③ 플랫폼 : 바닥면을 지지해 주는 래프트와 브림의 형상을 확인한다.

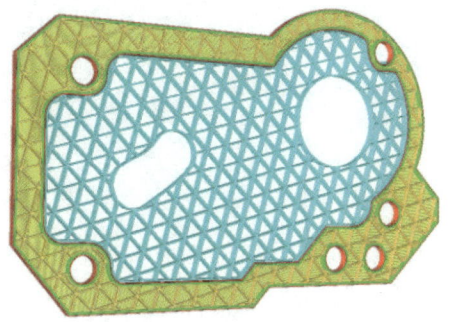

<래프트와 브림의 형상 확인>

2 G코드 생성

(1) G코드의 구성

G코드 프로그램의 구성은 주소(address)와 수치(data)를 조합하여 단어(word)가 되고 단어들이 블록(block)을 만들고 블록들을 조합하여 프로그램이 된다.

① 주소(address)
   ㉠ 영문 알파벳 대문자(A~Z) 중의 하나로 표시됨
   ㉡ 각종 어드레스의 기능

기능	주소	의미
프로그램 번호	O	프로그램의 번호(이름)
시퀀스 번호	N	시퀀스 번호(Sequence Number)
준비 기능	G	이동 형태 지정(급속 · 절삭 · 원호 이송 등)
보조 기능	M	기계의 on/off 제어(절삭유, 주축회전 등)
좌표어	X, Z	좌표 축 이동위치(절대 지령 방식)
	U, W	좌표 축 이동거리(증분 지령 방식)
	I, K	원호의 중심좌표
	R	원호 반경, 라운드 반경
공구 기능	T	공구 번호와 공구 보정 번호
이송 기능	F, X	이송 속도, 나사의 리드
주축 기능	S	주축 회전 속도(m/min), 주축 회전수(rpm)
일시 정지(Dwell)	X, U	일시 정지 시간(1초 단위)
	P	일시 정지 시간(0.001초 단위)
전개번호지정	P, Q	복합 반복 사이클에서의 호출 및 종료 번호

② 워드(word)

　　㉠ 블록을 구성하는 가장 작은 단위

　　㉡ 워드는 어드레스와 데이터의 조합으로 구성됨

　　㉢ 워드는 제각기 다른 어드레스의 기능에 따라 그 역할이 결정됨

③ 블록(block)

　　㉠ 몇 개의 워드가 모여 구성된 한 개의 지령 단위

　　㉡ 블록과 블록은 EOB(End Of Block)로 구별하고 ";"으로 간단히 표시

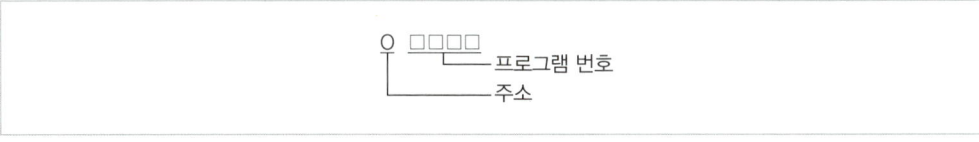

<블록의 구성>

④ 프로그램

　　㉠ 프로그램 번호 : 프로그램 번호는 주소 "O" 다음에 4자리 숫자(0001~9999)를 사용

　　㉡ 전개번호

　　　• 블록의 번호를 지정하는 것으로 어드레스 "N"으로 표시

　　　• N 다음에 4자리 이내의 숫자로 표시

　　㉢ 준비 기능(G)

　　　• 제어장치의 기능을 동작하기 위한 준비를 하는 기능

　　　• 어드레스 G 다음에 두 자리 숫자를 붙여 지령(G00~G99)

　　　• 준비 기능 G코드 일람표

구분	의미	구별
1회 유효 G코드 (one shot G-code)	명령된 블록에서만 유효한 기능	"00" 그룹
연속 유효 G코드 (modal G-code)	동일 그룹의 다른 G코드가 명령될 때까지 유효한 기능	"00" 이외의 그룹

• 준비 기능의 구분

G코드	그룹	기능	용도
G00	1	위치 결정	공구의 급속 이동
G01		직선 보간	절삭 이송에 의한 직선 가공
G02		원호 보간 CW	시계 방향의 원호 가공
G03		원호 보간 CCW	반시계 방향의 원호 가공
G04	0	드웰(Dwell)	절삭 이송을 지령시간 동안 정지
G09		정위치 정지	지령된 블록 종점에서 정위치 정지
G10		데이터 설정	여러 종류의 데이터 등록
G11		데이터 설정 모드 취소	각종 데이터 프로그램 입력 모드 취소
G15	17	극좌표 지령 취소	G16 기능 모드 취소
G16		극좌표 지령	위치를 반경과 각도값의 극좌표로 지정
G17	2	X-Y 평면	X-Y 평면 지정
G18		Z-X 평면	Z-X 평면 지정
G19		Y-Z 평면	Y-Z 평면 지정
G20	6	인치 데이터 입력	좌푯값 단위를 인치로 지정
G21		mm 데이터 입력	좌푯값 단위를 mm로 지정
G22	9	행동제한 영역 설정	기계 안전을 위해 일정 영역 침입 금지
G23		행동제한 영역 off	G22 기능 취소
G27	0	원점 복귀 점검	기계 원점으로 복귀 점검
G28		자동 원점 복귀	기계 원점으로 복귀
G30		제2원점 복귀	제2원점 복귀
G31		스킵(skip) 기능	블록의 가공 도중에 다음 블록 실행
G33	1	나사 가공	헬리켈 절삭으로 나사 가공
G37	0	자동 공구 길이 측정	공구 길이 자동 측정
G40	7	공구경 보정 취소	공구경 모드 해제
G41		공구경 좌측 보정	공구 진행 방향에 대해 좌측으로 보정
G42		공구경 우측 보정	공구 진행 방향에 대해 우측으로 보정
G43	8	공구 길이 보정 +	공구 길이 보정이 Z축 방향으로 양수
G44		공구 길이 보정 -	공구 길이 보정이 Z축 방향으로 음수
G45	0	공구 위치 옵셋 신장	이동 지령을 경보 정량만큼 신장
G46		공구 위치 옵셋 축소	이동 지령을 경보 정량만큼 축소
G47		공구 위치 옵셋 신장	이동 지령을 경보 정량만큼 2배 신장
G48		공구 위치 옵셋 축소	이동 지령을 경보 정량만큼 2배 축소
G49	8	공구 길이 보정 취소	공구 길이 보정 모드 취소
G50	11	스케일링 취소	크기 확대, 축소 및 미러 이미지 취소
G51		스케일링	스케일링 및 미러 이미지 지정

142 PART 03 3D프린터 SW 설정

G코드	그룹	기능	용도
G52	0	로컬 좌표계 설정	절대 좌표계 내에서 또 다른 좌표계 설정
G53		기계 좌표계 선택	기계 원점을 기준으로 한 좌표계 선택
G54	14	공작물 좌표계 1 선택	공작물 기준을 원점으로 한 좌표계를 6개까지 설정 가능
G55		공작물 좌표계 2 선택	
G56		공작물 좌표계 3 선택	
G57		공작물 좌표계 4 선택	
G58		공작물 좌표계 5 선택	
G59		공작물 좌표계 6 선택	
G60	0	한 방향 위치 설정	고 정밀도를 위한 한 방향 설정
G61	15	정위치 정지 모드	한 블록의 정위치에 정지 확인 후 다음 가공
G62		자동 코너 오버라이드	공구 원주부의 이송 속도 차이 보정
G63		태핑 모드	이송 속도 고정, 드웰 취소되어 태핑 가공
G64		연삭 절삭 모드	연결된 교점 부위의 매끄러운 가공
G65	0	매크로 호출	지정된 블록에서만 단순 호출
G66	12	매크로 모달 호출	호출 모드의 각 블록에서 호출
G67		매크로 모달 취소	매크로 기능 모드 해제
G68	12	좌표 회전	기울어진 형상을 회전시켜 프로그램을 쉽게 함
G69		좌표 회전 취소	좌표 회전 기능 모드 취소
G73	9	고속 심공 드릴 사이클	고속 깊은 구멍의 드릴링 사이클
G74		왼나사 태핑 사이클	왼나사 탭 공구를 이용하여 왼나사 가공
G76		정밀 보링 사이클	구멍 바닥에서 공구를 시프트하는 사이클
G80		고정 사이클 취소	고정 사이클 모드 해제
G81		드릴링 사이클	드릴이나 센터 드릴 가공의 일반 사이클
G82	9	카운터 보링 사이클	구멍 바닥에서 드웰을 하는 드릴링 사이클
G83		심공 드릴 사이클	깊은 구멍 고정 사이클
G84		태핑 사이클	탭 나사 고정 사이클
G85		보링 사이클	절입 및 복귀 시 왕복 절삭 가공
G86		보링 사이클	일반 횡삭 보링 작업용 고정 사이클
G87		백 보링 사이클	구멍 바닥면을 보링할 때 주로 사용
G88		보링 사이클	수동 이송이 가능한 보링 사이클
G89		보링 사이클	구멍 바닥에서 드웰을 하는 보링 사이클
G90	3	절대 지령	절댓값 지령 방식 선택
G91		증분 지령	증분값 지령 방식 선택
G92	0	공작물 좌표계 설정	프로그램에서 공작물 (절대)좌표계 설정

CHAPTER 05 G코드 생성 **143**

G코드	그룹	기능	용도
G94	5	분당 이송	1분간의 공구 이송량 지정
G95		회전당 이송	주축 1회전당 공구 이송량 지정
G96	13	주속 일정 제어	공구와 공작물의 상대 운동 속도 일정
G97		주축 회전수 일정 제어	분당 주축 회전수(rpm) 일정
G98	10	고정 사이클 초기점 복귀	고정 사이클 종료 후 초기점으로 복귀
G99		고정 사이클 R점 복귀	고정 사이클 종료 후 R점으로 복귀

ⓔ 보조 기능(M)

- 어드레스 M 다음에 두 자리 숫자로 지령(M00~M99)
- 서보모터를 비롯한 여러 가지 구동모터를 제어하는 ON/OFF의 기능을 수행
- 보조 기능 M코드 일람표

M코드	기능	용도
M00	프로그램 정지	프로그램을 일시 정지시키며, 자동 개시를 누르면 재개
M01	선택적 프로그램 정지	조작반의 M01 스위치가 ON 상태이면 프로그램 일시 정지
M02	프로그램 종료	프로그램 종료 기능으로 모달 정보가 모두 말소됨
M03	주축 정회전	주축을 시계 방향으로 회전
M04	주축 역회전	주축을 반시계 방향으로 회전
M05	주축 정지	주축을 정지시키는 기능
M06	공구 교환	지정한 공구로 교환
M08	절삭유 ON	절삭유 펌프 스위치를 ON
M09	절삭유 OFF	절삭유 펌프 스위치를 OFF
M19	주축 한 방향 정지	주축을 한 방향으로 정지시키는 역할(공구 교환)
M30	프로그램 종료 후 선두 복귀	프로그램 종료 후 선두로 되돌리는 기능과 다시 실행하는 기능
M98	보조 프로그램 호출	보조 프로그램 호출 시 P__와 같이 사용함
M99	주 프로그램 복귀	보조 프로그램 종료 표시로 주 프로그램으로 복귀

(2) 준비 기능 G코드 명령

① 절대 좌표와 증분 좌표

ⓐ 절대 좌표 : 프로그램 원점을 기준으로 하여 현재의 위치에 대한 좌푯값을 절대량으로 나타내는 방식

ⓑ 증분 좌표 : 헤드의 현 위치를 기준으로 하여 다음 목표 위치까지의 이동량을 증분량으로 나타내는 방식

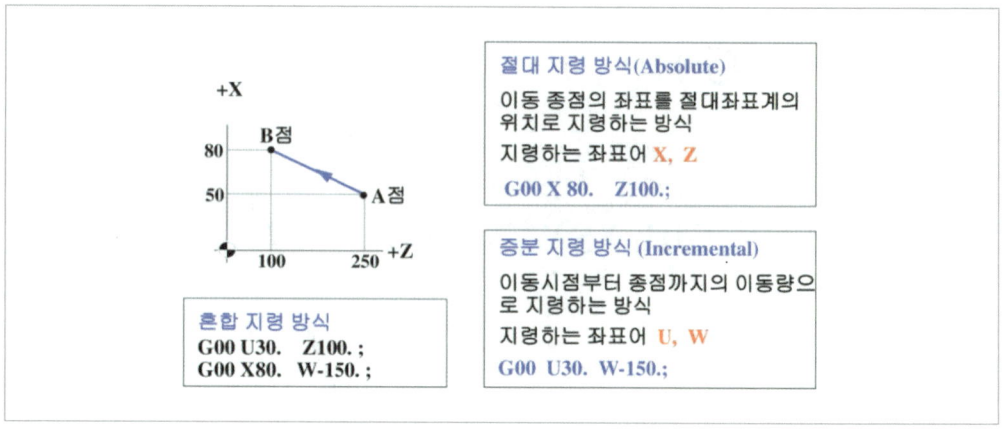

<절대 좌표와 증분 좌표의 비교>

② 헤드 이송 명령

　㉠ G00 명령 – 급속 이송

　　• 현재 위치 또는 명령에 의해 지정된 좌표에서 최대 이동 속도로 이동하는 명령

　　• 작업을 시작하기 위해 헤드를 원하는 위치로 빠르게 이동하는 것이 목적

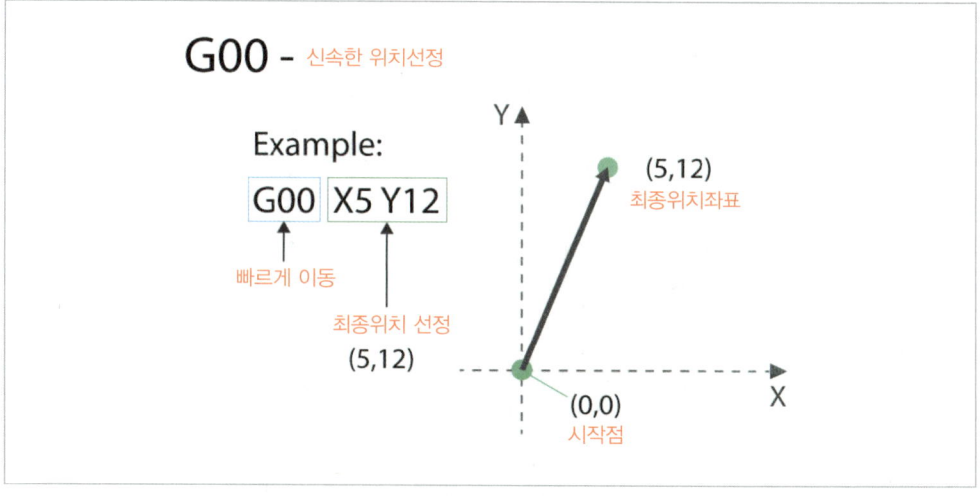

<G00 코드의 사용 예>

　㉡ G01 – 직선 보간

　　• G코드 명령 세트 공급량 또는 속도로 직선 이동하도록 시스템을 지시

　　• X, Y 및 Z 값으로 끝 위치를 지정하고 F 값으로 속도를 지정

CHAPTER 05 G코드 생성 **145**

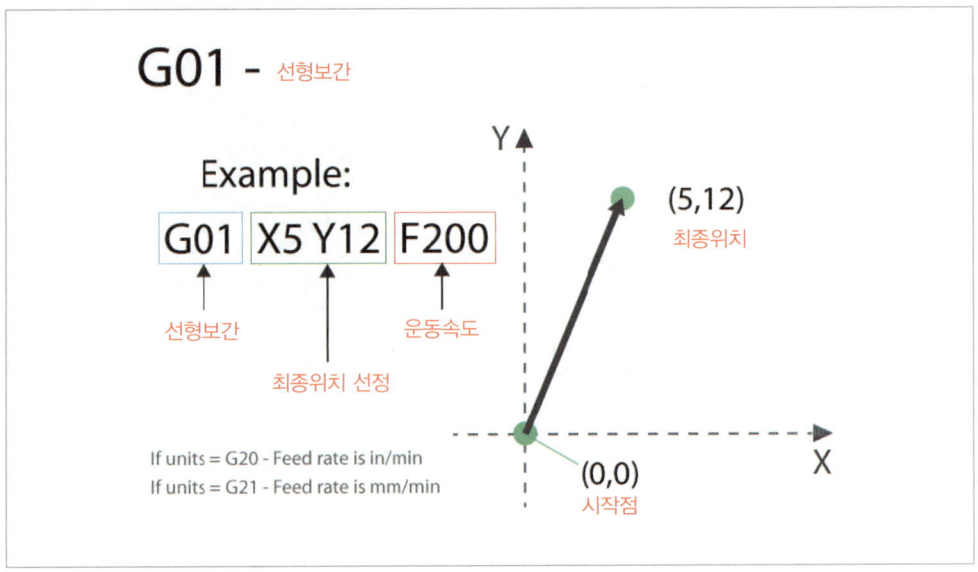

< G01 코드의 사용 예 >

ⓒ G02－시계 방향 원호 보간 : 시계 방향(CW)으로 원호를 가공

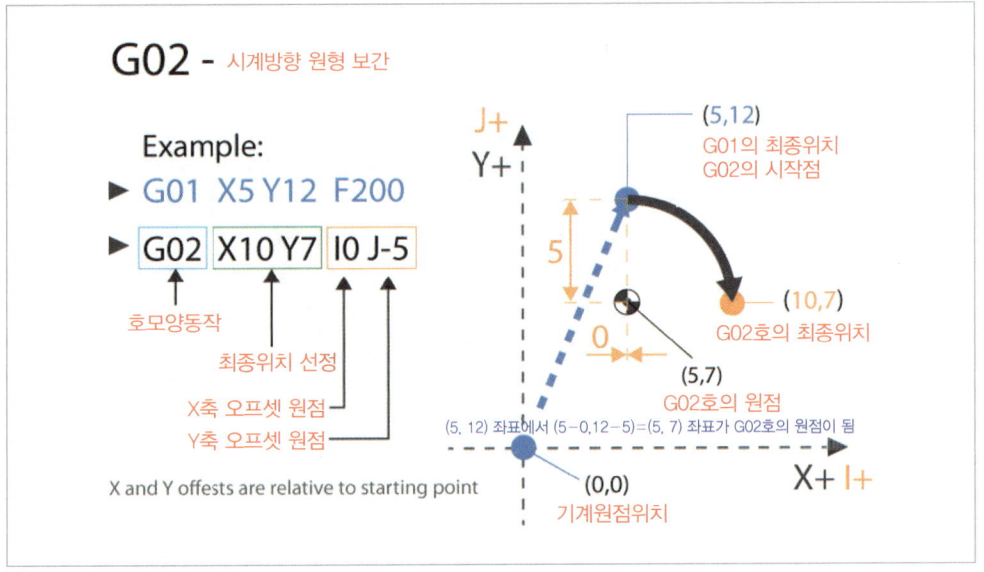

<G02 코드의 사용 예>

ⓔ G03－시계 반대 방향 원호 보간 : 반시계 방향(CCW)으로 원호를 가공
ⓜ G04(Dwell)－일시 정지, 휴지
  • 지정된 시간 동안 헤드의 이송을 일시 정지시키는 지령
  • 대기지령은 동일한 블록에 'X'나 'P'로 대기시간을 지정해야 하며, 'X'는 소수점이 있는 실수로 초(second) 단위로 정지 시간을 지령함

146　**PART 03** 3D프린터 SW 설정

- 'P'는 소수점이 없는 정수로 밀리초(millisecond) 단위로 정지 시간을 지령함
  - 예 1.5초 동안 정지하는 경우 둘 중 하나를 사용
    - G04 X1.5;   - G04 P1500;
- ㅂ G28-자동 원점 복귀
  - 대부분의 3D프린터는 헤드의 현재 위치를 기억하는 기능이 없으며 이러한 경우 전원을 투입하고 최초 한 번은 반드시 기계 원점으로 복귀를 해야만 정확한 위치로 이동 가능
  - 대부분의 3D프린터는 G-code를 직접 입력하는 것이 아니라 장치의 운용 기능으로 원점 복귀를 할 수 있도록 설계되어 있음
  - 대부분의 경우 급속 이송으로 기계 원점까지 자동 복귀함
- ㅅ G92-공작물 좌표계
  - 프로그램에서 공작물 좌표계(절대)를 설정
  - 해당 블록에 존재하는 좌표어의 좌표를 주어진 데이터로 설정함
    - 예 G92 X10 Z0; → 현재 헤드가 위치한 장소의 좌표의 X는 10, Z는 0이 되도록 원점을 이동시킨다.

3 보조 기능 M코드

준비 기능은 헤드의 움직임과 관계된 지령들이지만, 보조 기능은 헤드를 제외한 장치의 제어에 관련한 기능들로 구성되어 있다. M코드는 장치별로 다른 경우가 많다.

① M0 : 프로그램 정지(3D프린터 동작 정지)
② M1 : 선택적 프로그램 정지(옵션 정지)
③ M17과 M18
  ㄱ 모든 스테핑 모터에 전원 공급(M17)
  ㄴ 모든 스테핑 모터에 전원 차단(M18)
④ M73
  ㄱ 장치의 제작 진행률 표시창에 현재까지 제작이 진행된 정도를 백분율(%)로 표시
  ㄴ 어드레스로 'P'를 사용하여 진행률 값 지정 가능
⑤ M104
  ㄱ 헤드의 온도를 지정하는 명령
  ㄴ 어드레스로 온도 'S'와 헤드 번호 'T'를 이용
⑥ M109
  ㄱ 재료압출방식(ME ; Metrial Extrusion)의 헤드에서 소재를 녹이는 열선의 온도를 지정하고 해당 조건에 도달할 때까지 가열 혹은 냉각을 하면서 대기하는 명령
  ㄴ 어드레스로 'S'는 열선의 최소 온도, 'R'은 최대 온도 설정 가능
⑦ M126과 M127
  ㄱ 헤드에 부착된 부가 장치(주로 냉각팬) 등을 켜고(M126), 끄는(M127) 기능
  ㄴ 어드레스로 'T'는 해당하는 헤드의 번호

⑧ M133
   ㉠ 특정 헤드를 "M109"로 설정한 온도로 다시 가열하도록 하는 기능
   ㉡ 헤드의 번호를 나타내는 'T' 어드레스와 함께 사용 가능
⑨ M135
   ㉠ 헤드의 온도 조작을 위한 PID 제어(비례 제어)의 온도 측정 및 출력값 설정 시간 간격을 지정하는 명령
   ㉡ 어드레스 'S'로 밀리초 단위의 시간 값 지정 가능
   ㉢ 어드레스 'T'와 함께 사용할 경우 지정한 숫자의 헤드를 사용하라는 의미
      예 M135 T2; → 이 블록 이후에는 2번 헤드를 사용한다는 의미
⑩ M140 : 플랫폼(베드) 온도 설정
   예 M140 S80; → 베드의 온도를 80℃로 설정
⑪ M190
   ㉠ 조형을 하는 플랫폼(베드)이 지정온도가 될 때까지 대기
   ㉡ 어드레스 'S'를 이용하여 가열 최소 온도를 지정하거나, 어드레스 'R'을 이용하여 피드백 제어에 의하여 정확한 온도가 유지되도록 설정 가능
      예 M190 S70; → 베드의 온도가 70℃가 될 때까지 대기
⑫ M300 : 출력 종료를 알려주는 용도로 '삐' 소리 재생
   예 M300 S250 P100; → 250Hz 주파수를 갖는 소리를 100밀리초 동안 재생

148 **PART 03** 3D프린터 SW 설정

출제 예상 문제

3D프린터운용기능사 자격증 대비과정

01 문제점 파악하기

01 다음 중 3D프린터 출력용 파일의 오류 검출 프로그램이 아닌 것은?

① Netfabb(넷팹)
② Meshmixer(메시믹서)
③ MeshLab(메시랩)
④ Cura(큐라)

정답 | ④
해설 | Cura(큐라)는 3D프린터 슬라이싱 프로그램이다.

02 비매니폴드 메시의 일반적인 조건으로 옳지 않은 것은?

① 두 개의 면이 공유
② 구멍 또는 내부 면에서 떨어져 있는 가장자리
③ 분리된 토폴로지 및 중복 면들
④ 적어도 3면의 접합을 만드는 둘 이상의 가장자리 또는 가장자리를 공유하지 않는 면에 의해 공유되는 모든 정점을 포함하는 경우

정답 | ①
해설 | 두 개의 면이 공유된 것은 정상적인 매니폴드이다.

03 다음에서 설명하는 출력용 파일의 종류로 맞는 것은?

- 3차원 데이터의 surface 모델을 삼각형 면에 근사시키는 방식이다.
- 오차가 없도록 surface를 가능한 한 많은 삼각형으로 최대한 근사시켰기 때문에 그 과정에서 오류가 생길 수 있다.
- 삼각형 면으로 입체 모형을 구성하는 것이 특징이며, 세밀하게 조절하면 원형에 가까운 모형을 설계할 수 있다.

① AMF
② OBJ
③ STL
④ XML

정답 | ③
해설 | STL 파일은 3차원 데이터의 surface 모델을 삼각형 면에 근사시키는 방식이다.
① AMF(Additive Manufacturing File) 파일 : STL 포맷은 표면 메시에 대한 정보만을 포함하지만, AMF 포맷은 색상, 질감과 표면 윤곽이 반영된 면을 포함해 STL 포맷에 비해 곡면을 잘 표현할 수 있다.
② OBJ(Object) 파일 : 3D 모델 데이터의 한 형식으로 기하학적 정점, 텍스처 좌표, 정점 법선과 다각형 면들을 포함한다. 3차원 좌표, 이진법 형식, 컬러 정보 등으로 저장할 수 있다.

PART 03

3D프린터 SW 설정

출제 예상 문제 **149**

04 3D 프린팅을 할 경우의 문제점을 해결하는 방법으로 틀린 것은?

① 모델의 크기가 3D프린터의 플랫폼보다 크면 출력될 수 없다.
② 출력할 모델의 크기가 너무 크거나, 너무 작은 경우 비율을 조절하여 출력한다.
③ 너무 큰 경우 3D 프로그램과 오류 검출 프로그램을 이용해 분할시켜 출력할 수 있다.
④ 서포터가 많이 생성되도록 모델의 방향을 수정하여 출력해야 시간을 최소화시킬 수 있다.

정답 | ④
해설 | 서포터가 적게 생성되도록 모델의 방향을 수정하여 출력해야 시간을 최소화시킬 수 있다.

05 3D 프린팅 출력모델의 문제점 리스트 작성을 할 때 확인 사항 순서로 옳은 것은?

① 크기 확인 → 공차 확인 → 서포터 확인 → 채우기 확인
② 크기 확인 → 서포터 확인 → 공차 확인 → 채우기 확인
③ 크기 확인 → 공차 확인 → 채우기 확인 → 서포터 확인
④ 크기 확인 → 서포터 확인 → 채우기 확인 → 공차 확인

정답 | ①
해설 | 오류 수정 후 확인 사항 순서
크기 확인 → 공차 확인 → 서포터 확인 → 채우기 확인

---

02 데이터 수정 및 재생성

01 Netfabb 오류 검출 프로그램에 대한 설명으로 틀린 것은?

① 가장 일반적으로 사용되는 CAD 응용프로그램에서 모델을 가져오고, 프린팅 가능성을 분석하고, 3D 프린팅을 위한 수동복구는 가능하지만 자동복구는 지원하지 않는다.
② 라이브러리에 포함된 200여 개 이상의 통합된 3D프린터 중에서 선택하고, 분할 및 사용자 지정 가능한 가공 경로 생성을 통해 프린팅을 준비할 수 있다.
③ 빌드 시간을 줄이거나, 서포터를 최소화하거나, 부품을 효율적으로 네스팅할 수 있도록 모델의 방향을 설정할 수 있다.
④ 부품의 속을 비우고 내부 격자를 생성하여 재료 사용량을 줄일 수 있다.

정답 | ①
해설 | Netfabb 오류 검출 프로그램은 가장 일반적으로 사용되는 CAD 응용프로그램에서 모델을 가져오고, 프린팅 가능성을 분석하고, 3D 프린팅을 위해 자동 복구할 수 있다.

02 Meshmixer 오류 검출 프로그램에서 사용하는 도구가 아닌 것은?

① 3D 조각 및 표면 스탬핑
② 3D 패턴 및 격자
③ 2D 도면으로 변환
④ 3D 프린팅을 위한 견고한 솔리드로 변환

정답 | ③
해설 | 오류 검출 프로그램으로 2D 도면을 생성하지는 않는다.

03 3D프린터 출력물의 수동 오류 수정에 대한 내용으로 틀린 것은?

① 모델 자체에 치명적인 오류가 있을 경우 수정할 수 없다.
② 다른 출력물과 결합이 필요한 모델은 수동 오류 수정이 불가능하다.
③ 치명적인 오류가 있는 경우에는 오류 검출 프로그램에서 다시 수정하거나 모델링할 수 있다.
④ 결합 부분이 자동 오류 수정으로 수정되지 않아 수동 오류 수정으로 수정할 경우 정확한 치수를 줄 수 없기 때문에, 비슷한 모양으로는 가능할지 몰라도 결합은 힘들 수 있다.

정답 | ③

해설 | 치명적인 오류가 있는 경우에는 **모델링 프로그램에서 다시 수정하거나 모델링**해야 한다.

04 문제점 리스트에서 일반적인 오류의 종류로 체크되는 사항이 아닌 것은?

① 구멍
② 비매니폴드 형상
③ 단절된 메시
④ 매니폴드 형상

정답 | ④

해설 | 매니폴드는 오류 사항이 아니기 때문에 체크 대상이 아니다.

05 모델링 소프트웨어에서 문제점 리스트 작성을 위한 알고리즘 절차에서 (가)와 (나)에 들어갈 리스트로 옳은 것은?

	(가)	(나)
①	수동 오류 수정	자동 오류 수정
②	자동 오류 수정	수동 오류 수정
③	2D 스케치 수정	3D 모델링 수정
④	3D 모델링 수정	2D 스케치 수정

정답 | ②

해설 | (가) 치명적인 오류 또는 결합 부위 오류일 경우 모델링 소프트웨어를 사용해 수정하고, 출력용 데이터로 저장해 오류 검사를 다시 실시한다. 그렇지 않은 경우 자동 오류 수정으로 수정한다.
(나) 오류가 없으면 최종 출력용 데이터로 저장하고, 남은 오류가 있다면 수동으로 오류를 수정한다.

출제 예상 문제 **151**

06 출력용 모델링 파일과 원본 모델링 파일에 대한 내용으로 틀린 것은?

① 출력용 모델링 파일을 모델링 소프트웨어에서 수정하기 위해서는 출력용 모델링 파일로 저장했었던 원본 모델링 파일이 필요하다.
② STL, OBJ 등의 출력용 모델링 파일은 메시로 이루어져 있기 때문에 메시 수정 소프트웨어가 아닌 일반 3D CAD 모델링 프로그램에서는 수정이 불가능하다.
③ 모델링 소프트웨어에서 출력용 모델링 파일로 저장하기 위해 만들었던 모델링 파일을 수정해서 다시 출력용 모델링 파일로 저장해야 하기 때문이다.
④ 인터넷에서 내려받아 저장한 출력용 모델링 파일(STL, OBJ 등)은 3D CAD 모델링 소프트웨어에서 수정할 수 있다.

정답 | ④

해설 | STL, OBJ 등의 출력용 모델링 파일은 메시로 이루어져 있기 때문에 메시 수정 소프트웨어가 아닌 일반 3D CAD 모델링 프로그램에서는 수정이 불가능하다.

---

03 출력보조물 설정

01 3D프린터 출력에서 지지대에 대한 설명으로 틀린 것은?

① SLA 방식의 3D프린터는 제품을 제작할 때 지지대가 필요하지 않다.
② FDM 방식 3D프린터는 지지대를 이용하여 제품을 제작하면 제품의 뒤틀림과 오차를 줄일 수 있다.
③ 지지대를 형상 제작에 이용하면 효율적으로 제품의 품질을 향상시키고 오차를 줄일 수 있다.
④ 브림(Brim)은 제품의 출력 시 적층바닥과 제품을 보다 견고하게 유지시켜 주는 지지대를 말한다.

정답 | ①

해설 | SLA(광경화성 수지 조형) 방식은 제품을 제작할 때 지지대를 제작하느냐 안 하느냐에 따라 형상의 오차 및 처짐 등이 발생할 수 있다.

02 3D프린터로 제작 중 하중으로 인해 아래로 처지는 현상을 무엇이라 하는가?

① Sagging   ② Warping
③ Ceiling   ④ Droop

정답 | ①

해설 | Sagging(새깅, 처짐)은 제작 중 하중으로 인해 아래로 처지는 현상을 말한다.

03 다음에서 설명하는 서포터의 종류로 옳은 것은?

> 외팔보와 같이 돌출되어 새로 생성되는 층이 받쳐지지 않아 아래로 휘게 되는 경우를 방지하기 위한 지지대

① Overhang   ② Ceiling
③ Island   ④ Unstable

정답 | ①

해설 | Overhang(돌출부)은 외팔보와 같이 돌출되어 새로 생성되는 층이 받쳐지지 않아 아래로 휘게 되는 경우를 방지하기 위한 지지대이다.

① Overhang(돌출부)

② Ceiling(천장)

③ Island(섬)

④ Unstable(불안정한)

04 3D프린터로 제작 중 소재가 경화하면서 수축에 의해서 뒤틀림이 발생하는 현상을 무엇이라 하는가?

① Sagging   ② Warping
③ Torque   ④ Twisting

정답 | ②

해설 | Warping(워핑, 뒤틀림)은 소재가 경화하면서 수축에 의해서 뒤틀림이 발생하는 현상이다.

05 서포터의 종류와 형상이 잘못 연결된 것은?

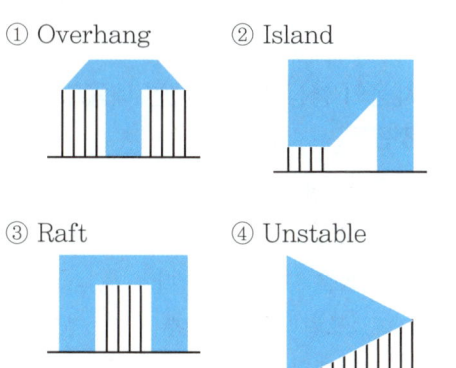

① Overhang   ② Island

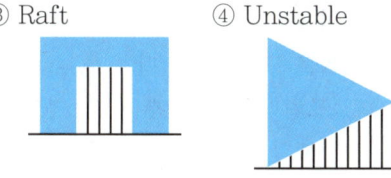

③ Raft   ④ Unstable

정답 | ③

해설 | Raft(뗏목, 부교)는 성형 플랫폼에 처음으로 만들어지는 구조물로서 성형 중에는 플랫폼에 대한 강한 접착력을 제공하고, 성형 후에는 부품의 손상 없이 플랫폼에 분리하기 위한 지지대의 일종이다. Raft에 대한 형상은 다음과 같다.

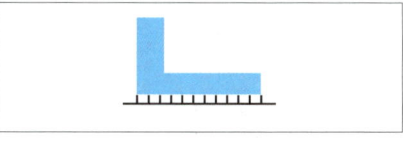

06 서포터가 필요 없는 3D프린터 방식은?

① FDM 방식   ② SLA 방식
③ SLS 방식   ④ DLP 방식

정답 | ③

해설 | 3DP, SLS 방식(분말재료)은 지지대를 사용하지 않기 때문에 파우더만 털어주면 깨끗한 출력물을 얻을 수 있다.

04 슬라이싱

01 제품의 형상 설계에 대한 내용으로 잘못된 것은?

① 설계 방식에 따라 3D 프린팅 제품의 품질이 결정되기 때문에 품질에 따른 설계 방식을 고려해야 한다.

② 3D프린터의 종류에 따라 제품의 치수 정밀도가 달라지기 때문에 사용하는 3D 프린터의 특징과 오차 범위를 체크해야 한다.

③ FDM 방식의 최대 정밀도가 0.1mm 정도로 이보다 더 정밀한 치수 정밀도를 갖는 제품의 출력은 어렵다.

④ SLA 방식의 최대 정밀도가 1~5㎛으로 FDM에 비하여 높은 정밀도를 갖고 있으며 광경화성 수지의 특징 및 성질은 뒤틀림 등의 오차가 생기지 않는다.

정답 | ④

해설 | SLA 방식에서 광경화성 수지의 특징 및 성질을 이해하지 않고 제품의 형상을 설계하면 뒤틀림 등의 오차가 생길 수 있다.

02 다음 중 슬라이서 프로그램이 아닌 것은?

① 메이커봇(Makerbot) 데스크톱

② 큐라(Cura)

③ SIMPLIFY3D

④ CATIA

정답 | ④

해설 | CATIA는 프랑스 다쏘시스템즈에서 개발한 3D 모델링 프로그램이다.

03 형상을 확대 축소하며 자세히 관찰하여 오류를 찾고 지지대 없이 출력되는 부분이 없는지를 분석할 수 있는 기능은?

① Rotate
② Scale
③ Move
④ Array

정답 | ②

해설 | 확대 및 축소(Scale) 기능에서는 형상을 자세히 관찰하여 형상의 오류를 찾고 지지대 없이 출력되는 부분이 없는지를 분석할 수 있다.
① 회전(Rotate) : X, Y, Z축으로 회전하면서 형상을 분석할 수 있다.
③ 이동(Move) : 좌, 우, 앞, 뒤로 이동하면서 형상을 분석하고 출력 위치를 선택할 수 있다.
④ 배열(Array) : 형상분석 기능은 아니며 모델링 형상 등을 배열하는 편집 기능이다.

04 적층값 설정에 대한 고려사항으로 틀린 것은?

① 3D 모델의 면과 면 사이는 전부 막혀(Close) 있어야 출력이 된다.

② 3차원 구조물 면이 두껍지 않으면 3D프린터에서 출력이 되지 않는다.

③ 모델과 모델 사이의 간격은 최소 0.1mm 이상의 공간을 두어야 한다.

④ 3D 모델의 스케일을 조정해도 프린터의 재료 소모량 및 제작 시간은 변화가 없다.

정답 | ④

해설 | 3D 모델의 스케일을 조정하여 프린터의 재료 소모량 및 제작 시간을 수정할 수 있다.

05 슬라이서 프로그램에서 내부를 채우는 메뉴는?

① Layer height
② Shell thickness
③ Fill density
④ Print speed

정답 | ③

해설 | Fill density는 슬라이서 프로그램에서 내부를 채우는 메뉴이다.
① Layer height : 적층 높이를 설정하는 기능
② Shell thickness : 적층하는 3D 모델의 외형을 구성하는 외벽의 두께 값을 지정하는 부분
④ Print speed : 스테핑 모터의 속도를 결정하는 부분

06 슬라이서 프로그램에서 적층하는 3D 모델의 외형을 구성하는 외벽의 두께 값을 지정하는 메뉴는?

① Shell thickness
② Top thickness
③ Printing temperature
④ Layer height

정답 | ①

해설 | Shell thickness는 슬라이서 프로그램에서 적층하는 3D 모델의 외형을 구성하는 외벽의 두께 값을 지정하는 메뉴이다.
② Top thickness : 상단 면을 닫을 때 두께 값을 지정하는 부분
③ Printing temperature : 노즐의 온도를 결정하는 부분
④ Layer height : 적층 높이를 설정하는 기능

07 슬라이서 프로그램의 기본 기능에 대한 설명으로 틀린 것은?

① Layer height는 적층 높이를 설정하는 기능이다.
② 적층값이 낮을수록 가공 시간은 줄어들며 품질도 떨어진다.
③ Print speed 출력 속도를 높일수록 모델을 출력하는 시간 단축이 가능하나, 적층의 균일성이 떨어진다.
④ 노즐의 온도가 너무 낮으면 노즐이 자주 막히는 상황이 발생하며 너무 높으면 흘러내리거나 타는 경우가 생긴다.

정답 | ②

해설 | 적층 설정값이 낮을수록 가공 시간은 증가하며 품질은 향상된다.

PART 03

3D프린터 SW 설정

출제 예상 문제 **155**

05 G코드 생성

01 다음에서 설명하는 G코드의 구성 요소는?

> • 블록을 구성하는 가장 작은 단위이다.
> • 어드레스와 데이터의 조합으로 구성된다.
> • 제각기 다른 어드레스의 기능에 따라 그 역할이 결정된다.

① 주소(address)　② 워드(word)
③ 블록(block)　④ 프로그램

정답 | ②

해설 | 워드(word)는 블록을 구성하는 가장 작은 단위로 어드레스와 데이터의 조합으로 구성되며 제각기 다른 어드레서의 기능에 따라 그 역할이 결정된다.
① **주소**(address) : 영문 알파벳 대문자 (A∼Z) 중의 하나로 표시된다.
③ **블록**(block) : 몇 개의 워드가 모여 구성된 한 개의 지령단위를 블록이라고 한다.

02 G코드와 기능의 연결이 바르지 않은 것은?

① G01 : 직선 이송
② G04 : 드웰(Dwell)
③ G17 : X−Y 평면 지정
④ G21 : 좌푯값 단위를 인치로 지정

정답 | ④

해설 | G21은 좌푯값 단위를 mm로 지정한다.
• G20 : 단위를 inch로 지정
• G21 : 단위를 mm로 지정

03 G코드와 기능의 연결이 바르지 않은 것은?

① G90 : 절댓값 지령
② G91 : 상대 위치로 이동
③ G00 : 급속 이송
④ G28 : 원점으로 이동

정답 | ②

해설 | • G91 : 증분값 지령
• G92 : 공작물 좌표계 설정

04 M코드와 기능의 연결이 바르지 않은 것은?

① M0 : 프로그램 정지
② M17 : 스테핑 모터에 전원 공급
③ M18 : 스테핑 모터에 전원 차단
④ M104 : 냉각팬을 ON

정답 | ④

해설 | M104는 헤드의 온도를 지정하는 명령이다.
• M126 : 냉각팬을 ON
• M127 : 냉각팬을 OFF

05 다음에 지시된 M코드의 설명으로 옳은 것은?

> M140 S80;

① 베드의 온도를 80℃로 설정
② 노즐의 온도를 80℃로 설정
③ 챔버 내부 온도를 80℃로 설정
④ 헤드의 속도를 80m/s로 설정

정답 | ①

해설 | M140은 플랫폼(베드)의 온도를 설정하는 명령이다.

MEMO

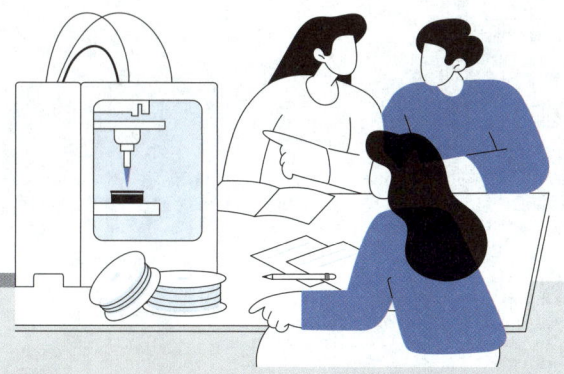

PART

04

3D PRINTING

3D프린터운용기능사 자격증 대비과정
3D프린터운용기능사 필기

3D프린터 HW 설정

CHAPTER 01	소재 준비
CHAPTER 02	데이터 준비
CHAPTER 03	장비 출력 설정
	출제 예상 문제

3D프린터운용기능사 자격증 대비과정

소재 준비

1 3D프린터 사용 소재

(1) FDM(Fused Deposition Modeling) 방식 3D프린터

① FDM(Fused Deposition Modeling) 방식 3D프린터의 이해

ㄱ 플라스틱 수지를 얇은 실처럼 뽑아 플라스틱 필라멘트를 만들어 재료로 사용하며, 재료를 압출기에 넣고 고온에서 노즐을 통해 필라멘트 재료를 용융 압출

ㄴ FDM 방식에서 사용되는 재료는 열가소성 수지가 필라멘트 형태로 압출되어야 하며, 출력된 제품의 강도, 내구성 등이 적절해야 FDM 방식의 소재로 사용됨

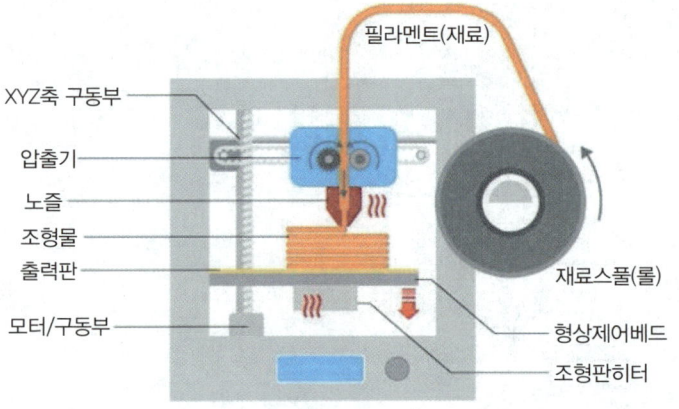

<FDM 방식의 원리>

② FDM 방식 3D프린터의 사용 재료

ㄱ PLA(Poly Lactic Acid) 소재 플라스틱 : 옥수수 전분을 이용해 만든 재료로서 무독성 친환경 재료

• 장점
- 표면에 광택이 있음
- 히팅베드 없이 출력 가능
- 출력 시 유해 물질 발생이 적은 편
- 경도가 다른 플라스틱 소재에 비해 강한 편이며 쉽게 부서지지 않음
- 열 변형에 의한 수축이 적어 다른 FDM 방식 재료에 비해 정밀한 출력이 가능

• 단점 : 서포터 발생 시 서포터 제거가 어렵고 표면이 거침

160 PART 04 3D프린터 HW 설정

ⓒ ABS(Acrylonitil Butadiene Styrene) 소재 플라스틱 : 유독 가스를 제거한 석유 추출물을 이용해 만든 재료

- 장점
  - PLA에 비해 가격이 저렴한 편임
  - 강하고 오래가면서 열에도 상대적으로 강한 편임
  - 일상적으로 사용하는 플라스틱의 소재이기 때문에 가전제품, 자동차 부품, 파이프, 안전장치, 장난감 등 사용 범위가 넓음
- 단점
  - 출력 시 휨 현상이 있으므로 설계 시에는 유의해서 사용해야 함
  - 가열할 때 냄새(유해가스)가 나기 때문에 3D프린터 출력 시 환기가 필요함

\<여러 가지 색상의 필라멘트\>

ⓒ **나일론 소재**

- 사용처
  - 나일론은 일반적으로 옷을 만들 때 쓰이는 재료
  - 충격 내구성이 강하고 특유의 유연성과 질긴 소재의 특징 때문에 휴대폰 케이스나 의류, 신발 등을 출력하는 데 유용한 소재
  - 기계부품이나 RC부품 등 강도와 마모도가 높은 특성의 제품을 제작할 때 주로 사용됨
- 특징
  - ABS나 PLA보다 강도가 높음
  - 출력물의 표면이 깔끔하고 수축률이 낮음

ⓔ PC(Poly Carbonate, 폴리카보네이트) 소재

- 특징
  - 무색, 투명한 무정형의 열가소성 플라스틱
  - 내열성, **내충격성** 및 투명성이 좋아 상품 플라스틱과 엔지니어링 플라스틱, 유리 대용 플라스틱으로 많이 사용
  - 전기 절연성, 치수 안정성이 좋고 **내충격성**도 뛰어난 편이라 전기 부품 제작에 가장 많이 사용되는 재료
  - 일회성으로 강한 충격을 받는 제품에 주로 쓰임

CHAPTER 01 소재 준비 **161**

• 단점
 −연속적인 힘이 가해지는 부품에는 부적당함
 −출력할 때 냄새가 나기 때문에 실내 환기를 필수적으로 해야 함
 −인쇄 속도에 따라 압출 온도 설정을 다르게 해야 하므로 다소 까다로움

ⓜ PVA(Poly Vinyl Alcohol, 폴리비닐 알코올) 소재
 • 특징
 −고분자 화합물로 폴리아세트산비닐을 가수 분해하여 얻어지는 무색 가루
 −물에는 녹고 일반유기 용매에는 녹지 않는 수용성 합성고분자
 −물에 녹기 때문에 PVA 소재는 주로 서포터로 이용됨
 • 사용처
 −FDM 방식의 3D프린터에는 노즐이 두 개인 듀얼방식을 사용하여 한쪽에는 실제 모델링
  에 제작될 소재의 필라멘트, 다른 한쪽에는 서포터 소재인 PVA 소재의 필라멘트를 장
  착하여 출력함
 −출력 후 물에 담가 PVA 소재 서포터는 녹여내고 실제 제품만 남아 다양한 형상 제작이
  용이함

<출력 후 물에 담가 PVA 소재 서포터는 녹여내고 실제 제품만 남김>

ⓗ HIPS(HighImpact Poly Styrene, 고강도 폴리스틸렌) 소재
 • ABS와 PLA의 중간 정도의 강도를 지니며 광택이 남
 • 신장률이 뛰어나 3D프린터로 출력 시 끊어지지 않고 적층이 잘 됨
 • 고유의 접착성을 가지고 있어 히팅베드 면에 접착이 우수함
 • 리모넨(Limonene)이라는 용액에 녹기 때문에 PVA 소재와 마찬가지로 서포터 용도로 많이
  사용됨
 • 녹일 때 특유의 향과 증기가 발생되어 환기가 필요함

<HIPS 출력 부분을 리모넨 오일에 담가 녹임>

Ⓐ 나무(Wood) 소재

- 나무(톱밥)와 수지의 혼합물로 나무와 비슷한 냄새와 촉감을 지님
- 출력물이 목각의 느낌을 주기 때문에 인테리어 분야에 주로 사용됨
- 소재 특성상 노즐의 직경이 작으면 출력 도중 막히는 경우가 있으므로, 노즐 직경 0.5mm 이상의 3D프린터에서 사용하도록 권장됨

<나무 소재 필라멘트>

Ⓞ TPU(Thermoplastic Poly Urethane, 열가소성 폴리우레탄) 소재

- 내마모성이 우수한 고무와 플라스틱의 특징을 고루 갖추고 있어 탄성, 투과성이 우수하며 마모에 강함
- 탄성이 뛰어나 휘어짐이 필요한 부품 제작에 주로 사용됨
- 가격이 비싼 편

CHAPTER 01 소재 준비 **163**

<TPU 소재로 만든 탄성이 있는 제품>

⊗ 그 외 기타 소재
- Bendlay 소재 : 유연성을 이용해서 아이들의 신발이나 끈, 팔찌, 얇은 병, 장난감 등을 만들 수 있음
- Soft−PLA 소재 : 고무와 같은 부드러운 특성이 있어 휴대폰 커버, 타이어 및 기타 견고하지만 유연해야 하는 제품 등에 적용 가능

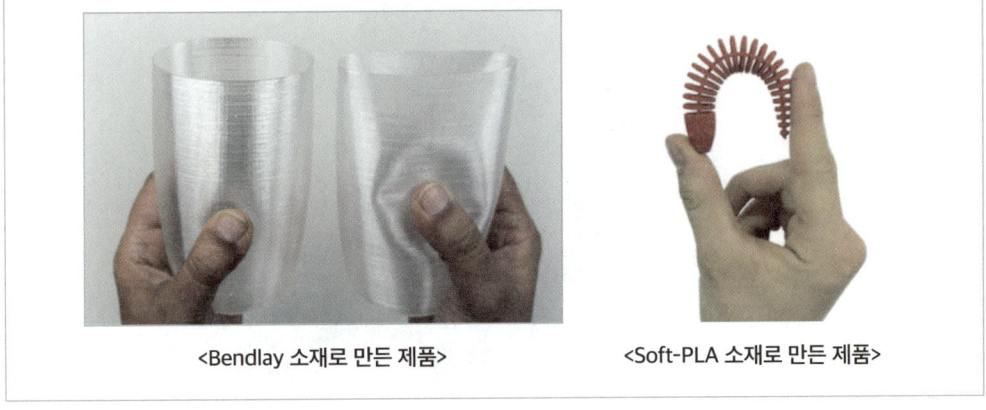

<Bendlay 소재로 만든 제품>　　　　<Soft-PLA 소재로 만든 제품>

- PVC(Poly Vinyl Chloride, 폴리 염화 비닐) 소재 : 열가소성 플라스틱의 하나로 강하고, 색을 내기 쉽고, 단단하거나 유연하며, 잘 마모되지 않지만 열에는 약함
- FDM 방식 3D프린터에서는 시멘트, 푸드 3D프린터에서는 각종 원료나 소스들도 소재로 사용됨

<시멘트 소재로 3D프린터 집짓기>　　　<푸드 3D프린터로 음식 제작>

ⓩ 소재 종류에 따른 노즐 온도
- 소재별로 녹는점이 다르기 때문에 노즐의 온도도 소재별로 다르게 설정해야 함
- 적정 온도를 지키지 않고 노즐 온도를 설정할 경우
  - 노즐 막힘 현상이 생김
  - 필라멘트 끊김 현상이 생김

소재 종류	노즐 온도
PLA(Poly Lactic Acid)	180~230℃
ABS(Acrylonitil Butadiene Styrene)	220~250℃
나일론	240~260℃
PC(Poly Carbonate)	250~305℃
PVA(Poly Vinyl Alcohol)	220~230℃
HIPS(HighImpact Poly Styrene)	215~250℃
나무(Wood)	175~250℃
TPU(Thermoplastic Poly Urethane)	210~230℃

(2) SLA(Stereo Lithographic Apparatus) 방식 3D프린터
① SLA 방식 3D프린터의 이해
ㄱ 액체 상태의 광경화성 수지가 담긴 수조 안에 저전력, 고밀도의 UV 레이저를 투사하여 수지를 굳혀서 적층해 조형물을 제조하는 방식
ㄴ 제작 방식
- 주사 방식 : 일정한 빛을 한 점에 집광시켜 구동기가 움직이며 구조물을 제작하는 방식
  - 장점 : 가공성이 용이함
  - 단점 : 가공 속도가 느림
- 전사 방식 : 한 면을 광경화성 레진에 전사하여 구조물을 제작하는 방식
  - 장점 : 가공 속도가 빠름
  - 단점 : 주사방식에 비해 정밀도가 다소 떨어짐

CHAPTER 01 소재 준비　**165**

ⓒ SLA 방식의 장단점

- 장점
    - 제품의 정밀도가 높음
    - 적층 속도가 효율적임
    - 유해물질 발생과 소비 전력이 적음
- 단점
    - FDM 방식에 비해 재료의 가격이 비쌈
    - 장비 가격 및 유지보수 비용이 높음
    - 빛에 굳는 물질이기 때문에 관리상 주의가 필요함
    - 폐기 시 별도의 절차를 거쳐야 함

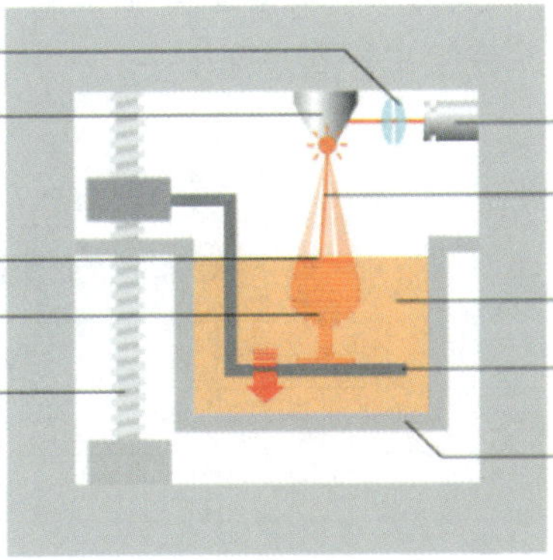

<SLA 방식의 3D프린터 원리>

② SLA 방식 3D프린터의 사용 재료

ⓐ UV 레진
- SLA 방식 3D프린터에서 가장 많이 사용되는 재료
- 약 355~365nm의 빛의 파장대에서 경화됨
- 제품을 제작할 때 실내의 빛에 노출되어도 경화가 되지 않음
- SLA 방식의 재료 중에선 가격이 싼 편이지만, FDM 재료와 비교하면 비쌈
- 정밀도가 높은 편이지만 강도가 낮은 편이라 시제품을 생산하는 데 주로 사용됨

ⓑ 가시광선 레진
- 가시광선 : 일상생활에 노출되는 광선
- UV 파장대(355~365nm)를 제외한 빛의 파장에 경화됨
- 제품을 제작할 때 별도의 암막이나 빛 차단 장치를 해주어야 제품의 제작이 가능
- UV 레진보다 3D프린터 재료로서 이용이 더 쉬움

(3) SLS(Selective Laser Sintering, 선택적 레이저 소결) 방식 3D프린터

① SLS 방식 3D프린터의 이해

㉠ 특징

- 고체 분말 형태의 재료를 선택적으로 가열하여 서로 결합시켜 제작하는 방식
- 작은 입자의 분말들을 레이저로 녹여 한 층씩 적층시켜 조형하는 방식
- 보통 플라스틱 분말을 사용하며 금속이나 세라믹 분말을 이용하는 3D프린터도 있음
- 별도의 서포터가 필요하지 않지만 후처리 과정이 번거롭고 재료의 가격이 비싼 편임

<SLS 방식 3D프린터의 원리>

㉡ 소결(sintering) : 압축된 금속 분말에 적절한 열에너지를 가해 입자들의 표면을 녹이고, 녹은 표면을 가진 금속 입자들을 서로 접합시켜 금속 구조물의 강도와 경도를 높이는 공정

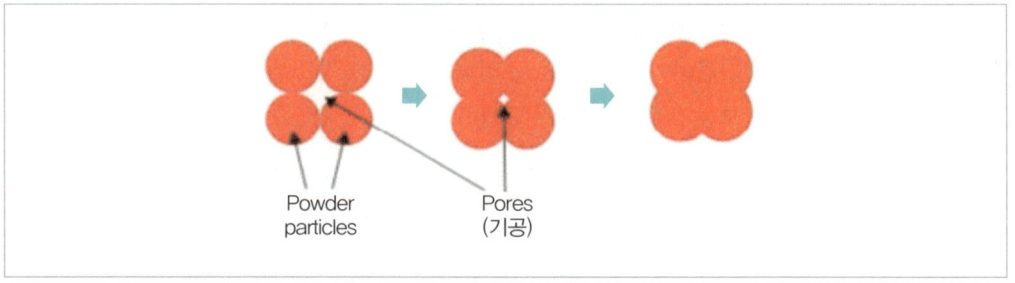

<분말 입자의 소결 과정>

② SLS 방식 3D프린터의 사용 재료

  ㉠ 플라스틱 분말

- SLS 방식에서 가장 흔히 사용되는 소재
- 나일론 계열의 폴리아미드가 플라스틱 분말로 사용됨
- 염색성이 좋아 다양한 색깔을 낼 수 있음
- 의류, 패션, 액세서리, 핸드폰 케이스 등 직접 만들어서 착용이나 사용이 가능한 제품을 프린트할 수 있음
- 세라믹 분말과 금속 분말에 비해 저렴함

  ㉡ 세라믹 분말

- 금속과 비금속 원소의 조합으로 이루어짐
- 대표적인 재료는 **알루미나**(Al_2O_3), 실리카(SiO_2) 등이 있음
- 그 외 점토, 시멘트, 유리 등도 사용됨
- 장점 : 플라스틱에 비해 강도가 강하며, 내열성이나 내화성이 뛰어남
- 단점 : 용융시키기 위해선 고온의 열이 필요함

  ㉢ 금속 분말

- 금속 재료는 철(Fe), 알루미늄(Al), 구리(Cu) 등 하나 이상의 금속 원소로 구성된 재료
- 소량의 비금속 원소[탄소(C), 질소(N)] 등이 첨가되는 경우도 있음
- 3D프린터에서는 주로 알루미늄, 티타늄, 스테인리스 등이 사용됨
- 자동차 부품과 같은 기계 부품 제작 등에 많이 사용됨
- 열에 의한 뒤틀림을 방지하기 위해서 서포터가 필요함

(4) MJ(Material Jetting) 방식 3D프린터

① MJ 방식 3D프린터의 이해

  ㉠ 잉크젯 프린터와 유사한 형태인 수백 개의 노즐을 통해 분사되는 액체 상태의 광경화성 수지가 단면 형상으로 도포되고, 이를 자외선램프로 동시에 경화시키며 형상을 제작

  ㉡ Polyjet 방식으로 불리기도 함

  ㉢ 제품을 떼어낼 때 날이 얇은 도구를 이용해서 떼어내는 것이 권장됨

  ㉣ 온도와 습도에 민감하기 때문에 3D프린터가 위치한 장소에는 에어컨 시설이 필요함

  ㉤ 제작실 온도는 보통 20~25℃의 온도에서 사용하며, 습도는 약 50% 이하가 권장됨

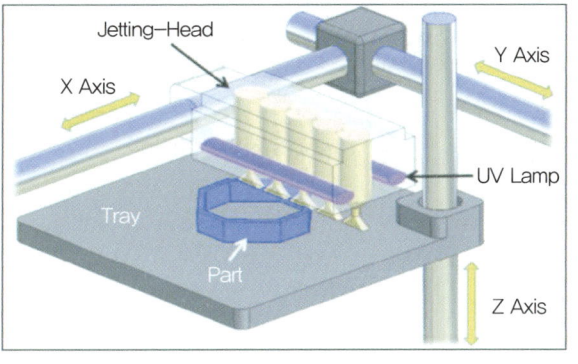

<MJ 방식 3D프린터의 원리>

168 PART 04 3D프린터 HW 설정

② **MJ 방식 3D프린터 사용 재료** : 경화성 수지(아크릴 계열 플라스틱)

  ㉠ 자외선에 경화가 잘 되는 재료가 사용되어야 함

  ㉡ 경화되면 아크릴 계열의 플라스틱 재질이 됨

  ㉢ 재료는 보통 용기에 담겨져 있으나 빛에 노출되면 굳어버려서 사용할 수 없게 됨

  ㉣ 용기 안에 들어 있더라도 박스 안에 보관하여 빛을 차단해야 함

2 3D프린터 소재 장착

(1) FDM 방식 3D프린터

① 고체 형식의 필라멘트를 사용

② 보통 3D프린터 뒤나 옆쪽에 위치하여 필라멘트의 선을 튜브에 삽입하여 장착하는 방식

③ 토출 헤드의 구동 모터에 의해 재료가 노즐에 도달해 일정 온도에 용융되어 재료가 토출되는 방식

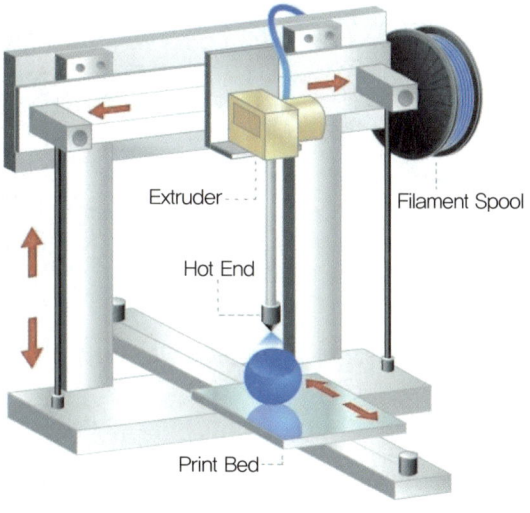

<FDM 방식 3D프린터의 구조>

④ 재료의 특성

  ㉠ 보관이 용이하고 상온에서 보관 가능

  ㉡ 다른 첨가물을 삽입하기 용이함(예 전도성을 가지는 재료가 필요하면 필라멘트를 제작할 때 원하는 성질의 재료를 삽입하여 필라멘트를 제작)

  ㉢ 재료의 성질에 따라 노즐의 온도와 재료의 투입 속도 등을 고려해 구조물을 제작해야만 품질이 좋은 구조물을 제작할 수 있음

CHAPTER 01 소재 준비 **169**

(2) SLA 방식 3D프린터

① 레이저 빔을 통해 액체 형태의 레진을 경화시킨 후 적층하여 조형하는 방식

② 광경화성 수지는 빛의 영향을 많이 받기 때문에 암막 및 빛 차단 장치를 가지고 있는 팩이나 케이스에 장착되어 공급되는 게 일반적

③ 광경화성 재료를 보관할 때에는 빛을 차단하는 장치가 있거나 광개시제와 혼합하지 않고 보관

※ 광개시제 : 빛을 받으면 단단하게 굳는 화학 반응을 일으키는 물질

④ 온도에 영향을 받을 수 있으므로 온도 유지 장치에 보관하는 것이 좋음

⑤ 광경화성 수지는 빛의 파장과 빛의 세기, 노출 시간에 따라 구조물의 제작이 달라짐

⑥ 광의 세기에 따라 구조물이 경화가 덜 되거나 너무 경화되는 현상이 발생하기 때문에 재료에 따른 파라미터가 구축되어 있어야 함

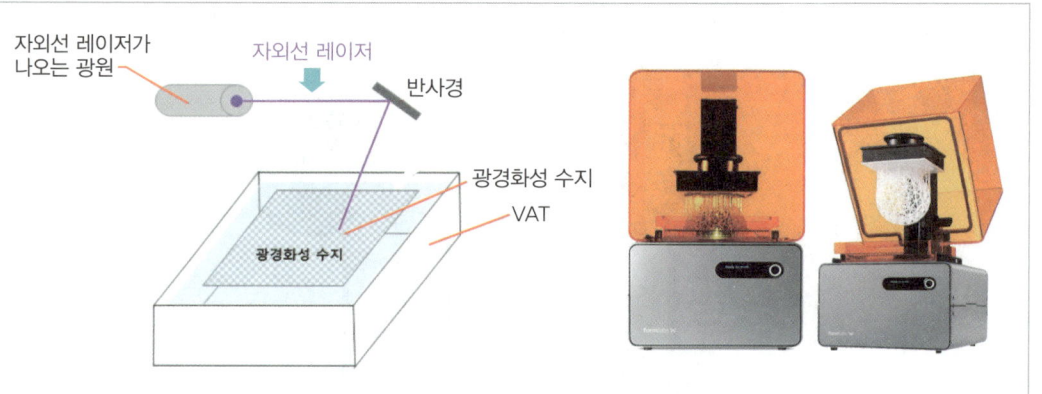

<SLA 방식 3D프린터의 원리와 실물>

(3) SLS 방식 3D프린터

① 분말을 이용하여 한 층씩 모델링하면서 분말을 쌓아 모델링하는 방식

② 3D프린터 내에 별도의 분말 저장 공간이 있기 때문에 일정량을 부어 사용

<SLS 방식 3D프린터>

170 PART 04 3D프린터 HW 설정

(4) MJ 방식 3D프린터

① SLA 방식처럼 광경화성 수지를 이용하기 때문에 내부에 있는 별도의 재료 용기를 꽂는 곳에 다른 팩이나 용기를 꽂아서 사용

② 보통 파트 제작에 쓰이는 재료와 서포터에 쓰이는 재료를 설치하는 곳이 다르기 때문에 재료 장착 전에 꼭 확인하고 설치

<MJ 방식 3D프린터>

3 소재 정상 출력 확인

(1) FDM 방식 3D프린터 출력

일반적으로 3D프린터는 별도의 LCD 화면이 장착되어 있어, LCD 화면과 버튼으로 출력 시작, 필라멘트 교체, 영점 조정 등이 가능하다. 출력 오류를 최소화하기 위해 다음 사항을 점검한다.

① **노즐의 수평 설정**

㉠ 노즐의 수평이 히팅베드와 맞지 않을 때 출력 오류 발생

㉡ 노즐이 히팅베드에 너무 떨어진 경우 : 필라멘트가 압출되어 나올 때 붕 뜨게 됨

㉢ 노즐이 히팅베드에 너무 가까운 경우 : 필라멘트가 뚝뚝 끊긴 형태로 나오게 됨

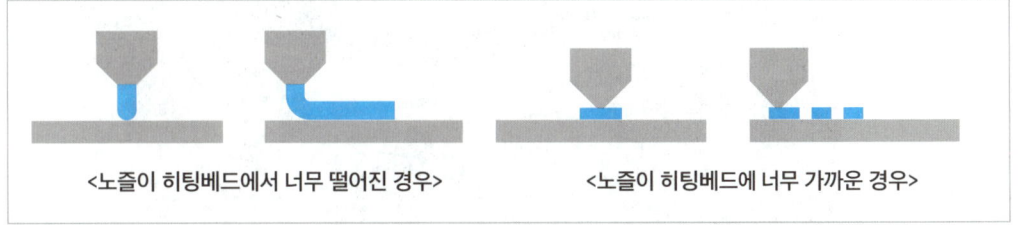

<노즐이 히팅베드에서 너무 떨어진 경우>   <노즐이 히팅베드에 너무 가까운 경우>

㉣ 높낮이의 경우 일반적으로 명함을 노즐 끝 부분과 베드 사이에 넣었다 뺄 때 약간 긁히는 느낌이 나는 정도로 세팅해 주는 것이 적당함

② **노즐의 막힘 현상**

　㉠ FDM 방식은 필라멘트를 노즐로 밀어 넣으면서 고온의 열을 이용해 녹여 압출하는 방식

　㉡ 노즐 안에는 종종 필라멘트 재료가 군은 채로 있어서 제품 출력 전에 노즐 온도를 올려 안에 있는 필라멘트를 빼낸 뒤 출력을 하거나 필라멘트를 교체

　㉢ 외부에 고착되어 있는 찌꺼기들은 노즐 온도를 올려 핀셋 등으로 제거하고 닦아 주면 노즐을 청결한 상태로 오래 사용할 수 있음

　㉣ 노즐 핀이 막혔을 경우 노즐을 해체하여 토치로 강하게 달궈 노즐 내부를 완전 연소시킨 후 공업용 아세톤에 2시간가량 담가 두면 내부에 눌어붙은 필라멘트가 녹아 없어짐

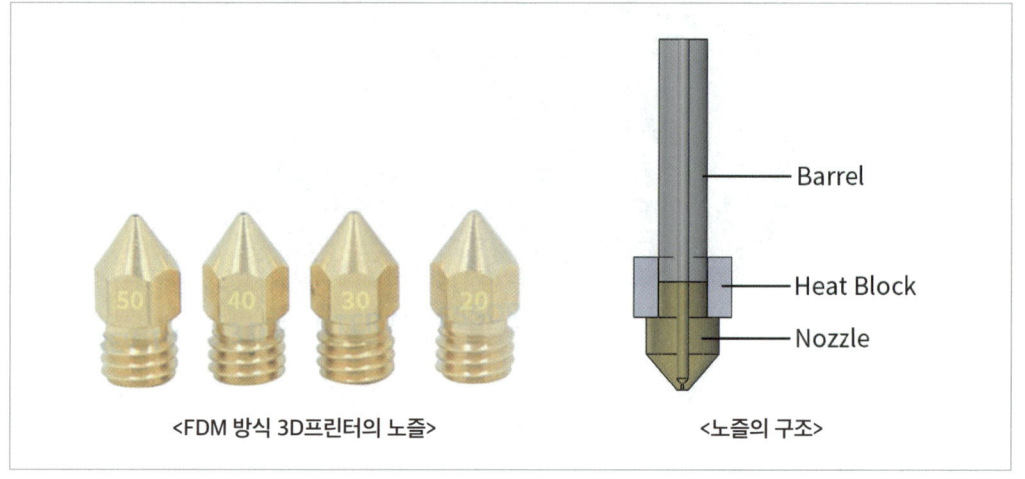

<FDM 방식 3D프린터의 노즐>　　　　　<노즐의 구조>

③ 스테핑 모터 압력 부족

　㉠ 스테핑 모터의 힘으로 필라멘트를 노즐로 공급하기 때문에 스테핑 모터의 힘이 부족하면 필라멘트 공급이 줄어들어 출력물의 표면이 불량해짐

　㉡ 장비 사용 중의 진동으로 인하여 모터를 고정하고 있는 블록이 조금씩 풀리기 때문에 나사를 조여 줌

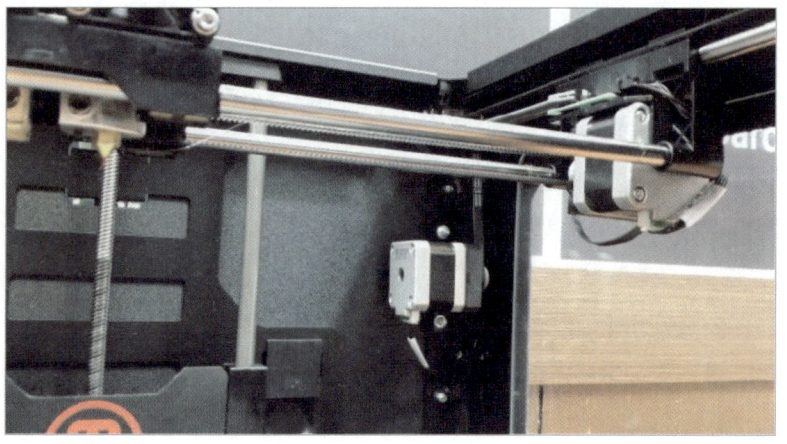

<3D프린터 내부의 스테핑 모터>

④ **노즐 출력 두께 조정**
　　㉠ 레이어의 두께에 따라 출력물의 품질 성능이 좌우됨
　　㉡ 레이어 두께가 지나치게 얇으면 압출기에서 출력되는 필라멘트가 히팅베드에 잘 달라붙지 않고 층층이 쌓이게 됨
　　㉢ 레이어의 두께가 두꺼우면 간혹 출력물에 구멍이 보이는 현상이 생기며 출력물의 표면이 깔끔하지 않음

(2) SLA 방식 3D프린터 출력

FDM 방식과는 달리 별도의 노즐이 필요하지 않다. 또한 제품을 출력하기 위한 별도의 물체 접촉이 없고 빛으로 광경화성 수지를 경화시켜 출력하기 때문에 FDM 방식보다 오류가 적은 편이다.

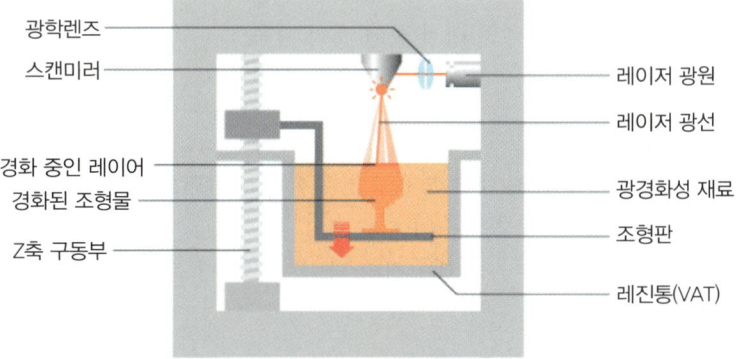

<SLA 방식 3D프린터의 원리>

<투명 레진을 이용한 출력물>

① 빛의 조절

　㉠ 빛의 경화가 너무 지나치면 과경화 현상이 일어남

　㉡ 과경화된 경우에는 경화 부분이 타거나 열을 받아 열변형을 일으켜 출력물에 뒤틀림 현상이
　　일어남

　㉢ 과경화 현상을 방지하기 위해선 빛의 세기를 적절히 조절하여야 함

　㉣ 레이어의 레진을 경화할 때 더 강한 빛이 있으면 빛이 강한 쪽의 레진이 더 빨리 경화되어 제
　　품의 뒤틀림이 있을 수 있으므로, 뒤틀림이 일어날 경우 빛의 세기 조절을 다시 해 볼 것

② 빛샘 현상(Light Bleeding)

　㉠ SLA 방식의 프린터에서 빛이 새어 나가게 되면 경화를 원하지 않는 부분까지 경화되는 현상

　㉡ 빛샘 현상은 광경화성 수지가 어느 정도의 투명도를 가지고 있으면 발생

　㉢ 액상 형태의 수지가 완전히 불투명하다면 빛샘 현상이 거의 없겠지만 0.05mm 정도 두께의
　　플라스틱은 뒤에서 빛을 비추면 대개 빛이 새어 나옴

　㉣ 빛샘 현상을 줄이기 위해서는 레진의 구성 요소와 경화 시간을 적절히 맞추어야 함

(3) SLS 방식 3D프린터 출력

① 분말을 이용하기 때문에 분말에 대한 보관에 유의하여야 하며, 습한 곳에 분말을 보관하게 되면
　뭉침 현상이 발생할 수 있기 때문에 주의

② SLA 방식의 빛샘 현상과 유사하게, 레이저의 파워가 강하면 분말의 융접이 과하게 되는 경우가
　있어 레이저 파워를 적절하게 조절

<SLS 방식 3D프린터 출력물의 후처리 과정>

CHAPTER **02** 데이터 준비

3D프린터운용기능사 자격증 대비과정

1 데이터 업로드

(1) 데이터 전송 방식

① 컴퓨터를 직접 3D프린터에 연결하거나, 이동식 저장장치(USB, SD카드) 등에 저장하여 3D프린터에 데이터를 전송하는 방법

② 대부분의 설계 프로그램들은 STL 파일을 제공하기 때문에 3D프린터로 출력하고자 하는 파일을 STL 파일 형식으로 저장

③ 3D프린터 회사마다 지원하는 3D프린터 파일로 변환하는 프로그램들이 있으므로 STL 파일을 실행하고 해당 3D프린터에 맞게 설정하면 3D프린터로 출력이 가능

<3D프린터 출력 절차>

(2) 3D프린터용 파일로 변환 과정

① 3D 프린팅은 CAD 시스템에서 모델링된 3차원 형상을 2차원 단면으로 분해해 적층하여 다시 3차원적 형상을 얻는 과정

② 원하는 3차원 제품을 제작하기 위해서 슬라이싱에 의한 2차원 단면 데이터 생성 시 절단된 윤곽의 경계 데이터가 정확히 연결된 폐루프를 이뤄야 하는데 이때, **생성된 폐루프끼리 교차**되지 않아야 함

CHAPTER **02** 데이터 준비 **175**

③ 층 사이에 놓이는 평평한 면에 대한 보정도 함께 이루어져야 함

④ 가변적인 층 두께에 의해 슬라이싱 할 경우 층 두께에 따라 가공 속도, 형상 보정량 등의 공정인자가 달라져야 하므로, 대부분의 경우에 고정된 두께로 슬라이싱

2 G코드 파일 업로드

(1) G코드의 사용

① G코드 : 기계를 제어·구동시키는 명령 언어

② 1950년대에 개발되어 1960년대 후반에 미국 전자산업협회에서 최초로 표준화한 공작 기계 제어용 코드로 사용

③ 블록(block) : G-code에서 지령의 한 줄

④ 주석 : 기계에 대한 직접적인 명령은 없고 사용자가 코드를 읽기 쉽도록 해석해 주는 문장으로, 세미콜론 ';'과 괄호 '( )' 사용

ㄱ 세미콜론 : 해당 블록에서 세미콜론 이후 모든 문자가 주석임을 뜻함

ㄴ 괄호 : 괄호를 포함한 괄호 내의 모든 문자가 주석임을 뜻함

⑤ G코드 종류와 의미

종류	의미
Gnnn	어떤 점으로 이동하라는 것과 같은 표준 G코드 명령
Mnnn	RepRap에 의해 정의된 명령(例 쿨링팬 회전)
Tnnn	도구 nnn 선택
Snnn	피라미터 명령(例 모터로 보내는 전압)
Pnnn	피라미터 명령, 밀리초 동안의 시간
Xnnn	이동을 위해 사용하는 X 좌표
Ynnn	이동을 위해 사용하는 Y 좌표
Znnn	이동을 위해 사용하는 Z 좌표
Fnnn	1분당 Feedrate(例 프린터 헤드의 움직임 스피드)
Rnnn	피라미터(例 온도에 사용)
Ennn	압출형의 길이 mm
Nnnn	선 번호. 통신 오류 시 재전송 요청을 위해 사용
*nnn	체크섬. 통신 오류를 체크하는 데 사용

※ nnn은 데이터, 즉 숫자를 나타냄

(2) G코드와 M코드

① G코드

ㄱ G코드는 제어 장치의 기능을 동작하기 위한 준비를 하기 때문에 준비 기능이라 불림

ㄴ One Shot G코드 : 지시된 블록에서만 유효한 1회 지령

ⓒ Modal G코드 : 같은 그룹의 다른 G코드가 나올 때까지 다른 블록에서도 유효한 연속 지령
ⓐ G코드의 종류

코드	기능	용도
G0	빠른 이동	지정된 좌표로 이동
G1	제어된 이동	지정된 좌표로 직선 이동하며 지정된 길이만큼 압출 이동
G4	드웰(Dwell)	정지 시간을 정해 두고 미리 정해 둔 시간만큼 지연
G10	헤드 오프셋	시스템 원점 좌표 설정
G17	X-Y 평면 설정	XY 평면 선택(기본값)
G18	X-Z 평면 설정	XZ 평면 선택(3D프린터에서는 구현되지 않음)
G19	Y-Z 평면 설정	YZ 평면 선택(3D프린터에서는 구현되지 않음)
G20	Inch 단위로 설정	사용 단위를 인치(Inch)로 설정
G21	mm 단위로 설정	사용 단위를 밀리미터(mm)로 설정
G28	원점으로 이동	X, Y, Z축의 엔드스탑으로 이동
G90	절대 위치로 설정	좌표를 기계의 원점 기준으로 설정
G91	상대 위치로 설정	좌표를 마지막 위치를 기준으로 원점 설정
G92	설정 위치	지정된 좌표로 현재의 위치를 설정

② M코드
  ⓐ M코드는 기계를 제어 조정해 주는 코드로 보조 기능이라 불림
  ⓑ 프로그램을 제어하거나 기계의 보조 장치들을 On/Off해 주는 역할
  ⓒ M코드의 종류

코드	기능	용도
M0	프로그램 정지	3D프린터의 동작을 정지
M1	선택적 프로그램 정지	3D프린터의 옵션 정지
M17	스테핑 모터 사용	스테핑 모터를 활성화
M18	스테핑 모터 비사용	스테핑 모터를 비활성화
M101	압출기 전원 ON	압출기의 전원을 켜고 준비
M102	압출기 전원 ON(역방향)	압출기의 전원을 켜고 준비(역방향)
M103	압출기 전원 OFF(후퇴)	압출기의 전원을 끄고 후진
M104	압출기 온도 설정	압출기의 온도를 지정된 온도로 설정
M106	냉각팬 ON	냉각팬의 전원을 ON시켜 동작
M107	냉각팬 OFF	냉각팬의 전원을 OFF시켜 동작 정지
M109	압출기 온도 설정 후 대기	압출기의 온도를 설정하고 해당 온도에 도달하기를 기다림

CHAPTER 02 데이터 준비 **177**

(3) G코드 업로드

STL 형식의 파일을 3D프린터가 인식 가능한 G코드 파일로 변환할 땐 다음과 같은 내용들이 추가되어 3D프린터로 업로드된다.

① 3D프린터가 원료를 쌓기 위한 경로 및 속도, 적층 두께, 쉘 두께, 내부 채움 비율

② 인쇄 속도, 압출 온도 및 히팅베드 온도

③ 서포터 적용 유무 및 적용 유형, 플랫폼 적용 유무 및 적용 유형

④ 필라멘트 직경, 압출량 비율, 노즐 직경

⑤ 리플렉터 적용 유무 및 적용 범위, 트래이블 속도, 쿨링팬 가동 유무

(4) 업로드 확인

① 3D프린터에 장착된 LCD 화면으로 3D프린터의 제어가 가능

② SD카드 불러오기

③ 필라멘트 교체에 대한 기능

④ 히팅베드 영점 조절

⑤ 노즐과 히팅베드 온도 조절 등

⑥ G코드 파일이 정상적으로 업로드되었는지도 LCD 화면에서 확인 가능

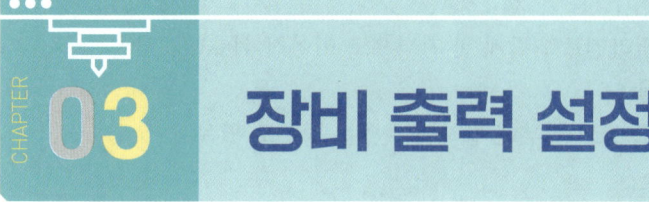

장비 출력 설정

3D프린터운용기능사 자격증 대비과정

1 프린터별 출력 방법 확인

(1) FDM(Fused Deposition Modeling) 방식

① FDM 방식 3D프린터의 이해

ㄱ 프린터에 장착된 압출 노즐로 가열된 필라멘트를 분사해 형상을 적층하는 방식

ㄴ 필라멘트는 열가소성 재료가 사용되며 일반적으로 PLA와 ABS 플라스틱 수지가 많이 사용되며 나무, 구리, 야광 등이 첨가된 특수 재질도 이용됨

※ 열가소성 수지 : 열을 가하여 성형한 뒤에도 다시 열을 가하면 형태를 변형시킬 수 있는 수지
※ 열경화성 수지 : 열을 가하여 경화 성형하면 다시 열을 가해도 형태가 변하지 않는 수지

필라멘트(Filament)

ⓐ 필라멘트가 압출기를 통해 들어감

ⓑ 히팅블록이 필라멘트를 녹임

ⓒ 녹은 원료가 노즐을 통해 더 얇은 형태로 사출됨

\<FDM 3D프린터의 원리\>

② FDM 방식 프린터 재료 압출 방법 : 가열된 노즐에 필라멘트 형태의 열가소성 수지를 투입, 투입된 재료들이 노즐 내부에서 가압되어 노즐 출구를 통해 토출

CHAPTER 03 장비 출력 설정 **179**

㉠ 필라멘트(Filament)
- 필라멘트 형태로 재료가 공급(필라멘트 : 길게 한 가닥으로 이어진 섬유)
- 보호 카트리지나 롤에 감겨 있음
- 3D프린터의 내부에 있는 경우도 있고 외부에 장착되어 있는 경우도 있음

<여러 가지 색상의 필라멘트>

㉡ 스테핑 모터와 노즐
- 스테핑 모터의 회전에 의해 톱니가 회전하게 되면 여기에 물려 있는 필라멘트 재료가 노즐 내부로 이송되고, 노즐 내부에서는 재료가 가열 용융되어 압출됨
- 처음엔 필라멘트가 고체 상태지만 열에 의해 점성이 매우 높은 액체 상태로 용융되고 가압 된 후 노즐 출구를 통하여 압출됨

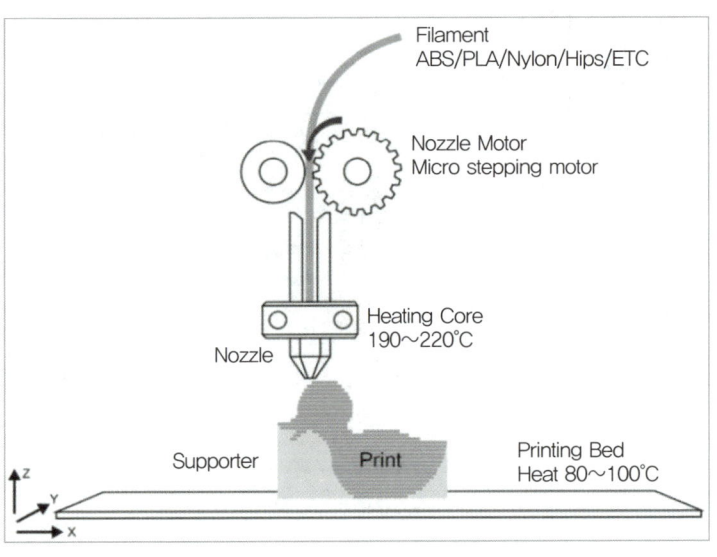

<스테핑 모터와 노즐을 통한 3D프린터의 원리>

ⓒ 히팅베드
- 베드가 고축 방향으로 이송되고 노즐이 X−Y 평면에서 이송되면서 단면 형상이 만들어짐
- 한 층의 단면이 만들어지면 플랫폼이 층 높이만큼 아래로 이송되거나 헤드가 부착된 X−Y 축이 위로 이송되면서 다음 층을 만들 수 있게 됨
- FDM 방식에서 사용되는 재료는 열가소성 수지이기 때문에 노즐에서 토출된 후 바로 굳게 됨
- 주위 온도가 너무 낮으면 굳는 속도가 빨라져 이전 층 위에 접착되지 않는 현상이 발생하기도 함
- 낮은 온도에서 성형되면 노즐에서 토출된 재료가 급격히 냉각되기 때문에 만들어진 구조물은 잔류응력을 가져 추후 변형이 발생할 수도 있음

③ **제품 후가공 처리** : FDM 방식은 압출 공정으로 인해 측면에 레이어가 생기기 때문에 표면을 부드럽게 할 필요가 있음
ⓐ 서포터 제거
- **비수용성 서포터**
  - 비수용성 서포터는 손으로 뗄 수도 있지만 니퍼, 커터 칼, 조각도, 아트 나이프 등 공구를 사용하여 떼어내면 용이함
  - 수용성 서포터 제거보다 시간이 오래 걸리며 표면 상태도 좋지 않음
- **수용성 서포터**
  - 재료 : 폴리비닐 알코올(PVA) 소재
  - 폴리비닐 알코올은 물에 용해되는 저온 열가소성
  - 물에 녹는 수용성 섬유로 구성되어 있어 물 세척만으로 쉽게 제거할 수 있고 독성이 없어 안전함
  - HIPS(High Impact Poly Styrene) 소재는 서포터로 주로 사용되며 리모넨(Limonene)이라는 용액에서 용해됨

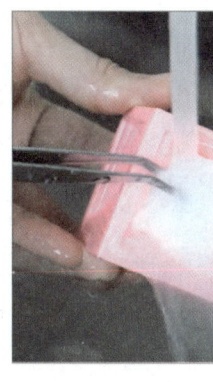

| 〈비수용성 서포터 제거〉 | 〈수용성 서포터 제거〉 |

ⓛ 사포 : 연삭숫돌 가루를 종이나 천에 붙여 다듬질할 때 사용

- 사포의 거칠기마다 번호가 있는데 번호가 낮을수록 사포 표면이 거칠고 높을수록 사포 표면이 고움
- 거칠기는 입도(Grit)라고 표기함

60~120	거칠거나 단단한 표면 연마
320~600	부드러운 연마
800~2000	귀금속의 광택 연마

- 종류
  - 스펀지 사포 : 비싸지만 부드러운 곡면을 다듬는 데 주로 사용됨
  - 천 사포 : 질기기 때문에 오래 사용이 가능함
  - 종이 사포 : 가장 많이 사용되며 구겨지고 접히는 특성 때문에 물체의 안쪽을 사포질할 때 유리함

<스펀지 사포>   <천과 종이 사포>

ⓒ 아세톤 훈증

- 밀폐된 용기 안에 출력물을 넣고 아세톤을 기화시키면 기화된 아세톤이 표면을 녹여 후처리하는 방법으로, 매끈한 표면을 쉽게 얻을 수 있음
- 붓을 이용해 직접 출력물에 바르기도 하고 실온에서 훈증하거나 중탕하는 방법도 있음
- 환기가 잘 되는 곳에서 작업하며, 실내라면 환기 시설이 있는 공간에서 작업을 실시해야 함
- 단점
  - 실온에서 훈증하게 되면 시간이 오래 걸림
  - 냄새가 많이 나고 디테일한 부분이나 꼭짓점 각이 뭉개지는 경우가 있음

<아세톤 훈증 전과 후의 비교>

(2) SLA(Stereo Lithography Apparatus) 방식

① SLA 방식 3D프린터의 이해

㉠ 용기 안에 담긴 액체 상태의 광경화성 수지에 적절한 파장을 갖는 빛을 주사하여 선택적으로 경화시키는 방식

㉡ 특정 파장의 빛에 의해 광경화성 수지를 단면 형상으로 경화시켜 층을 형성하고 이를 반복하여 3차원 형상을 성형함

㉢ 광경화성 수지의 구성

- 광개시제(photoinitiator) : 특정한 파장의 빛을 받으면 반응하여 단량체와 중간체를 고분자(고체)로 변환시키는 역할
- 단량체(monomer)
- 중간체(oligomer)
- 광억제제(light absorber)
- 기타 첨가제

② 빛 경화 방법 : SLA 방식은 레이저에서 빛이 나와서 렌즈를 지나 거울에 반사되어 광경화성 수지에 주사되면서 제품 형상이 만들어짐

<SLA 방식 3D프린터의 원리>

㉠ 레이저(Laser)
- 레이저는 파장이 짧은 빛일수록 광학계를 이용하여 더 작은 지름을 갖는 빛으로 만들 수 있기 때문에 **자외선 레이저**(정밀도, 해상도 증가)가 주로 사용됨
- 경화되는 부피가 매우 작기 때문에 큰 형상을 제작하기에는 많은 시간이 소요되기도 함

㉡ 렌즈(Lenses) : 레이저에서 나오는 빛을 매우 작은 지름을 갖도록 만들어 주는 역할

㉢ 반사 거울(Scanning Mirror)
- 반사 거울에 반사된 레이저 빛이 광경화성 수지 위에 주사되어 단면을 성형
- 제품은 수조 내에 잠겨 위·아래로 이송되는 플랫폼 위에 만들어짐

㉣ 엘리베이터(Elevator) : 플랫폼이 위·아래로 이송되기 위해서는 고축 방향 엘리베이터에 연결하고 동작을 해야 아래로 내려가면서 제품 제작이 가능

㉤ 스윕 암(Sweeper)
- 플랫폼이 내려가면서 위로 광경화성 수지가 차오르는데, 스윕 암은 이것을 평탄하게 해 주는 역할을 함
- 광경화성 수지 표면의 평탄화 및 새로운 층을 위한 액체 광경화성 수지를 코팅함
- 매우 날카로운 칼날 형태이며 내부에 광경화성 수지를 공급할 수 있는 장치를 가지고 있는 경우도 있음

③ 빛의 주사 조건에 따른 광경화 기술 분류
㉠ 자유 액면 방식(Free Surface Method)
- 광경화성 수지의 표면이 외부로 노출되어 있으며, 노출된 광경화성 수지의 표면에 빛을 주사하는 방식
- 구조물을 받치고 있는 플랫폼이 층 높이만큼 매우 정밀하게 이송되거나, 매우 정밀한 양의 광경화성 수지가 수조 내로 공급되어야 하기 때문에 광경화성 수지의 높이 제어가 어려움
- 구조물 성형이 규제 액면 방식에 비해서 상대적으로 용이함

㉡ 규제 액면 방식(Constrained Surface Method)
- 빛이 투명 창을 통해서 광경화성 수지에 조사되는 방식
- 광경화성 수지의 점성에 크게 영향을 받지 않음
- 자유 액면 방식과 다르게 새롭게 덮인 광경화성 수지가 평탄하게 될 때까지의 대기 시간이 필요하지 않음
- 광경화성 수지는 이전에 만들어진 층과 투명 유리 사이에서 경화되기 때문에 새롭게 경화된 층은 투명 유리에 접착이 될 가능성이 높음
- 광학계를 정밀하게 설계하여 주사되는 빛 에너지를 조절하거나, 투명 창 위에 특수한 필름을 붙여 경화되는 수지가 접착되지 않도록 해 주어야 함

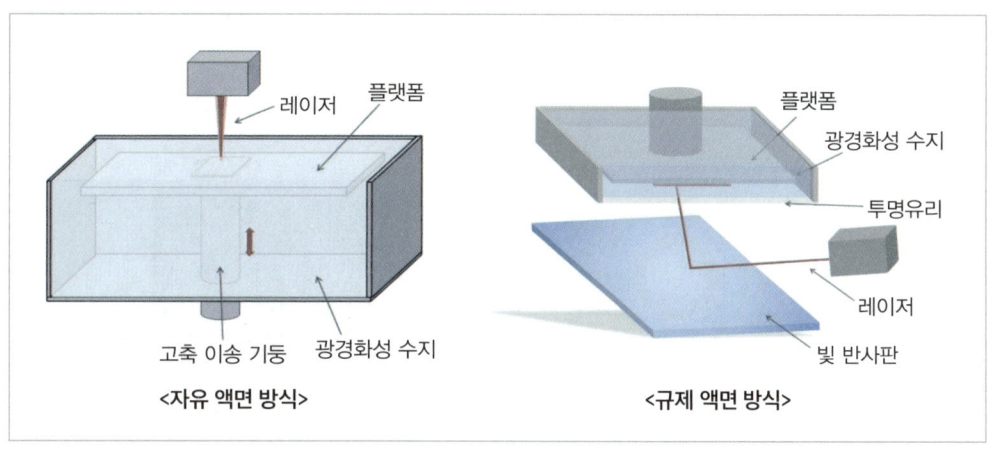

(3) SLS(Selective Laser Sintering) 방식

① SLS 방식 3D프린터의 이해

    ㉠ 베드에 도포되어 있는 분말(파우더)에 선택적으로 레이저를 쏘면 레이저를 맞은 부분의 분말은 소결됨. 즉, 분말을 가열하여 결합시키며 이 과정을 반복하여 적층하는 방식

    ㉡ 일반적으로 서포터가 필요하지 않음. 다만 금속 분말은 융접할 때 수축 등 변형이 일어날 수 있으므로 별도의 서포터가 필요

    ㉢ 레이저 용융(SLM ; Selective Laser Melting) 기술 : 분말에 가해지는 에너지를 높여 분말을 녹여 융접시키는 것

<SLS 방식 3D프린터의 원리>

② **분말 융접 방법** : 레이저를 쏘여 분말을 융접해 제품을 제작하는 방식. 레이저에서 나온 빛이 스캐닝 미러에 반사되어 파우더 베드의 분말들을 융접시키면서 한 층씩 성형

CHAPTER 03 장비 출력 설정 **185**

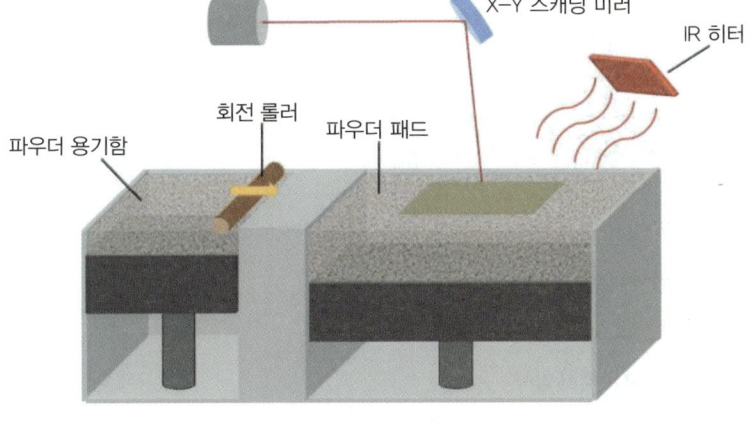

<SLS 방식 3D프린터의 구조>

ㄱ 레이저
- 레이저는 분말들 사이에 융접을 발생시키기 위해서 한 개 또는 여러 개의 열원을 가짐
- 레이저 열원 : 매우 좁은 범위에 집중적으로 열에너지를 가하는 데 유리한 CO_2 레이저 등이 사용됨

ㄴ X-Y 스캐닝 미러 : 각 레이어의 원하는 부분에 분말 융접이 발생하도록 제어하기 위한 장치

ㄷ IR(Infrared Ray, 적외선) 히터 : 분말이 채워진 카트리지의 온도를 높이고 유지하기 위해서 베드 위에 위치한 적외선 히터

ㄹ 회전 롤러
- 분말을 추가하거나 분말이 담긴 표면을 매끄럽게 해 주는 장치
- 베드 위에 분말을 고르게 펼쳐 주면서 일정한 높이를 갖도록 함

ㅁ 플랫폼(Platform)
- 고르게 펴진 분말에 고출력의 레이저 빛을 쏘여 베드 위의 분말을 약 0.1mm 이내로 매우 얇게 융접시켜 층을 만듦
- 하나의 단면이 만들어지면 플랫폼이 아래로 이동하고 그 위에 회전 롤러에 의해서 다음 층을 성형하기 위한 분말이 덮이게 됨

ㅂ 파우더(Powder, 분말) 용기함
- 파우더 베드에 들어가는 분말들을 보관하는 곳
- 파우더 베드에서 한 층씩 성형되면 파우더 베드 플랫폼은 한 층씩 내려가고 파우더 용기함은 한 층씩 올라가면서 올라온 분말들이 회전 롤러에 의해 플랫폼으로 들어가는 방식

ㅅ SLS 방식 3D프린터 내부
- 플랫폼 안의 분말은 녹는점이나 유리 전이보다 약간 낮은 온도 정도의 고온으로 유지됨
- 고온 유지 이유
  - 분말을 융접하기 위해 가해지는 레이저 빛의 에너지를 상대적으로 낮게 유지할 수 있음
  - 고온 성형 공정에서 불균일한 열팽창에 의한 제품의 뒤틀림을 방지할 수 있음
  ※ 유리 전이(Glass transition) : 용융 상태의 물질이 급속하게 냉각되어 유리 상태로 바뀌는 것

186 PART 04 3D프린터 HW 설정

③ 파우더(Powder, 분말) 종류에 따른 융접
  ㉠ 비금속 분말 융접
    • 대표적인 재료는 플라스틱이며, 이외에도 세라믹, 유리 등이 사용됨
    • 플라스틱과 같은 비금속 재료들은 레이저 등의 열원으로 분말의 표면만을 녹여 소결시키는 공정이 적용되는 것이 일반적
    • 베드에 담긴 분말이 서포터 역할을 함
    • **장점**
      - 복잡한 내부 형상을 갖는 제품의 제작이 가능
      - 서포터 제거 시 발생할 수 있는 제품 손상에 대한 우려가 없음
      - 열에 의한 변형을 크게 고려하지 않아도 되기 때문에 별도의 서포터가 만들어지지 않음
  ㉡ 금속 분말 융접
    • SLS 방식에서 사용할 수 있는 금속 : 티타늄 합금, 인코넬 합금, 코발트 크롬, 알루미늄 합금, 스테인리스강, 공구강 등
    • 소결되거나 용융된 금속에서 빠르게 열을 분산시키고, 열에 의한 뒤틀림을 방지하기 위해서 서포터가 필요함
    • 일반적으로는 성형되는 제품과 동일한 금속 분말을 소결하거나 용융시켜 서포터를 만들고 성형 과정이 모두 끝난 후 별도의 기계 가공에 의해서 서포터가 제거됨
    • 기계적 물성을 높이거나 표면 거칠기를 개선하기 위해서 숏피닝(Shot peening), 연마, 절삭 가공 또는 열처리 등의 후처리가 필요함
    ※ 숏피닝 : 작은 쇠구슬을 제품에 고압으로 분사시켜 표면의 강도를 증가시킴으로써 기계적 성능을 향상시키는 가공법

2 3D프린터의 출력을 위한 사전 준비

(1) 3D프린터 출력을 위한 사전 준비
① 온도 조건
② 베드 확인
③ 청결 상태 등을 확인

(2) 온도 조건 확인
① FDM 방식 : 열을 이용하여 출력물을 출력하는 방식으로 온도 조절이 필수적
  ㉠ 노즐 온도
    • 사용되는 필라멘트 재질에 따라 달라짐
    • 소재 종류에 따른 노즐 온도

소재 종류	노즐 온도
PLA(Poly Lactic Acid)	180~230℃
ABS(Acrylonitil Butadiene Styrene)	220~250℃
나일론	240~260℃

CHAPTER 03 장비 출력 설정 **187**

소재 종류	노즐 온도
PC(Polycarbonate)	250~305℃
PVA(Polyvinyl Alcohol)	220~230℃
HIPS(High Impact Poly Styrene)	215~250℃
나무(Wood)	175~250℃
TPU(Thermoplastic Poly Urethane)	210~230℃

   ⓛ 히팅베드 온도
- 베드의 온도는 FDM 방식에서만 해당됨
- 히팅베드의 온도는 소재별로 다르게 설정해야 함
- PLA 소재는 온도 변화에 의한 출력물의 변형이 작기 때문에 히팅베드를 사용하지 않아도 됨
- ABS 소재는 온도에 따른 출력물 변형이 있기 때문에 히팅베드가 **필수적**
- 소재에 따른 히팅베드 온도

소재	사용 유무	온도
PLA, PVA 소재 등	필요 없음	사용 시에는 50℃ 이하로 사용
ABS, HIPS, PC 소재 등	필수 사용	사용 시에는 80℃ 이상으로 설정

② SLA 방식
   ㉠ 레이저를 이용하여 제품을 제작하기 때문에 온도 조절에 대한 필요성이 FDM 방식에 비해 덜함
   ⓛ 광경화성 수지가 적정 온도를 유지하면 출력물의 품질이 좋아지기 때문에 수지를 보관하는 플랫폼의 용기를 일정 온도로 유지함(약 30℃)

③ SLS 방식
   ㉠ 열에너지를 이용하여 분말을 용융시켜서 융접하는 방식
   ⓛ 보통 CO_2 레이저 같은 레이저 열원이 많이 사용됨
   ㉢ 레이저의 온도가 너무 높으면 분말을 융접할 때 분말이 타는 경우가 생기므로 적정 온도를 설정해야 함
   ㉣ 내부 온도 조절을 위해 적외선 히터가 프린터 내부에 설치된 경우도 있음
   ㉤ 분말이 채워진 카트리지의 온도를 높이고 유지하기 위해서 베드 위에 위치한 적외선 히터 등을 이용함

④ 장비 외부의 주변 온도
   ㉠ 외부의 온도가 너무 낮거나 너무 높으면 출력물이 출력되는 데 방해가 되기 때문에 외부의 온도를 적절히 맞춰야 함
   ⓛ MJ(Material Jetting) 방식 같은 경우 20~25℃ 사이에서 동작하는 것을 권장하며 에어컨 시설이 필요함
     ※ MJ(Material Jetting, 재료 분사) 방식 3D프린터 : 잉크젯 프린터와 같이 헤드에서 소재를 분사하고 동시에 UV 램프를 이용하여 경화시키면서 3차원 형상을 조형
   ㉢ 일부의 프린터는 외부의 공기 흐름을 차단시켜 챔버 내부의 온도를 올려 출력에 맞는 적정 온도를 유지하기도 함

(3) 청결 상태 확인

출력되는 3D프린터 내부 공간이나 노즐 등에 이물질이 있거나 묻어 있게 되면 출력에 방해가 되므로 출력 전에 3D프린터 내외부 청소는 필수적이다.

① **노즐** : 노즐 바깥 부분에 찌꺼기들이 묻었을 경우 손으로 그냥 떼어내는 것보다는 Preheat(예열) 기능으로 노즐의 온도를 올린 뒤 롱노우즈 같은 도구로 떼어내면 손쉽게 뗄 수 있음

ㄱ 노즐 내부가 막혔을 때 뚫는 방법

- 노즐의 온도를 올린 후 노즐 청소 바늘을 이용하여 뚫어줌
- 노즐을 분해하여 토치로 노즐을 가열한 뒤 공업용 알코올에 담가 놓으면 노즐 안의 불순물들이 빠져나감
- 노즐의 온도를 실제 사용 온도보다 좀 더 높여서 막힌 물질들을 다 녹여 뺌

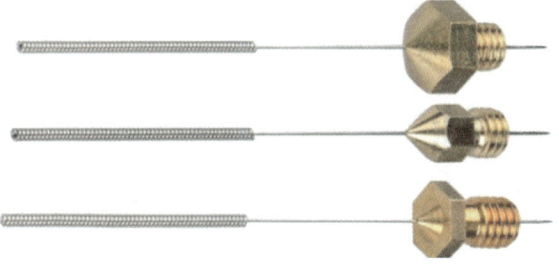

<노즐 청소 바늘>

ㄴ 올리브오일을 이용하여 노즐 내부를 청소하는 방법

- 필라멘트가 헤드에 물려 있는 경우 : 표면이 깨끗한 도구(바늘, 클립 등)를 이용하여 헤드에 물려 있는 필라멘트에 올리브오일을 묻혀서 필라멘트를 타고 노즐 내부로 흘러 들어가게 할 수 있음
- 필라멘트를 헤드에 물리기 전 : 필라멘트 끝부분을 올리브오일에 살짝 담갔다 빼서 필라멘트를 로딩시켜 주면 됨

② **3D프린터 내·외부**

ㄱ 3D프린터 동작 중 3D프린터 문이 열려 있거나, 위에 덮혀 있는 뚜껑이 열려 있다면 출력 중인 3D프린터 내부로 이물질이 들어갈 수 있음

ㄴ 베드에 출력물 외의 다른 출력물이나 찌꺼기가 있다면 출력에 방해가 되기 때문에 출력 중에는 문을 반드시 닫아야 함

3 출력 조건 최종 확인

(1) 정밀도 확인

① FDM 방식으로 조립 형태의 물체를 만들 경우엔 출력 공차를 주어야만 조립이 가능

② 물체의 사이즈를 딱 맞게 출력할 경우 조립이 되지 않는 경우가 발생

③ 노즐의 지름과 재료가 나와서 퍼짐의 정도에 따라 오차가 발생

④ 정밀도 확인 요소

    ㉠ 수평 길이 : 정육면체 10개 조각을 출력하여 평균값을 측정

    ㉡ 수평 내부 길이 : ㄷ자 형태의 블록을 출력하여 내부의 길이의 평균값을 측정

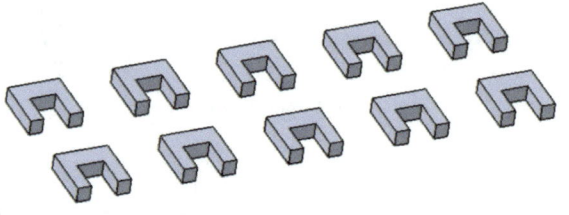

    ㉢ 수평 방면 구멍 : 직육면체에 구멍 10개를 뚫어 구멍별 오차와 평균값을 측정

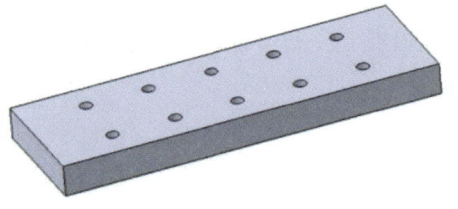

    ㉣ 수직 방면 구멍의 공차 : 3D프린터는 고축 방면으로 물체를 쌓아 올리면서 물체를 제작하기 때문에 물체의 내부 구멍도 수직 방면의 구멍 크기와 수평 방면의 구멍 크기의 오차가 다르게 나오며, 이를 확인하기 위해 구멍 10개를 뚫어 오차와 평균값을 측정함

(2) 온도 확인

온도 설정은 3D프린터를 동작하기 위해서 중요한 요소 중의 하나이며 소재별로 온도 설정이 다르기 때문에 소재에 따른 적절한 온도인지를 확인해야 한다.

출제 예상 문제

3D프린터운용기능사 자격증 대비과정

01 소재 준비

01 FDM 방식 3D프린터에서 옥수수 전분을 이용해 만든 재료로서 무독성 친환경 재료로 맞는 것은?

① PLA　　　　② ABS
③ 나일론　　　④ PC

정답 | ①

해설 | PLA(Poly Lactic Acid)는 옥수수 전분을 이용해 만든 재료로서 무독성 친환경 재료이다.

PLA(Poly Lactic Acid) 소재 플라스틱
• 장점
　－표면에 광택이 있다.
　－히팅베드 없이 출력이 가능하다.
　－출력 시 유해 물질 발생이 적은 편이다.
　－경도가 다른 플라스틱 소재에 비해 강한 편이며 쉽게 부서지지 않는다.
　－열 변형에 의한 수축이 적어 다른 FDM 방식 재료에 비해 정밀한 출력이 가능하다.
• 단점 : 서포터 발생 시 제거가 어렵고 표면이 거칠다.

02 ABS 소재 플라스틱 필라멘트의 장점으로 틀린 것은?

① 가격이 PLA에 비해 저렴한 편이다.
② 강하고 오래가면서 열에도 상대적으로 강한 편이다.
③ 출력 시 유해 물질 발생이 적은 편으로 별도의 환기시설이 필요 없다.
④ 가전제품, 자동차 부품, 파이프, 안전장치, 장난감 등 사용 범위가 넓다.

정답 | ③

해설 | ABS(Acrylonitil Butadiene Styrene) 소재 플라스틱은 유독 가스를 제거한 석유 추출물을 이용해 만든 재료이다. ABS 소재는 가열할 때 냄새(유해가스)가 나기 때문에 3D프린터 출력 시 환기가 필요하다.

출제 예상 문제 191

03 다음에서 설명하는 3D프린터의 소재로 옳은 것은?

> - 고분자 화합물로 폴리아세트산비닐을 가수 분해하여 얻어지는 무색 가루이다.
> - 물에는 녹고 일반유기 용매에는 녹지 않는 수용성 합성고분자이다.
> - 물에 녹기 때문에 주로 서포터로 이용된다.

① FDM   ② PVA
③ PLA   ④ PC

정답 | ②

해설 | FDM 방식의 3D프린터에서는 노즐이 두 개인 듀얼 방식을 사용하여 한쪽에는 실제 모델링에 제작될 소재의 필라멘트, 다른 한쪽에는 서포터 소재인 PVA 소재의 필라멘트를 장착하여 출력한다. 출력 후 PVA 소재 서포터를 물에 담가 녹여내면 실제 제품만 남아 다양한 형상 제작이 용이하다.

04 SLA 방식 3D프린터에서 재료를 관리하는 방식으로 바르지 않은 것은?

① 온도에 영향을 받을 수 있으므로 온도 유지 장치에 보관하는 것이 좋다.
② 레이저 빔을 통해 액체 형태의 레진을 경화시킨 후 적층하여 조형하는 방식이다.
③ 광경화성 수지는 빛의 파장과 빛의 세기, 노출 시간에 따라 구조물의 제작이 달라진다.
④ 광경화성 재료를 보관할 때에는 빛을 차단하는 장치가 있거나 광개시제와 혼합하여 보관한다.

정답 | ④

해설 | 광경화성 재료를 보관할 때에는 빛을 차단하는 장치가 있거나 **광개시제와 혼합하지 않고 보관**한다.
    ※ **광개시제** : 빛을 받으면 단단하게 굳는 화학 반응을 일으키는 물질

05 다음에서 설명하는 3D프린터의 소재로 옳은 것은?

> - 탄성이 뛰어나 휘어짐이 필요한 부품 제작에 주로 사용된다.
> - 내마모성이 우수한 고무와 플라스틱의 특징을 고루 갖추고 있어 탄성, 투과성이 우수하며 마모에 강하다.

① TPU   ② HIPS
③ PVC   ④ FDM

정답 | ①

해설 | TPU(Thermoplastic Poly Urethane, 열가소성 폴리우레탄) 소재는 내마모성이 우수한 고무와 플라스틱의 특징을 고루 갖추고 있어 탄성, 투과성이 우수하며 마모에 강하여 휘어짐이 필요한 부품 제작에 주로 사용된다.
② HIPS(HighImpact Poly Styrene, 고강도 폴리스틸렌) 소재
  - ABS와 PLA의 중간 정도의 강도를 지니며 광택이 난다.
  - 신장률이 뛰어나 3D프린터로 출력 시 끊어지지 않고 적층이 잘 된다.
  - 리모넨(Limonene)이라는 용액에 녹기 때문에 PVA 소재와 마찬가지로 서포터 용도로 많이 사용된다.
③ PVC(Poly Vinyl Chloride, 폴리염화 비닐) 소재
  - 열가소성 플라스틱의 하나로 강하고, 색을 내기 쉽다
  - 단단하거나 유연하고, 잘 마모되지 않는다.
  - 열에는 약하다.

06 3D프린터에서 ABS 소재의 노즐 온도로 가장 적절한 것은?

① 180~220℃   ② 220~250℃
③ 240~260℃   ④ 250~300℃

정답 | ③

해설 | ABS 소재의 가장 적절한 노즐 온도는 240~260℃이다.

07 SLA 방식 3D프린터의 사용 재료로 옳은 것은?

① PVC   ② UV 레진

③ 세라믹분말   ④ 광경화성 수지

정답 | ②

해설 | SLA 방식 3D프린터는 액체 상태의 광경화성 수지(레진)가 담긴 수조 안에 저전력, 고밀도의 UV 레이저를 투사하여 수지를 굳혀서 적층해 조형물을 제조하는 방식이다. UV 레진과 가시광선 레진은 SLA 방식 3D프린터의 사용 재료이다.

08 FDM 방식 3D프린터에서 출력할 때 설명으로 틀린 것은?

① 노즐이 히팅베드에 너무 가까운 경우 필라멘트가 압출되어 나올 때 붕 뜨게 된다.

② 스테핑 모터의 힘이 부족하면 필라멘트 공급이 줄어들어 출력물의 표면이 불량해진다.

③ 노즐 핀이 막혔을 경우에 노즐을 해체하여 토치로 강하게 달궈 노즐 내부를 완전 연소시킨다.

④ 레이어 두께가 지나치게 얇으면 압출기에서 출력되는 필라멘트가 히팅베드에 잘 달라붙지 않고 층층이 쌓이게 된다.

정답 | ①

해설 | • 노즐이 히팅베드에 너무 가까운 경우 : 필라멘트가 뚝뚝 끊긴 형태로 나오게 된다.
     • 노즐이 히팅베드에 너무 떨어진 경우 : 필라멘트가 압출되어 나올 때 붕 뜨게 된다.

09 SLA 방식의 프린터에서 빛이 새어 나가게 되면 경화를 원하지 않는 부분까지 경화되는 현상을 무엇이라 하는가?

① 백라이트 현상

② 오버 경화 현상

③ 빛샘 현상

④ 빛퍼짐 현상

정답 | ③

해설 | **빛샘 현상**(Light Bleeding)은 SLA 방식의 프린터에서 빛이 새어 나가게 되어 경화를 원하지 않는 부분까지 경화되는 현상을 말한다.

빛샘 현상(Light Bleeding)

• SLA 방식의 프린터에서 빛이 새어 나가게 되면 경화를 원하지 않는 부분까지 경화되는 현상

• 광경화성 수지가 어느 정도의 투명도를 가지고 있을 때 발생

• 액상 형태의 수지가 완전히 불투명할 때에는 빛샘 현상이 거의 없지만 0.05mm 정도 두께의 플라스틱은 뒤에서 빛을 비추면 대개 빛이 새어 나옴

• 빛샘 현상을 줄이기 위해선 레진의 구성 요소와 경화 시간을 적절히 맞추어 주어야 함

02 데이터 준비

01 3D프린터의 출력 절차로 옳은 것은?

① 캐드모델링 → STL 변환 → 슬라이싱 → G-code → 3D 프린팅
② 캐드모델링 → STL 변환 → G-code → 슬라이싱 → 3D 프린팅
③ 캐드모델링 → 슬라이싱 → STL 변환 → G-code → 3D 프린팅
④ 캐드모델링 → 슬라이싱 → G-code → STL 변환 → 3D 프린팅

정답 | ①

해설 | 3D프린터 출력 절차
캐드모델링 → STL 변환 → 슬라이싱 → 레이어해칭 → G-code → 3D 프린팅 → 출력물

02 M코드와 기능의 연결이 잘못된 것은?

① M1 : 3D프린터의 동작을 정지
② M104 : 압출기의 온도를 지정된 온도로 설정
③ M106 : 냉각팬의 전원을 ON시켜 동작
④ M109 : 압출기의 온도를 설정하고 해당 온도에 도달하기를 기다림

정답 | ①

해설 | • M1 : 선택적 프로그램 정지, 3D프린터의 옵션 정지
• M0 : 프로그램 정지, 3D프린터의 동작을 정지

03 3D프린터용 파일로의 변환 과정에 대한 설명으로 틀린 것은?

① 3D 프린팅은 CAD 시스템에서 모델링된 3차원 형상을 2차원 단면으로 분해해서 적층하여 다시 3차원적 형상을 얻는 과정이다.
② 원하는 3차원 제품을 제작하기 위해서는 슬라이싱에 의한 2차원 단면 데이터 생성 시 절단된 윤곽의 경계 데이터가 정확히 연결된 폐루프를 이뤄야 하며 이때, 생성된 폐루프끼리 교차되어야 한다.
③ 층 사이에 놓이는 평평한 면에 대한 보정도 함께 이루어져야 한다.
④ 가변적인 층 두께에 의해 슬라이싱을 할 경우 층 두께에 따라 가공 속도, 형상 보정량 등의 공정인자가 달라져야 하므로, 대부분의 경우에 고정된 두께로 슬라이싱한다.

정답 | ②

해설 | 원하는 3차원 제품을 제작하기 위해서는 슬라이싱에 의한 2차원 단면 데이터 생성 시 절단된 윤곽의 경계 데이터가 정확히 연결된 폐루프를 이뤄야 하며, 이때 **생성된 폐루프끼리 교차되지 않아야** 한다.

04 3D 평면에서만 구현이 되는 평면 설정은?

① X-Y 평면
② X-Z 평면
③ Y-Z 평면
④ X-Y-Z 평면

정답 | ①

해설 | 3D프린터는 Z축으로 적층되기 때문에 Z축을 포함한 평면은 구현되지 않는다.

평면 설정 G코드
• G17 : XY 평면 선택(기본값)
• G18 : XZ 평면 선택(3D프린터에서는 구현되지 않음)
• G19 : YZ 평면 선택(3D프린터에서는 구현되지 않음)

05 3D프린터가 인식 가능한 G코드 파일로 변환할 때 추가되는 내용이 아닌 것은?

① 적층 두께
② 히팅베드 온도
③ 서포터 적용 유무
④ 재료의 선택

정답 | ④

해설 | 재료의 선택은 G코드 파일로 변환할 때 추가되는 내용에 해당하지 않는다.

G코드 파일로 변환할 때 추가되는 내용
• 3D프린터가 원료를 쌓기 위한 경로 및 속도, 적층 두께, 쉘 두께, 내부 채움 비율
• 인쇄 속도, 압출 온도 및 히팅베드 온도
• 서포터 적용 유무 및 적용 유형, 플랫폼 적용 유무 및 적용 유형
• 필라멘트 직경, 압출량 비율, 노즐 직경
• 리플렉터 적용 유무 및 적용 범위, 트레이블 속도, 쿨링팬 가동 유무

---

03 장비 출력 설정

01 FDM 방식 3D프린터의 재료에 대한 내용으로 틀린 것은?

① 필라멘트는 보호 카트리지나 롤에 감겨 있다.
② 필라멘트는 여러 가지 색상으로 구성되어 있다.
③ 가열된 노즐에 필라멘트 형태의 열경화성 수지를 투입한다.
④ 필라멘트는 3D프린터의 내부에 있는 경우도 있고 외부에 장착되어 있는 경우도 있다.

정답 | ③

해설 | 필라멘트는 **열가소성 재료**가 사용되며 일반적으로 PLA와 ABS 플라스틱 수지가 많이 사용된다.

02 필라멘트 재료를 노즐 내부로 보내주는 요소는?

① 스테핑 모터
② 히팅베드
③ 스윕 암
④ 엘리베이터

정답 | ①

해설 | 스테핑 모터의 회전에 의해 톱니가 회전하게 되면 여기에 물려 있는 필라멘트 재료가 노즐 내부로 이송되고, 노즐 내부에서는 재료가 되어 압출된다.

03 다음에서 설명하는 빛의 주사 조건에 따른 광경화 기술로 맞는 것은?

> • 광경화성 수지의 표면이 외부로 노출되어 있으며, 노출된 광경화성 수지의 표면에 빛을 주사하는 방식이다.
> • 구조물을 받치고 있는 플랫폼이 층 높이만큼 매우 정밀하게 이송되거나, 매우 정밀한 양의 광경화성 수지가 수조 내로 공급되어야 하기 때문에 광경화성 수지의 높이 제어가 어렵다.

① 규제 액면 방식
② 자유 액면 방식
③ 노출 표면 방식
④ 수지 경화 방식

정답 | ②

해설 | • 자유 액면 방식
　　　　－광경화성 수지의 표면이 외부로 노출되어 있으며, 노출된 광경화성 수지의 표면에 빛을 주사한다.
　　　　－구조물을 받치고 있는 플랫폼이 층 높이만큼 매우 정밀하게 이송되거나, 매우 정밀한 양의 광경화성 수지가 수조 내로 공급되어야 하기 때문에 광경화성 수지의 높이 제어가 어렵다.
　　　　－구조물 성형이 규제 액면 방식에 비해서 상대적으로 용이하다.
　　　 • 규제 액면 방식
　　　　－빛이 투명 창을 통해서 광경화성 수지에 조사된다.
　　　　－광경화성 수지의 점성에 크게 영향을 받지 않는다.
　　　　－자유 액면 방식과 다르게 새롭게 덮인 광경화성 수지가 평탄하게 될 때까지 대기 시간이 필요하지 않다.

04 SLS 방식 3D프린터에서 분말을 추가하거나 분말이 담긴 표면을 매끄럽게 해 주는 장치로 맞는 것은?

① IR 히터
② 플랫폼
③ 회전 롤러
④ 파우더 용기함

정답 | ③

해설 |

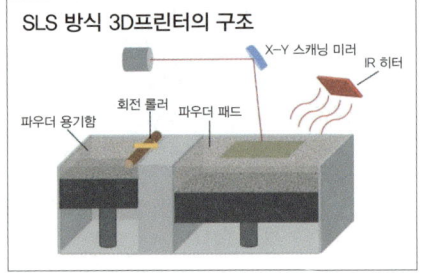

SLS 방식 3D프린터의 구조

① IR(Infrared Ray, 적외선) 히터 : 분말이 채워진 카트리지의 온도를 높이고 유지하기 위해서 베드 위에 위치한 적외선 히터
② 플랫폼(Platform) : 고르게 펴진 분말에 고출력의 레이저 빛을 쏘여 베드 위의 분말을 약 0.1mm 이내로 매우 얇게 융접시켜 층을 만듦
④ 파우더(Powder, 분말) 용기함 : 파우더 베드에 들어가는 분말들을 보관하는 곳

05 SLS 방식 3D프린터에서 비금속 분말 융접대한 설명으로 틀린 것은?

① 복잡한 내부 형상을 갖는 제품의 제작이 가능하다.
② 베드에 담긴 분말이 서포터 역할을 한다.
③ 대표적인 재료는 플라스틱이며 이외에도 세라믹, 유리 등이 사용된다.
④ 기계적 물성을 높이거나 표면 거칠기를 개선하기 위해서 숏피닝, 연마, 절삭 가공 또는 열처리 등의 전처리가 필요하다.

정답 | ④

해설 | SLS 방식 3D프린터에서 금속 분말 융접은 기계적 물성을 높이거나 표면 거칠기를 개선하기 위해서 숏피닝(Shot peening), 연마, 절삭 가공 또는 열처리 등의 **후처리가 필요하다.**

06 히팅베드 온도에 대한 설명으로 틀린 것은?

① 베드의 온도는 FDM 방식에서만 해당된다.
② 히팅베드의 온도는 소재별로 다르게 설정해야 한다.
③ PLA 소재는 히팅베드를 사용할 경우 50℃ 이하로 설정한다.
④ ABS 소재는 온도에 따른 출력물 변형이 작기 때문에 히팅베드가 필요 없다.

정답 | ④

해설 | ABS 소재는 온도에 따른 출력물 변형이 있기 때문에 히팅베드가 **필수적**이며 베드의 온도는 **80℃ 이상**으로 설정하여야 한다.

07 FDM 방식 3D프린터의 요소별 정밀도 확인 방법으로 틀린 것은?

① 수평 길이 : 정육면체 10개 조각을 출력하여 평균값을 측정한다.
② 수평 내부 길이 : ㄷ자 형태의 블록을 출력하여 외부 길이의 평균값을 측정한다.
③ 수평 방면 구멍 : 직육면체에 구멍 10개를 뚫어 구멍별 오차와 평균값을 측정한다.
④ 수직 방면 구멍의 공차 : 직육면체를 수직 방면으로 출력하여 구멍 10개를 뚫어 오차와 평균값을 측정한다.

정답 | ②

해설 | 수평 내부 길이는 ㄷ자 형태의 블록을 출력하여 **내부 길이의 평균값**을 측정한다.

출제 예상 문제 **197**

PART

05

 **3D PRINTING** 3D프린터운용기능사 자격증 대비과정
3D프린터운용기능사 필기

제품 출력

CHAPTER 01	출력 과정 확인
CHAPTER 02	출력 오류 대처
CHAPTER 03	출력물 회수
	출제 예상 문제

출력 과정 확인

3D프린터운용기능사 자격증 대비과정

1 3D 프린팅 바닥고정

(1) 3D 프린팅 플랫폼에 부착하기

① 3D 프린팅에서 재료는 다양한 방법으로 플랫폼 위에 성형되어 출력물이 만들어진다.

② 출력 도중에는 플랫폼에 재료가 견고하게 부착되어 있어야 하며, 출력이 종료되면 플랫폼에서 출력물을 쉽게 제거할 수 있어야 한다.

③ 일부 3D 프린팅 기술에서는 출력물이 플랫폼에 견고하게 부착되면서 출력이 종료되면 출력물의 제거가 용이하도록 하기 위해서 출력물의 형상 이외에 별도의 형상을 출력물과 지지대 사이에 만들어 주기도 한다.

<3D프린터 플랫폼 위에 만들어지는 제품>

(2) 3D 프린팅 공정별 출력 방향과 지지대의 형태

① 수조 광경화(Vat Photopolymerization), SLA 방식

ㄱ 개요 : 용기 안에 담긴 액체 상태의 광경화성 수지에 빛을 주사하여 선택적으로 경화시키는 것이다.

ㄴ 출력물이 성형되는 방향 : 빛은 위 또는 아래에서 주사될 수 있으며, 빛이 주사되는 방향으로 플랫폼이 이송되며 층이 성형된다. 플랫폼의 이송 방향에 따라서 출력물이 성형되는 방향은 위쪽 또는 아래쪽이 된다.

200 PART 05 제품 출력

ⓒ 지지대 : 지지대는 출력물과 동일한 재료이며, 제거가 용이하도록 가늘게 만들어진다.

<수조 광경화, SLA 방식 3D프린터>

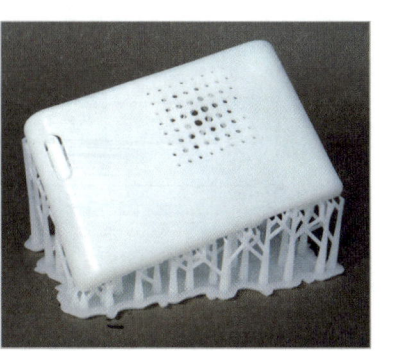

<수조 광경화 출력 제품의 지지대>

② 재료 분사(Material Jetting)

ⓐ 개요 : 광경화성 수지나 왁스 등의 액체 재료를 미세한 방울(droplet)로 만들고 이를 선택적으로 도포하는 것으로 잉크젯 프린터와 같은 원리이다.

ⓑ 출력물이 성형되는 방향 : 출력물 재료와 지지대 재료는 모두 위에서 아래로 도포되며, 플랫폼은 아래로 이송되면서 층이 성형되기 때문에 출력물은 플랫폼 위에 만들어지게 된다.

ⓒ 지지대 : 지지대는 출력물과 다른 재료가 사용된다. 대부분의 경우 지지대는 물에 녹거나 가열하면 녹는 재료로 되어 있기 때문에 손쉬운 제거가 가능하다.

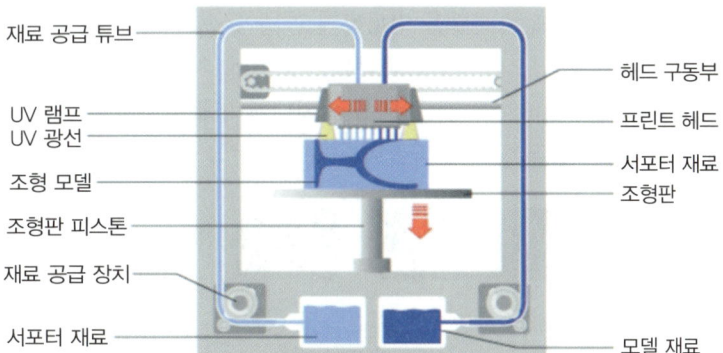

<재료 분사용 MJ 3D프린터의 원리>

③ 재료 압출(Material Extrusion)

ⓐ 개요 : 출력물 및 지지대 재료가 노즐이나 오리피스 등을 통해서 압출되고, 이를 적층하여 3차원 형상의 출력물이 만들어진다. 대표적으로 FDM 방식이 있다.

ⓑ 출력물이 성형되는 방향 : 출력물 및 지지대 재료는 모두 위에서 아래로 압출된다. 따라서 플랫폼은 아래로 이송되어 그 위에 제품이 아래에서 위로 성형된다.

ⓒ 지지대 : 재료 압출 방식에서는 지지대와 출력물이 같은 재료인 경우와 서로 다른 재료인 경우의 두 가지 방식이 있다.

CHAPTER 01 출력 과정 확인 201

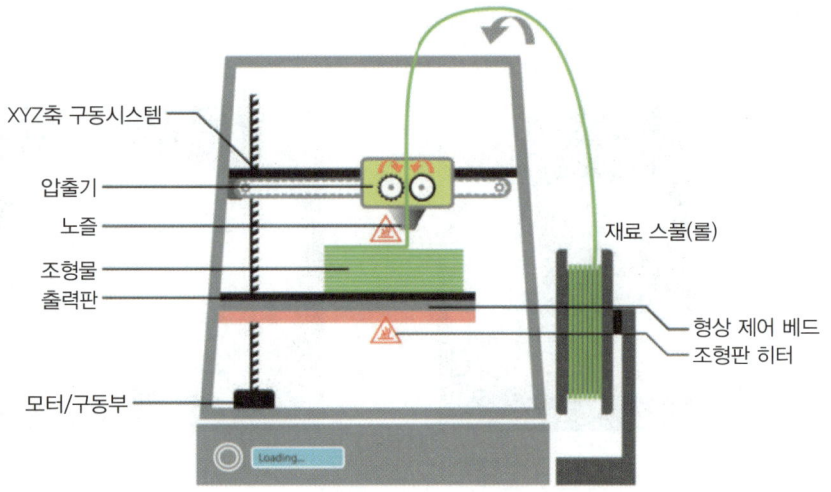

XYZ축 구동시스템

압출기

노즐

조형물

출력판

모터/구동부

재료 스풀(롤)

형상 제어 베드

조형판 히터

\<재료 압출 방식 3D프린터\>

④ 분말 융접(Powder Bed Fusion)

　㉠ 개요 : 평평하게 놓인 분말 위에 열에너지를 선택적으로 가해 분말을 국부적으로 용융시켜 접합하는 것이다. 대표적으로 MJF(Multi Jet Fusion), SLS(Selective Laser Sintering) 방식이 있다.

　㉡ 출력물이 성형되는 방향 : 플랫폼 위에 분말이 놓이게 되고, 여기에 위에서 아래 방향으로 열에너지가 가해진다. 따라서 출력물은 아래에서 위쪽 방향으로 성형된다.

　㉢ 지지대 : **대부분의 경우 성형되지 않은 분말이 지지대 역할을 하게 되므로 별도의 지지대를 만들어 줄 필요가 없다.** 또한 분말을 평평하게 만들어 주기 위해 롤러 등을 이용해서 분말 위에 압력을 주는 경우도 있으며, 이때 출력물이 압력에 의해서 부서지거나 또는 분말 안에서 움직이지 않게 해주기 위해서 플랫폼 위에 지지대가 만들어지기도 한다. 지지대가 만들어지는 경우에는 출력물과 같은 재료로 만들어진다.

Scanner system

Powder delivery system

Roller

Laser

Fabrication power bed

Object being fabricated

Power delivery piston

Fabrication piston

\<분말 융접 3D프린터의 원리\>

202 PART 05 제품 출력

⑤ 접착제 분사(Binder Jetting)

ㄱ 개요 : 베드 위에 놓인 분말을 이용하는 점에서는 분말 융접 기술과 매우 유사하다. 하지만 베드 위에 놓인 분말을 이용하는 접착제 분사에서는 열에너지 대신에 접착제를 분말에 선택적으로 분사하여 분말들을 결합시켜 단면을 성형하고 이를 반복하여 3차원 형상을 만든다.

ㄴ 출력물이 성형되는 방향 : 플랫폼 위에 분말이 놓이게 되고, 여기에 위에서 아래 방향으로 접착제가 분사된다. 따라서 출력물은 아래에서 위쪽 방향으로 성형된다.

ㄷ 지지대 : 성형 되지 않은 분말이 지지대 역할을 하게 되므로 별도의 지지대를 만들어 줄 필요가 없다.

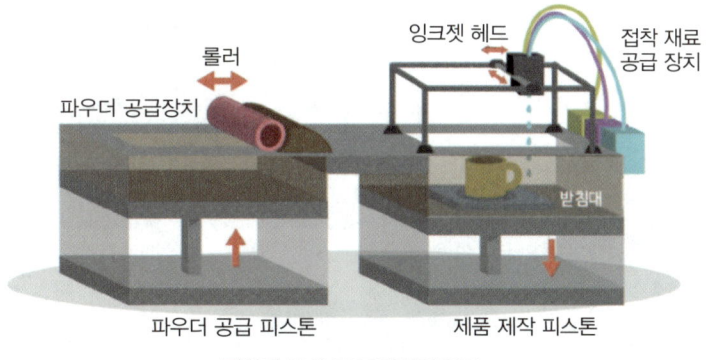

<접착제 분사 3D프린터의 원리>

⑥ 방향성 에너지 침착(Directed Energy Deposition)

ㄱ 개요 : 레이저, 일렉트론 빔 또는 플라즈마 아크 등의 열에너지를 국부적으로 가해서 재료를 녹여 침착시키는 것이다. 대표적으로 DED 방식이 있다.

ㄴ 출력물이 성형되는 방향 : 대부분의 경우 플랫폼 위에 출력물이 성형되며, 출력물은 아래에서 위쪽 방향으로 성형된다.

ㄷ 지지대 : 방향성 에너지 침착에서는 대부분의 경우 지지대가 필요하지 않다.

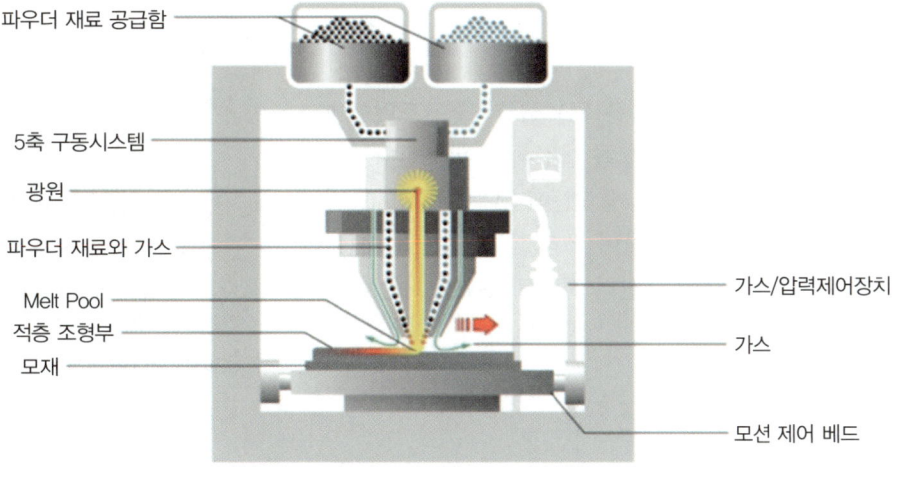

<방향성 에너지 침착 3D프린터의 원리>

CHAPTER 01 출력 과정 확인 **203**

⑦ 판재 적층(Sheet Lmination)
  ㉠ 개요 : 얇은 판 형태의 재료를 단면형상으로 자른 후 이를 서로 층층이 붙여 형상을 만드는 것이다.
  ㉡ 출력물이 성형되는 방향 : 대부분의 경우 플랫폼 위에 출력물이 성형되며, 출력물은 아래에서 위쪽 방향으로 성형된다.
  ㉢ 지지대 : 판재 적층에서는 출력물 형상이 되지 않은 나머지 판재 부분이 지지대의 역할을 한다. 이때 지지대의 제거가 용이하도록 나머지 부분을 격자 모양으로 잘라 준다.

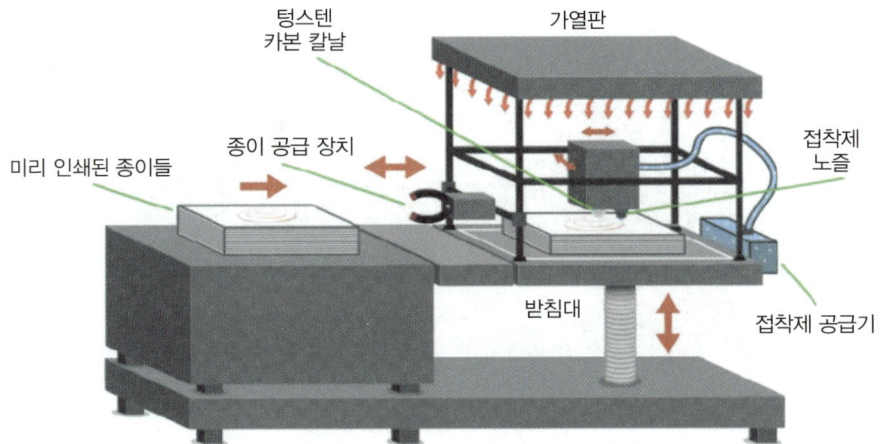

<판재 적층 3D프린터의 원리>

2 출력보조물(지지대와 받침대) 판독

(1) 지지대(서포터) 설정과 출력 확인
① 지지대 및 받침대 설정
  ㉠ 아래가 비어 있는 오버행 형태의 구조물이나 3D프린터 출력 도중 출력물이 쓰러질 가능성이 있는 경우에는 지지대가 설치되어야 한다.
  ㉡ 지지대가 필요한 출력물은 3D프린터 소프트웨어에서 적절한 지지대를 설치하도록 설정해 주어야 한다.
  ㉢ 어떤 경우에는 출력물이 플랫폼에 닿는 부분의 면적이 적어 성형 도중에 출력물이 쓰러질 수 있다. 이때에는 바닥 구조물 또한 3D프린터 소프트웨어에서 설정해 주어야 한다.

<오버행 형태의 구조물에 지지대 생성>

204 PART 05 제품 출력

② 출력 중 출력물, 지지대 및 바닥 구조물 확인
　㉠ 3D프린터 동작의 일시 정지 : 지지대와 바닥 구조물이 설정된 대로 만들어지고 있는지 확인
　　하기 위해서는 우선 3D프린터의 동작을 정지시켜야 한다.
　㉡ 출력 상태 확인
　　• 3D프린터의 동작을 일시 정지시킨 후에는 출력물, 지지대 및 바닥 구조물이 설정된 대로
　　　출력되고 있는지 확인한다.
　　• 보통 출력이 10%, 30%, 70%, 100% 진행되었을 때의 출력 상태를 순차적으로 확인한다.
　㉢ 출력 상태 오류의 발생 확인 : 지지대의 적용 각도를 잘못 설정할 경우 생기는 원인과 현상
　　• 지지대의 적용 각도에 따른 적용 범위가 작게 되어 노즐이 지나감에 따라 지지대가 힘을 받
　　　아 견디지 못하고 바닥 구조물에서 떨어짐
　　• 지지대가 떨어지면서 출력물이 기울어지게 됨
　　• 기울어진 출력물 위에 재료가 노즐에서 계속 압출되어 성형됨

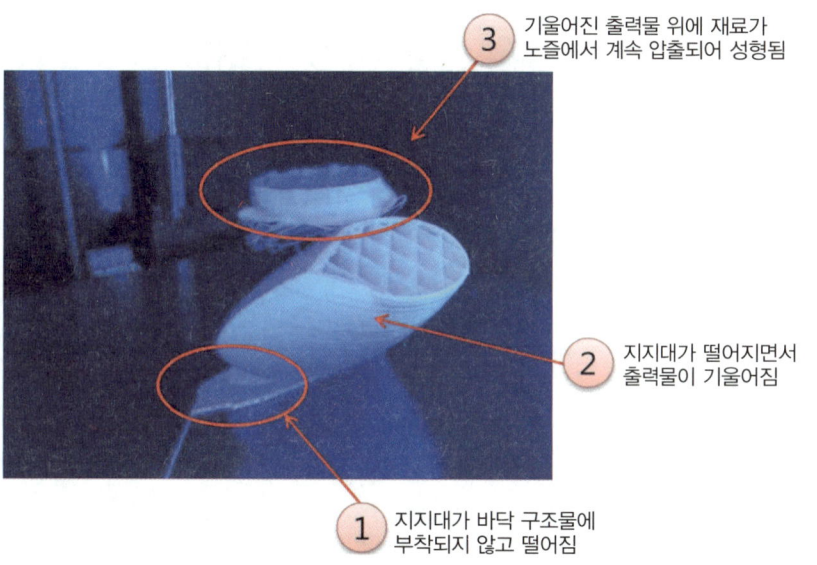

<지지대의 적용 각도가 잘못되어 출력물에 오류가 발생한 경우>

　㉣ 지지대의 적용 각도에 따른 지지대 면적 확인
　　• 지지대의 적용 각도 변경하기
　　　－지지대의 적용 각도를 서로 다르게 설정한 후 동일한 출력물을 출력시킨다.
　　　－지지대의 각도에 따라서 지지대가 적용되는 면적이 달라지므로 적절한 지지대의 적용
　　　　각도를 파악한다.
　　• 서로 다른 지지대 적용 각도에 따른 출력물 확인하기
　　　－지지대의 적용 각도를 각각 60°와 30°로 설정한 경우에 성형 도중 3D프린터를 정지시키
　　　　고 출력물을 비교한다.
　　　－지지대의 면적이 적절하지 못하면 출력물이 제대로 만들어지지 않을 수 있기 때문에 지
　　　　지대의 설정에 주의해야 한다.

CHAPTER 01 출력 과정 확인　205

3 G코드 판독

(1) 좌표계

공작 기계뿐만 아니라 3D프린터를 G코드를 이용해서 구동하기 위해서는 좌표계에 대한 이해가 필요하다.

① 직교 좌표계

ㄱ 3차원 공간에서 좌표계를 X, Y, Z축을 이용하여 직교 좌표계(Rectangular Coordinate System)로 정의하는 것이 일반적이다.

ㄴ X, Y 및 Z축은 서로 90°의 각을 이루고 있으며, 각 축의 화살표 방향이 양(+)의 부호를 갖는다.

ㄷ 일반적으로는 X, Y축이 이루는 평면을 지면과 수평하게 놓게 된다.

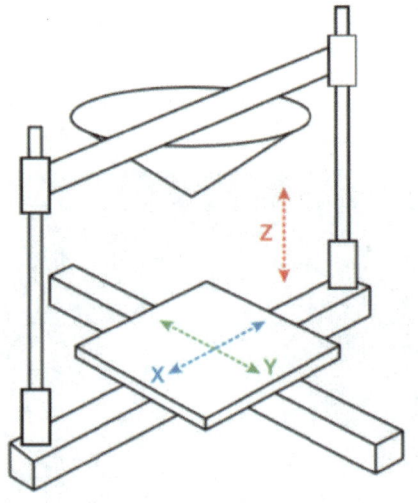

<3D프린터에서 직교 좌표계>

② 좌표계의 종류

ㄱ 기계 좌표계(Machine Coordinate System)

• 3D프린터가 처음 구동되거나 초기화될 때 헤드가 항상 일정한 위치로 복귀하게 되는 기준점이 된다. 이 기준점을 좌표축의 원점으로 사용하는 좌표계를 기계 좌표계라고 한다.

• 기계 좌표 원점에서는 각 축의 기계 좌표계 좌푯값이 각각 X 0.0, Y 0.0 및 Z 0.0이 된다.

ㄴ 공작물 좌표계(Work Coordinate System)

• 공작물 좌표계는 3D프린터의 제품이 만들어지는 공간 안에 임의의 점을 새로운 원점으로 설정하는 것이다.

• 하나의 공간에 여러 개의 제품을 동시에 만들 때 공작물 좌표계를 설정하면 각 제품마다 공작물 좌표계를 각각 설정하여 사용할 수 있다.

• 하나의 플랫폼 위에서 각 제품 단면 성형 시 제품이 바뀔 때마다 해당되는 제품의 공작물 좌표계를 호출하여 사용할 수 있다.

• 공작물 좌표계는 기계 좌표계를 기준으로 설정된다.

206 PART 05 제품 출력

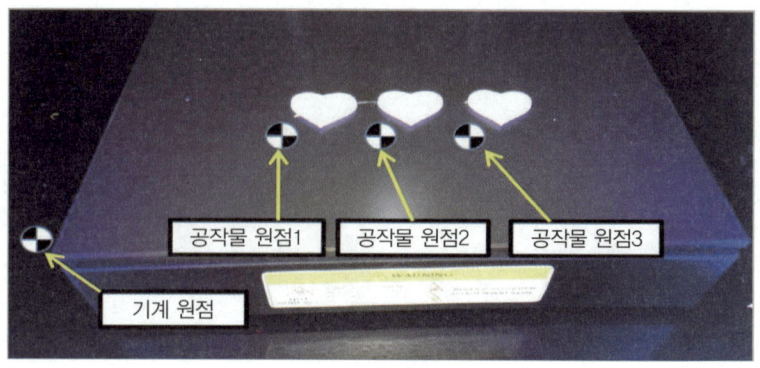

<기계 좌표계 원점과 공작물 좌표계 원점>

ⓒ 로컬 좌표계(Local Coordinate System)
- 필요에 의해서 공작물 좌표계 내부에 또 다른 국부적인 좌표계가 요구될 때 사용된다.
- 로컬 좌표계는 각 공작물 좌표계를 기준으로 설정된다.

(2) 위치 결정 방식

① 절대 좌표 방식(Absolute Coordinate Method) : 좌표계의 **원점을 기준**으로 해서 지정된 좌표로 헤드 혹은 플랫폼이 이송된다.

② 증분 좌표 방식(Incremental Coordinate Method) : 헤드 또는 플랫폼의 **현재 위치**를 기준으로 지정된 값만큼 이송된다.

CHAPTER
02

3D프린터운용기능사 자격증 대비과정

출력 오류 대처

1 출력 오류 대처

(1) 3D프린터의 출력 오류의 형태

① 처음부터 재료가 압출되지 않는 경우

ㄱ 압출기 내부에 재료가 채워져 있지 않을 때

ㄴ 압출기 노즐과 플랫폼 사이의 거리가 너무 가까울 때

ㄷ 필라멘트 재료가 얇아졌을 때

ㄹ 압출 노즐이 막혀 있을 때

> ※ 필라멘트 재료가 기어 이빨에 의해서 깎이게 되는 원인
> • 기어 이빨이 필라멘트 재료를 뒤로 빼 주는 리트렉션(retraction) 속도가 너무 빠를 때 발생한다.
> • 필라멘트 재료를 너무 많이 뒤로 빼 줄 때 발생한다.
> • 압출 노즐의 온도가 너무 낮을 때 발생한다.
> • 출력 속도가 너무 높을 때 발생한다.

② 출력 도중에 재료가 압출되지 않는 경우

ㄱ 스풀에 더 이상 필라멘트가 없을 때

ㄴ 필라멘트 재료가 얇아졌을 때

ㄷ 압출 노즐이 막혔을 때

ㄹ 압출 헤드의 모터가 과열되었을 때

③ 재료가 플랫폼에 부착되지 않는 경우

ㄱ 플랫폼의 수평이 맞지 않을 때

ㄴ 노즐과 플랫폼 사이의 간격이 너무 클 때

ㄷ 첫 번째 층이 너무 빠르게 성형될 때

ㄹ 온도 설정이 맞지 않은 경우

ㅁ 플랫폼 표면의 문제가 있는 경우

ㅂ 출력물과 플랫폼 사이의 부착 면적이 작은 경우

208 PART 05 제품 출력

> ※ 3D프린터의 성형 조건
> • 필라멘트 재료의 지름
> • 압출 노즐의 내부 지름
> • 재료가 압출되는 속도
> • 헤드의 이송 속도 등

④ 재료의 압출량이 적게 되는 이유

    ㉠ 필라멘트 재료의 지름이 작은 경우

    ㉡ 압출량 설정이 적절하지 않은 경우

⑤ 재료가 과다하게 압출되는 경우 : 용융된 필라멘트 재료가 과다하게 압출 노즐을 통해서 압출되는 경우에는 출력물의 형상이 매끈하지 않고 외부 형상에 재료가 과다하게 성형된다.

⑥ 바닥이 말려 올라가는 경우

    ㉠ 고온에서 사용되는 ABS와 같은 재료를 이용하였을 때

    ㉡ 출력물의 크기가 매우 크거나 매우 긴 형상을 가질 때

    ㉢ 고온으로 압출된 플라스틱 재료가 식으면서 수축될 때

⑦ 출력물 도중에 단면이 밀려서 성형되는 경우

    ㉠ 헤드가 너무 빨리 움직일 때

    ㉡ 3D프린터의 기계 혹은 전자 시스템에 문제가 발생할 때

        • 타이밍 벨트의 초기 장력이 너무 높거나 벨트 자체가 늘어난 경우

        • 타이밍 풀리가 스테핑 모터의 회전축에 느슨하게 고정되는 경우

        • 모터 드라이버가 과열되며 다시 냉각될 때까지 모터의 회전이 멈추는 경우

        • 적절한 전류가 모터로 전달되지 않으며 동력이 약해져서 스테핑 모터의 축이 제대로 회전하지 않는 경우

⑧ 일부 층이 만들어지지 않는 경우

    ㉠ 출력 도중 일부 단면의 성형 시 일시적으로 3D프린터의 압출 헤드에서 충분한 양의 재료가 공급되지 않는 경우 발생함

    ㉡ 플랫폼의 상하 방향 움직임이 일시적으로 멈추는 경우

        • 플랫폼을 수직 방향으로 이송시키는 볼스크류 등이 정확하게 정렬되어 있지 않으면 발생함

        • 플랫폼의 상하 방향 이송을 담당하는 볼스크류 축이 휘어지거나 불순물이 볼스크류와 베어링 사이에 존재하면 플랫폼의 상하 이송이 일시적으로 멈추기도 함

⑨ 갈라지는 경우

    ㉠ 각 층 사이의 부착력이 낮은 경우

    ㉡ 층 높이가 너무 높은 경우

    ㉢ 3D프린터의 설정 온도가 너무 낮은 경우

⑩ 얇은 선이 생기는 경우 : 압출 노즐이 재료의 압출을 하지 않은 상태에서 다른 위치로 이동할 때 내부에 있는 녹은 상태의 플라스틱 재료가 조금씩 흘러나와서 발생한다.

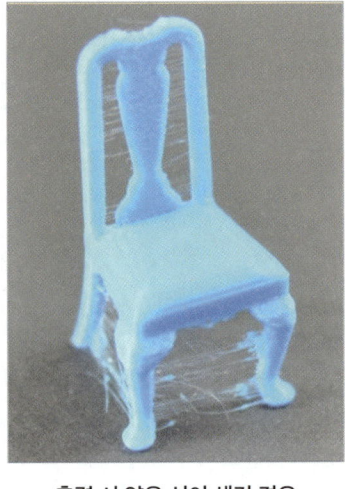

<출력 시 얇은 선이 생긴 경우>

⑪ 윗부분에 구멍이 생김

    ㉠ 제품의 출력 시 재료를 절약하기 위해서 출력물 내부에 빈 공간을 너무 많이 준 경우

    ㉡ 윗면의 두께가 너무 얇게 만들어진 경우

    ㉢ 압출 노즐을 통해서 재료가 압출될 때 그 양이 충분하지 않으면 적절한 성형이 이루어지지 않아 구멍이 생김

2 G코드 수정

(1) 주요 G코드 명령어

① 3D 프린팅의 G코드 명령어

    ㉠ G코드는 NC 프로그래밍을 기반으로 한다.

    ㉡ 원호보간 G코드인 G02와 G03은 대부분의 3D프린터에서 사용하지 않는다.

    ㉢ 이유는 3D프린터에서 가장 널리 사용되는 파일 형식인 STL파일이 입체 형상을 면으로만 표현하기 때문에, 단면의 외곽 형상은 모두 직선으로 되기 때문이다.

② G 명령어

    ㉠ Fnnn(이송 속도) : Fnnn은 이송 속도를 의미한다. 이때 nnn은 이송 속도(mm/min)이다.

    ㉡ Ennn(압출 필라멘트의 길이) : 압출되는 필라멘트의 길이(mm)를 의미한다.

    ㉢ G0(급속 이송) : 헤드나 플랫폼을 목적지로 가장 빠르게 이송시키기 위해서 사용한다.

        예 G0 X25 : X축 방향으로 25mm인 지점으로 빠르게 이송

    ㉣ G1(직선 보간) : 현재 위치에서 지정된 위치까지 헤드나 플랫폼을 직선 이송한다. 이때 이송되는 속도나 압출되는 필라멘트의 길이를 지정할 수 있다. 이송 속도는 Fnnn에 의해서 다음 이송 속도가 지정되기 전까지는 현재의 이송 속도를 따른다.

        예 • G1 F1250 : 이송 속도를 1,250mm/min으로 설정

            • G1 X90 Y20 E35 F3000 : 현재 위치에서 절대 좌표 X=90, Y=20 위치로, 필라멘트를 현재 길이에서 35mm까지 압출하면 이송하며 이때 이송 속도는 3,000mm/min임

210 PART 05 제품 출력

ⓜ G28(원점 이송) : 3D프린터의 각 축을 원점으로 이송시킨다.

ⓗ G4(dwell, 멈춤) : 3D프린터의 모든 동작을 Pnnn에 의해 지정된 시간만큼 멈춘다. 이때 nnn은 밀리초(msec)이다.

　　예 G4 P100 : 3D프린터의 동작을 100msec 동안 멈춤

ⓢ G20, G21(단위 변환) : G20은 단위를 인치(inch)로 변환하고, G21은 단위를 밀리미터(mm)로 변환한다.

ⓞ G90 : 절대 좌표 설정

ⓩ G91 : 상대 좌표 설정

ⓧ G92(좌표계 설정) : 지정된 값이 현재 좌푯값이 된다. 3D프린터의 헤드가 이동하는 것은 아니다.

　　예 G92 Y15 E150 : 3D프린터의 현재 좌푯값을 Y=15 위치로 설정하고, 압출 필라멘트의 현재 길이를 150mm로 설정함

③ M 명령어

ⓐ M1 : 휴면

　• 모든 모터 및 히터가 꺼진다.

　• 3D프린터의 버퍼에 남아 있는 모든 움직임을 마치고 시스템을 종료시킨다.

　• G 및 M 명령어가 전송되면 첫 번째 명령어가 실행되면서 시스템이 재시작된다.

ⓑ M17 : 모든 스테핑 모터에 전원 공급

ⓒ M18 : 모든 스테핑 모터에 전원 차단

ⓓ M104 : 압출기 온도 설정, Snnn으로 지정된 온도로 압출기의 온도를 설정한다.

　　예 M104 S220 : 3D프린터 압출기의 온도를 220℃로 설정함

ⓔ M106 : 팬 전원 켜기, Snnn으로 지정된 값으로 쿨링팬의 회전 속도를 설정한다. 이때 nnn은 0~255의 범위를 갖으며 S255가 지정되면 쿨링팬은 최대 회전 속도로 회전한다.

　　예 M106 S170 : 3D프린터 쿨링팬의 회전 속도를 170으로 설정함

ⓕ M107(팬 전원 끄기) : 쿨링팬의 전원을 끈다. 대신 'M106 S0'가 사용되기도 한다.

ⓖ M117(메시지 표시) : 3D프린터의 LCD 화면에 메시지를 표시한다.

　　예 M117 Get through : 3D프린터의 LCD 화면에 글자 'Get through'를 표시함

ⓗ M140(플랫폼 온도 설정) : 제품이 출력되는 플랫폼의 온도를 Snnn으로 지정된 값으로 설정한다.

　　예 M140 S80 : 3D프린터 플랫폼의 온도를 80℃로 설정함

ⓘ M141(챔버 온도 설정) : 제품이 출력되는 공간인 챔버의 온도를 Snnn으로 지정된 값으로 설정한다.

ⓙ M300(소리 재생) : 출력이 종료되는 것을 알려 주는 등의 용도로 '삐' 소리를 재생한다.

　　예 M300 S250 P100 : 250Hz 주파수를 갖는 소리를 100msec(밀리초) 동안 재생함

ⓚ ';'(주석 넣기) : 세미콜론 ';'은 주석을 넣을 때 사용된다.

CHAPTER 02 출력 오류 대처　211

CHAPTER 03

3D프린터운용기능사 자격증 대비과정

출력물 회수

1 3D프린터 종류별 출력물 회수 방법

(1) 고체 방식 3D프린터 출력물 회수하기

① 보호 장구를 착용

　㉠ 3D프린터에서 출력물을 제거할 때 이물질이 튀거나 상처를 입을 수 있다.

　㉡ 마스크, 장갑 및 보안경을 착용한다.

② 3D프린터가 작동을 멈춘 것을 확인

　㉠ 3D프린터가 동작하는 도중 손을 넣는 등의 작업을 하면 위험하다.

　㉡ 3D프린터가 동작을 완전히 멈춘 것을 확인해야 한다.

③ 3D프린터의 문을 개방

　㉠ 많은 경우 3D프린터의 내부 온도를 유지하고 제품이 출력되는 공간을 외부로부터 보호하기 위해서 문이 있는 경우가 있다.

　㉡ 3D프린터가 출력을 종료한 것을 확인한 후 3D프린터의 문을 연다.

④ 플랫폼을 3D프린터에서 분리

　㉠ 플랫폼이 3D프린터에 장착된 상태로 무리하게 힘을 주어 성형된 출력물을 제거하면 3D프린터의 구동부(모터 등)가 손상을 입을 수 있다.

　㉡ 제품이 출력되는 바닥 면인 플랫폼을 3D프린터에서 제거한다.

⑤ 플랫폼에서 출력물을 분리

　㉠ 전용 공구를 사용해 플랫폼에서 출력물을 분리한다.

　㉡ 전용 공구를 플랫폼과 출력물 사이로 밀어 넣어 출력물을 플랫폼에서 분리한다.

　㉢ 전용 공구에 의해서 플랫폼 표면이 긁히지 않도록 주의해야 한다.

212 PART 05 제품 출력

<플랫폼에서 전용 공구를 이용한 분리>

⑥ 플랫폼 표면을 확인한 후 3D프린터에 재설치

　　㉠ 출력물이 제거된 플랫폼의 표면에 이물질이나 흠집이 발생하지 않았는지 확인한다.

　　㉡ 이물질이 발견되면 전용 솔 등으로 플랫폼의 표면을 털어내 준다.

　　㉢ 플랫폼의 표면에 이상이 없는 것이 확인되면 플랫폼을 다시 3D프린터에 설치한다.

⑦ 3D프린터를 다시 대기 상태로 설정

　　㉠ 대부분의 3D프린터는 플랫폼이 다시 설치되면 다음 제품을 출력하기 위한 대기 상태가 된다.

　　㉡ 일부 3D프린터는 다음 제품을 출력하기 위해서 다시 대기 상태로 만들어 주어야 하고 이 경우에는 3D프린터를 조작하여 대기 상태로 설정해 줄 필요가 있다.

(2) 액체 방식 3D프린터 출력물 회수하기

① 보호 장구를 착용

　　㉠ 3D프린터에서 출력물을 제거할 때 이물질이 튀거나 상처를 입을 수 있다.

　　㉡ 마스크, 장갑 및 보안경을 착용한다.

② 3D프린터가 작동을 멈춘 것을 확인

　　㉠ 액체 방식 3D프린터는 빛의 형태 및 제품 출력 시 플랫폼이 움직이는 방향에 따라 종류가 다양하다.

　　㉡ 3D프린터가 출력을 종료한 후 동작이 완전히 멈춘 것을 확인한다.

③ 3D프린터의 문을 개방

　　㉠ 액체 방식 3D프린터는 광원으로 자외선을 사용한다. 따라서 자외선으로부터 인체를 보호하고 광경화성 수지가 담긴 수조에 이물질이 들어가는 것을 방지하기 위해서 문이 있다.

　　㉡ 3D프린터가 출력을 종료한 것을 확인한 후 3D프린터의 문을 연다. 문을 열면 출력물이 플랫폼에 거꾸로 붙어 있는 것을 확인할 수 있다.

　　㉢ 출력물에 이상이 없는지 육안으로 확인한다.

<액체 방식 3D프린터 출력물>

④ 플랫폼을 3D프린터에서 분리

　㉠ 플랫폼이 3D프린터에 장착된 상태로 무리하게 힘을 주어 성형된 출력물을 제거하면 3D프린터의 구동부(모터 등)가 손상을 입을 수 있다.

　㉡ 출력물이 플랫폼에 거꾸로 부착되어 성형되는 경우 부스러기 등이 광경화성 수지가 담긴 수조에 떨어져서 오염될 수 있다.

　㉢ 플랫폼을 고정하고 있는 스크루를 풀어 준 후 플랫폼을 3D프린터에서 분리한다.

　㉣ 플랫폼 주변과 만들어진 출력물에는 경화되지 않은 광경화성 수지가 묻어 있으므로 피부에 닿지 않도록 주의해야 한다.

⑤ 플랫폼에서 출력물을 분리

　㉠ 전용 공구를 사용해서 플랫폼에서 출력물을 분리한다.

　㉡ 전용 공구를 플랫폼과 출력물 사이로 밀어 넣어 출력물을 플랫폼에서 분리한다.

　㉢ 전용 공구에 의해서 플랫폼 표면이 긁히지 않도록 주의해야 한다.

　㉣ 전용 공구의 끝이 날카로우므로 다치지 않도록 주의해야 한다.

　㉤ 경화되지 않은 광경화성 수지가 피부에 닿지 않도록 주의해야 한다.

⑥ 플랫폼 표면의 불순물을 제거

　㉠ 출력물을 제거한 후에도 플랫폼에는 액체 상태의 광경화성 수지와 서포터 부스러기 등과 같은 불순물들이 남아 있다.

　㉡ 케미컬 와이퍼 등으로 플랫폼 표면을 깨끗이 닦아 주어 표면에 있는 불순물을 제거해 준다.

　㉢ 3D프린터 설명서와 재료 설명서를 참고하여 이소프로필알코올이나 에틸알코올 등을 케미컬 와이퍼에 묻혀 닦아 주면 액체 상태의 광경화성 수지가 좀 더 잘 닦여진다.

　㉣ 플랫폼에서 출력물을 제거하는 데 사용했던 전용 공구에 남아 있는 액체 상태의 광경화성 수지와 불순물도 닦아 준다.

⑦ 플랫폼 표면을 확인한 후 3D프린터에 재설치

　㉠ 출력물이 제거된 플랫폼의 표면에 이물질이나 흠집이 발생하지 않았는지 한 번 더 확인한다.

　㉡ 플랫폼의 표면에 이상이 없는 것이 확인되면 플랫폼을 다시 3D프린터에 설치한다.

⑧ 출력물에 묻어 있는 광경화성 수지를 제거
- ㉠ 분무기를 이용해서 이소프로필알코올이나 에틸알코올 등을 출력물에 뿌려 출력물 표면에 남아 있는 광경화성 수지를 제거한다.
- ㉡ 출력물의 표면이 복잡하거나 내부 구멍 등 분무기로 세척하기 어려운 경우에는 이소프로필알코올이나 에틸알코올이 담긴 비커 등과 같은 용기에 출력물을 10분 정도 담가 남아 있는 광경화성수지를 세척해 준다.

⑨ 서포터를 제거
- ㉠ 니퍼와 커터 칼 등을 사용하여 출력물에서 서포터를 제거한다.
- ㉡ 서포터를 제거하기 전 출력물의 CAD 모델을 검토하여 출력물의 형상을 확인한 후 서포터를 제거하면 출력물의 손상을 좀 더 줄일 수 있다.

⑩ 후경화 처리
- ㉠ 자외선에 의해서 굳어진 광경화성 수지 내부에는 미세하게 경화되지 않은 광경화성 수지가 존재한다. 그리고 경화되지 않은 상태의 광경화성 수지는 서서히 경화되면서 출력물의 변형을 일으키는 원인이 된다.
- ㉡ 서포터가 제거된 출력물을 자외선 경화기에 넣어 출력물 내부에 존재하는 경화되지 않은 광경화성 수지가 모두 굳어지도록 해 주어야 한다.
- ㉢ 자외선 경화기가 없다면 자외선램프를 이용한 간이 경화기를 제작하여 이용해도 된다.
- ㉣ 보안경을 착용하여 자외선 빛을 직접 보지 않도록 주의해야 한다.

(3) 분말 방식 3D프린터 출력물 회수하기

① 보호 장구를 착용
- ㉠ 3D프린터에서 출력물을 제거할 때 분말이 날리거나 이물질이 튈 수 있다.
- ㉡ 마스크, 장갑 및 보안경을 착용한다.

② 3D프린터가 작동을 멈춘 것을 확인
- ㉠ 작업이 마무리되면 출력물을 꺼내지 않고 3D프린터 내부에 둔 상태로 건조해야 한다.
- ㉡ 출력물을 건조하지 않고 바로 3D프린터에서 제품을 꺼내게 되면 출력물이 부서질 위험이 있기 때문이다.

③ 3D프린터의 문을 개방
- ㉠ 분말 방식 3D프린터는 매우 고운 분말 재료를 사용한다.
- ㉡ 분말이 코나 입으로 흡입되지 않게 보호하고 또한 성형 도중 3D프린터에 이물질이 들어가는 것을 방지하기 위해 문이 있다.
- ㉢ 3D프린터의 건조 과정이 종료된 것을 확인한 후 3D프린터의 문을 연다.

④ 플랫폼에서 출력물을 회수
- ㉠ 플랫폼 위의 분말에 잠겨 있는 출력물을 분리하기 위해서는 진공 흡입기를 이용하여 출력물 주위의 성형되지 않은 분말들을 제거해야 한다.
- ㉡ 출력물이 보이면 출력물에 붙어 있는 분말 가루들도 솔이 장착된 진공 흡입기로 제거한다.
- ㉢ 플랫폼에서 분말 가루들을 제거하고 출력물을 회수하기 위해서는 장갑을 착용한 상태에서 작업해야 하며, 이때 분말 가루가 날리지 않도록 조심한다.

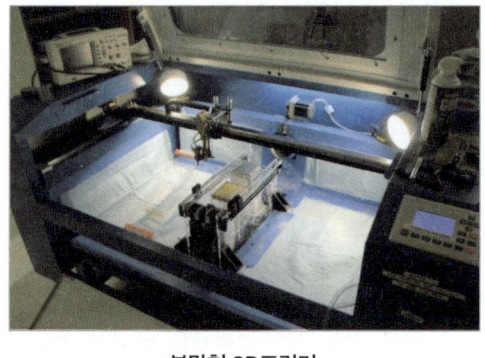 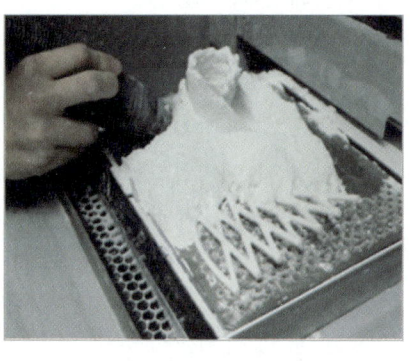

<분말형 3D프린터>   <플랫폼에서 출력물 분말 진공흡입>

⑤ 플랫폼 위에 남아 있는 분말 가루를 제거

    ㉠ 플랫폼 위에 남은 분말 가루들은 진공 흡입기를 이용해 제거해야 한다. 이때 진공 흡입기로 회수된 분말 가루들은 재사용이 가능하다.

    ㉡ 평탄화 장치(롤러)를 3D프린터에서 제거한 후 진공 흡입기를 이용해서 평탄화 장치 주변에 남아 있는 분말 가루를 흡입해야 한다.

⑥ 회수된 출력물에 묻어 있는 분말 가루를 완전히 제거

    ㉠ 회수된 출력물에서 남은 분말 가루를 제거해 주는 작업은 별도의 세척 공간에서 수행한다.

    ㉡ 세척실 내부에서 분말 가루 제거용 붓을 이용해 출력물 표면에 남아 있는 분말 가루를 제거한다.

    ㉢ 분말 가루 제거용 붓으로도 제거되지 않는 모서리 부분의 분말 가루는 에어건을 이용하여 제거할 수 있다.

    ㉣ 3D프린터 세척실의 에어건으로 출력물 표면의 분말 가루를 모두 제거한다.

출제 예상 문제

3D프린터운용기능사 자격증 대비과정

01 출력 과정 확인

01 수조 광경화 방식의 3D프린터를 바르게 설명한 것은?

① 빛은 위 또는 아래에서 주사될 수 있으며, 빛이 주사되는 방향으로 플랫폼이 이송되며 층이 성형된다.

② 출력물 재료와 지지대 재료는 모두 위에서 아래로 도포되며, 플랫폼은 아래로 이송되면서 층이 성형되기 때문에 출력물은 플랫폼 위에 만들어지게 된다.

③ 출력물 및 지지대 재료가 노즐이나 오리피스 등을 통해서 압출되고, 이를 적층하여 3차원 형상의 출력물이 만들어진다.

④ 플랫폼 위에 분말이 놓이게 되고, 여기에 위에서 아래 방향으로 열에너지가 가해진다.

정답 | ①

해설 | ② 재료 분사 방식 3D프린터에 대한 설명이다.
③ 재료 압출 방식 3D프린터에 대한 설명이다.
④ 분말 융접 방식 3D프린터에 대한 설명이다.

02 다음에서 설명하는 3D프린터 방식은?

광경화성 수지나 왁스 등의 액체 재료를 미세한 방울(droplet)로 만들고 이를 선택적으로 도포하는 것으로 잉크젯 프린터와 같은 원리이다.

① 수조 광경화 방식
② 재료 분사 방식
③ 재료 압출 방식
④ 분말 융접 방식

정답 | ②

해설 | 재료 분사(Material Jetting) 방식은 광경화성 수지나 왁스 등의 액체 재료를 미세한 방울(droplet)로 만들고 이를 선택적으로 도포하는 것으로 잉크젯 프린터와 같은 원리이다.

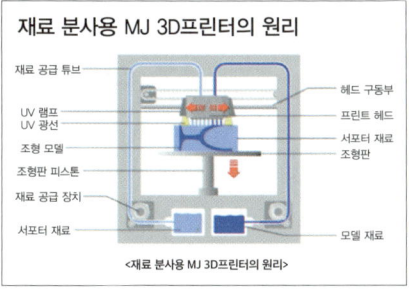

<재료 분사용 MJ 3D프린터의 원리>

① 수조 광경화 방식 : 용기 안에 담긴 액체 상태의 광경화성 수지에 빛을 주사하여 선택적으로 경화

③ 재료 압출 방식 : 출력물 및 지지대 재료가 노즐이나 오리피스 등을 통해서 압출되고, 이를 적층하여 3차원 형상의 출력물을 만듦

④ 분말 융접 방식 : 평평하게 놓인 분말 위에 열에너지를 선택적으로 가해 분말을 국부적으로 용융시켜 접합

출제 예상 문제 217

03 3D프린터 방식에 따른 출력물의 방향 설명이 잘못된 것은?

① 수조 강경화 방식에서 출력물이 성형되는 방향은 플랫폼의 이송 방향에 따라서 위쪽 또는 아래쪽이 된다.
② 재료 분사 방식은 플랫폼이 아래로 이송되면서 층이 성형되기 때문에 출력물은 플랫폼 위에 만들어지게 된다.
③ 재료 압출 방식은 플랫폼이 아래로 이송되면서 그 위에 제품이 위에서 아래로 성형된다.
④ 접착제 분사 방식은 플랫폼 위에 분말이 놓이게 되고 여기에 위에서 아래 방향으로 접착제가 분사된다. 따라서 출력물은 아래에서 위쪽 방향으로 성형된다.

정답 | ③

해설 | 재료 압출 방식은 출력물 및 지지대 재료가 모두 위에서 아래로 압출된다. 따라서 플랫폼은 아래로 이송되면서 그 위에 제품이 아래에서 위로 성형된다.

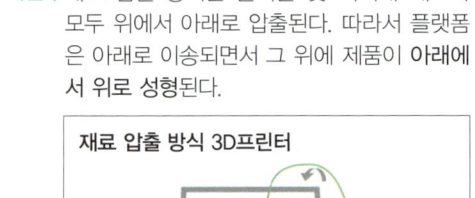

<재료 압출 방식 3D프린터>

04 3D프린터의 제품이 만들어지는 공간 안에 임의의 점을 새로운 원점으로 설정하는 좌표계는?

① 기계 좌표계
② 공작물 좌표계
③ 로컬 좌표계
④ 원점 좌표계

정답 | ②

해설 | ① 기계 좌표계 : 3D프린터가 처음 구동되거나 초기화될 때 헤드가 항상 일정한 위치로 복귀하게 되는 기준점
③ 로컬 좌표계 : 필요에 의해서 공작물 좌표계 내부에 또 다른 국부적인 좌표계가 요구될 때 사용

05 3D프린터가 처음 구동되거나 초기화될 때 헤드가 항상 일정한 위치로 복귀하게 되는 기준점이 되는 좌표계는?

① 기계 좌표계
② 공작물 좌표계
③ 로컬 좌표계
④ 절대 좌표계

정답 | ①

해설 | 기계 좌표계는 3D프린터가 처음 구동되거나 초기화될 때 헤드가 항상 일정한 위치로 복귀하게 되는 기준점을 말한다.

02 출력 오류 대처

01 3D프린터의 출력 오류 형태 중에서 처음부터 재료가 압출되지 않는 경우가 아닌 것은?

① 압출 노즐이 막혀 있을 때
② 필라멘트 재료가 얇아졌을 때
③ 압출기 내부에 재료가 채워져 있을 때
④ 압출기 노즐과 플랫폼 사이의 거리가 너무 가까울 때

정답 | ③

해설 | 처음부터 재료가 압출되지 않는 경우
- 압출기 내부에 **재료가 채워져 있지 않을 때**
- 압출기 노즐과 플랫폼 사이의 거리가 너무 가까울 때
- 필라멘트 재료가 얇아졌을 때
- 압출 노즐이 막혀 있을 때

02 3D프린터에서 재료가 플랫폼에 부착되지 않는 경우가 아닌 것은?

① 플랫폼의 수평이 맞지 않을 때
② 노즐과 플랫폼 사이의 간격이 너무 클 때
③ 첫 번째 층이 너무 빠르게 성형될 때
④ 출력물과 플랫폼 사이의 부착 면적이 큰 경우

정답 | ④

해설 | 재료가 플랫폼에 부착되지 않는 경우
- 플랫폼의 수평이 맞지 않을 때
- 노즐과 플랫폼 사이의 간격이 너무 클 때
- 첫 번째 층이 너무 빠르게 성형될 때
- 온도 설정이 맞지 않은 경우
- 플랫폼 표면의 문제가 있는 경우
- 출력물과 플랫폼 사이의 **부착 면적이 작은 경우**

03 필라멘트 재료가 기어 이빨에 의해서 깎이게 되는 원인이 아닌 것은?

① 출력 속도가 너무 높을 때 발생한다.
② 압출 노즐의 온도가 너무 높을 때 발생한다.
③ 필라멘트 재료를 너무 많이 뒤로 빼줄 때 발생한다.
④ 기어 이빨이 필라멘트 재료를 뒤로 빼주는 리트렉션(retraction) 속도가 너무 빠를 때 발생한다.

정답 | ②

해설 | 압출 노즐의 온도가 너무 낮을 때 발생한다.

04 다음 M코드의 설명으로 옳은 것은?

M104 S230

① 필라멘트의 최대길이를 230mm로 설정한다.
② 쿨링팬은 최대 회전 속도를 250rpm으로 설정한다.
③ 3D프린터 압출기의 온도를 230℃로 설정한다.
④ 출력이 종료되는 소리를 250Hz 주파수로 설정한다.

정답 | ③

해설 |
- M104 : 압출기 온도 설정
- S230 : 온도는 230℃

05 출력 도중에 재료가 압출되지 않는 경우가 아닌 것은?

① 스풀에 더 이상 필라멘트가 없을 때
② 필라멘트 재료가 얇아졌을 때
③ 압출 노즐이 뚫려 있을 때
④ 압출 헤드의 모터가 과열되었을 때

정답 | ③

해설 | 압출 노즐이 막혔을 때이다.

06 3D프린터로 출력할 때 제품이 갈라지는 경우가 아닌 것은?

① 각 층 사이의 부착력이 낮은 경우
② 층 높이가 너무 높은 경우
③ 3D프린터의 설정 온도가 너무 낮은 경우
④ 노즐의 온도가 재료의 녹는 온도와 맞는 경우

정답 | ④

해설 | 제품이 갈라지는 경우
　　　 • 각 층 사이의 부착력이 낮은 경우
　　　 • 층 높이가 너무 높은 경우
　　　 • 3D프린터의 설정 온도가 너무 낮은 경우

07 다음 G코드의 해석으로 틀린 것은?

```
G1 X50 Y30 E30 F2500
```

① G1 : 직선 이송
② X=50, Y=30 : 현재 위치에서 절대 좌표 X=50, Y=30 위치
③ E30 : 노즐 온도 30℃까지 가열
④ F2500 : 이송 속도는 2,500mm/min

정답 | ③

해설 | E30은 압출되는 필라멘트의 길이가 30mm라는 의미이다.

---

03 출력물 회수

01 고체 방식 3D프린터 출력물을 회수하는 방법으로 옳지 않은 것은?

① 마스크, 장갑 및 보안경을 착용한다.
② 3D프린터가 출력을 종료한 것을 확인한 후 3D프린터의 문을 연다.
③ 3D프린터가 동작하는 도중 손을 넣는 등의 작업을 하면 위험하다.
④ 플랫폼이 3D프린터에 장착된 상태에서 제품을 즉시 분리하도록 한다.

정답 | ④

해설 | 플랫폼이 3D프린터에 장착된 상태로 무리하게 힘을 주어 성형된 출력물을 제거하면 3D프린터의 구동부(모터 등)가 손상을 입을 수 있다. 플랫폼(베드)을 3D프린터에서 분리한 후 제품을 제거한다.

02 분말 방식의 3D프린터 출력물을 회수하는 방법으로 바르지 않은 것은?

① 진공 흡입기로 회수된 분말 가루들은 재사용이 가능하다.
② 출력물을 회수하기 위해서는 장갑을 착용한 상태에서 작업해야 한다.
③ 작업이 마무리되면 출력물을 바로 꺼내어 분말을 진공 흡입기로 제거한다.
④ 출력물을 분리하기 위해서는 진공 흡입기를 이용하여 출력물 주위의 성형되지 않은 분말들을 제거해야 한다.

정답 | ③

해설 | 작업이 마무리되면 출력물을 꺼내지 않고 3D프린터 내부에 둔 상태로 건조해야 한다. 출력물을 건조하지 않고 바로 3D프린터에서 제품을 꺼내게 되면 출력물이 부서질 위험이 있기 때문이다.

03 액체 방식 3D프린터 출력물을 회수하는 순서로 옳은 것은?

① 보호 장구 착용 → 3D프린터의 동작 멈춤 확인 → 3D프린터의 문 개방 → 플랫폼 분리 → 출력물 분리 → 플랫폼 표면의 불순물 제거

② 보호 장구 착용 → 3D프린터의 문 개방 → 3D프린터의 동작 멈춤 확인 → 플랫폼 분리 → 출력물 분리 → 플랫폼 표면의 불순물 제거

③ 보호 장구 착용 → 3D프린터의 동작 멈춤 확인 → 3D프린터의 문 개방 → 출력물 분리 → 플랫폼 분리 → 플랫폼 표면의 불순물 제거

④ 보호 장구 착용 → 3D프린터의 문 개방 → 3D프린터의 동작 멈춤 확인 → 플랫폼 표면의 불순물 제거 → 플랫폼 분리 → 출력물 분리

정답 | ①

해설 | 액체 방식 3D프린터 출력물 회수 순서
보호 장구 착용 → 3D프린터 동작 멈춤 확인 → 3D프린터의 문 개방 → 플랫폼 분리 → 출력물 분리 → 플랫폼 표면의 불순물 제거

PART

06

 **3D PRINTING** 3D프린터운용기능사 자격증 대비과정
3D프린터운용기능사 필기

3D프린터 안전관리

CHAPTER 01	안전수칙 확인
CHAPTER 02	예방 점검 실시
	출제 예상 문제

CHAPTER **01**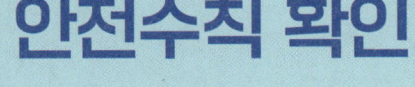

3D프린터운용기능사 자격증 대비과정

안전수칙 확인

1 작업 안전수칙 준수

(1) 3D프린터 사용 시 주의사항

3D프린터 설명서 및 재료 사양서를 충분히 파악하여 사용 중 주의사항에 대해서 파악하고 있어야 한다.

① 고체 방식 3D프린터 : 재료를 녹여 적층하는 방식은 압출 노즐, 플랫폼, 출력 챔버가 고온이므로 주의하여야 한다.

② 액체 방식 3D프린터

    ㉠ 사용되는 빛은 대부분 자외선이다. 따라서 피부에 노출되거나 눈에 빛이 들어가지 않도록 주의해야 한다.

    ㉡ 액체 방식은 피부가 노출되지 않는 긴 소매의 옷, 장갑 및 보안경을 착용하여야 한다.

③ 분말 방식 3D프린터

    ㉠ 재료는 미세한 분말이다. 이를 흡입하거나 눈에 들어가지 않도록 주의해야 한다.

    ㉡ 마스크와 보안경을 착용하여야 한다.

④ 액체 방식이나 분말 방식 3D프린터의 재료가 피부에 닿는 경우 즉시 씻어 주어야 한다.

⑤ 3D프린터는 움직이는 이송 기구가 많이 사용된다. 3D프린터의 동작 중 이송 기구에 의해서 손 등이 끼이지 않게 주의해야 한다.

(2) 3D프린터 사용 시 안전수칙 및 유의사항

① 고체 방식(FDM) 3D프린터 출력물

    ㉠ 반드시 마스크, 장갑 및 보안경을 착용한다.

    ㉡ 장비 내부가 뜨거울 수 있으므로 화상을 입지 않도록 주의해야 한다.

    ㉢ 전용 공구를 사용할 때 상처를 입지 않도록 주의해야 한다.

    ㉣ 다쳤을 때는 즉시 응급처치를 하고 필요시 병원을 찾아가야 한다.

② 액체 방식(SLA, DLP) 3D프린터 출력물

    ㉠ 반드시 마스크, 장갑 및 보안경을 착용한다.

    ㉡ 광경화성 수지가 피부에 닿았을 때에는 즉시 비누 등으로 씻어 주어야 한다.

    ㉢ 전용 공구를 사용할 때 상처를 입지 않도록 주의해야 한다.

    ㉣ 다쳤을 때는 즉시 응급처치를 하고 필요시 병원을 찾아가야 한다.

③ 분말 방식(SLS) 3D프린터 출력물
  ㉠ 반드시 마스크, 장갑 및 보안경을 착용한다.
  ㉡ 분말을 흡입하였을 경우에는 즉시 의사의 진단을 받아야 한다.
  ㉢ 피부에 분말이 묻었을 때에는 즉시 깨끗한 물로 씻어야 한다.
  ㉣ 다쳤을 때는 즉시 응급처치를 하고 필요시 병원을 찾아가야 한다.

(3) 3D 프린팅 안전관리 수칙

① 장비 사용법 및 안전 수칙을 확인해야 한다.
② 프린터 이용 전에 사용 소재에 따른 장비 가동 설정을 확인해야 한다.
③ 프린터 작동 중에는 소재가 압출되는 부위에 높은 열이 발생하므로 구동부에 손을 대지 말아야 한다.
④ 필라멘트 투입 및 교체 시 화상에 주의해야 한다.
⑤ 필라멘트가 녹는 과정에서 유해물질이 발생할 수 있으므로 산업용 방진 마스크를 착용해야 한다.
⑥ 작동 오류로 인한 사고 위험이 있으므로 출력 시작 후 3분 정도 뒤에 바닥에 안착하였는지 확인해야 한다.
⑦ 개방형 장비는 작동 중 이물질이 들어가면 발화 위험이 있으므로 이용 전에 주변을 정리해야 한다.
⑧ 출력물은 노즐과 베드의 온도가 충분히 내려갔는지 확인한 후에 장갑을 착용하고 꺼내야 한다.
⑨ 출력물 및 서포터 제거 시 파편이 얼굴에 튀거나 날카로운 도구에 손이 베일 수 있으므로 보호장갑 및 보안경을 착용해야 한다.
⑩ 후처리 과정 시 후처리에 사용되는 화학물질은 중독 증상이나 유해성을 유발할 수 있으므로 산업용 방진 마스크나 방독 마스크를 착용해야 한다.
⑪ 후처리 작업 전에는 반드시 환풍기 및 환기장치를 사용하여 작업 공간의 환기가 잘 될 수 있도록 해야 한다.

(4) 물질안전 보건자료(MSDS ; Material Safety Data Sheet)

① 화학 물질을 안전하게 사용하고 관리하기 위해서 필요한 정보를 기재한 것이다.
② 해당 화학 물질의 제조자, 제품명, 성분과 성질, 취급상의 주의사항, 적용된 법규, 사고가 발생했을 때 응급처치 방법 등이 서술되어 있는 것이 일반적이다.
③ 물질안전 보건자료는 1983년 미국 노동안전위생국(OSHA ; Occupational Safety and Health Administration)이 화학 물질이 작업장에서 일하는 근로자에게 유해하다고 여겨 이들 물질의 유해 기준을 마련하고자 한 것에서 시작되었다.
④ 우리나라는 화학 물질로부터 근로자의 안전과 건강을 보호하기 위해서 「산업안전보건법」 제41조 (물질안전 보건자료의 작성 · 비치 등)에 근거하여 1996년 7월 1일부터 시행되었다.
⑤ 화학 물질을 제조, 수입, 사용, 운반, 저장하고자 하는 사업주가 물질안전 보건자료를 비치하고, 화학 물질이 담겨 있는 용기 또는 포장에 경고 표지를 부착하여 유해성을 알리며, 근로자에게 안전 보건 교육을 실시하도록 하는 제도이다.

CHAPTER 01 안전수칙 확인 **225**

2 안전 보호구 취급

(1) 안전 보호구 개요

① 보후구는 재해나 건강 장해를 방지하기 위해 작업자가 착용하는 안전용품이다.

② 개인 보호구는 작업자가 착용하는 것으로 한정한다.

③ 파편이나 비산물을 방지하기 위한 방호덮개나 유해물질을 제거하기 위한 국소 배기장치는 개인 보후구에 포함되지 않는다.

④ 개인 보호구는 유해 위험요인으로부터 작업자를 보호하기 위한 최후 수단이다.

⑤ 유럽에서는 보호구를 제조 수입하는 업체나 보호구를 사용하는 사업장에 대해 별도의 지침을 만들어 규제하고 있다.

(2) 개인 보호구의 구비요건

① 작업에 지장이 없도록 착용이 용이할 것

② 유해 위험물로부터의 보호 성능이 좋을 것

③ 외관이나 디자인이 양호할 것

④ 마감 처리가 잘되어 있을 것

⑤ 보호구에 사용되는 재료가 작업자에게 유해하지 않을 것

(3) 안전 보호구의 종류

① 안전모 : 작업자의 낙하나 추락, 감전 등을 방지하기 위해 머리에 착용하는 보호구

② 안전대(안전그네) : 높은 곳에서 작업 시 추락에 의한 위험을 방지하기 위해 사용하는 보호구

③ 안전화 : 물체의 낙하나 충격, 끼임, 감전 등을 예방하기 위해 발에 착용하는 보호구

④ 각반 : 바지 밑단이 자재나 구조물에 걸리지 않게 바지 끝자락에 착용하는 보호구

⑤ 안전장갑 : 물리적, 화학적 충격으로부터 손을 보호하기 위해 착용하는 보호구

⑥ 보안경 : 이물을 차단하고 유해광선에 의한 시력장애를 방지하기 위해 눈에 착용하는 보호구

⑦ 보안면 : 안면이나 눈을 유해광선, 열, 화학약품 등으로부터 보호하기 위해 착용하는 보호구

⑧ 호흡 보호구 : 먼지나 화학물질로부터 호흡기를 보호하기 위해 코와 입 부분에 착용하는 보호구

⑨ 보호복 : 고열, 방사선, 중금속, 유해물질 등으로부터 보호하기 위해 몸에 착용하는 보호구

(4) 개인 보호구 관리 규정

① 목적 및 적용 범위를 명시한다.

② 관리 부서를 지정하되 통상적으로 안전하고 보건관리자가 소속돼 있는 부서로 한다.

③ 지급 대상을 정한다. 이때 작업환경 측정 결과는 위생 보호구 지급 대상의 참고 자료가 될 수 있다.

④ 지급 수량과 지급 주기를 정한다.

⑤ 지급 수량은 해당 근로자 수에 맞게 지급해 전용으로 사용하게 한다.

⑥ 지급 주기는 작업 특성과 실태, 작업환경, 보호구별 특성에 따라 사업장 실정에 맞게 정한다.

⑦ 관리부서는 개인 보호구의 지급 및 교체에 관한 관리대장을 작성한다. 관리대장에는 작업 공정과 유해요소, 위험요소도 함께 적는다.

⑧ 사용자가 지켜야 할 준수사항을 명시한다.

⑨ 취급 책임자를 지정한다.

<개인 보호구와 착용법>

(5) 해당 작업에 따른 보호구 지급

「산업안전보건기준에 관한 규칙」 32조에 따라 사업주는 다음 작업을 하는 근로자에게 보호구를 지급해야 한다.

해당 작업의 내용	보호구
물체가 떨어지거나 날아올 위험 또는 근로자가 추락할 위험이 있는 작업	안전모
높이 또는 깊이 2m 이상의 추락할 위험이 있는 장소에서 하는 작업	안전대
물체의 낙하, 충격, 물체의 끼임, 감전 또는 정전기의 대전에 의한 위험이 있는 작업	안전화
물체가 흩날릴 위험이 있는 작업	보안경
용접 시 불꽃이나 물체가 흩날릴 위험이 있는 작업	보안면
감전의 위험이 있는 작업	절연용 보호구
고열에 의한 화상 등의 위험이 있는 작업	방열복
선창 등에서 분진이 심하게 발생하는 하역작업	방진 마스크
섭씨 영하 18도 이하인 급냉동 어창에서 하는 하역작업	방한모, 방한화, 방한장갑
물건을 운반하거나 수거, 배달하기 위해 이륜자동차를 운행하는 작업	승차용 안전모

CHAPTER 01 안전수칙 확인 **227**

(6) 안전보건 표지

🛡️	보안경 착용 (Wear eye protection)	🛡️	보안면 착용 (Wear face shield)
🛡️	안전모 착용 (Wear head protection)	🛡️	귀마개 착용 (Wear ear protection)
🛡️	안전화 착용 (Wear foot protection)	🛡️	안전장갑 착용 (Wear protective gloves)
🛡️	안전복 착용 (Wear protective clothes)	🛡️	안전모 · 보안경 착용 (Wear head&eye protection)

<안전보건 표지 종류>

(7) 호흡 보호구

① 호흡 보호구 구분

공기 정화식	• 오염 공기가 여과재 또는 정화통을 통과하여 호흡기로 흡입되기 전에 오염 물질을 제거하는 방식 • 산소 농도가 **18% 미만**인 장소나 유해비가 높은 경우에는 사용할 수 없음 • 단기간(30분) 노출되어 사망 또는 회복 불가능한 상태를 초래할 수 있는 농도 이상에서는 사용할 수 없음 ※ 유해비 : 공기 중 오염물질의 농도/노출 기준
공기 공급식	• 공기 공급, 공기 호스 또는 자급식 공기원을 가진 호흡용 보호구를 통해 유해 공기를 분리하여 신선한 호흡용 공기만을 공급하는 방식 • 산소 농도가 **18% 미만**인 장소나 유해비가 높은 경우에 사용을 권장함

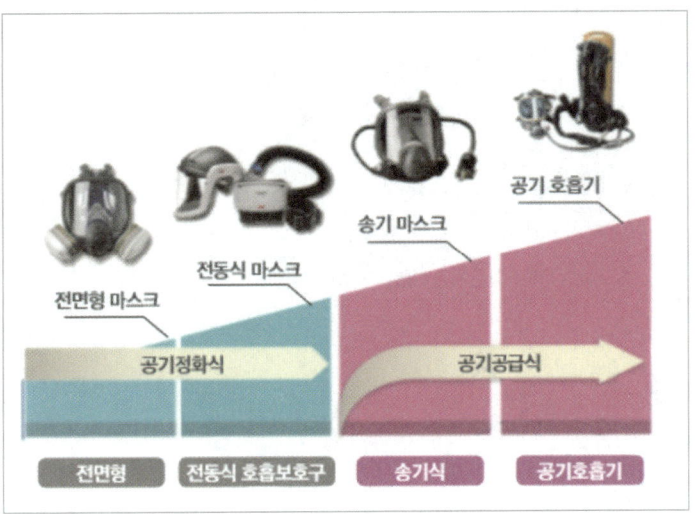

<공기 정화식과 공기 공급식 호흡 보호구>

② 방진 마스크

㉠ 미세분진(황사, 미세먼지) 등으로부터 호흡기를 보호하는 마스크

㉡ 방진 마스크의 구분

구분	분진 포집효율(미세먼지를 걸러주는 비율)	누설율	차단 물질
특급	평균 0.4~0.6μm 크기의 미세입자 99% 이상 차단	5% 이하	석면, 베릴륨 등 발암성 물질
1급	평균 0.4~0.6μm 크기의 미세입자 94% 이상 차단	11% 이하	금속흄 등
2급	평균 0.4~0.6μm 크기의 미세입자 80% 이상 차단	25% 이하	그 밖의 분진

※ 금속 흄(Fume) : 용접과 같이 금속을 녹이는 과정에서 발생하는 분진(하얀 연기로 보임)

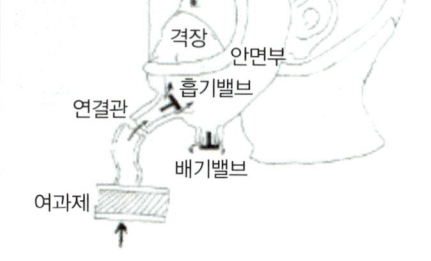

<방진 마스크 유형>

㉢ 방진 마스크의 종류별 구조

• 격리식 구조

– 여과재에 의해 분진이 제거된 깨끗한 공기가 연결관을 통해 흡기밸브로 흡입되고 체내의 공기는 배기밸브를 통해 외기 중으로 배출된다.
– 부품 교환이 자유롭다.
– 호흡 순서 : 여과제 → 연결관 → 흡기밸브 → 마스크 → 배기밸브

• 직결식 구조

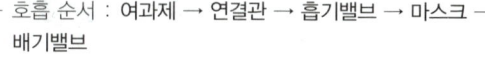

– 여과재에 의해 분진이 제거된 깨끗한 공기가 흡기밸브를 통해 흡입되고 체내의 공기는 배기밸브를 통해 외기 중으로 배출된다.
– 부품 교환이 자유롭다.
– 호흡 순서 : 여과제 → 흡기밸브 → 마스크 → 배기밸브

• 안면부 여과재 구조

– 여과재로 된 안면부와 머리끈으로 구성되며 여과재인 안면부에 의해 분진 등을 여과한 깨끗한 공기가 흡입되고 체내의 공기는 여과재인 안면부를 통해 외기 중으로 배기된다. – 부품이 교환되지 않는다.	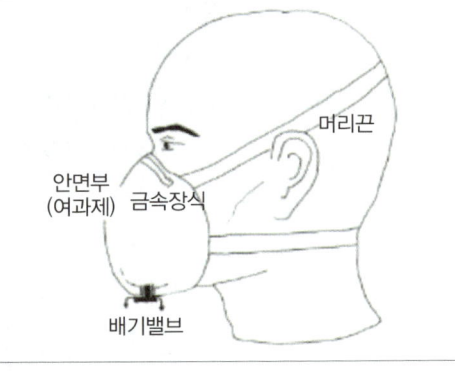

③ 방독 마스크

㉠ 유해가스, 증기 및 공기 중에 부유하는 미세 입자 물질로부터 호흡기를 보호하는 장비

<방독 마스크>

㉡ 방독 마스크의 선택

• 국가검정에 합격한 것을 선택할 것
• 정화통은 모든 가스에 유효한 것은 아님(정화통의 종류에 따라 제거될 수 있는 가스와 제거되지 않는 가스가 있음. 그 구분은 제조회사에 따라 다르기 때문에 제조회사로부터 나오는 데이터를 참고로 해서 작업환경에 적당한 정화통을 선택할 필요가 있음)
• 눈을 자극하는 가스(아황산, 염산, 암모니아 등)에 대하여는 전면형 면체를 사용하는 것이 좋음. 반면형 면체와 방독안경의 겸용도 가능하지만 그 기밀이 불충분한 경우가 있기 때문에 주의를 요함
• 가스와 분진이 혼재하는 경우는 필터가 부착된 정화통을 사용할 것
• 농도에 맞는 마스크의 구성을 선택할 것(일반적으로 고농도에는 격리식, 중농도에는 직결식, 저농도에는 직결식 소형이 적절함)
• 착용자의 안면에 적합한 형상 및 사이즈의 면체를 사용한 마스크를 선택할 것

ⓒ 방독 마스크의 등급 : 방독 마스크는 **산소 농도가 18% 이상인** 장소에서 사용해야 한다.

등급	사용장소
고농도	가스 또는 증기의 농도가 100분의 2(암모니아에 있어서는 100분의 3) 이하의 대기 중에서 사용하는 것
중농도	가스 또는 증기의 농도가 100분의 1(암모니아에 있어서는 100분의 1.5) 이하의 대기 중에서 사용하는 것
저농도 및 최저농도	가스 또는 증기의 농도가 100분의 0.1 이하의 대기 중에서 사용하는 것으로서 긴급용이 아닌 것

② 방독 마스크의 재료
- 안면에 밀착하는 부분은 피부에 장해를 주지 않을 것
- 흡착제는 흡착성능이 우수하고 인체에 장해를 주지 않을 것
- 방독 마스크에 사용하는 금속부품은 부식되지 않을 것
- 방독 마스크를 사용할 때 충격을 받을 수 있는 부품은 충격 시에 마찰 스파크가 발생되어 가연성의 가스혼합물을 점화시킬 수 있는 알루미늄, 마그네슘, 티타늄 또는 이의 합금으로 만들지 말 것

※ 파과(破過, Break point) : 대응하는 가스에 대하여 정화통 내부의 흡착제가 포화상태가 되어 흡착능력을 상실한 상태

④ **송기 마스크**

㉠ 산소가 결핍되어 있거나 고농도의 유해물질이 존재하는 지하 맨홀 작업, 축로 작업, 도장 작업 등과 같은 곳에서 산소가 부족한 것을 막기 위한 마스크

압력 디맨드 밸브

<송기 마스크>

㉡ 송기 마스크의 종류

호스 마스크	공기 압축기를 이용한다.
송풍식 호스 마스크	송풍기를 이용하여 50~90m의 길이까지 공기를 보낼 수 있다.
흡입식 호스 마스크	자가 호흡하는 힘을 이용한다.

CHAPTER 01 안전수칙 확인 231

© 착용 및 선택 시 주의사항

- 호스 마스크의 경우 호스가 눌리거나 늘어나는 재질을 사용하면 작업 도중에 호스가 구부러져 공기의 공급을 충분히 받지 못해 생명이 위험할 수도 있기 때문에 조심해야 한다.
- 자체 배터리나 전기를 이용할 때는 중간에 전원이 차단되지 않도록 각별히 주의해야 한다.
- 송풍 마스크를 쓸 때는 압축기에 사용되는 기름 냄새가 날 수 있으므로 활성탄 등을 이용하여 냄새를 없애야 한다.

(8) 특수 보호구

① 방열복

㉠ 방열복은 제철소 또는 유리 가공업체에서 금속 또는 유리 등을 제련 또는 용해하는 과정에서 발산되는 고열로부터 화상 또는 열중증을 예방하기 위해 사용한다.

㉡ **구비조건**

- 방열복 재료는 파열, 절상, 균열 및 피복이 벗겨지지 않는 구조일 것
- 앞가슴 및 소매는 열풍이 쉽게 침입할 수 없는 구조일 것

② 화학용 보호복·보호장갑

㉠ 산업현장에서 발생되는 분진, 미스트 또는 가스 및 증기는 호흡기뿐 아니라 피부를 통하여 흡수되거나 피부에 상해를 초래한다.

㉡ 유해물질로부터 피부를 보호하기 위하여 화학적 보호 성능을 갖는 보호복이 요구된다.

㉢ 산업현장에서 주로 사용되는 유기용제는 피부를 통하여 흡수되어 간 등 신체 장기에 치명적인 손상을 가져오게 된다. 하지만 일반 작업복은 화학적 방호성능이 없는데, 대부분의 유기용제는 표면장력이 물보다 훨씬 낮기 때문에 쉽게 옷을 투과하여 피부에 접촉된다.

㉣ **구비조건**

- 보호복 재료는 화학물질의 침투나 투과에 대한 충분한 보호성능을 갖출 것
- 연결 부위는 재료와 동등한 성능을 보유하도록 접착 등의 방법으로 보호할 것
- 화학물질에 따라 재료의 보호성능이 다르므로 해당 작업내용 및 취급 물질에 맞는 보호복을 선택할 것

<방열복>   <화학용 보호복>

③ 전기용 안전장갑

㉠ 활선작업 및 전기 충전부에 작업자가 접촉되었을 경우 감전에 의한 화상 또는 쇼크에 의한 사망에 이르게 된다.

㉡ 특히 손 부위는 작업 활동 시 감전 위험이 가장 높은 신체 부위이므로 감전 위험이 높을 경우 사용 전압에 맞는 안전장갑의 사용이 요구된다.

㉢ **구비조건**

- 이음매가 없고 균질할 것
- 사용 시 안전장갑의 사용 범위를 확인할 것
- 전기용 안전장갑이 작업 시 쉽게 파손되지 않도록 외측에 가죽장갑을 착용할 것
- 사용 전 필히 공기 테스트를 통하여 점검을 실시할 것
- 고무는 열, 빛 등에 의해 쉽게 노화되므로 열 및 직사광선을 피하여 보관할 것
- 6개월마다 1회씩 규정된 방법으로 절연성능을 점검하고 그 결과를 기록할 것
- 내전압용 절연장갑은 00등급부터 4등급까지 있으며 **숫자가 클수록** 절연성이 높음
- 화학물질용 안전장갑은 1급부터 6급까지 있으며 **숫자가 클수록** 보호시간이 길고 성능이 우수함

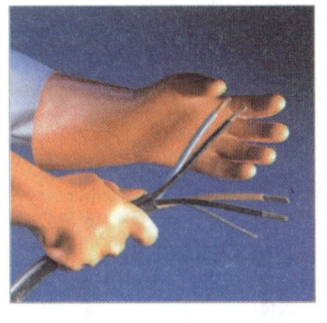 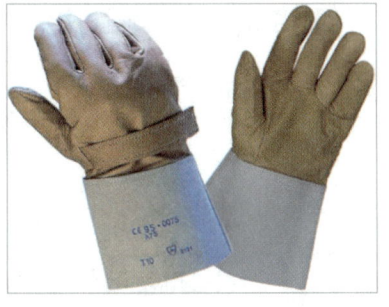

<전기용 안전장갑>

(9) 화재 종류와 소화기

① 제거 요소에 따른 소화 방식

㉠ 제거소화 : 가연물(연료) 차단

㉡ 질식소화 : 산소(공기) 차단

㉢ 냉각소화 : 점화 에너지(열) 차단

㉣ 억제소화 : 연쇄적으로 반응을 차단

② 화재의 종류

A급 화재(일반화재)
나무, 섬유, 종이, 고무, 플라스틱류와 같은
일반 가연물이 타고 나서 재가 남는 화재

B급 화재(유류화재)
인화성 액체, 가연성 액체, 알코올과 같은
유류가 타고 나서 아무것도 남지 않는 화재

C급 화재(전기화재)
전기기계, 기구 등에 전기가 공급되는
상태에서 발생하는 화재

D급 화재(금속화재)
마그네슘, 티타늄, 지르코늄, 나트륨, 리튬, 칼륨과
같은 가연성 금속에서 발생하는 화재

K급 화재(주방화재)
조리재료(식물성, 동물성 기름이나 지방)와
이를 취급하는 조리기구에서 발생하는 화재

③ 화재 종류에 따른 소화기 선택

분말 소화기	이산화탄소 소화기	할로겐화합물 소화기	K급 소화기
A급-일반화재 B급-유류화재 C급-전기화재	B급-유류화재 C급-전기화재	A급-일반화재 B급-유류화재 C급-전기화재 K급-주방화재	K급-주방화재

3 응급처치 수행

① 응급처치의 개념
- ㉠ 응급처치란 질병이나 외상으로 생명이 위급한 상황에 처해 있는 대상자에게 행해지는 즉각적이고 임시적인 처치를 의미함
- ㉡ 예기치 못한 응급상황이 발생했을 때 처치자의 신속·정확한 행동 여부에 따라 대상자의 삶과 죽음이 좌우되거나 회복 기간이 달라질 수 있음

② 응급처치의 목적
- ㉠ 대상자의 생명을 구함
- ㉡ 통증과 불편감 및 고통을 경감함
- ㉢ 합병증 발생을 예방하고 부가적인 상해를 입지 않도록 함
- ㉣ 대상자를 한 인간으로서 의미 있는 삶을 영위할 수 있도록 함

③ 응급처치 시 알아두어야 할 법적 고려사항
- ㉠ 선한 사마리아인법 : 위험하고 긴박한 상황에 처해 있는 사람을 구해 주지 않는 행위를 처벌하는 법
- ㉡ 동의 : 응급처치를 제공하기 전 부상자의 허락이나 동의를 구하는 것
- ㉢ 유기 : 응급환자를 위험한 상황에 그대로 방치하거나, 응급처치를 받을 수 있도록 필요한 조치를 하지 않고 중단한 것
- ㉣ 과실 : 기준을 벗어난 응급처치를 실시함으로써 대상자의 질병이나 손상 상태를 악화시킨 경우
- ㉤ 의무 : 일반적인 치료기준을 준수하는 것을 의미함
- ㉥ 비밀유지 : 응급처치를 수행하면서 알게 된 대상자의 병력, 질병 및 상해 정도 등을 다른 사람과 공유해서는 안 됨

④ 응급처치의 기본 원칙
- ㉠ 침착하고 신속하게 사고 상황을 파악함
- ㉡ 의식 상태, 맥박, 호흡 유무를 파악함
- ㉢ 출혈 정도를 관찰함
- ㉣ 몸의 다른 부위에 상처가 없는지 조사함
- ㉤ 응급처치와 동시에 구조를 요청함
- ㉥ 보호자에게 연락함
- ㉦ 사고 보고서를 작성함

⑤ 도움을 요청해야 하는 응급상황
- ㉠ 의식이 없거나 혼미한 상황
- ㉡ 경련이나 마비 증세, 머리나 척추 손상으로 구토 증세가 나타나거나 의식이 희미해지는 상황
- ㉢ 심정지, 호흡곤란, 심장질환으로 인한 급성 흉통 등
- ㉣ 극심한 통증을 호소하는 상황
- ㉤ 독성 물질을 삼킨 경우
- ㉥ 갑자기 눈이 보이지 않는 경우
- ㉦ 갑자기 배가 아픈 증상

ⓞ 부위가 큰 화상

ⓩ 개방성 골절 및 다발성 외상

ⓧ 지혈이 안 되는 출혈 등

⑥ 심폐소생술 절차

ㄱ 사고 현장의 안전점검

ㄴ 사고자의 반응 확인

ㄷ 기도 유지 및 호흡 여부 확인

ㄹ 흉부 압박 지점 확인

ㅁ 빠르게 흉부 압박을 30회 실시

· 압박은 손바닥 아래를 이용하여 약 5~6cm로 압박하고, 압박 횟수는 분당 100~120회 이상의 속도로 압박함

· 흉부 압박 : 인공호흡을 30 : 2의 비율로 하여, 사고자의 호흡이 다시 돌아오거나 구급차가 도착할 때까지 지속함

ㅂ 기도를 다시 유지하고 호흡 여부 확인

ㅅ 인공호흡 2회 실시

ㅇ 응급의료체계에 신고하기

· 신고 후 사고자의 호흡이 다시 돌아오거나, 구급차가 도착할 때까지 심폐소생술을 지속함

· 주위에 도와줄 사람이 없어 응급의료체계에 신고를 못 한 경우 흉부 압박 : 인공호흡을 30:2로 5주기(2분간) 실시한 후 신고

ㅈ 회복체위 유지와 보온, 주의 깊은 관찰

· 사고자가 다시 호흡을 하면 회복체위를 취해주고, 체온 유지를 위해 담요를 덮어 줌

· 사고자의 호흡 상태를 주의 깊게 관찰함

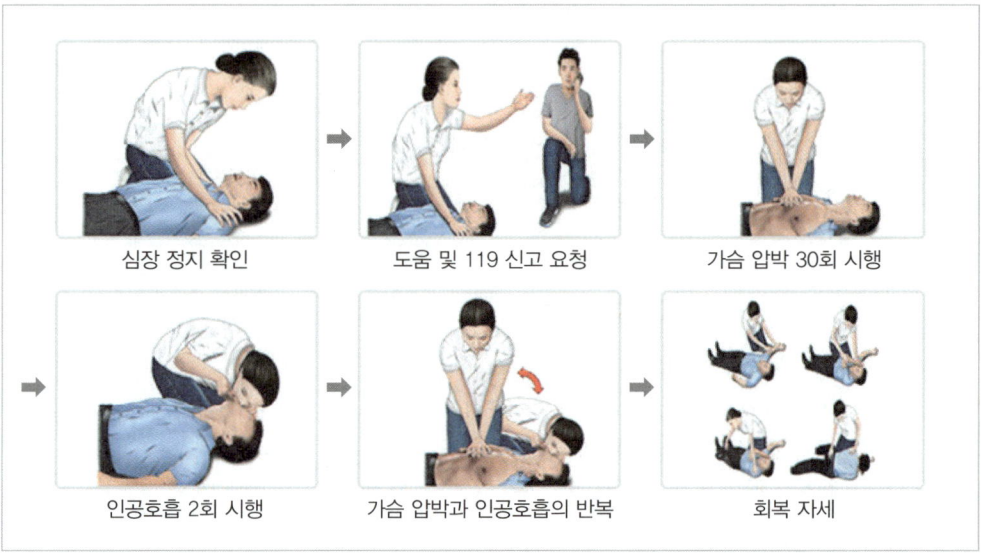

심장 정지 확인　　　도움 및 119 신고 요청　　　가슴 압박 30회 시행

인공호흡 2회 시행　　　가슴 압박과 인공호흡의 반복　　　회복 자세

<심폐소생술 순서>

4 장비의 위해 요소

(1) 3D 프린팅 설치 실내 적정 온도와 습도

① 3D프린터 장비의 운영과 관련하여 발생하는 열로 실내온도가 높아질 수 있으며, 습도가 낮아져 작업장 내 공기 질에 영향을 미칠 수 있다.

② 3D프린터 및 사용 재료의 특성에 따라 제조사에서 안내하는 적정 온도와 습도 등을 참고하여야 한다.

③ 계절별로 냉난방기 등을 활용하여 작업장의 온도를 적정 온도 범위 내로 일정하게 유지하는 것이 좋다.

④ 3D프린터 작업장은 쾌적한 환경 조성을 위하여 냉난방기, 제습기, 가습기 등의 공기질 관리가 가능한 보조기기를 이용할 필요가 있다.

⑤ 3D프린터 작업장의 온도와 습도

계절	적정 온도	권장 온도	적정 습도	권장 습도
봄 · 가을	19~23℃	19℃	50%	50%
여름	24~27℃	24℃	60%	60%
겨울	18~21℃	18℃	40%	40%

(2) 친환경 장비 사용하기

① 3D프린터는 크게 밀폐형과 개방형으로 나뉜다.

② 밀폐형 장비 사용을 권장하며 장비 내에 유해물질 제거장치(필터)가 장착된 장비를 권장한다.

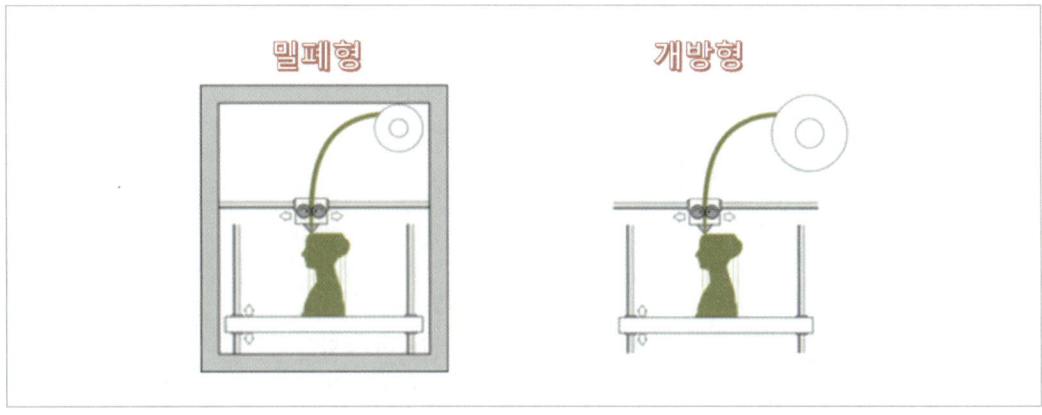

<3D프린터의 밀폐형과 개방형>

③ 개방형 프린터를 사용하는 경우

　㉠ 환풍기, 후드 등 국소배기장치 설치하기

　㉡ 개방형 프린터를 밀폐할 수 있는 작업 부스 설치하기

　㉢ 안전 보호구 착용(산업용 방진 마스크 착용)

④ 밀폐형 프린터를 사용하는 경우
ㄱ 3D프린터 가동 대수와 작업 환경을 고려하여 국소배기장치 설치하기
ㄴ 3D프린터 운영 시 산업용 방진 마스크 착용을 권장함

(3) 환기장치 설치하기

① 3D프린터 가동 직후 노즐에서 소재 용융 시, 초미세먼지나 휘발성 유기화합물과 같은 유해물질
이 방출되는 경향이 있다.
② 3D프린터 가동 중 유해물질 저감을 위해서는 기본적으로 급기 및 배기설비 시설을 확충하거나
환풍기 같은 환기장치를 설치하는 것을 권장한다.
③ 환풍기의 선택
ㄱ 실내용 환풍기와 환기장치의 종류 및 설치 위치는 작업공간의 넓이와 환경에 따라 적절하게
선정할 것을 권장한다.
ㄴ 3D 프린팅 작업 또는 작업 공간 환기 중에는 작업 공간에 오랜 시간 머무르지 않기를 권장한다.

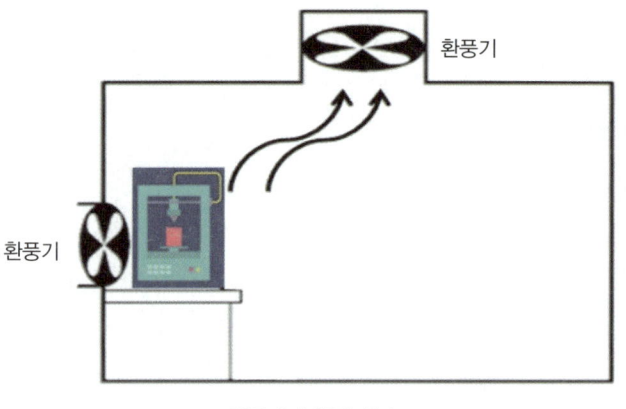

<환풍기의 설치 예시>

(4) 안전한 3D 프린팅 작업환경 체크리스트

① 근로자용 체크리스트
ㄱ 작업장이 깨끗하게 잘 정돈되어 있는가?
ㄴ 화학물질이 적절한 방법으로 보관, 관리되고 있는가?
ㄷ 사용하는 물질 및 화학물질의 물질 안전 정보를 읽어 보았는가?
ㄹ 3D프린터의 작동 방법 및 안전수칙을 읽어 보았으며 이를 준수하여 사용하고 있는가?
ㅁ 모든 업무 단계에서 안전수칙을 준수하였는가?
ㅂ 작업 시 사용하는 보호구의 사용 방법 및 유지보수 수칙을 읽어보고 이를 준수하고 있는가?
ㅅ 안전 수직에 명시된 대로 개인용 보호구를 사용하고 있는가?
② 사업주용 체크리스트
ㄱ 작업장 위험성 평가를 수행하였는가?
ㄴ 사용 기구, 설비에 대한 작동 및 안전수칙이 비치되어 있는가?
ㄷ 프린팅 소개 조형물 후처리에 필요한 화학 물질에 대한 물질 안전 정보가 비치되어 있는가?

② 흡입 및 피부 노출에 대한 업무 단계별 유해, 위험성은 파악되었는가?

⑩ 프린터는 작업 장소와 분리 및 밀폐되어 있는가?

⑪ 국소배기장치를 설치할 수 있는가?

⑫ 작업장 환기 시설은 적절히 작동하고 있는가?

⑬ 별도의 공간에 프린터를 설치할 수 있는가?

⑭ 화학물질을 보관 및 취급할 수 있는 적절한 장소가 있는가?

⑮ 적절한 개인 보호구가 지급되어 있는가?

⑯ 레이저를 취급하는 근로자들은 안전한 사용법 및 화재 예방 등에 대한 교육을 이수하였는가?

⑰ 순간적 가연성을 가질 수 있는 프린팅 원재료 등에 대한 적절한 관리는 이루어지고 있는가?

⑱ 모든 근로자가 3D 프린팅의 단계별 안전한 작업 공정에 대해 관련 수칙 및 훈련을 이수하였는가?

⑲ 업무상 발암성 물질을 취급하게 되는 경우 근로자의 ASA(발암물질 노출 근로자 등록 대장) 등록 여부와 별개로 위험성을 평가하고 있는가?

5 소재의 위해 요소

(1) 액체 기반형

① 프린터 방식 : SLA(Stereo Lithography Apparatus), DLP(Digital Light Processing)

② 주의사항

㉠ 사용된 수지 및 수조에 남은 재료는 환경오염 가능성이 있으므로 폐기물 처리 전용 방식으로 처리한다.

㉡ 액체 또는 경화되지 않은 상태에서는 유해 가능성이 있으므로 나이트릴 장갑과 같은 특수 장갑을 사용한다.

㉢ 두통이나 메스꺼움을 유발하는 악취에 유의해야 하므로 가정 내 설치 및 사용은 권장하지 않는다.

(2) 분말 기반형

① 프린터 방식 : SLS(Selective Laser Sintering), SHS(Selective Heat Sintering)

② 주의사항

㉠ 분말입자는 20~100㎛으로, 제작 시 방출되는 초미세 입자는 폐에 침투될 수 있으므로 흡입하면 안 된다.

㉡ 제품 해체 시 보호 마스크의 착용은 필수이다.

(3) 고체 기반형

① 프린터 방식 : FDM(Fused Deposition Modeling), LOM(Laminated Object Manufacturing)

② 주의사항

㉠ ABS, PLA 등 필라멘트형 원료는 가열될 때 냄새가 나고 독성 물질 배출 위험이 있으므로 실내 환기를 하거나 정기 정화 필터 등을 사용한다.

㉡ 후처리 작업 등에서 사용되는 아세톤 등 화학물질의 독성에 주의한다.

CHAPTER 01 안전수칙 확인 **239**

CHAPTER **02**

3D프린터운용기능사 자격증 대비과정

예방 점검 실시

1 작업환경 관리

(1) 3D 프린팅 작업환경 관리 방법

3D프린터 실내 작업현장 적정 온·습도 유지	국내 계절별 실내 적정 온도 범위 중 가장 낮은 온도 유지, 실내습도 40~60% • 여름 실내 적정 온도 24~27℃ 중 24℃, 습도는 60% • 겨울 실내 적정 온도 18~21℃ 중 18℃, 습도는 40% • 봄·가을 실내 적정 온도 19~23℃ 중 19℃, 습도는 50%
3D프린터 장비 및 소재 선택	• 장비는 밀폐형 장비 또는 장비 내 필터가 장착된 3D프린터 사용 • 소재는 친환경 원료를 사용한 소재 사용 • 소재 제품 원료에 대한 물질안전보건자료(MSDS) 확인 필요
실내 환기 (환기장치)	• 실내 공간 면적을 고려하여 적정 용량의 실내용 환풍기 사용 • 환풍기는 3D프린터 작동 전 가동하고, 3D프린터 작동 완료 후에도 최소 1시간 이상 가동 • 환풍기 작동 중 출입문을 완전 밀폐하지 말고 약간 열어 둠 • 환풍기 사용은 자연환기와 함께 실시
실내 환기 (자연환기)	• 봄·가을에는 외부 공기를 고려하여 창문을 5~20cm 정도 개방 • 여름 및 겨울에는 3D프린터 작동 직후 창문 및 출입문을 5분 정도 개방하고 1시간 단위로 5분 이상 환기 필요 • 3D프린터 종료 후 프린터 도어를 개방하여 30분 이상 환기 • 주변 환경 및 대기 상태에 따라 오염된 외부 공기가 유입되고 있는지를 고려하여 자연환기 실시
설치 공간 점검	• 3D프린터는 환기가 잘 되는 위치를 고려하여 설치 • 에어컨 설치 시 환풍기 반대편에 설치 • 선풍기 가동 시 환풍기 반대편 및 환기가 잘 되는 곳에 설치
청소	• 3D프린터 출력 완료 후 프린터 챔버 내부 잔류 찌꺼기 청소 • 3D프린터 작업 공간의 주기적인 청소 필요

2 관련 설비 점검

(1) 안전점검의 목적

① 기계 기구 설비의 안정성 확보

② 설비의 안전한 상태 유지 및 본래의 성능 유지

③ 근로자의 안전한 행동 상태의 유지

④ 작업안전 확보 및 생산성 향상

240 PART 06 3D프린터 안전관리

(2) 점검 주체와 점검 내용

① 안전보건관리 책임자 : 작업환경의 점검

② 관리감독자 : 소속 작업에 사용되는 기계기구 및 설비의 안전 보건 점검

③ 안전관리자 : 사업장 순회 점검

④ 보건관리자 : 전체 환기 및 국소배기장치 등에 관한 설비의 점검

⑤ 작업자 : 작업 시작 전 점검

(3) 안전점검의 분류

① 점검 시기에 따른 구분

일상점검	• 작업 전, 작업 중 또는 작업 종료 후에 수시로 실시하는 점검 • 기계기구 및 설비 작업장 등 전반적인 사항에 대하여 정상 여부를 확인 • 관리 감독자나 작업자가 실시
정기점검	• 일정한 기간을 정하여 대상 기계기구 및 설비를 점검 • 주요 부분의 마모, 부식, 손상 등 상태 변화의 이상 유무를 기계를 정지시킨 상태에서 점검 • 관리감독자나 안전관리자 등 일정한 자격요건을 갖춘 자가 실시
특별점검	• 기계기구 및 설비의 신설, 이동, 교체 시 기계설비의 이상 유무 점검 • 관련 법령에 따라 점검을 시행해야 할 때 • 경험과 지식이 풍부한 일정한 자격을 갖춘 자가 실시
임시점검	기계설비의 갑작스런 이상 발견 시에 실시

② 점검 방법에 따른 구분

　㉠ 외관점검　　　　　　　　　　　㉡ 기능점검

　㉢ 작동점검　　　　　　　　　　　㉣ 정밀점검

(4) 점검 실시 대상

① 관리적 사항

　㉠ 안전관리 조직체계　　　　　　　㉡ 안전활동

　㉢ 안전교육　　　　　　　　　　　㉣ 안전점검

② 기술적 사항

　㉠ 유해위험설비　　　　　　　　　㉡ 작업환경

　㉢ 안정장치　　　　　　　　　　　㉣ 보호구

　㉤ 정리 · 정돈　　　　　　　　　　㉥ 운반설비

　㉦ 위험물, 방화관리

(5) 안전점검의 순서

① 실태의 파악 : 생산라인의 전반적인 관찰 속에서 일정한 리듬을 파악한다.

② 결함의 발견 : 불안정한 상태와 불안전한 행동을 예측하고 결함을 찾아낸다.

③ 대책의 결정 : 이상 상태 발견 시 그 결함을 시정하기 위한 대책을 결정한다.

④ 대책의 실시 : 그 원인을 분석하고 근원적인 조치를 강구한다.

3D프린터운용기능사 자격증 대비과정

출제 예상 문제

01 안전수칙 확인

01 3D프린터를 사용할 때의 주의사항으로 바르지 않은 것은?

① 고체 방식 3D프린터는 압출 노즐, 플랫폼, 출력 챔버가 고온이므로 주의하여야 한다.

② 액체 방식 3D프린터는 피부에 노출되거나 눈에 빛이 들어가지 않도록 주의해야 한다.

③ 분말 방식 3D프린터는 미세한 분말을 흡입하거나 분말이 눈에 들어가지 않도록 주의해야 한다.

④ 피부에 레진이나 분말이 묻었을 때는 작업을 모두 종료한 후 물로 씻어야 한다.

정답 | ④

해설 | 액체 방식이나 분말 방식 3D프린터의 재료가 피부에 닿는 경우 즉시 씻어 주어야 한다.

02 3D프린터의 안전관리 수칙으로 바르지 않은 것은?

① 필라멘트 투입 및 교체 시 화상에 주의한다.

② 후처리 작업 전에는 반드시 환풍기와 환기장치를 사용하도록 한다.

③ 필라멘트가 녹는 과정에서 유해 물질이 발생할 수 있으므로 일반용 마스크를 착용한다.

④ 출력물은 노즐과 베드의 온도가 충분히 내려갔는지 확인 후 장갑을 착용하고 분리한다.

정답 | ③

해설 | 필라멘트가 녹는 과정에서 유해 물질이 발생할 수 있으므로 **산업용 방진 마스크**를 착용한다.

03 안면이나 눈을 유해광선, 열, 화학약품 등으로부터 보호하기 위해 착용하는 보호구는?

① 안전모   ② 보안경
③ 보호복   ④ 보안면

정답 | ④

해설 | ① **안전모** : 작업자의 낙하나 추락, 감전 등을 방지하기 위해 머리에 착용하는 보호구
② **보안경** : 이물을 차단하고 유해광선에 의한 시력장해를 방지하기 눈에 착용하는 보호구
③ **보호복** : 고열, 방사선, 중금속, 유해물질로부터 보호하기 위해 몸에 착용하는 보호구

242 PART 06 3D프린터 안전관리

04 개인 보호구의 구비요건으로 바르지 않은 것은?

① 외관이나 디자인이 양호할 것
② 유해 위험물로부터의 보호 성능이 좋을 것
③ 착용이 불편하더라도 안전성능을 더 우선할 것
④ 보호구에 사용되는 재료가 작업자에게 유해하지 않을 것

정답 | ③

해설 | 작업에 지장이 없도록 착용이 용이해야 하며 안전성능도 살펴야 한다.

05 다음의 호흡 순서로 되어 있는 방진 마스크의 종류는?

여과제 → 연결관 → 흡기밸브 → 마스크 → 배기밸브

① 격리식 구조
② 직결식 구조
③ 안면부 여과재 구조
④ 밸브연결식 구조

정답 | ①

해설 | 격리식 구조는 여과재에 의해 분진이 제거된 깨끗한 공기가 연결관을 통해 흡기밸브로 흡입되고 체내의 공기는 배기밸브를 통해 외기 중으로 배출된다. 부품 교환이 자유롭다.

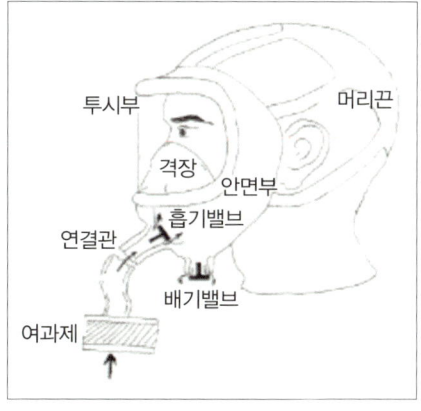

06 선창 등에서 분진이 심하게 발생하는 하역 작업에 지급되어야 하는 보호구로 가장 적절한 것은?

① 안전모
② 안전화
③ 방진 마스크
④ 절연용 보호구

정답 | ③

해설 | ① 안전모 : 물체가 떨어지거나 날아올 위험 또는 근로자가 추락할 위험이 있는 작업
② 안전화 : 물체의 낙하, 충격, 물체의 끼임, 감전 또는 정전기의 대전에 의한 위험이 있는 작업
④ 절연성 보호구 : 감전의 위험이 있는 작업

07 다음 상황에서 사용해야 하는 마스크의 종류는?

산소가 결핍되어 있거나 고농도의 유해 물질이 존재하는 지하 맨홀 작업, 축로 작업, 도장 작업 등의 현장에서 산소가 부족한 것을 막기 위한 마스크

① 방진 마스크
② 방독 마스크
③ 송기 마스크
④ 덴탈 마스크

정답 | ③

해설 | 송기 마스크의 종류
• 호스 마스크 : 공기 압축기를 이용한다.
• 송풍식 호스 마스크 : 송풍기를 이용하여 50~90m의 길이까지 공기를 보낼 수 있다.
• 흡입식 호스 마스크 : 자가 호흡하는 힘을 이용한다.

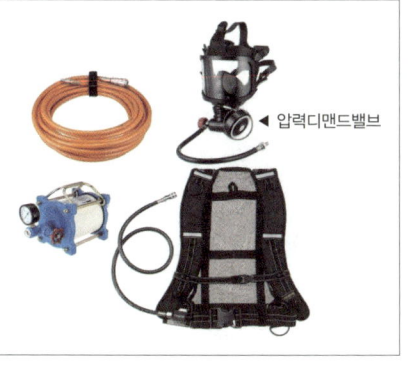

출제 예상 문제 **243**

08 방독 마스크는 산소 농도가 몇 % 이상인 장소에서 사용해야 하는가?

① 10%　　　② 18%
③ 25%　　　④ 50%

정답 | ②

해설 | 방독 마스크
- 유해가스, 증기 및 공기 중에 부유하는 미세 입자 물질로부터 호흡기를 보호하는 장비
- 산소 농도가 18% 이상인 장소에서 사용

09 전기용 안전장갑에 대한 설명으로 틀린 것은?

① 사용 전 필히 공기 테스트를 통하여 점검을 실시해야 한다.
② 고무는 열, 빛 등에 의해 쉽게 노화되므로 열 및 직사광선을 피하여 보관해야 한다.
③ 전기용 안전장갑이 작업 시 쉽게 파손되지 않도록 외측에 가죽장갑을 착용해야 한다.
④ 내전압용 절연장갑은 00등급부터 4등급까지 있으며 숫자가 작을수록 절연성이 높다.

정답 | ④

해설 | 내전압용 절연장갑은 00등급부터 4등급까지 있으며 숫자가 클수록 절연성이 높다.

10 다음 (가), (나)에 들어갈 심폐소생술의 순서로 맞는 것은?

의식 확인 → (가) → 가슴 압박 30회 → (나) → 가슴 압박과 인공호흡의 반복 → 회복 자세

	(가)	(나)
①	인공호흡 2회	112 신고 요청
②	인공호흡 5회	112 신고 요청
③	119 신고 요청	인공호흡 2회
④	119 신고 요청	인공호흡 5회

정답 | ③

해설 |

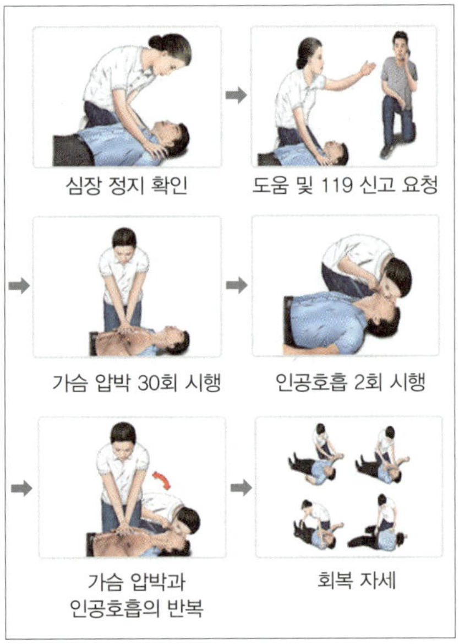

244　PART 06 3D프린터 안전관리

02 예방 점검 실시

01 3D프린터 설치 장소 및 작업환경 관리 방법으로 옳지 않은 것은?

① 3D프린터 설치 장소의 실내 습도는 40~60%를 유지한다.
② 장비는 밀폐용 장비 또는 필터가 장착된 프린터를 사용한다.
③ 에어컨을 설치할 때는 환풍기 반대편에 설치한다.
④ 실내의 온도를 유지하기 위하여 창문 등을 개방하여 환기하지 않는다.

정답 | ④

해설 | 3D프린터 가동 중 유해물질 저감을 위해서는 기본적으로 급기 및 배기설비 시설을 확충하거나 환풍기 같은 환기장치를 설치하는 것을 권장하며, 창문 등을 개방하여 환기하도록 한다.

02 안전점검의 순서로 옳은 것은?

① 실태 파악 → 결함 발견 → 대책 결정 → 대책 실시
② 실태 파악 → 결함 발견 → 대책 실시 → 대책 결정
③ 결함 발견 → 실태 파악 → 대책 결정 → 대책 실시
④ 결함 발견 → 실태 파악 → 대책 실시 → 대책 결정

정답 | ①

해설 | 안전점검의 순서
- 실태의 파악 : 생산라인의 전반적인 관찰 속에서 일정한 리듬을 파악한다.
- 결함의 발견 : 불안정한 상태와 불안전한 행동을 예측하고 결함을 찾아낸다.
- 대책의 결정 : 이상 상태 발견 시 그 결함을 시정하기 위한 대책을 결정한다.
- 대책의 실시 : 그 원인을 분석하고 근원적인 조치를 강구한다.

03 안전관리 점검 주체자와 점검 내용을 잘못 연결한 것은?

① 안전보건관리 책임자 : 작업환경의 점검
② 관리감독자 : 소속작업에 사용되는 기계기구 및 설비의 안전보건 점검
③ 안전관리자 : 사업장 순회 점검
④ 작업자 : 전체 환기 및 국소배기장치 등에 관한 설비의 점검

정답 | ④

해설 | • **작업자** : 작업 시작 전 점검
• **보건관리자** : 전체 환기 및 국소배기장치 등에 관한 설비의 점검

04 기계 기구 및 설비를 신설하거나 이동·교체를 할 때 기계설비의 이상 유무를 확인하는 점검으로 옳은 것은?

① 일상점검   ② 정기점검
③ 특별점검   ④ 임시점검

정답 | ③

해설 | ① **일상점검** : 작업 전, 작업 중 또는 작업 종료 후에 수시로 실시하는 점검
② **정기점검** : 일정한 기간을 정하여 대상 기계기구 및 설비를 점검
④ **임시점검** : 기계설비의 갑작스런 이상 발견 시에 실시

05 안전점검 시 점검 방법에 따른 구분으로 틀린 것은?

① 외관점검   ② 기능점검
③ 작동점검   ④ 설치점검

정답 | ④

해설 | 점검 방법에 따른 구분
- 외관점검
- 기능점검
- 작동점검
- 정밀점검

출제 예상 문제 **245**

PART

07

 **3D PRINTING** 3D프린터운용기능사 자격증 대비과정
3D프린터운용기능사 필기

최신
기출복원문제

CHAPTER 01	2018년 기출복원문제
CHAPTER 02	2019년 기출복원문제
CHAPTER 03	2020년 기출복원문제-1
CHAPTER 04	2020년 기출복원문제-2
CHAPTER 05	2021년 기출복원문제
CHAPTER 06	2022년 기출복원문제
CHAPTER 07	2023년 기출복원문제
CHAPTER 08	2024년 기출복원문제
CHAPTER 09	2025년 기출복원문제-1
CHAPTER 10	2025년 기출복원문제-2

CHAPTER 01

3D프린터운용기능사 자격증 대비과정

2018년 기출복원문제

01 3D프린터의 개념 및 특징에 관한 내용으로 옳지 않은 것은?

① 컴퓨터로 제어되기 때문에 만들 수 있는 형태가 다양하다.

② 제작 속도가 매우 빠르며, 절삭 가공하므로 표면이 매끄럽다.

③ 재료를 연속적으로 한층, 한층 쌓으면서 3차원 물체를 만들어내는 제조 기술이다.

④ 기존 잉크젯 프린터에서 쓰이는 것과 유사한 적층 방식으로 입체물을 제작하는 방식도 있다.

해설 | 3D프린터란 3차원 도면을 3D 프린팅 언어로 변환시킨 후 기기에 맞는 재료를 사용하여 적층하는 방법을 통해 3차원 물체를 만들어내는 기술이다. 즉, 적층 기술을 이용하는 것이지 칩이 발생하는 절삭 가공을 이용하는 것은 아니다.

02 다음 설명에 해당되는 데이터 포맷은?

- 최초의 3D 호환 표준 포맷이다.
- 형상 데이터를 나타내는 엔터티(entity)로 이루어져 있다.
- 점, 선, 원, 자유곡선, 자유곡면 등 3차원 모델의 거의 모든 정보를 포함한다.

① XYZ
② IGES
③ STEP
④ STL

해설 | 표준 포맷
- IGES(Initial Graphics Exchange Specification)
  - 1980년에 그래픽정보의 교환을 위해 미국 상무부의 국가표준국에서 제정한 표준규격
  - 3D 제품 데이터의 교환을 목적으로 함
  - 점, 선, 원, 자유곡선, 자유곡면 등 3차원 모델의 거의 모든 정보를 포함
- STEP(Standard for Exchange of Product Model Data)
  - CAD 시스템 간의 3D 제품 데이터 교환을 목적으로 하는 국제 ISO 표준규격
- STL(STereo Lithography)
  - 3차원 데이터를 표현하는 국제표준 형식
  - 3차원 형상을 무수히 많은 삼각형 면으로 구성하여 표현해 주는 일종의 폴리곤 포맷

03 여러 부분을 나누어 스캔할 때 스캔 데이터를 정합하기 위해 사용되는 도구는?

① 정합용 마커
② 정합용 스캐너
③ 정합용 광원
④ 정합용 레이저

해설 | 정합용 마커(Resistration Marker)는 측정 대상물이 클 경우 사용하는 방법으로 여러 번 나누어 스캔 시 스캔 데이터를 정합하기 위한 도구이다. 산업용 고정밀 라인 레이저 측정에 많이 사용되며, 치수 정밀도가 우수한 3개 이상의 볼을 미리 고정시켜 같이 스캔한다.

04 측정 대상물에 대한 표면 처리 등의 준비, 스캐닝 가능 여부에 대한 대체 스캐너 선정 등의 작업을 수행하는 단계는?

① 역설계
② 스캐닝 보정
③ 스캐닝 준비
④ 스캔 데이터 정합

해설 | 역설계는 모델링 단계에서 하고, 스캐닝 보정과 스캔 데이터 정합은 스캐너를 사용한 후에 하는 과정이다.
스캐닝 준비 과정
㉠ 스캐닝의 방식
㉡ 측정 대상물의 크기 및 표면 처리
㉢ 적용 분야에 따른 스캐너 선정(고정밀 산업, 일반용)

05 다음에서 설명하는 3D 스캐너 타입은?

> 물체 표면에 지속적으로 주파수가 다른 빛을 쏘고 수신광부에서 이 빛을 받을 때 주파수의 차이를 검출해 거리 값을 구해내는 방식

① 핸드헬드 스캐너
② 변조광 방식의 3D 스캐너
③ 백색광 방식의 3D 스캐너
④ 광 삼각법 3D 레이저 스캐너

해설 | ① 핸드헬드 스캐너 : 3D 이미지를 얻기 위해 광 삼각법을 주로 이용한다. 점(dot) 또는 선(line) 타입의 레이저를 피사체에 투사하는 레이저 발송자와 반사된 빛을 받는 수신 장치(주로 CCD), 내부 좌표계를 기준 좌표계와 연결하기 위한 시스템으로 구성되어 있다.
③ 백색광 방식 스캐너 : 특정 패턴을 물체에 투영하고 그 패턴의 변형 형태를 파악해 3D 정보를 얻어내는 방식이다.
④ 광 삼각법 3D 레이저 스캐너 : 레이저가 얼마나 멀리 있는 물체에 부딪혔는가에 따라 레이저를 수신하는 CCD 카메라 소자에는 레이저가 다른 위치에 보이게 된다.

06 모델을 생성하는 데 있어 단면 곡선과 가이드 곡선이라는 2개의 스케치가 필요한 모델링은?

① 돌출(Extrude) 모델링
② 필렛(Fillet) 모델링
③ 셸(Shell) 모델링
④ 스윕(Sweep) 모델링

해설 | 스윕 모델링은 정해진 경로를 따라 단면이 이동하며 3D 형상을 만드는 방식으로, 단면 곡선과 가이드 곡선을 필요로 한다.
① 돌출 : 단면에 높이 값을 주어 3D 형상을 만든다.
② 필렛 : 각진 모서리를 둥글게 만든다.
③ 셸 : 3D 형상이 일정한 두께를 갖도록 하는 기능이다.

정답 01 ② 02 ② 03 ① 04 ③ 05 ② 06 ④　　　CHAPTER 01 2018년 기출복원문제　**249**

07 3D프린터 출력용 모델링 데이터를 수정해야 하는 이유로 거리가 먼 것은?

① 모델링 데이터상에 출력한 3D프린터의 해상도보다 작은 크기의 형상이 있다.
② 모델링 데이터의 전체 사이즈가 3D프린터의 최대 출력 사이즈보다 작다.
③ 제품의 조립성을 위하여 각 부품을 분할 출력하기 위해 모델링 데이터를 분할한다.
④ 3D프린터 과정에서 서포터를 최소한으로 생성시키기 위해 모델링 데이터를 분할 및 수정한다.

해설 | 출력해야 할 모델링 제품이 3D프린터의 최대 출력 사이즈보다 큰 경우 모델링 데이터를 분할하거나 축소하여 출력해야 한다. 출력 모델링이 3D프린터의 최대 사이즈보다 작은 경우는 그대로 출력하면 된다.

08 그림의 구속조건 중 도형의 평행(Parallel) 조건을 부여하는 것은?

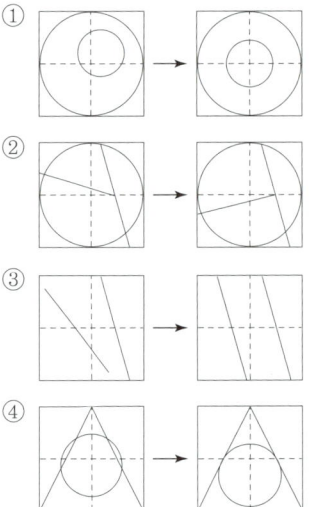

해설 | ① 동심구속
② 직각구속
④ 접선구속

09 2D 도면 작성 시 가는 실선이 적용되는 것이 아닌 것은?

① 치수선
② 외형선
③ 해칭선
④ 치수 보조선

해설 | 2D 도면의 외형선은 굵은 실선을 사용한다.

10 다음 그림 기호에 해당하는 투상도법은?

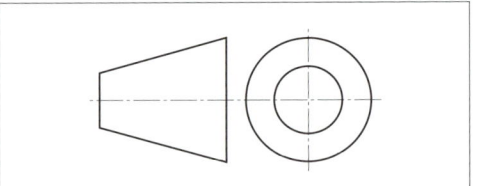

① 제1각법
② 제2각법
③ 제3각법
④ 제4각법

해설 | 제1각법은 '눈 → 물체 → 투상' 순서로 표시하고, 제3각법은 '눈 → 투상 → 물체' 순서로 표시한다.

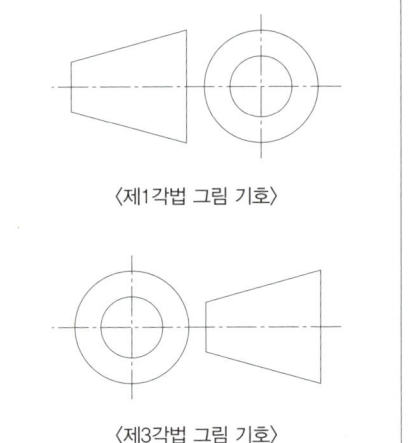

〈제1각법 그림 기호〉

〈제3각법 그림 기호〉

11 기존에 생성된 솔리드 모델에서 프로파일 모양으로 홈을 파거나 뚫을 때 사용하는 기능으로, 돌출 명령어의 진행 과정과 옵션은 동일하나 돌출 형상으로 제거하는 명령어를 뜻하는 것은?

① 합치기(합집합)
② 교차하기(교집합)
③ 빼기(차집합)
④ 생성하기(신규생성)

해설 | 차집합은 한 객체에서 다른 객체의 겹친 부분만큼 빼내어 만드는 것을 말한다.
　① 합집합 : 두 객체를 합쳐서 하나의 객체로 만드는 것
　② 교집합 : 두 객체가 만나서 겹치는 부분만 남기고 만드는 것

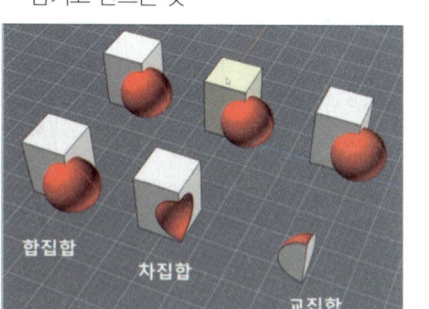

12 3D프린터의 출력 공차를 고려한 파트 수정에 대한 설명으로 옳은 것은?

① 조립되는 부분은 출력 공차를 고려하여 부품 형상을 모델링하거나 필요한 경우에는 수정해야 한다.
② 조립 부품을 수정할 때에는 반드시 두 개의 부품을 모두 수정해야 한다.
③ 출력 공차를 고려할 시 출력 노즐의 크기는 고려할 필요가 없다.
④ 공차를 고려할 사항으로 소재 수축률, 기계공차, 도료 색상 등이 있다.

해설 | 3D프린터는 모델링된 크기 그대로를 출력하기 때문에 조립되는 부위에 대해서는 출력 공차를 적용하여 제품을 모델링해야 한다.
　② 조립 부품을 수정할 때 한쪽 부품만 수정하고 반드시 두 개 모두를 수정할 필요는 없다.
　③ 노즐의 크기에 따라 정밀도가 달라질 수 있어 출력 노즐의 크기를 고려해야 한다.
　④ 공차를 고려할 때 도료의 색상까지 고려할 필요는 없다.

정답 07 ② 08 ③ 09 ② 10 ① 11 ③ 12 ①　　　　　CHAPTER 01 2018년 기출복원문제 **251**

13 물체의 보이지 않는 안쪽 모양을 명확하게 나타낼 때 사용되며, 일반적으로 45°의 가는 실선을 단면부 면적에 일정한 간격의 경사선으로 나타내어 절단되었다는 것을 표시해주는 것은?

① 해칭   ② 스머징

③ 커팅   ④ 트리밍

해설 | 해칭(Hatching)은 일반적으로 45° 각도로 일정한 간격의 가는 실선으로 채워 절단면을 표시한다. 단, 반드시 45° 각도를 그리는 것은 아니다.

② 스머징(Smudging) : 단면이 큰 경우 해칭을 대신하여 파스텔이나 색연필 등으로 색을 칠하여 절단면을 표시한다.

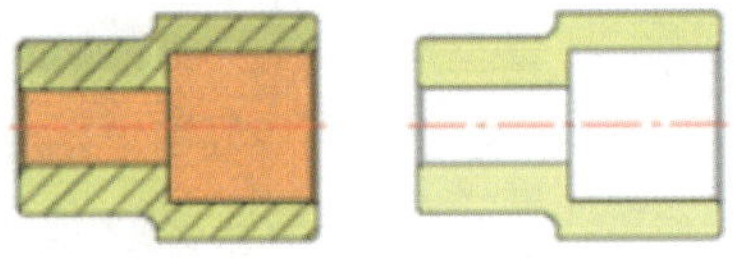

〈해칭〉   〈스머징〉

14 엔지니어링 모델링에서 사용되는 상향식 (Bottom-UP)에 대한 설명으로 옳지 않은 것은?

① 파트를 모델링해 놓은 상태에서 조립품을 구성하는 것이다.

② 기존에 생성된 단품을 불러오거나 배치할 수 있다.

③ 자동차나 로봇 모형(프라모델) 분야에서 사용되며 기존 데이터를 참고하여 작업하는 방식이다.

④ 제품의 조립 관계를 고려하여 배치 및 조립을 한다.

해설 | 조립품에서 부품을 조립하면서 만드는 방식 (프라모델 조립 방식)은 **하향식**이며, 기존 데이터를 참고하여 작업한다는 것은 역설계를 의미한다.

①, ②, ④ 상향식이란 각각의 부품을 미리 모델링해서 만들어 놓고 불러와서 조립하는 방식이다.

15 스케치 요소 중 두 개의 원에 적용할 수 없는 구속조건은?

① 동심   ② 동일
③ 평행   ④ 탄젠트

해설 |

〈동심(Concentric)〉

〈동일(Equal)〉

〈접선(Tangent)〉

16 다음 도면의 치수 중 A 위치에 기입될 치수의 표현으로 가장 정확한 것은? (단, 도면 전체에 치수편차 ±0.1을 적용한다.)

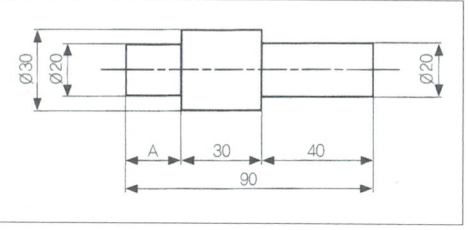

① ∅ 20   ② (20)
③ 20   ④ SR20

해설 | 치수 기입법에서 중복 치수 기입은 하지 않는 것을 원칙으로 한다. 중복 치수란 같은 치수를 두 번 적는 것인데, 축의 전체 길이 치수 90은 치수 40+30+20의 합으로 중복 치수가 된다. 원칙적으로 A에는 치수 기입을 하지 않아도 되지만 만약 치수를 기입할 경우 20이라는 치수는 참고해서 보라는 의미인 참고 치수를 기입한다. 즉 괄호 안에 20을 기입하여 넣는다.

정답 13 ①   14 ③   15 ③   16 ②

17 FDM 방식 3D 프린팅 작업을 위해 3D 형상 데이터를 분할하는 경우 고려해야 할 항목으로 가장 거리가 먼 것은?

① 3D프린터 출력 범위
② 서포터 생성 유무
③ 출력물의 품질
④ 익스트루더의 크기

해설 | 3D 데이터 형상이 프린터의 출력 범위를 벗어날 경우 데이터를 분할하여 출력한다. 또는 서포터의 생성 유무나 출력물의 품질 등을 고려하여 데이터를 분할할 수 있다. 익스트루더(Extruder)는 필라멘트를 노즐에 공급하고 베드에 필라멘트를 녹여 안착시키는 역할로, 데이터 분할과는 무관하다.

익스트루더

18 다음 중 3D 프린팅 작업을 위해 3D 모델링에서 고려해야 할 항목으로 가장 거리가 먼 것은?

① 1회 적층 높이
② 서포터 유무
③ 출력 프린터 제작 크기
④ 출력 소재 및 수축률

해설 | 3D 모델링 단계에서 1회 적층 높이는 고려할 사항이 아니다. 적층 높이는 출력 설정 단계에서 고려한다.

19 3D 모델링 방식의 종류 중 넙스(NURBS) 방식에 대한 설명으로 옳은 것은?

① 삼각형을 기본 단위로 하여 모델링을 할 수 있는 방식이다.
② 폴리곤 방식에 비해 많은 계산이 필요하다.
③ 폴리곤 방식보다 비교적 모델링 형상이 명확하지 않다.
④ 도형의 외곽선을 와이어프레임만으로 나타낸 형상이다.

해설 | 넙스(NURBS) 방식
• 폴리곤의 단점을 보안하기 위해 만들어진 기술이다.
• 높은 품질의 곡면체를 만들어 모델링 형상이 명확하다.
• 선을 이용해 형태를 잡고 loft시켜 면(surface)을 만든다.
• 렌더링 시 하이 폴리곤으로 전환되어 많은 계산이 필요하고 데이터가 무거워진다는 단점이 있다.

20 치수 보조 기호를 나타내는 의미와 치수 보조 기호가 잘못 연결된 것은?

① 지름 : ∅ 10
② 참고 치수 : (30)
③ 구의 지름 : S ∅ 40
④ 판의 두께 : □ 4

해설 | 판의 두께는 t=4와 같이 표기한다.

21 내마모성이 우수하고, 고무와 플라스틱의 특징을 가지고 있어 휴대폰 케이스의 말랑한 소재나 장난감, 타이어 등으로 프린팅해서 바로 사용이 가능한 소재는?

① TPU　　　　② ABS
③ PVA　　　　④ PLA

해설 | TPU는 폴리우레탄계 열가소성 탄성체로서 열가소성 탄성체 중 가장 뛰어난 인장 강도, 인열 강도, 내마모성 등의 기계적 물성을 지닌 재료로서 높은 내구도를 필요로 하는 용도에 널리 적용되는 소재이다.
　② ABS : 열가소성 수지로 가공이 쉽고 내충격성 및 내열성이 강해 가전제품 및 자동차용 내외장재로 사용
　③ PVA(Polyvinyl Alcohol, 폴리바이닐 알코올) : 수용성으로 물에 쉽게 녹아 서포터 재질로 사용
　④ PLA(Poly Lactic Acid) : 가장 대중적인 3D 프린터 재료로, 옥수수 전분을 소재로 만든 친환경 수지

22 FDM 방식 3D프린터로 출력하기 위해 확인해야 할 점검사항으로 볼 수 없는 것은?

① 장비 매뉴얼을 숙지한다.
② 테스트용 형상을 출력하여 프린터 성능을 점검한다.
③ 프린터의 베드(Bed) 레벨링 상태를 확인 및 조정한다.
④ 진동, 충격을 방지하기 위해 프린터가 연질매트 위에 설치되어 있는지 확인한다.

해설 | 프린터를 연질매트 위에 설치하면 흔들림으로 진동이 더 생긴다.

23 래프트(Raft) 값 설정과 관련이 없는 것은?

① Base line width는 래프트의 맨 아래층 과인의 폭을 설정하는 옵션이다.
② Line spacing은 래프트의 맨 아래층 라인의 간격을 설정하는 옵션이다.
③ Surface layer는 래프트의 맨 위층의 적층 횟수를 설정하는 옵션이다.
④ Infill speed는 내부 채움 시 속도를 별도로 지정하는 옵션이다.

해설 | Infill은 래프트의 생성과는 무관하게 출력 모델링 본체에 내부 채움을 설정하는 옵션이다.
　※ 래프트(Raft) : 바닥의 레벨이 잘 안 맞거나 고정이 잘 안 되는 상황일 때 별도 형상으로 바닥 보조물을 만들어 주는 기능

24 FDM 델타 방식 프린터에서 높이가 258mm일 때 원점 좌표로 옳은 것은?

① (258, 0, 0)　　② (0, 258, 0)
③ (0, 0, 258)　　④ (0, 0, 0)

해설 | 델타 방식 프린터의 좌표는 (X, Y, Z)이며, 높이는 Z값이므로 (0, 0, 258)을 원점 좌표로 설정한다.

25 3D 프린팅에 적합하지 않은 3D 데이터 포맷은?

① STL　　　　② OBJ
③ MPEG　　　④ AMF

해설 | MPEG(Moving Picture Experts Group)는 동영상을 압축하고 코드로 표현하는 방법의 표준을 만드는 것을 목적으로 하는 동화상 전문가 그룹을 말한다.

정답　17 ④　18 ①　19 ②　20 ④　21 ①　22 ④　23 ④　24 ③　25 ③　CHAPTER 01 2018년 기출복원문제 **255**

26 출력보조물인 지지대(Supporter)에 대한 효과로 볼 수 없는 것은?

① 출력 오차를 줄일 수 있다.
② 지지대를 많이 사용할 시 후가공 시간이 단축된다.
③ 지지대는 출력물의 수축에 의한 뒤틀림이나 변형을 방지할 수 있다.
④ 진동이나 충격이 가해졌을 때 출력물의 이동이나 붕괴를 방지할 수 있다.

해설 | 지지대가 많이 생기면 출력 시간도 많이 걸리며 제품에서 떼어내는 후가공도 시간이 많이 걸린다.

27 다음 설명에 해당되는 코드는?

- 기계를 제어 및 조정해 주는 코드
- 보조 기능의 코드
- 프로그램을 제어하거나 기계의 보조 장치들을 ON/OFF해 주는 역할

① G코드　　　② M코드
③ C코드　　　④ QR코드

해설 | M코드는 기계를 제어 및 조정하는 보조 기능을 하는 코드이다.
① G코드 : 기계를 제어 · 구동시키는 명령

28 FDM 방식 3D프린터 출력 전 생성된 G코드에 직접적으로 포함되지 않는 정보는?

① 헤드 이송 속도
② 헤드 동작 시간
③ 헤드 온도
④ 헤드 좌표

해설 | 헤드 동작 시간은 G코드에 포함되지 않고 슬라이싱 프로그램에서 전체 출력 시간을 연산하여 자동으로 계산한다.
① G01 명령 : 직선 보간 F 어드레스로 헤드의 이송 속도 지정
③ 보조 기능 M104로 헤드 압출기 온도 설정
④ G00 : 지정된 좌표로 헤드 급속 이동
　 G01 : 지정된 좌표로 헤드 직선 이동

29 슬라이서 소프트웨어 설정 중 내부 채우기의 정도를 뜻하는 것으로 0~100%까지 채우기가 가능하며 채우기 정도가 높아질수록 출력 시간이 오래 걸리는 단점이 있는 것은?

① Infill
② Raft
③ Supporter
④ Resolution

해설 | Infill은 내부 채우기를 의미한다.
② Raft : 바닥 지지대
③ Supporter : 제품을 출력할 때 형상을 지지해 주는 지지대
④ Resolution : 해상도, 화면 또는 인쇄 등에서 이미지의 정밀도를 나타내는 지표

30 FDM 방식 3D프린터를 사용하여 한 변의 길이가 50mm인 정육면체 형상을 출력하기 위해 한 층의 높이 값을 0.25mm로 설정하여 슬라이싱하였다. 이때 생성된 전체 layer의 층수는?

① 40층 ② 80층
③ 120층 ④ 200층

해설 | 50mm 높이를 0.25mm씩 쌓은 것으로 $\frac{50}{0.25}$ =200(층)이 나온다.

31 3D 프린팅은 3D 모델의 형상을 분석하고 모델의 이상 유무와 형상을 고려하여 배치한다. 다음 그림과 같은 형태로 출력할 때 출력 시간이 가장 긴 것은? (단, 아랫면이 베드에 부착된다.)

① 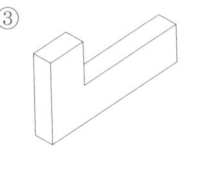 ②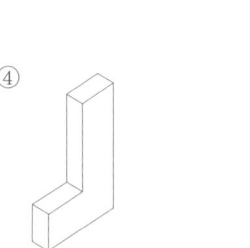

③ 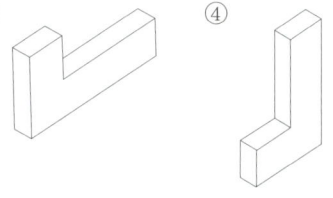 ④

해설 | 같은 제품에서도 출력 자세에 따라 서포터의 생성이 다르게 나타난다. 서포터가 많이 생기는 자세일수록 출력 시간이 길어지게 된다.

32 3D프린터의 종류와 사용 소재의 연결이 옳지 않은 것은?

① FDM → 열가소성 수지(고체)
② SLA → 광경화성 수지(액상)
③ SLS → 열가소성 수지(분말)
④ DLP → 열경화성 수지(분말)

해설 | DLP(Digital Light Processing)는 빛을 사용하는 광경화 방식(액상, 레진)이다.
　① FDM(Fused Deposition Modeling) : 용융 적층 모델링, 열가소성 수지(고체)
　② SLA(Stereo Lithography Apparatus) : 광경화성 수지 조형 방식(액상, 레진)
　③ SLS(Selective Laser Sintering) : 선택적 레이저 소결 방식, 열가소성 수지(분말)

레진을 이용한 SLA, DLP 방식

33 FDM 방식 3D 프린팅을 위한 설정값 중 레이어(Layer) 두께에 대한 설명으로 틀린 것은?

① 레이어 두께는 프린팅 품질을 좌우하는 핵심적인 치수이다.
② 일반적으로 레이어 두께를 절반으로 줄이면 프린팅 시간은 2배로 늘어난다.
③ 레이어가 얇을수록 측면의 품질뿐만 아니라 사선부의 표면이나 둥근 부분의 품질도 좋아진다.
④ 맨 처음 적층되는 레이어는 베드에 잘 부착되도록 가능한 얇게 설정하는 것이 좋다.

해설 | 맨 처음 적층되는 레이어는 베드에 잘 부착되도록 두껍게 설정하는 것이 좋다. 베드에 붙는 레이어가 너무 얇으면 접지력이 떨어진다.

34 3D 모델링을 다음 그림과 같이 배치하여 출력할 때 안정적인 출력을 위해 가장 기본적으로 필요한 것은? (단, FDM 방식 3D 프린터에서 출력한다고 가정한다.)

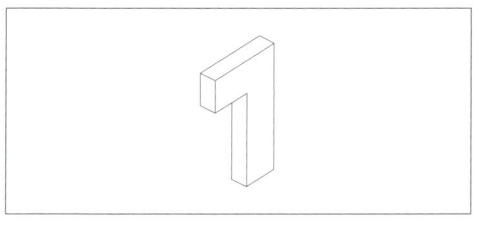

① 서포터 ② 브림
③ 루프 ④ 스커트

해설 | 외팔보 형식의 제품은 서포터가 없으면 형상이 안 나오거나 아래로 처지게 되므로 서포터가 필요하다.

35 다음 중 3D프린터 출력물의 외형 강도에 가장 크게 영향을 미치는 설정값은?

① Raft
② Brim
③ Speed
④ Number of Shells

해설 | Shell은 출력물의 벽을 의미하며 벽의 두께를 결정하는 것이 Number of Shells이다. 이는 외형 강도에 가장 큰 영향을 미친다.
① , ② Raft, Brim은 바닥 지지대로 출력물의 외형 강도에 영향을 미치지 않는다.

36 G코드 중에서 홈(원점)으로 이동하는 명령어는?

① G28 ② G92
③ M106 ④ M113

해설 | G28은 원점으로 이동하는 명령어이다.
② G92 : 지정된 좌표로 현재 위치를 설정
③ M106 : 냉각팬 전원 ON
M107 : 냉각팬 전원 OFF
④ M113 : 압출기의 스테퍼 전원 설정

37 다음 설명에 해당하는 소재는?

- 전기 절연성, 치수 안정성이 좋고 내충격성도 뛰어난 편이라 전기 부품 제작에 가장 많이 사용되는 재료이다.
- 연속적인 힘이 가해지는 부품에는 부적당하며 일회성으로 강한 충격을 받는 제품에 주로 쓰인다.

① ABS   ② PLA
③ Nylon   ④ PC

해설 | PC(Poly Carbonate)는 강하면서도 치수적으로 안정적이며 내충격성이 우수한 내열성 플라스틱이다.
① ABS(Acrylonitil Butadiene Styrene) : 유독가스를 제거한 석유 추출물로, 구조용 부품으로서 강도가 우수하다.
② PLA(Poly Lactic Acid) : 옥수수, 사탕수수, 고구마류 등의 식물성 원료를 사용하며, 열에 의한 변형이 적고 비교적 큰 출력물도 만들기 쉽다.
④ Nylon(나일론) : 섬유질, 필름 등 다양한 형태로 가공될 수 있는 합성 폴리모 소재이다.

38 분말을 용융하는 분말융접(Power Bed Fusion) 방식의 3D프린터에서 고형화를 위해 주로 사용되는 것은?

① 레이저   ② 황산
③ 산소   ④ 글루

해설 | 분말융접 방식(고출력 레이저를 이용) 3D프린터의 종류
- MJF(Multi Jet Fusion) : 잉크젯 프린터와 같은 원리
- SLS(Selective Laser Sintering) : 세라믹 분말 등을 융접
- DMLS(Direct Metal Laser Sintering) : 금속 분말을 융접

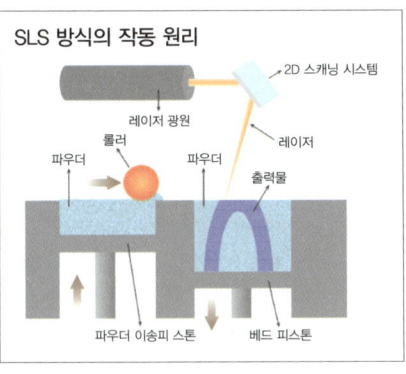

SLS 방식의 작동 원리

39 노즐에서 재료를 토출하면서 가로 100mm, 세로 200mm 위치로 이동하라는 G코드 명령어에 해당하는 것은?

① G1 X100, Y200
② G0 X100, Y200
③ G1 A100, B200
④ G2 X100, Y200

해설 | G1 코드는 정해진 좌표로 직선 이동을 하면서 재료를 토출하는 명령어이다. 이때 좌표계는 가로 X, 세로 Y, 높이는 Z를 쓴다.
② G0 명령어 : 급속 이송
④ G2 명령어 : 시계 방향으로 원호가공 이송

정답 33 ④ 34 ① 35 ④ 36 ① 37 ④ 38 ① 39 ①

CHAPTER 01 2018년 기출복원문제 **259**

40 3D프린터의 출력 방식에 대한 설명으로 옳지 않은 것은?

① DLP 방식은 선택적 레이저 소결 방식으로 소재에 레이저를 주사하여 가공하는 방식이다.
② SLS 방식은 재료 위에 레이저를 스캐닝하여 용접하는 방식이다.
③ FDM 방식은 가열된 노즐에 필라멘트를 투입하여 가압 토출하는 방식이다.
④ SLA 방식은 용기 안에 담긴 재료에 적절한 파장의 빛을 주사하여 선택적으로 경화시키는 방식이다.

해설 | DLP(Digital Light Processing) 방식은 UV 레이저가 선을 그리며 움직이는 SLA 방식과 달리, 영상 프로젝터와 유사하게 자외선램프와 조광 장치를 이용해 카메라 플래시를 터뜨리듯 단번에 한 층 전체를 경화하는 방식이다.
② SLS 방식(Selective Laser Sintering, 선택적 레이저 소결 방식) : 롤러를 이용해 분말 형태의 재료를 베드에 얇게 깐 다음, 레이저로 선택된 부분을 녹이고 굳히는 과정을 반복하는 방식

DLP 방식의 작동 원리

41 3D프린터의 정밀도를 확인한 후 장비를 교정하려 한다. 출력물 내부 폭을 2mm로 지정하여 10개의 출력물을 뽑은 후 내부 폭을 측정한 값을 토대로 구한 평균값(A)과 오차 평균값(B)으로 옳은 것은?

출력회차	1	2	3	4	5
측정값	1.58	1.72	1.63	1.66	1.62
출력회차	6	7	8	9	10
측정값	1.65	1.72	1.78	1.80	1.65

	A	B
①	1.665	−0.335
②	1.662	−0.328
③	1.678	−0.322
④	1.681	−0.319

해설 | • 평균값(A)=
$$\frac{(1.58+1.72+1.63+1.66+1.62+1.65+1.72+1.78+1.80+1.65)}{10}$$
$$=1.681$$
• 오차 평균값(B) : 기준값인 내부 폭 2mm에 대한 오차값을 더한 평균으로 구한다.
$$\frac{-(0.42+0.28+0.37+0.34+0.38+0.35+0.28+0.22+0.2+0.35)}{10}$$
$$=-0.319$$

260 PART 07 최신 기출복원문제

42 3D프린터를 출력하기 위한 오브젝트의 수정 및 오류 검출에 관한 설명으로 옳지 않은 것은?

① 출력용 STL 파일의 사이즈는 슬라이서 프로그램에서 조정이 가능하다.

② 오브젝트의 위상을 바꾸어 출력하기 위해서 반드시 모델링 프로그램에서 수정할 필요는 없다.

③ 같은 모양의 오브젝트를 멀티로 출력할 때는 반드시 모델링 프로그램에서 수량을 늘려주어야 한다.

④ 오브젝트의 위치를 바꾸기 위한 반전 및 회전은 슬라이서 프로그램에서 조정 가능하다.

해설 | 같은 모양의 오브젝트를 멀티로 출력할 때는 슬라이서 프로그램에서 복사하여 여러 개를 배치하고 출력할 수 있다.

43 3D프린터 출력 시 STL 파일을 불러와서 슬라이서 프로그램에서 출력 조건을 설정한 후 출력을 진행할 때 생성되는 코드는?

① Z코드　　　② D코드
③ G코드　　　④ C코드

해설 | 슬라이서 프로그램을 통한 헤드의 움직임 및 온도 설정, 각종 모터 제어 등은 CNC 공작기계를 운용할 때 사용하는 G코드와 M코드를 이용하여 제어한다.

44 3D프린터용 슬라이서 프로그램이 인식할 수 있는 파일의 종류로 올바르게 나열된 것은?

① STL, OBJ, IGES
② DWG, STL, AMF
③ STL, OBJ, AMF
④ DWG, IGES, STL

해설 | • STL 파일 : 솔리드 모델의 표면을 삼각형으로 근사치 계산을 하며 모든 슬라이서 프로그램에서 인식한다.
• OBJ 파일 : 폴리곤을 구성하는 정보를 갖고 있다.
• AMF 파일 : 적층 제조 파일로, CAD 프로그램에서 3D 프린팅 목적으로 개체를 설명하기 위해 사용한다.

45 3D프린터에서 출력물 회수 시 전용 공구를 이용하여 출력물을 회수하고 표면을 세척제로 세척한 후 출력물을 경화기로 경화시키는 방식은?

① FDM　　　② SLA
③ SLS　　　④ LOM

해설 | SLA(Stereo Lithography Apparatus, 광경화성 수지 조형 방식)
출력물 표면에 액체 상태로 남은 레진은 독성 물질이나 마찬가지이기 때문에 세척이 필요하다. 따라서 SLA 방식의 프린터는 환기가 잘 되는 곳에서 사용해야 하며, 레진을 취급할 때는 방독 마스크와 니트릴 보호장갑을 착용해야 한다.

정답 40 ① 41 ④ 42 ③ 43 ③ 44 ③ 45 ②　　**CHAPTER 01** 2018년 기출복원문제 **261**

46 3D프린터 출력 오류 중 처음부터 재료가 압출되지 않는 경우의 원인으로 거리가 먼 것은?

① 압출기 내부에 재료가 채워져 있지 않을 경우
② 회전하는 기어 톱니가 필라멘트를 밀어내지 못할 경우
③ 가열된 플라스틱 재료가 노즐 내부와 너무 오래 접촉하여 굳어 있는 경우
④ 재료를 절약하기 위해 출력물 내부에 빈 공간을 너무 많이 설정할 경우

해설 | 출력물 내부에 빈 공간을 설정한 것과 재료가 압출되는 것은 아무런 관계가 없다. 출력물 내부에 빈 공간이 많으면 출력 시간을 단축할 수 있고 재료의 소모가 적어지지만 강도는 약해진다.

47 3D프린터 출력물에 용융된 재료가 흘러나와 얇은 선이 생겼을 경우 이러한 출력 오류를 해결하는 방법으로 옳지 않은 것은?

① 온도 설정을 변경한다.
② 리트렉션(retraction) 거리를 조절한다.
③ 리트렉션(retraction) 속도를 조절한다.
④ 압출 헤드가 긴 거리를 이송하도록 조정한다.

해설 | 압출 헤드의 이송 거리가 짧을수록 출력 오류는 적어진다.
스트링(String) 현상(출력물에 거미줄처럼 생기는 것) 방지법
• 출력 온도 설정 : 높으면 흘러내리고 낮으면 압출 불량이 생김
• 리트렉션 속도 설정 : 속도가 빠르면 스트링 현상 줄어듦
• 리트렉션 거리 설정 : 거리가 클수록 스트링 현상은 줄어들지만 과하면 압출 불량 발생
※ 리트렉션(retraction, 역회전) : 녹아서 흘러나오는 필라멘트를 멈추게 하기 위해 익스트루더의 회전 방향을 순간적으로 역회전시켜 필라멘트의 압출을 일시적으로 멈추게 하는 것

48 출력용 파일의 오류 중 실제 존재할 수 없는 구조로 3D 프린팅, 부울 작업, 유체 분석 등에 오류가 생길 수 있는 것은?

① 반전 면
② 오픈 메시
③ 클로즈 메시
④ 비(非)매니폴드 형상

해설 | 비(非)매니폴드 형상은 하나의 모서리를 3개 이상의 면이 공유하고 있는 경우와 모서리를 공유하고 있지 않은 서로 다른 면에 공유되는 정점을 나타내는 형상이다. 실제 존재할 수 없는 구조로서 3D 프린팅, 부울 작업, 유체분석 등에서 오류가 생길 수 있다.

49 FDM 방식 3D프린터 출력 시 첫 번째 레이어의 바닥 안착이 중요하다. 이때 바닥에 출력물이 잘 고정되게 하기 위한 방법으로 적절하지 않은 것은?

① Skirt 라인을 한 줄로 설정하여 오브젝트를 출력한다.
② 열 수축 현상이 많은 재료로 출력을 하거나 출력물의 바닥이 평평하지 않을 때 Raft를 설정하여 출력한다.
③ 출력물이 플랫폼과 잘 붙도록 출력물의 바닥 주변에 Brim을 설정한다.
④ 소재에 따라 Bed를 적절한 온도로 가열하여 출력물의 바닥이 수축되지 않도록 한다.

해설 | Skirt란 3D 프린팅을 시작할 때 핫 엔드의 노즐이 비어 있는 경우가 있으므로 미리 필라멘트를 조금 압출하여 비어 있는 노즐을 채울 때 사용되는 필라멘트의 양을 뜻한다. 3D프린터를 처음 시작할 때 한 줄로 쭉 필라멘트를 먼저 뽑아내고 준비 작업에 들어가는 것으로 출력물의 고정과는 직접적인 영향이 없다.

262 PART 07 최신 기출복원문제

50 다음은 문제점 리스트를 작성하고 오류 수정을 거쳐 출력용 데이터를 저장하는 과정이다. A, B, C에 들어갈 내용으로 옳은 것을 〈보기〉에서 고르면?

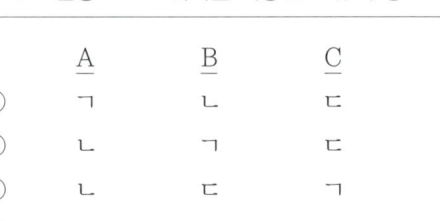

┌─────────── 보기 ───────────┐
ㄱ. 수동 오류 수정
ㄴ. 자동 오류 수정
ㄷ. 모델링 소프트웨어를 이용한 오류 수정
└──────────────────────────┘

	A	B	C
①	ㄱ	ㄴ	ㄷ
②	ㄴ	ㄱ	ㄷ
③	ㄴ	ㄷ	ㄱ
④	ㄱ	ㄴ	ㄷ

해설 | A. 치명적인 오류 또는 결합 부위 오류가 없음(NO) : 자동 오류 수정
B. 자동 오류 수정 후 남은 오류가 있음(YES) : 수동 오류 수정
C. 치명적인 오류 또는 결합 부위 오류가 있음(YES) : 모델링 소프트웨어를 이용한 오류 수정

51 3D프린터 제품 출력 시 제품 고정 상태와 서포터에 관한 설명으로 옳지 않은 것은?

① 허공에 떠 있는 부분은 서포터 생성을 설정해준다.
② 출력물이 베드에 닿는 면적이 작은 경우 래프트(Raft)와 서포터를 별도로 설정한다.
③ 3D 프린팅의 공정에 따라 제품이 성형되는 바닥면의 위치와 서포터의 형태는 같다.
④ 각 3D 프린팅 공정에 따라 출력물이 성형되는 방향과 서포터는 프린터의 종류에 따라 다르다.

해설 | 3D 프린팅의 공정에 따라 제품이 성형되는 바닥면의 위치와 서포터의 형태는 다르게 나타난다.

52 FDM 방식 3D프린터에서 재료를 교체하는 방법으로 옳은 것은?

① 프린터가 작동 중인 상태에서 교체한다.
② 재료가 모두 소진되었을 때만 교체한다.
③ 프린터가 정지한 후 익스트루더가 완전히 식은 상태에서 교체한다.
④ 프린터가 정지한 상태에서 익스트루더의 온도를 소재별 적정 온도로 유지한 후 교체한다.

해설 | ① 프린터가 작동 중인 상태에서 재료 교체를 할 수는 없다.
② 원하는 재료로 교체할 때는 재료 소진이 안 되어도 프린터 작동을 정지한 후 교체하면 된다.
③ 익스트루더가 완전히 식기 전에 교체를 하는 것이 남아있는 재료를 제거하는 데 편리하다.

정답 46 ④ 47 ④ 48 ④ 49 ① 50 ② 51 ③ 52 ④   CHAPTER 01 2018년 기출복원문제 **263**

53 3D프린터로 제품을 출력할 때 재료가 베드(Bed)에 잘 부착되지 않는 이유로 볼 수 없는 것은?

① 온도 설정이 맞지 않는 경우
② 플랫폼 표면에 문제가 있는 경우
③ 첫 번째 층의 출력 속도가 너무 빠른 경우
④ 출력물 아랫부분의 부착 면적이 넓은 경우

해설 | 출력물의 아랫부분의 부착 면적이 넓어야 안정적으로 출력물이 베드에 잘 부착된다.

54 3D프린터 출력 시 성형되지 않은 재료가 지지대(Supporter) 역할을 하는 프린팅 방식은?

① 재료 분사(Material Jetting)
② 재료 압출(Material Extrusion)
③ 분말 적층 용융(Powder Bed Fusion)
④ 광중합(Vat Photo Polymerization)

해설 | 분말 적층 용융 방식
- SLS(Selective Laser Sintering, 선택적 레이저 소결) 방식이다.
- 분말을 블레이드와 롤러 등을 이용하여 분말 베드에 깔면 레이저를 이용하여 필요한 형상을 용융하여 만들며, 녹지 않은 분말들이 지지대 역할을 한다.

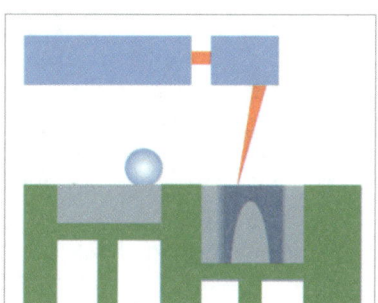

55 3D프린터로 한 변의 길이가 25mm인 정육면체를 출력하였더니 X축 방향 길이가 26.9mm가 되었다. 이때 X축 모터 구동을 위한 G코드 중 M92(steps per unit) 명령상 설정된 스텝 수가 85라면 치수를 보정하기 위해 설정해야 할 스텝 값은? (단, 소수점 첫째자리에서 반올림한다.)

① 79   ② 91
③ 113   ④ 162

해설 | X축 방향 적층 수를 85로 설정하였더니 26.9mm가 출력되었다는 것이므로, 25mm 길이가 나오기 위해서는 적층수(steps)를 몇으로 하는지를 구한다.
- $25 : 26.9 = x : 85$
- $x = \dfrac{25 \times 85}{26.9} \fallingdotseq 79(\text{steps})$

56 FDM 방식 3D프린터 가동 중 필라멘트 공급 장치가 작동을 멈췄을 때 정비에 필요한 도구로 거리가 먼 것은?

① 망치
② 롱노우즈
③ 육각 렌치
④ +, ‒드라이버

해설 | 필라멘트 공급 장치가 작동을 멈췄을 때는 필라멘트를 빼기 위한 롱노우즈와 공급장치를 분해하기 위한 육각 렌치 및 드라이버 등이 필요하다. 충격을 가하는 데 사용하는 망치는 정비 도구로 적당하지 않다.

57 오픈소스 기반 FDM 방식의 보급형 3D프린터가 초등학교까지 보급되는 상황에서 학생들의 호기심을 자극하고 있다. 이러한 상황에서 안전을 고려한 3D프린터의 운영으로 가장 거리가 먼 것은?

① 필터를 장착한 장비를 권장하고 필터의 교체 주기를 확인하여 관리한다.

② 장비의 내부 동작을 볼 수 있고, 직접 만져볼 수 있는 오픈형 장비의 운영을 고려한다.

③ 베드는 노 히팅 방식을 권장하고 스크래퍼를 사용하지 않는 플렉시블 베드를 지원하는 장비의 운영을 고려한다.

④ 소재는 ABS보다 비교적 인체에 유해성이 적은 PLA를 사용한다.

해설 | 어린 학생들은 호기심이 많아 움직이는 장비나 뜨거운 압출기에 손을 대거나 작업 중에 있는 제품을 만질 수 있기 때문에 안전을 고려하여 오픈형보다는 밀폐형 장비를 사용하는 것이 좋다.

58 다음과 같은 구조를 가지는 방진 마스크의 종류는?

> 여과재 → 연결관 → 흡기변 → 마스크 → 배기면

① 격리식　　　　② 직결식

③ 혼합식　　　　④ 병렬식

해설 |

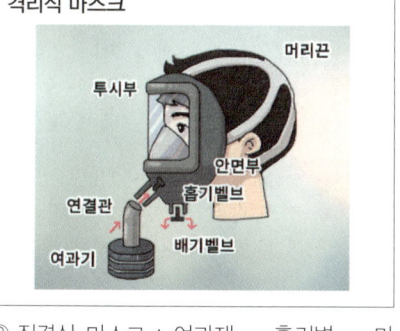

격리식 마스크

② 직결식 마스크 : 여과재 → 흡기변 → 마스크 → 배기변

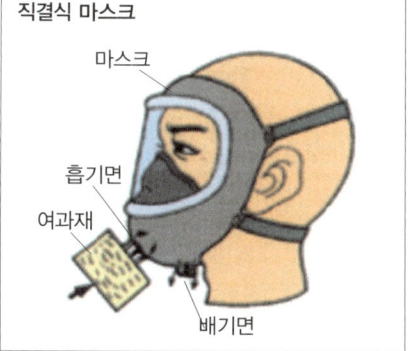

직결식 마스크

정답 53 ④　54 ③　55 ①　56 ①　57 ②　58 ①　　　　**CHAPTER 01** 2018년 기출복원문제　**265**

59 ABS 소재의 필라멘트를 사용하여 장시간 작업할 경우 주의해야 할 사항은?

① 융점이 기타 재질에 비해 매우 높으므로 냉방기를 가동하여 작업한다.

② 옥수수 전분 기반 생분해성 재질이므로 특별히 주의해야 할 사항은 없다.

③ 작업 시 냄새가 심하므로 작업장의 환기를 적절히 실시한다.

④ 물에 용해되는 재질이므로 수분이 닿지 않도록 주의해야 한다.

해설 | ABS는 아크릴로나이트릴(Acrylonitrile), 뷰타다이엔(Butadiene), 스타이렌(Styrene)의 약자이다. 열가소성 수지로서 기계적인 성질, 전기적 성질, 내약품성이 뛰어나다. 분해 시 굉장한 냄새가 나는 환경 호르몬이자 발암물질인 스타이렌이 나오므로 특히 작업 중 발열 및 분진 발생이 잦은 3D프린터 사용 시 작업장의 환기를 필수적으로 행한다.

60 SLA 방식 3D프린터 운용 시 주의해야 할 사항으로 옳지 않은 것은?

① UV 레이저를 조사하는 방식이므로 보안경을 착용하여 운용한다.

② 레진은 보관이 까다롭고 악취가 심하기 때문에 환기가 잘되는 곳에서 운용한다.

③ 레진은 어두운 장소에서 경화반응을 일으키므로 햇빛이 잘 드는 곳에서 보관, 운용한다.

④ 출력물 표면에 남은 레진은 유해성분이 있기에 방독 마스크와 니트릴 보호장갑을 착용해야 한다.

해설 | SLA(Stereo Lithography Apparatus, 광경화성 수지 조형) 방식은 '레진'이라고 부르는 액체 상태의 광경화성 수지가 레이저와 닿으면 굳어지는 원리이다. 레진은 햇빛에 노출되면 굳어지므로 어두운 곳에 보관해야 한다.

레진의 관리
• 레진은 액체 상태이고 냄새가 심한 편이므로 환기가 잘되는 곳에 보관한다.
• 광경화성 물질로 햇빛에 노출되면 굳어지기 때문에 어두운 곳에 보관한다.
• 레진을 취급할 때는 방독 마스크 및 보호장갑을 착용하는 것이 좋다.

266 PART 07 최신 기출복원문제

59 ③ 60 ③ 정답

2019년 기출복원문제

3D프린터운용기능사 자격증 **대비과정**

01 도면에 사용되는 레이어, 치수 스타일, 회사 로고, 단위 유형, 도면 이름 등을 미리 정해 놓고 필요할 때 불러서 사용하는 도면 양식은 무엇인가?

① 스케치 ② 매개변수
③ 템플릿 ④ 스타일

해설 | 얇은 형판에 각종 도형을 미리 만들어 놓아 빠르게 도형을 작성하도록 한 것을 템플릿이라 하며, CAD에서 자주 사용하는 도면의 양식을 미리 만들어 놓고 필요할 때 불러서 사용하는 도면을 템플릿 도면이라 한다.

02 3D프린터 출력물 회수에 대한 내용으로 틀린 것은?

① 전용 공구를 사용하여 플랫폼에서 출력물을 분리한다.
② 분말 방식 프린터는 작업이 끝나면 바로 꺼내어 건조한다.
③ 액체 방식 프린터는 에틸알코올 등을 뿌려 표면에 남아 있는 광경화성 수지를 제거한다.
④ 플랫폼에 남은 분말 가루는 진공 흡입기를 이용하여 제거한다.

해설 | 분말 방식(SLS) 3D프린터는 선택적 레이저 소결 방식으로 대량의 작은 플라스틱 분말, 세라믹 금속, 유리 분말을 레이저로 녹인 뒤 응고시켜 입체적으로 조형한다. 레이저로 응고 시킨 후 분말 덩어리를 잘 털어내면 응고된 부분이 남아 디자인한 형태의 조형물이 남게 되는데 이때 제품을 바로 꺼내면 안 되고 프린터 내부에서 건조한 다음에 꺼내야 제품의 형상을 유지할 수 있으며 별도의 서포터가 필요 없다.

SLS 방식에서 건조 후 제품 수거

정답 01 ③ 02 ②

CHAPTER 02 2019년 기출복원문제 **267**

03 개별 스캐닝 작업에서 얻어진 데이터를 합치는 과정인 정합에서 사용하는 값은?

① 병합 데이터
② 측정 데이터
③ 최종 데이터
④ 점군 데이터

해설 | 정합은 개별 스캐닝 작업에서 정합용 볼이나 마커를 이용하여 얻어진 점군 데이터들을 합쳐서 완전한 데이터를 얻는 과정이다.

마커(점)를 이용한 스캐닝 작업

04 FDM 3D프린터에서 필라멘트 재료를 선택할 때 고려할 사항이 아닌 것은?

① 표면 거칠기
② 강도와 내구성
③ 융융 온도
④ 열 수축성

해설 | 표면 거칠기는 노즐의 크기와 적층 높이 등에 따라 다르게 나올 수 있어 재료 선택 단계가 아닌 슬라이싱 프로그램과 장비를 설치 시 고려할 사항이다.

05 솔리드 모델링으로 표현하기 힘든 기하 곡면을 모델링하고 형상의 표면 데이터만 존재하는 모델링은?

① 파라메트릭 모델링
② 서피스 모델링
③ 파트 모델링
④ 형상 모델링

해설 | **서피스 모델링(Suface-based Modeling)**
곡면 모델링이라고 하며, 면을 중심으로 물체를 표현한다. 주로 곡선과 곡면을 통해 물체의 외형만을 표현한다. 또한 표면만 존재하는 모델링 기법으로 컴퓨터의 속도와 메모리를 적게 사용한다.

06 패턴 이미지 기반의 삼각 측량 3차원 스캐너에 대한 설명으로 옳지 않은 것은?

① 휴대용으로 개발하기가 용이하다.
② 한꺼번에 넓은 영역을 빠르게 측정할 수 있다.
③ 가장 많이 사용하는 방식이다.
④ 광 패턴을 바꾸면서 초점 심도 조절이 가능하다.

해설 | • 패턴 이미지 기반 삼각 측량 3차원 스캐너
　 　 - 광 패턴을 바꾸면서 초점 심도 조절
　 　 - 넓은 영역 빠르게 측정
　 　 - 휴대용 개발 용이
　 　 • 레이저 기반 삼각 측량 3차원 스캐너
　 　 - 일반적으로 가장 많이 사용
　 　 - 레이저 주사 후 반사광 측정
　 　 - 턴테이블 필요

07 프린터 출력 중 파워 서플라이(SMPS) 고장으로 전원이 나갈 경우 가장 먼저 취해야 하는 조치로 옳은 것은?

① 전원 스위치를 끈다.
② 전원 공급 장치를 먼저 수리한다.
③ 출력 중인 출력물을 회수한다.
④ 배전반을 먼저 점검한다.

해설 | 프린터를 제외한 다른 장치에서 작업 중에 전원 공급이 안 되면 우선적으로 전원 스위치를 끄고 전원 공급 장치를 수리한다.

08 FDM 3D프린터 방식에서 필라멘트 재료를 노즐로부터 뒤로 빼주는 기능은?

① Supporter   ② Retraction
③ Slicing   ④ Backup

해설 | 리트렉션(Retraction)은 3D프린터 출력 중 익스트루더의 기어를 압출 방향의 역방향으로 회전시키는 기능으로 필라멘트 재료를 빼주는 기능으로 사용한다. 이 기능을 이용하면 필라멘트가 녹아서 거미줄처럼 나오는 String 현상을 리트렉션의 속도와 역회전 거리를 조절하여 방지할 수 있다.

재료가 뒤로 빠진 상태

09 G1 X50 Y120 E50에 대한 G코드 설명으로 옳은 것은?

① 헤드를 X=50, Y=120으로, 이송 속도를 50mm/min 이송
② 헤드를 X=50, Y=120으로, 노즐 온도를 50℃로 설정
③ 헤드를 X=50, Y=120으로, 플랫폼 온도를 50℃로 설정
④ 헤드를 X=50, Y=120으로, 필라멘트를 50mm까지 압출하면서 이송

해설 | • G1 : 직선 이송
       • E : 압출되는 필라멘트의 길이

10 압축된 금속 분말에 열에너지를 가해 입자들의 표면을 녹이고 금속 입자를 접합시켜 금속 구조물의 강도와 경도를 높이는 공정은?

① 분말 용접   ② 경화
③ 소결   ④ 합금

해설 | **소결(Sintering)**
압축된 금속 분말에 적절한 열에너지를 가해 입자들의 표면을 녹이고, 녹은 표면을 가진 금속 입자들을 서로 접합시켜 금속 구조물의 강도와 경도를 높이는 공정

정답 03 ④ 04 ① 05 ② 06 ③ 07 ① 08 ② 09 ④ 10 ③   CHAPTER 02 2019년 기출복원문제 **269**

11 아래 그림(A)를 그림(B)처럼 수정할 때 필요 없는 명령어는?

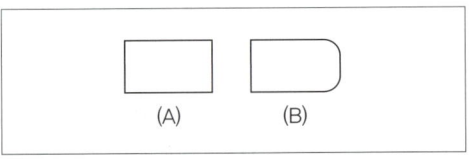

(A)　　　(B)

① Chamfer　　② Arc
③ Circle　　　④ Trim

해설 | Chamfer(모따기)는 모서리를 사선으로 따내는 것을 의미한다.

12 FDM 3D프린터 방식에서 노즐 크기가 0.4mm일 때 아래 그림에서 출력 작업이 원활하지 않은 부분은?

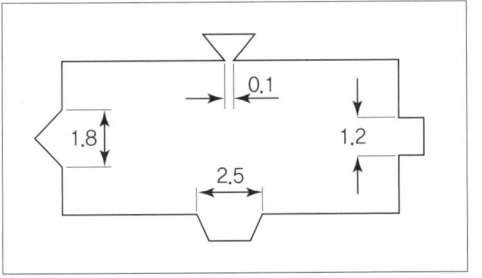

① 1.2mm　　② 0.1mm
③ 2.5mm　　④ 1.8mm

해설 | FDM 3D프린터 방식의 최대 정밀도는 0.1mm 정도이므로 노즐의 크기가 0.4mm인 경우 틈새를 0.1mm의 치수를 맞춰서 출력하는 것은 불가능하다.

FDM 방식 3D프린터

13 2D 스케치 환경에서 원을 호로 수정 시 필요한 명령어는?

① 자르기　　　② 연장
③ 늘이기　　　④ 간격 띄우기

해설 | 선을 이용하여 원을 자르기(Trim)하면 호가 된다.

14 FDM 3D프린터 방식에서 출력물의 표면 품질에 미치는 직접적인 원인으로 옳지 않은 것은?

① 압출량 설정이 적절하지 않은 경우
② 타이밍 벨트의 장력이 높은 경우
③ 노즐 설정 온도가 너무 낮은 경우
④ 첫 번째 층이 너무 빠르게 성형될 경우

해설 | 첫 번째 층이 만들어지는 것과 제품의 품질은 상관이 없다. 하지만 첫 번째 층이 너무 빠르게 성형이 될 경우 제품 바닥과 베드면의 부착력이 떨어질 수 있다.

15 온단면도(전단면도)에 대한 설명으로 옳은 것은?

① 상하좌우 대칭형의 물체는 중심선을 경계로 반은 외형도로, 나머지 반은 단면도로 동시에 표현한 단면도

② 외형도에서 필요로 하는 일부분만 나타낸 단면도

③ 물체의 기본적인 모양을 가장 잘 나타낼 수 있도록 물체의 중심에서 반으로 절단하여 나타낸 단면도

④ 구조물의 부재 등의 절단면은 90° 회전하여 나타낸 단면도

해설 | ① 한쪽 단면도에 대한 설명이다.
② 부분 단면도에 대한 설명이다.
④ 회전 단면도에 대한 설명이다.

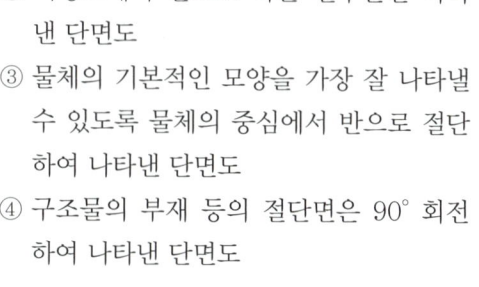

〈온단면도〉

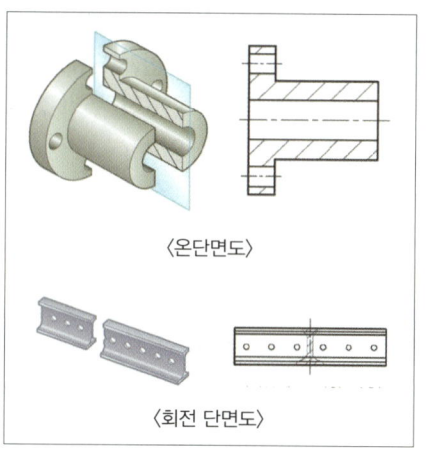

〈회전 단면도〉

16 출력물의 형상을 확대, 축소, 회전, 이동을 통하여 지지대 없이 성형되기 어려운 부분을 찾는 방법은?

① 형상 배치　　② 형상 분석
③ 형상 설계　　④ 형상 출력

해설 | 형상 분석은 출력물의 형상을 확대, 축소, 회전, 이동을 통하여 지지대 없이 성형되기 어려운 부분을 찾아내는 과정이다.

17 3D프린터에 따른 형상 설계 오류에 관한 설명으로 옳지 않은 것은?

① 3D프린터로 제품을 제작할 때에는 3D프린터에 따른 형상 설계 오류를 고려해야 한다.

② SAL 방식의 3D프린터는 최대 10~15μm으로 매우 좋은 정밀도를 가진다.

③ 광경화 조형 방식에서 광경화성 수지의 성질을 이해하지 못하면 제품 출력 시 뒤틀림 오차 등이 발생한다.

④ FDM 방식으로 설계 시 정밀도보다 작은 치수 표현은 불가능하다.

해설 | SLA(Stereo Lithography Apparatus, 광경화 수지 조형방식) 방식
• 액체 레진에 레이저를 투사하여 경화시키는 방식
• 정밀도는 1~5μm으로 매우 좋은 정밀도를 갖고 있음

정답 11 ① 12 ② 13 ① 14 ④ 15 ③ 16 ② 17 ②

CHAPTER 02 2019년 기출복원문제 **271**

18 CAD 환경에서 일반적으로 사용하는 좌표계가 아닌 것은?

① 직교 좌표계
② 극 좌표계
③ 구면 좌표계
④ 원근 좌표계

해설 | CAD에서 사용하는 좌표계
- 직교 좌표계
- 극 좌표계
- 구면 좌표계
- 원통 좌표계 등

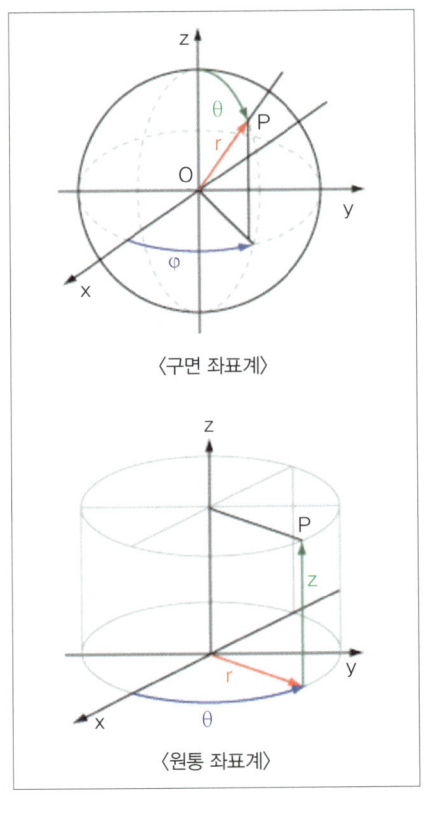

〈구면 좌표계〉

〈원통 좌표계〉

19 액체 기반 3D프린터의 사용 용도와 거리가 가장 먼 것은?

① 액세서리나 피규어 제작에 활용된다.
② 산업 전반에 걸쳐 폭넓게 활용될 수 있다.
③ 가정용이나 3D프린터를 처음 접하는 사람이 사용하기에 적당하다.
④ 의료, 치기공, 전자제품 등 정밀한 형상을 제작할 때 사용한다.

해설 | 액체 기반 3D프린터는 두통이나 메스꺼움을 유발하는 악취에 유의해야 하므로 가정 내 설치 및 사용은 권장하지 않는다.

20 3D모델을 2차원 유한 요소인 삼각형들로 분할한 후 각각의 삼각형의 데이터를 기준으로 근사시키면 쉽게 STL 파일로 생성할 수 있다. 이때 꼭짓점 수가 220개이면 모서리 수는 몇 개인가?

① 660개
② 654개
③ 664개
④ 666개

해설 |
- 꼭짓점 수=(총삼각형의 수/2)+2
- 모서리 수=(꼭짓점 수×3)−6
  =(220×3)−6=654개

21 보호(안전)장갑에 대한 내용으로 거리가 가장 먼 것은?

① 주요 보호 기능은 전기 감전 예방, 화학물질로부터 보호하는 것이다.
② 화학물질용 안전장갑은 왼쪽의 화학물질 방호 그림을 확인한다.
③ 사용설명서에 나와 있는 파과 시간이 지나면 즉시 교체한다.
④ 제품 인증 화학물질이 사용할 화학물질과 일치하지 않으면 제조사에 정보를 요청해 적합한 것으로 바꾼다.

해설 | 파과 시간은 대응하는 가스에 대하여 정화통 내부의 흡착제가 포화상태가 되어 흡착능력을 상실한 상태가 될 때까지의 시간이다. 따라서 파과 시간은 방독 마스크의 정화통 사용 시간으로 보호장갑과는 무관하다.

22 보호(안전)장갑의 설명 중 틀린 것은?

① 내전압용 절연장갑은 00등급에서 4등급까지 있다.
② 내전압용 절연장갑은 숫자가 클수록 두꺼워 절연성이 높다.
③ 화학물질용 안전장갑은 1~6의 성능 수준이 있다.
④ 화학물질용 안전장갑은 숫자가 작을수록 보호 시간이 길고 성능이 우수하다.

해설 | 화학물질용 안전장갑은 숫자가 클수록 보호 시간이 길고 성능이 우수하다.

화학물질용 안전장갑

23 다음 중 오류 검출 프로그램이 아닌 것은?

① NETFABB
② AMF
③ MESHMIXER
④ MESHLAB

해설 | **오류 검출 프로그램**
• NETFABB(넷팹)
• MESHMIXER(메시믹서)
• MESHLAB(메시랩)

24 다음 중 STL 파일의 오류가 아닌 것은?

① 오픈 메시
② 반전 면
③ 매니폴드 형상
④ 메시가 떨어져 있는 경우

해설 | 매니폴드 형상은 정상적인 메시에서 나타난다.

25 다음 중 Supporter에 대한 설명으로 옳지 않은 것은?

① 제품을 출력할 때 적층되는 바닥과 제품이 떨어져 있을 경우에 추가해 준다.
② SLA 방식으로 제품을 제작할 때 지지대 유무에 따라 형상의 오차 및 처짐 등이 발생할 수 있다.
③ 제품의 출력 시 적층되는 바닥과 제품을 견고하게 유지시켜 준다.
④ 지지대가 많을수록 제품의 품질이 좋다.

해설 | 지지대가 많으면 후처리 과정에서 제품의 품질이 떨어질 수 있고 재료가 많이 들어가 출력 시간이 오래 걸린다.

정답 18 ④ 19 ③ 20 ② 21 ③ 22 ④ 23 ② 24 ③ 25 ④   **CHAPTER 02** 2019년 기출복원문제 **273**

26 FDM 3D프린터 방식에서 노즐과 베드 사이의 간격이 맞지 않을 때 생기는 현상으로 옳지 않은 것은?

① 적층 면을 구성하는 선 사이에 빈 공간이 생길 수 있다.
② 재료가 끊긴 형태로 나올 수 있다.
③ 베드에 의해서 노즐 구멍이 막히게 된다.
④ 재료가 제대로 압출되기 어렵다.

해설 | 노즐과 베드 사이의 간격과 한 층씩 쌓이는 적층 면과는 무관하다. 노즐과 베드 사이의 간격이 맞지 않아도 적층은 그대로 진행되기 때문에 빈 공간이 생기지 않는다. 다만 노즐과 베드 사이가 너무 떨어져 있을 경우 재료가 끊긴 형태로 나올 수 있고 너무 가까우면 노즐 구멍이 막히거나 재료가 제대로 압출이 되지 않는다.

27 FDM 3D프린터 방식에서 출력 순서로 옳은 것은?

① G코드 파일 → 슬라이싱 → STL 파일 → 출력
② 모델링 → STL 파일 → 슬라이싱 → 출력
③ 모델링 → G코드 파일 → 슬라이싱 → 출력
④ G코드 파일 → STL 파일 → 슬라이싱 → 출력

해설 | 3D프린터 출력 순서

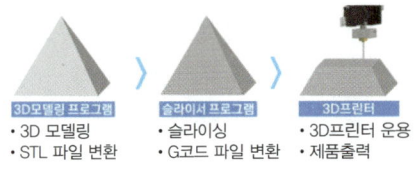

28 G코드에 대한 설명으로 틀린 것은?

① 모터의 움직임을 제어하기 위한 좌푯값이 기입되어 있다.
② 3D프린터 외에도 CNC, LASER 커팅기 등에도 사용한다.
③ G코드 생성 프로그램을 슬라이서 프로그램이라 한다.
④ 대표적인 프로그램으로 NETFABB이 있다.

해설 | Netfabb(넷팹)은 오토데스크에서 무료로 배포한 3D프린터 오류 검출 프로그램이다.
G코드
수치 제어에서 사용되는 프로그래밍 언어로서, 자동제어 공작기계를 통한 컴퓨터 지원 제조에 주로 사용되며 슬라이서 프로그램을 통해 3D프린터 헤드의 좌푯값을 제어한다.

29 제3각법에서 도면 배치에 대한 설명으로 틀린 것은?

① 정면도를 기준으로 배치한다.
② 저면도는 정면도의 아래에 배치한다.
③ 좌측면도는 정면도의 왼쪽에 배치한다.
④ 배면도는 가장 왼쪽에 배치한다.

해설 | 제1각법, 제3각법 모두 배면도는 가장 오른쪽에 배치한다.

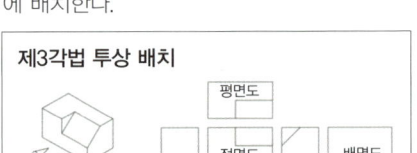
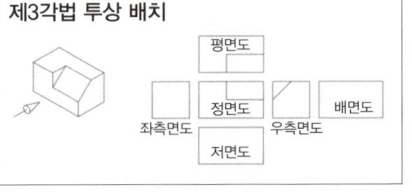

30 FDM 3D프린터 출력물에 X0.4, Y0.6, Z0.8 출력 오차 발생 시 가장 적절한 대응 방법은?

① X, Y축 방향으로 프린터 속도를 올린다.
② 프린터 노즐 온도를 올린다.
③ Z축 레이어 높이는 조정하지 않는다.
④ 노즐과 베드 사이의 간격을 조정한다.

해설 | ① X, Y축 방향으로 프린터 속도를 내린다.
② 프린터 노즐 온도는 적정온도를 설정한다.
③ Z축 레이어 높이를 조정한다.

31 도면 작성 시 가는 실선의 용도가 아닌 것은?

① 절단선   ② 해칭선
③ 치수선   ④ 치수 보조선

해설 | 절단선은 가는 1점 쇄선과 굵은 실선은 도면 작성 시 절단 위치를 표시하는 데 사용한다.

절단선의 사용 예

가는 1점 쇄선을 사용한 절단면 표시

32 FDM 방식의 출력물 후가공 처리 중 아세톤 훈증에 대한 내용으로 옳지 않은 것은?

① 붓을 이용해 출력물에 발라도 되고 실온에서 훈증하거나 중탕하는 방법이 있다.
② 아세톤은 무색의 휘발성 액체로 밀폐된 공간에 부어 놓기만 해도 증발되어 훈증 효과를 볼 수 있다.
③ 냄새가 많이 나지 않고 디테일한 부분을 잘 표현할 수 있다.
④ 밀폐된 용기 안에 출력물을 넣고 아세톤을 기화시켜 표면을 녹이는 방법으로 매끈한 표면을 얻을 수 있다.

해설 | 아세톤은 에테르(Ether) 냄새를 풍기는 무색의 화합물로 실생활에서는 페인트나 매니큐어를 지우는 데 사용되고 있다.

아세톤 훈증 전후 비교

정답 26 ① 27 ② 28 ④ 29 ④ 30 ④ 31 ① 32 ③   CHAPTER 02 2019년 기출복원문제 **275**

33 좌표 지령의 방법은 절대(absolute) 지령과 증분(incremental) 지령으로 구분된다. 절대 지령은 'G90'을 사용하고 증분 지령은 'G91'을 사용한다. 두 지령에 해당하는 그룹은?

① 모달 그룹 1
② 모달 그룹 2
③ 모달 그룹 3
④ 모달 그룹 4

해설 | G코드의 모달 그룹

G코드	기능	모달 그룹
G00	위치 결정	1
G01	직선 보간	1
G17	XY 평면 지정	2
G18	ZX 평면 지정	2
G90	절대 좌표 지령	3
G91	증분 좌표 지령	3
G22	내장 행정 한계 ON	4

34 지지대와 관련된 성형 결함 중 제작 시 하중으로 인해 아래로 처지는 현상을 무엇이라 하는가?

① Overhang
② Warping
③ Unstable
④ Sagging

해설 | Sagging은 3D프린터로 제작 시 하중으로 인해 아래로 처지는 현상이다.
① Overhang : 외팔보와 같이 새로 생성되는 층이 받쳐지지 않아 아래로 휘게 되는 경우 생성하는 서포터
② Warping : 소재가 경화되면서 수축에 의해 뒤틀림이 발행하는 현상
③ Unstable : 특별한 지지대가 필요한 면은 없으나 성형 도중 자중에 의해 스스로 붕괴하는 경우 생성하는 서포터

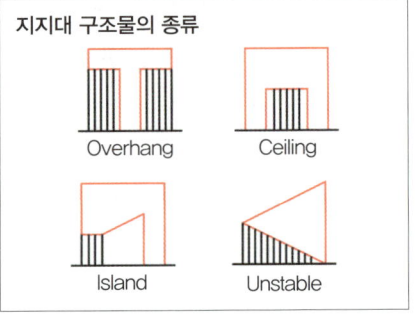

지지대 구조물의 종류

Overhang Ceiling

Island Unstable

35 지지대와 관련된 성형 결함 중 제작 시 소재가 경화화면서 수축에 의해 뒤틀림이 발생하는 현상은?

① Overhang
② Warping
③ Unstable
④ Sagging

해설 | Warping은 소재가 경화되면서 수축에 의해 뒤틀림이 발행하는 현상이다.
① Overhang : 외팔보와 같이 새로 생성되는 층이 받쳐지지 않아 아래로 휘게 되는 경우 생성하는 서포터
③ Unstable : 특별한 지지대가 필요한 면은 없으나 성형 도중 자중에 의해 스스로 붕괴하는 경우 생성하는 서포터
④ Sagging : 3D프린터로 제작 시 하중으로 인해 아래로 처지는 현상

36 2D 스케치에서 선(line)을 수정할 수 없는 명령어는?

① 분할   ② 연장
③ 생성   ④ 자르기

해설 | 선(line)을 수정하는 명령어
- 분할(divide) : 선을 등분하여 분할한다.
- 연장(extend) : 선을 원하는 길이만큼 연장한다.
- 자르기(trim) : 객체를 이용해 선을 자른다.

37 작업자가 심장마비로 쓰러져 호흡정지 4분 후 심폐소생술을 했을 때 생존이 가능한 확률은?

① 15% 미만   ② 50% 미만
③ 75% 이상   ④ 90% 이상

해설 | 심장마비 환자의 심폐소생술 골든타임은 '4분'이다. 따라서 심장마비 후 4분 이내에 심폐소생술에 성공했을 경우에는 생존 가능성이 50% 이상이며, 이후에는 생존 가능성이 현저히 떨어진다.

38 축의 지름이 50mm, 구멍의 지름이 50mm이고, 축의 공차가 ±0.2mm일 때 축의 최소 지름은?

① 49.8mm   ② 49.2mm
③ 50.0mm   ④ 50.2mm

해설 |
- 축의 최대 지름＝50＋0.2＝50.2mm
- 축의 최소 지름＝50－0.2＝49.8mm

39 다음 중 스케치 드로잉 도구가 아닌 것은?

① 호   ② 슬롯
③ 점   ④ 대칭

해설 | 대칭은 지정한 축에 대하며 반사(Mirror)된 사본을 작성한다.

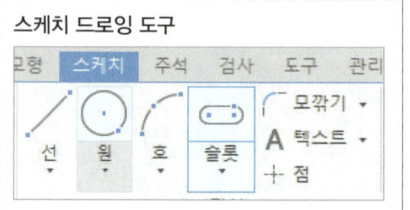

40 다음 중 응급처치의 기본 원칙으로 옳지 않은 것은?

① 침착하고 신속하게 사고 상황을 파악함
② 의식 상태, 맥박, 호흡 유무를 파악함
③ 눈에 보이는 상처만 확인함
④ 출혈 정도를 관찰함

해설 | 응급처치의 기본 원칙
- 침착하고 신속하게 사고 상황을 파악함
- 의식 상태, 맥박, 호흡 유무를 파악함
- 출혈 정도를 관찰함
- 몸의 다른 부위에 상처가 없는지 조사함
- 응급처치와 동시에 구조를 요청함
- 보호자에게 연락함
- 사고 보고서를 작성함

정답 33 ③ 34 ④ 35 ② 36 ③ 37 ② 38 ① 39 ④ 40 ③

41 밑면의 반지름이 5cm, 높이가 10cm인 원 기둥의 부피는?

① 78.5cm³ ② 7,850cm³

③ 785cm³ ④ 78,500cm³

해설 |

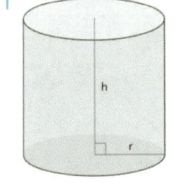

원기둥의 부피(V)=$\pi r^2 h$
$$=3.14 \times 5 \times 5 \times 10$$
$$=785cm^3$$

42 ABS 소재의 출력 시 베드 온도로 가장 적절한 것은?

① 100℃ ② 60℃

③ 50℃ ④ 10℃

해설 | PLA 소재는 히팅베드를 사용하지 않고도 출력이 가능하지만 ABS 소재는 온도에 따른 변형이 있어 히팅베드가 필수적이다.

소재	히팅베드 사용
PLA, PVA 소재 등	필요 없음. 사용 시에는 50℃ 이하로 사용
ABS, HIPS, PC 소재 등	필수 사용. 사용 시에는 80℃ 이상으로 설정

43 ABS 소재의 출력 시 노즐 온도로 가장 적절한 것은?

① 175℃ ② 220℃

③ 260℃ ④ 305℃

해설 | 필라멘트 소재에 따른 노즐 온도

소재	노즐 온도
PLA	180~230℃
ABS	215~250℃
나일론	235~260℃
PC	250~305℃

44 3D 엔지니어링 소프트웨어에서 하나의 부품 형상을 모델링하는 곳으로 형상을 표현하는 가장 중요한 요소는?

① 조립품 작성

② 도면 작성

③ 매개 변수 작성

④ 파트 작성

해설 | 파트 작성은 하나의 부품 형상을 모델링하는 것이다.
　① 조립품 작성 : 2개 이상의 부품을 이용하여 조립하는 것
　② 도면 작성 : 3D 모델링 데이터를 이용하여 2D 제작도면을 작성하는 것
　③ 매개 변수 작성 : 설계 시뮬레이션을 작성하는 것

45 3D프린터 출력 중 단면이 밀려서 성형되는 경우와 관련이 없는 것은?

① 플랫폼의 상·하 방향 움직임이 일시적으로 멈추는 경우 발생한다.
② 헤드가 너무 빨리 움직일 때 발생할 수 있다.
③ 초기부터 타이밍 벨트의 장력이 너무 높게 설정되어 있는 경우 문제가 될 수 있다.
④ 스테핑 모터의 축이 제대로 회전하지 않는 경우 발생한다.

해설 | 플랫폼의 상·하 방향 움직임이 일시적으로 멈추는 경우는 일부 층이 만들어지지 않는다.
출력물 도중에 단면이 밀려서 성형됨
- 타이밍 벨트가 타이밍폴리의 이빨을 타고 넘어가서 헤드의 위치가 바뀌는 경우
- 너무 빠른 출력 속도로 인해 헤드의 정렬이 틀어짐
- 타이밍 벨트의 장력이 너무 높거나 낮을 때
- 타이밍 폴리가 스테핑 모터의 회전축에 느슨하게 고정된 경우
- 모터 드라이버가 과열되어 다시 냉각될 때까지 모터의 회전이 멈추기도 함

46 출력물이 다른 부품이나 다른 출력물과 결합 또는 조립을 필요로 할 때 고려해야 하는 부분은 무엇인가?

① 서포터 　　　　② 출력물 크기
③ 출력물 생성 　　④ 공차

해설 | 부품이 결합 또는 조립되는 경우 둘 중 하나의 부품을 기준으로 상대 부품의 형상을 모델링한다. 이때 공차를 고려하여 모델링해야 출력 후 조립부위가 요구한 공차에 맞게 제품이 만들어진다.

47 다음 중 출력물과 지지대의 재료가 서로 다른 3D 프린팅 공정은?

① 수조 광경화(Vat photopolymerization)
② 접착제 분사(Binder Jetting)
③ 분말 용접(Powder bed fusion)
④ 재료 분사(Material Jetting)

해설 | **재료 분사(Material Jetting)**
- 개요 : 광경화성 수지나 왁스 등의 액체 재료를 미세한 방울(droplet)로 만들고 이를 선택적으로 도포하는 것이다. 잉크젯 프린터와 같은 원리이다.
- 출력물이 성형되는 방향 : 출력물 재료와 지지대 재료는 모두 위에서 아래로 도포되며, 따라서 플랫폼은 아래로 이송되면서 층이 성형되기 때문에 출력물은 플랫폼 위에 만들어지게 된다.
- 지지대 : 지지대는 출력물과 다른 재료가 사용된다. 대부분의 경우 지지대는 물에 녹거나 가열 하면 녹는 재료로 되어 있기 때문에 손쉬운 제거가 가능하다.

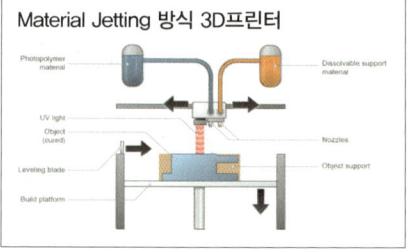

정답 41 ③ 42 ① 43 ② 44 ④ 45 ① 46 ④ 47 ④

CHAPTER 02 2019년 기출복원문제 **279**

48 현재 좌표의 값이(X20, Y45)이고, 이동할 좌푯값이 (X120, Y90)일 때 증분 좌푯값으로 옳은 것은?

① X6.0, Y2.0
② X120, Y90
③ X100, Y45
④ X140, Y135

해설 | 증분 좌표는 현재 좌표에서 다음 좌표까지의 거리를 나타내면 된다.

```
          Y
          |
       90 |                    (120, 90)
          |              /
       45 | (20, 45) /
          |    |
          |    |
       ---+----+-----------+------→
          0   20          120   X
```

49 다음 G코드에 대한 해석으로 옳은 것은?

┌─────────────────────────────┐
│   G1 F500   │
└─────────────────────────────┘

① 이송 거리를 500mm으로 설정
② 압출 거리를 500mm으로 설정
③ 이송 속도를 500mm/min으로 설정
④ 압출 속도를 500mm/min으로 설정

해설 | • G1 : 직선 이동
      • F500 : 이송 속도를 500mm/min으로 설정

50 3D프린터의 동작을 담당하는 스테핑 모터에 전원을 공급하는 M 명령어는?

① M17   ② M1
③ M18   ④ M104

해설 | 보조 기능 M코드
• M1 : 시스템 종료
• M17 : 스테핑 모터에 전원을 공급
• M18 : 스테핑 모터에 전원을 차단
• M104 : 익스트루더(압출기)의 온도를 지정

51 분말 방식 3D프린터의 출력물을 회수하는 순서로 옳은 것은?

① 3D프린터 작동 중지 → 보호구 착용 → 3D프린터 문 열기 → 출력물 분리
② 보호구 착용 → 3D프린터 문 열기 → 출력물에 묻어 있는 분말 제거 → 출력물 분리
③ 보호구 착용 → 3D프린터 작동 중지 → 3D프린터 문 열기 → 출력물 분리
④ 3D프린터 문 열기 → 보호구 착용 → 출력물에 묻어 있는 분말 제거 → 출력물 분리

해설 | 분말 방식 3D프린터의 출력물 회수 순서
보호구 착용 → 3D프린터 작동 중지 → 3D프린터 문 열기 → 출력물 분리 → 플랫폼에 남아 있는 분말가루 제거 → 출력물에 묻어있는 분말 제거

52 3D프린터를 구입할 때 고려해야 할 사항으로 옳지 않은 것은?

① 제품의 가격이나 유지비
② 3D프린터 사용 시간
③ 재료의 가격이나 유지비
④ 출력물 사이즈와 프린터 크기

해설 | 3D프린터의 사용 시간은 구입할 때 고려사항은 아니다.

53 방진 마스크의 선정 기준으로 옳지 않은 것은?

① 안면 접촉 부위에 땀을 흡수할 수 있는 재질을 사용한 것
② 안면 밀착성이 좋아 기밀이 잘 유지되는 것
③ 마스크 내부에 호흡에 의한 습기가 발생하지 않는 것
④ 분진 포집 효율과 흡기 · 배기 저항이 높은 것

해설 | 흡기 · 배기 저항이 높다는 것은 숨을 쉬기가 힘들다는 것이다. 따라서 방진 마스크의 흡기 · 배기 저항은 낮아야 한다.

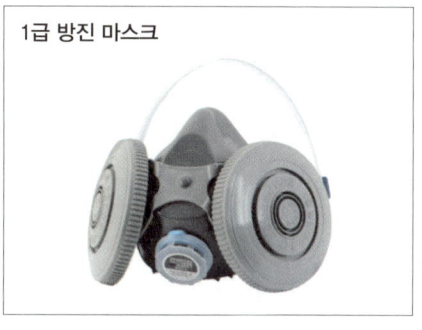

1급 방진 마스크

54 다음 도면의 치수 중 A 부분에 기입될 치수로 옳은 것은?

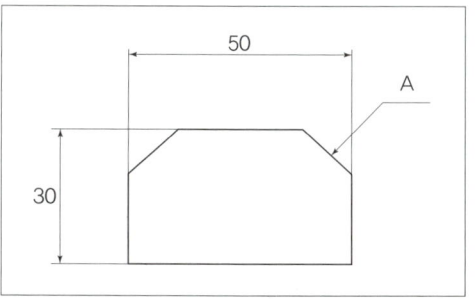

① C10　　　　　② R10
③ 2-R10　　　　④ 2-C10

해설 | 치수보조기호 C는 45° 모따기 기호이며 위 도면은 모따기가 2개 있는 것으로 2-C10으로 치수기입 한다.

55 FDM 방식의 3D프린터 특성상 제대로 출력되지 않는 경우가 있는데, 이때 제대로 출력되지 않는 원인으로 가장 거리가 먼 것은?

① 간격이 좁은 부품 요소
② 모델링 형상 외벽 두께가 노즐 크기보다 작을 경우
③ 구멍이나 축의 지름이 1mm 이하인 경우
④ 부품 중에 하나에만 공차를 적용한 경우

해설 | 조립되는 부품을 모델링할 경우에는 부품 중에 하나에만 공차를 적용하여 모델링한다. 따라서 이는 제품이 제대로 출력되지 않는 원인과는 관련이 없다.

정답　48 ③　49 ③　50 ①　51 ③　52 ②　53 ④　54 ④　55 ④　　CHAPTER 02 2019년 기출복원문제 **281**

56 3D 프린팅에서 자주 사용되는 M코드 중 조형을 하는 플랫폼을 가열하는 코드는?

① M135   ② M190
③ M109   ④ M104

해설 | **보조기호 M코드**
- M104 : 헤드의 온도를 지정
- M109 : 소재를 녹이는 열선의 온도를 지정
- M135 : 헤드의 온도 조작을 위한 PID 제어의 온도 측정 및 출력 값 설정 시간 간격을 지정하는 명령
- M190 : 조형하는 플랫폼을 가열

57 고분자 화합물로 폴리아세트산비닐을 가수 분해하여 얻어지는 무색 가루이며, 물에는 녹고 일반 유기 용매에는 녹지 않는 특성을 가져 주로 서포터에 이용되는 소재는?

① PVA(Polyvinyl Alcohol) 소재
② HIPS(High-Impact Polyurethane) 소재
③ PC(Polycarbonate) 소재
④ TPU(Thermoplastic Polyureyhane) 소재

해설 | PVA(폴리바이닐 알코올)는 물에 녹는 중합체로 3D프린터에서 서포터 소재로 사용한다.
② HIPS : 리모넨 용액에 녹아 서포터로 사용
③ PC : 열가소성 수지 중 최고의 충격강도, 온도 변화에 강함
④ TPU : 탄성이 있으며 투과성이 우수

58 G코드에서 고정 사이클 초기점 복귀 기능이 있고 종료 후 초기점으로 복귀하는 코드는?

① G96   ② G97
③ G98   ④ G99

해설 | **G코드**
- G96 : 공구와 공작물의 운동속도를 일정하게 제어
- G97 : 주축 회전수 일정 제어
- G98 : 고정 사이클 초기점 복귀, 종료 후 초기점으로 복귀
- G99 : 고정 사이클 R점 복귀, 종료 후 R점으로 복귀

59 고체 방식 3D프린터 출력물 회수하기 내용으로 틀린 것은?

① 전용 공구를 사용하여 출력물을 분리한다.
② 마스크, 장갑, 보안경을 착용한다.
③ 플랫폼에 이물질이 있으면 전용 솔을 이용한다.
④ 강한 힘을 주어 출력물을 제거한다.

해설 | 출력물을 제거할 때는 플랫폼(베드)을 프린터에서 분리하여 전용공구를 사용하여 안전하게 제품을 분리하도록 한다. 강한 힘을 줄 경우 제품이 파손되거나 플랫폼이 변형될 수 있다.

60 아래 표는 축 기준식 억지 끼워맞춤이다.
ⓐ, ⓑ에 들어갈 내용으로 옳은 것은?

	축 치수	구멍 치수
지름	$\varnothing 80$	$\varnothing 80$
공차	$h5^{\ 0}_{\ -0.013}$	$P6^{\ -0.026}_{\ -0.045}$
최소 허용 치수	79.987	79.955
최대 허용 치수	80	ⓐ
치수 공차	0.013	0.019
최소 죔새	ⓑ	
최대 죔새	0.045	

	ⓐ	ⓑ
①	0.013	79.974
②	79.974	0.013
③	0.019	79.974
④	79.974	0.019

해설 | ⓐ 구멍의 최대 허용 치수=80−0.026=79.974
ⓑ 최소 죔새=축의 최소 허용 치수−구멍의
최대 허용 치수=79.987−79.974=0.013

정답 56 ② 57 ① 58 ③ 59 ④ 60 ②

2020년 기출복원문제-1

3D프린터운용기능사 자격증 대비과정

01 비접촉 3차원 스캐너 방식 중 측정 거리가 먼 방식부터 바르게 나열한 것은?

① TOF 방식 레이저 스캐너 → 변조광 방식의 스캐너 → 레이저 기반 삼각 측량 스캐너

② 변조광 방식 레이저 스캐너 → TOF 방식의 스캐너 → 레이저 기반 삼각 측량 스캐너

③ TOF 방식 레이저 스캐너 → 레이저 기반 삼각 측량 스캐너 → 변조광 방식의 스캐너

④ 변조광 방식 레이저 스캐너 → 레이저 기반 삼각 측량 스캐너 → TOF 방식의 스캐너

해설| • TOF 방식 레이저 스캐너 : 장거리 비접촉식 3차원 스캐너이며, 토목 측정이나 건물 등과 같은 대형물 측정에 활용
• 변조광 방식 스캐너 : 중거리 영역인 10~30m 영역을 스캔할 때 주로 활용
• 레이저 기반 삼각 측량 스캐너 : 근접 측정용으로 일반적으로 많이 활용하며, 턴 테이블이 필요함

02 다음 치수 보조 기호 중 모떼기 기호로 옳은 것은?

① ∅   ② Δ
③ C   ④ R

해설| 치수 보조기호

구분	기호
지름	∅
반지름	R
구의 지름	S∅
구의 반지름	SR
정사각형의 변	□
이론적으로 정확한 치수	치수
참고 치수	( )
45° 모떼기	C
판의 두께	t=
원호의 길이	⌒

284 PART 07 최신 기출복원문제

03 선택한 면과 면, 선과 선 사이에 일정한 거리를 주는 제약 조건은 무엇인가?

① 일치 제약 조건
② 오프셋 제약 조건
③ 고정 컴포넌트
④ 접촉 제약 조건

해설 | 오프셋 제약 조건은 면과 면, 선과 선 사이에 일정한 거리를 주는 것이다.
　① 일치 제약 조건 : 선과 선, 면과 면 등을 선택하여 일치하도록 하는 제약 조건
　③ 고정 컴포넌트 : 선택한 파트를 고정시켜 주는 기능
　④ 접촉 제약 조건 : 선택한 선과 선, 면과 면을 접촉하도록 하는 제약 조건

04 2D 라인 없이 3D 객체를 만드는 방법 중 합집합, 교집합, 차집합을 적용하여 객체를 만드는 방법은?

① 폴리곤 방식
② AMF 방식
③ IGES 방식
④ CSG 방식

해설 | CSG(Constructive Solid Geometry)는 도형 단위요소(Solid Primitive)를 불러와서 조합(합, 차, 적)으로 물체를 표현하는 방식을 말한다.

05 3D 모델을 2차원 유한 요소인 삼각형들로 분할한 후 각 삼각형의 데이터를 기준으로 근사시키면 STL 파일을 쉽게 생성할 수 있다. 이때 모서리 수를 구하는 공식은?

① 모서리 수=(꼭짓점 수×2)−6
② 모서리 수=(꼭짓점 수×3)−6
③ 모서리 수=(꼭짓점 수×2)−4
④ 모서리 수=(꼭짓점 수×3)−4

해설 | • 모서리 수=(꼭짓점 수×3)−6
　• 꼭짓점 수=(총 삼각형 수/2)+2

06 다음 중 G1 X70 E95에 대한 설명으로 옳은 것은?

① 현재 위치에서 X70으로, 필라멘트를 현재 길이에서 95mm까지 압출하면서 이송한다.
② X70 지점으로 속도는 95mm/min으로 이송한다.
③ 현재 위치에서 X70으로, 속도는 95mm/min으로 이송한다.
④ X70 지점으로 빠르게 이송, 필라멘트를 현재 길이에서 95mm까지 압출하면서 이송한다.

해설 | • G1 X70 : X70 위치로 직선 이동을 한다.
　• E95 : 이동을 하면서 필라멘트를 95mm까지 압출한다.

정답 01 ① 02 ③ 03 ② 04 ④ 05 ② 06 ①

07 원호와 선 또는 원호와 원호를 서로 접하게 만드는 구속 조건은?

① 동심 구속 조건
② 일치 구속 조건
③ 접선 구속 조건
④ 평행 구속 조건

해설 | 접선 구속 조건은 선택된 두 개의 원호 또는 원호와 선이 접하게 되도록 구속해야 한다.
① 동심 구속 : 두 개 이상의 선택된 원호의 중심을 구속
② 일치 구속 : 떨어져 있는 점과 선을 정확하게 붙이거나 떨어져 있는 두 끝점을 정확하게 연결시키는 구속
④ 평행 구속 : 두 개 이상 선택된 스케치 선을 평행하게 구속

08 다음 중 솔리드 모델링 작업 순서로 옳은 것은?

① 스케치 작성 → 대략적인 2D 단면 그리기 → 치수기입 → 베이스 피처 작성
② 스케치 작성 → 치수 기입 → 대략적인 2D 단면 그리기 → 구속 조건 부여
③ 스케치 작성 → 구속 조건 부여 → 대략적인 2D 단면 그리기 → 치수 기입
④ 스케치 작성 → 대략적인 2D 단면 그리기 → 베이스 피처 작성 → 구속 조건 부여

해설 | 솔리드 모델링 작업은 '스케치 작성 → 대략적인 2D 단면 그리기 → 스케치에 구속 조건 부여 → 스케치에 치수 기입 → 베이스 피처 작성' 순이다.

09 3D프린터에서 재료가 플랫폼에 제대로 안착되지 않는 원인으로 옳지 않은 것은?

① 첫 번째 층이 너무 빠르게 성형될 경우
② 출력물과 플랫폼 사이의 부착 면적이 작을 경우
③ 용융된 재료가 과다하게 압출될 경우
④ 온도 설정이 맞지 않는 경우

해설 | 재료가 과다 압출되는 경우는 베드에 안착이 안 되는 원인과 거리가 멀지만, 제품 자체가 원하는 형상보다 크게 출력되거나 노즐이 막힐 우려가 있다.
재료가 플랫폼(베드)에 제대로 안착되지 않는 원인
• 첫 번째 레이어(층)의 조형 속도가 너무 빠를 경우
• 출력물과 플랫폼 사이의 부착 면적이 작을 경우
• 온도 설정이 맞지 않아 수축이 일어날 경우 (베드 온도가 낮거나 외부의 찬 공기 유입)
• 베드의 표면이 너무 매끄러운 경우
• 노즐의 시작점이 베드에서 너무 먼 경우
• 플랫폼 레벨링(수평)이 맞지 않은 경우

10 3D프린터 출력 시 분할하여 출력하고자 할 때 가장 적절한 방법은? (단, 분할 선은 빨간 선이다.)

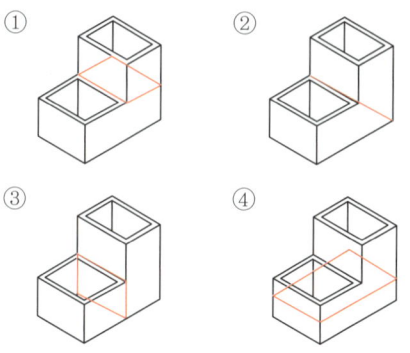

해설 | 프린터의 최대 출력보다 큰 모델링을 출력할 경우 분할 출력을 한다. 이때 분할 면은 서로 합쳤을 때 합치기 편한 곳을 분할하도록 한다.

11 다음에서 설명하는 3D프린터 소재로 옳은 것은?

- 유독가스를 제거한 석유 추출물을 이용해 만든 재료이다.
- 충격에 강하고 오래 가면서 열에도 상대적으로 강한 편이다.
- 출력 시 휨 현상이 있어 설계 시 유의해야 한다.
- 출력 시 환기가 필요하다.

① PLA   ② ABS
③ PVA   ④ TPU

해설 | ① PLA(Poly Lactic Acid) : 옥수수와 사탕수수 추출물에서 유래한 안전한 친환경 바이오 플라스틱 소재
③ PVA(Poly Vinyl Alcohol) : 물에 잘 녹아 서포터 재료로 사용
④ TPU(Thermoplastic Poly Urethane) : 고무 성분이 들어가서 탄성과 유연성이 매우 뛰어남

12 다음 중 3D프린터 조형 방식과 재료와 지지대에 대한 설명으로 옳지 않은 것은?

① 액상 기반의 재료를 사용하는 SLA, DLP 방식의 경우 광경화성 수지를 사용하므로 모델 재료와 지지대 재료가 같다.
② 지지대는 자동 생성되지만 소프트웨어를 통해 지지대 생성을 하지 않을 수도 있다.
③ 분말 기반의 재료를 사용하는 3DP, SLS 방식과 같은 적층 기술은 지지대를 사용하지 않기 때문에 분말만 잘 털어주면 출력물을 얻을 수 있다.
④ 액상 기반의 재료를 사용하는 SLA, DLP 방식의 경우 지지대가 출력물에서 쉽게 떨어지지 않는다.

해설 | SLA(Stereo Lithography Apparatus), DLP (Digital Light Processing) 방식은 빛을 사용하는 광경화 방식이다. 복잡하고 정교한 출력물을 출력하기 위해 사용되며, 모델 재료와 지지대 재료가 같고 가는 기둥형으로 쉽게 떨어지게 되어 있다.

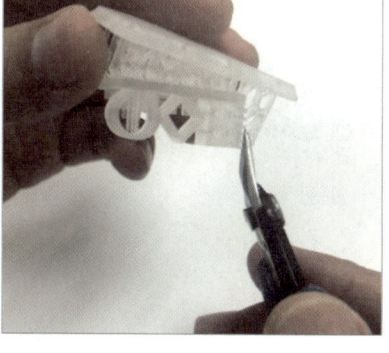

13 3D프린터에서 출력물을 출력할 때의 작업 순서로 옳은 것은?

① 2D 스케치 → 도면 배치 → STL 파일 저장 → G코드 생성 → 출력

② 2D 스케치 → 3D 모델링 → STL 파일 저장 → G코드 생성 → 출력

③ 2D 스케치 → 3D 모델링 → G코드 생성 → STL 파일 저장 → 출력

④ 2D 스케치 → 도면 배치 → G코드 생성 → STL 파일 저장 → 출력

해설 | **출력 순서**

```
2D 스케치   3D 모델링프로그램      슬라이서프로그램
           • 3D 모델링          • 슬라이싱
           • STL 파일 변환       • G코드 파일 변환

           3D프린터             후가공
           • 3D프린터 운용        • 표면 처리
           • 제품출력            • 도장처리
```

14 두 점 사이의 거리를 실제로 측정한 치수를 무엇이라 하는가?

① 실 치수
② 점 치수
③ 거리 치수
④ 측정 치수

해설 | 실 치수는 두 점 사이의 거리를 실제로 측정한 치수를 말한다.

15 다음 빈칸에 들어갈 단어를 순서대로 적은 것은?

> 끼워 맞춤에서 구멍의 치수가 축의 치수보다 클 때를 (   )라 하고, 구멍의 치수가 축의 치수보다 작을 때를 (   )라 한다.

① 허용 공차, 한계 공차
② 죔새, 틈새
③ 틈새, 죔새
④ 한계 공차, 허용 공차

해설 | 틈새는 축보다 구멍이 큰 경우로 헐거운 끼워 맞춤이 되고, 죔새는 구멍보다 축이 큰 경우로 억지 끼워맞춤이 된다.

```
      틈새              죔새
```

16 3D 모델링에서 스케치가 두 개 있어야 형상을 완성할 수 있는 3차원 형상화 명령은?

① 회전 명령
② 스윕 명령
③ 돌출 명령
④ 구멍 명령

해설 | 스윕(Sweep)은 단일 단면형상 스케치와 경로 곡선 스케치가 모두 있어야 매우 복잡한 형상을 모델링할 수 있다.

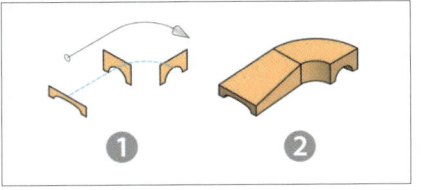

17 다음 기하 공차 중 모양공차로 진원도 공차를 나타내는 기호는?

① ⌒̸ ② ⌒

③ ○ ④ ◎

해설 | 기하 공차 종류

구분	기호	공차의 종류
모양공차	−	진직도 공차
	▱	편면도 공차
	○	진원도 공차
	⌒̸	선의 윤곽도 공차
	⌒	면의 윤곽도 공차
자세공차	∥	평행도 공차
	⊥	직각도 공차
	∠	경사도 공차
위치공차	⊕	위치도 공차
	◎	동축도 공차 또는 동심도 공차
	═	대칭도 공차
흔들림 공차	╱	원주 흔들림 공차
	⌁	온 흔들림 공차

18 작업 현장에서 사람이 감전되어 쓰러졌을 때 하면 안 되는 행동은?

① 재해자 주변의 위험물을 제거한다.

② 감전 환자의 몸에 접촉되어 있는 전선은 절연체로 자신을 보호한 후 제거한다.

③ 재해자의 의식을 확인한다.

④ 재해자의 신체를 흔들어 깨운다.

해설 | 감전된 재해자의 신체를 만지는 것은 또 다른 감전의 위험이 있는 행동이다.

감전 시 응급처치 방법

• 교류는 근육이 수축하게 되는 성질, 직류는 튕겨져나가는 성질이 있다. 두 가지 경우 모두 전류원을 부상자로부터 떼어내고 안전한 곳으로 부상자를 옮겨야 한다.

• 감전 환자의 몸에 접촉되어 있는 전선을 떼어낼 때에는 전기가 통하지 않는 절연물체를 활용해야 한다.

• 환자의 호흡이 없는 경우 즉시 신고하고 심폐소생술을 실시한다.

• 호흡이 돌아온 이후에는 화상, 타박상, 골절 등의 외상을 응급처치하고 119를 기다린다.

• 의식이 있다고 해도 물이나 음식을 바로 섭취해서는 안 되며, 진료를 받아야 한다.

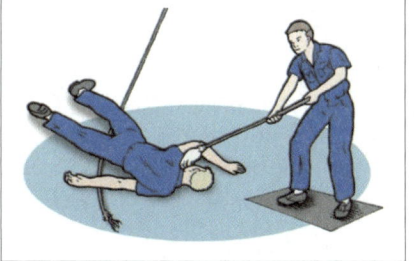

19 다음 중 오류 검출 프로그램이 아닌 것은?

① 카티아(CATIA)
② 넷팹(NETFABB)
③ 메시믹서(MESHMIXER)
④ 메시랩(MESHLAB)

해설 | 카티아(CATIA)는 프랑스 다쏘시스템에서 자동차나 항공기를 설계하고 개발하기 위해 만든 3차원 컴퓨터 지원 설계 프로그램이다.

20 다음 중 출력 공차에 대한 설명으로 틀린 것은?

① 3D 엔지니어링 프로그램에서의 모델링은 기본적으로 공차가 발생하지 않는다.
② 3D프린터는 가공자에 의한 출력 공차를 부여할 수 있다.
③ 조립 부품이 작은 축과 구멍으로 조립이 되는 경우 구멍을 조금 더 키워 출력한다.
④ 부품 중에서 하나에만 공차를 적용하는 것이 바람직하다.

해설 | 3D프린터는 모델링한 그대로를 출력하기 때문에 일반 기계 가공자와 같이 가공을 하면서 공차를 맞춰 갈 수는 없다. 모델링 단계에서는 공차를 적용하여 모델링을 할 수 있다.

21 다음 중 3D 프린팅 시 출력용 파일의 오류가 아닌 것은?

① 반전 면
② 매니폴드 형상
③ 오픈 메시
④ 메시가 떨어져 있는 경우

해설 | 매니폴드 형상 구조는 하나의 모서리를 2개의 면이 공유하고 있는 것으로 바르게 출력이 된다. 다만 비매니폴드 형상은 "실제"에 존재할 수 없는 구조로 3D 프린팅, 부울 작업, 유체 분석 등에 오류가 발생할 수 있다.

22 압출기 노즐과 플랫폼 사이의 거리가 너무 가까울 때 발생하는 현상이 아닌 것은?

① 노출의 구멍이 플랫폼에 의해서 막힐 수 있다.
② 녹은 플라스틱 재료가 제대로 압출되기 어렵다.
③ 출력물의 면을 구성하는 선과 선 사이에 빈 공간이 생긴다.
④ 처음에는 재료가 압출되지 않다가 3, 4번째 층부터 제대로 압출되기도 한다.

해설 | **출력물의 면을 구성하는 선과 선 사이에 빈 공간이 생기는 원인**
- 재료의 압출량이 적을 때
- 올바르지 않은 직경의 필라멘트 사용
- Extrusion Multiplier 증가
※ Extrusion Multiplier : 출력물의 실제 두께를 측정해서 압출량을 보정하는 방법

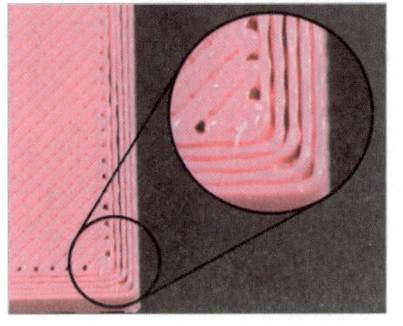

23 다음 중 SLS 방식의 3D프린터 출력물의 회수 순서로 옳은 것은?

> ㉠ 3D프린터 작동 중지
> ㉡ 플랫폼에서 출력물 분리
> ㉢ 보호 장구 착용
> ㉣ 3D프린터 문 열기
> ㉤ 플랫폼에 남아 있는 분말 가루 제거
> ㉥ 출력물에 묻어 있는 분말 가루 제거

① ㉠ → ㉢ → ㉣ → ㉡ → ㉥ → ㉤
② ㉢ → ㉠ → ㉣ → ㉡ → ㉥ → ㉤
③ ㉠ → ㉢ → ㉣ → ㉡ → ㉤ → ㉥
④ ㉢ → ㉠ → ㉣ → ㉡ → ㉤ → ㉥

해설 | SLS(Selective Laser Sinter, 선택적 레이저 소결방식) 방식은 얇은 분말 층이 프린팅 베드에 도포되면 레이저에 의해 프린팅 데이터 해당 부분이 정확히 선택되어 소결되고, 이어서 온도가 미세하게 낮아지면서 조형물이 굳어진다.

출력물 회수 순서
보호 장구 착용 → 3D프린터 작동 중지 → 3D프린터 문 열기 → 플랫폼에서 출력물 분리 → 플랫폼에 남아 있는 분말 가루 제거 → 출력물에 묻어 있는 분말 가루 제거

24 레이저 기반 삼각 측량 3차원 스캐너에서 계산하는 방식을 옳은 것은?

① 한 변과 2개의 각으로부터 나머지 변의 길이 계산
② 두 변과 2개의 각으로부터 나머지 변의 길이 계산
③ 한 변과 1개의 각으로부터 나머지 변의 길이 계산
④ 두 변과 1개의 각으로부터 나머지 변의 길이 계산

해설 | **레이저 기반 삼각 측량 3차원 스캐너**
라인 형태의 레이저를 측정 대상물에 주사하여 레이저 발진부, 수광부, 측정 대상물로 이루어진 삼각형에서 한 변과 2개의 각으로부터 나머지 변의 길이를 계산하는 방식의 스캐너이다.

25 3D프린터 방식 중 SLA 방식의 특징이 아닌 것은?

① 나일론 계열의 폴리아미드가 주로 사용된다.
② 빛을 이용하기 때문에 정밀도가 높다.
③ 폐기 시 별도의 절차가 필요하다.
④ 강도가 낮은 편이라 시제품을 생산하는 데 주로 사용된다.

해설 | 폴리아미드(Nylon 12) 재료는 분말을 레이저로 성형하는 SLS(선택적 레이저 소결) 3D프린터의 재료로 사용된다.

SLA 방식(Stereo Lithography Apparatus, 광경화성 수지 조형 방식)
• 레진이 담겨 있는 수조에 프린트 베드가 잠겨 있고, 그 위로 UV 레이저를 조사한다.
• 레이저가 레진에 닿으면 광경화(Curing) 작용에 의해 레진이 굳어지며 레이어가 만들어진다.

정답 19 ① 20 ② 21 ② 22 ③ 23 ④ 24 ① 25 ①

CHAPTER 03 2020년 기출복원문제-1 **291**

26 다음 중 PLA 소재의 노즐 온도로 가장 적합한 것은?

① 240~260℃   ② 180~230℃

③ 250~300℃   ④ 175~250℃

해설 | **소재에 따른 노즐 온도**

소재	노즐 온도
PLA	180~230℃
ABS	215~250℃
나일론	235~260℃
PC	250~305℃
PVA	220~230℃
HIPS	215~250℃
나무	175~250℃
TPU	210~230℃

27 3D 모델링 방식의 종류 중 넙스 방식의 설명으로 틀린 것은?

① 수학 함수를 이용하여 곡면 표현이 가능하다.

② 부드러운 곡선을 이용한 모델링에 많이 사용된다.

③ 재질의 비중을 계산하여 무게 등을 측정할 수 있다.

④ 자동차나 비행기의 표면과 같은 부드러운 곡면을 설계할 때 효과적이다.

해설 | 넙스는 기본적으로 서피스 모델링이며 모델링의 무게를 구할 수 있는 것은 솔리드 모델링이다.

넙스(Nurbs) 방식 모델링

• 선을 그리고, 면으로 확장시킨 다음에 3차원 입체를 만드는 방식이다.

• 선을 그릴 때에는 제어점을 이용하여 직선, 곡선이 모두 가능하다.

• 제어점을 잘 활용하면 유연한 커브 곡선을 만들 수 있다.

• 선을 면으로 확장시키면 서피스가 생성되는데 서피스에서도 제어점을 관리하여 곡면의 기울기를 조정할 수 있다.

28 다음 중 소결에 대한 설명으로 틀린 것은?

① 압축된 금속 분말에 열에너지를 가해 입자들의 표면을 녹인다.

② 금속 입자를 접합시켜 금속 구조물의 강도와 경도를 높이는 공정이다.

③ 압력이 가해지면 분말 사이의 간격이 좁아져 밀도가 높아진다.

④ 금속 용융점보다 높은 열을 가하면 금속 입자들의 표면이 달라붙어 소결이 이루어진다.

해설 | **소결(Sintering)**

• 용융점 이하의 온도에서 원자의 이동현상에 의해 분말 입자가 서로 결합하는 과정을 말한다.

• 분말은 용융점의 절반 정도 되는 온도를 초과하여 가열할 경우 서로 결합하여 소결이 일어난다.

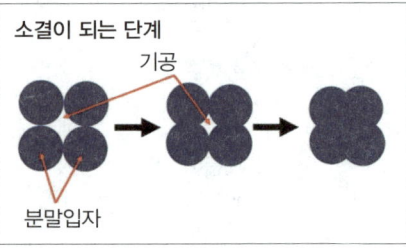

29 위치 결정 방식에서 헤드 또는 플랫폼의 현재 위치를 기준점으로 하여 임의로 지정한 값만큼 이송하는 방식은?

① 증분 좌표 방식

② 절대 좌표 방식

③ 기계 좌표 방식

④ 로컬 좌표 방식

해설 | 증분(상대) 좌표 방식은 현 위치를 기준점으로 다음 위치의 값을 지정한다.

② 절대 좌표 방식 : 모든 점의 위치를 좌표계의 원점(0, 0)을 기준으로 지정한다.

30 다음 중 G코드 명령어와 그에 대한 설명으로 옳지 않은 것은?

① G1 : 현재 위치에서 지정된 위치까지 헤드나 플랫폼을 직선으로 이송한다.
② G28 : 3D프린터의 각 축을 원점으로 이송시킨다.
③ G90 : 지정된 값이 현재 값이 되며 3D프린터가 동작하지는 않는다.
④ G91 : 지정된 이후의 모든 좌푯값은 현재 위치에 대한 상대 좌푯값으로 설정된다.

해설 | G90은 좌표를 기계의 원점으로(절대 좌표계) 설정하는 명령어이다.

31 3D프린터 기능에서 리트렉션(Retraction)에 대한 설명으로 옳은 것은?

① 스테핑 모터의 축이 제대로 회전하지 않을 때 작동한다.
② 노즐과 플랫폼 사이의 간격을 조정한다.
③ 기어 이빨이 필라멘트 재료를 뒤로 빼주는 동작이다.
④ 출력 속도가 너무 높을 때 동작한다.

해설 | **리트렉션(Retraction)**
• 3D프린터 출력 중 익스트루더의 기어를 압출 방향의 역방향으로 회전시키는 기능으로 필라멘트 재료를 뒤로 빼주는 동작을 한다.
• 출력 중에 제품에 거미줄과 같은 것이 생기는 현상(Stringing)을 방지할 때 리트렉션의 거리와 속도를 조절하여 방지할 수 있다.

32 헤드나 플랫폼을 목적지로 빠르게 이송시키기 위해서 사용하는 G코드는?

① G1　　　　② G0
③ G20　　　 ④ G21

해설 | G0은 급속 이송 시 사용한다.
　　① G1 : 직선 이동
　　③ G20 : inch로 입력
　　④ G21 : mm로 입력

33 다음 중 형상을 분석할 때 사용하지 않는 기능은?

① 형상물의 분할
② 형상물의 확대 및 축소
③ 형상물의 이동
④ 형상물의 회전

해설 | 형상분석은 형상물의 확대 및 축소, 이동, 회전을 통하여 형상의 이상 유무를 확인하고 지지대 생성에 대한 최적의 자세를 찾아볼 수 있다.

34 작업 안전수칙 중 작동 종료 후에 발생할 수 있는 상황이 아닌 것은?

① 용제 등은 중추신경계에 영향을 줄 수 있다.
② 플라스틱으로 만들어진 조형물은 연삭작업 이전에 완전히 경화된 상태여야 한다.
③ 조형물의 표면을 처리하는 작업을 수행하면 다양한 화학물질에 노출될 수 있다.
④ 나노 물질에 노출되어 폐 등에 염증성 반응을 유발할 수 있다.

해설 | 재료 압출 단계에서 나노 물질에 노출되면 폐 등에 염증성 반응을 유발할 수 있으나, 작동 종료 후에는 나노 물질이 발생하지 않는다.

정답 26 ② 27 ③ 28 ④ 29 ① 30 ③ 31 ③ 32 ② 33 ① 34 ④　　**CHAPTER 03** 2020년 기출복원문제-1 **293**

35 FDM 방식의 프린팅 방식의 장점 및 단점으로 맞는 것은?

① 작은 제품부터 큰 제품까지 제작할 수 있지만 정밀도가 떨어진다.

② 작은 제품부터 큰 제품까지 제작할 수 있고 표면처리가 뛰어나다.

③ 조형 속도가 빠르고 정밀도가 높아 미세한 형상 구현이 가능하다.

④ 조형 속도가 빠르고 작은 제품부터 큰 제품까지 제작할 수 있다.

해설 | **FDM 방식 프린터**
- 장점
  - 다른 방식에 비해서 다양한 출력 소재로 생산이 가능
  - 산업 쓰레기가 매우 적게 발생하여 친환경적
  - 맞춤형 소량생산에 적합하면서 다른 프린터에 비해 강도가 강한 편
  - 3D프린터 가격과 유지보수 비용이 저렴한 편
- 단점
  - 열가소성 소재를 녹여서 쌓는 방식인 만큼 실제 출력물에 치수 정밀도가 떨어지고, 열에 수축될 수 있음
  - 표면이 매끄럽지 못해 후가공 작업이 필요함

36 3D 모델링 방식에서 폴리곤 방식에 대한 설명으로 거리가 먼 것은?

① 삼각형을 기본 단위로 하여 모델링한다.

② 다각형의 수가 적은 경우에는 빠른 속도로 렌더링이 가능하지만, 표면이 거칠게 표현된다.

③ 넙스 모델링에 비해 모델링 시 많은 계산이 필요하다.

④ 크기가 작은 다각형을 많이 사용하여 형상 구성 시, 표면이 부드럽게 표현되지만 렌더링 속도는 떨어진다.

해설 | **폴리곤**(Polygon, 다면체)
- 형태를 구성하는 점, 선, 면의 집합으로 메쉬(Mesh)를 제작하는 방식
- 폴리곤의 최소 단위는 삼각형
- 넙스 모델링에 비하여 모델링 시 많은 계산이 필요하지 않음
- 단점 : 곡선 표현이 부족하기 때문에 엘리어싱(Aliasing, 계단 현상) 발생

37 객체들 간의 자세를 흐트러짐 없이 잡아 두고, 차후 디자인 변경이나 수정 시 편리하고 직관적으로 업무를 수행하기 위해서 필요한 가장 중요한 기능은?

① 형상 조건
② 구속 조건
③ 편집 조건
④ 구성 조건

해설 | **구속 조건**
- 객체들 간의 자세를 흐트러짐 없이 잡아 두고, 차후 디자인 변경이나 수정 시 편리하고 직관적으로 업무를 수행하기 위해서 필요한 가장 중요한 기능
- 수평 또는 수직, 동일원, 직각, 탄젠트, 동일직선, 교차, 일치 등

38 다음 중 지지대의 형상과 명칭이 서로 다른 것은?

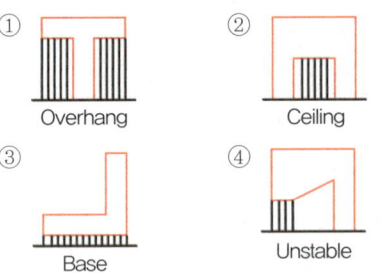

해설 | ④는 Island이다.

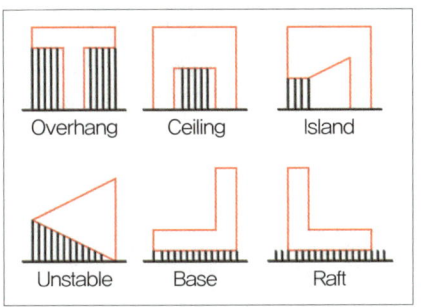

39 3D프린터 슬라이싱 프로그램 방식에서 불러올 수 있는 파일 형식으로 맞는 것은?

① STL, OBJ
② STL, EMF
③ STL, IGES
④ STL, STEP

해설 | STL과 OBJ는 세 개의 정점으로 이루어진 삼각형의 집합이라는 공통점이 있다. STL은 CAD 소프트웨어에서 저장하고, OBJ는 3D 그래픽소프트웨어에서 저장한다.

40 3D프린터로 제품을 제작할 때 프린팅 방식에 따라 형상 설계 오류를 고려해야 한다. 다음 중 고려사항과 거리가 먼 것은?

① FDM 방식의 3D프린터는 최대 정밀도가 0.1mm 정도로 정밀도가 좋지 않다.
② SLA, DLP 방식은 광경화 조형 방식으로 제품을 아주 디테일하게 만들 수 있다.
③ FDM 방식으로 설계 시 정밀도보다 작은 치수 표현은 불가능하다.
④ SLS 방식은 광경화성 수지의 성질을 이해하지 못하여도 형상 설계 후 출력하면 제품의 뒤틀림이 발생하지 않는다.

해설 | **SLA 방식**(Stereo Lithography Apparatus, 광경화성 수지 조형 방식)
- '레진'이라고 부르는 액체 상태의 광경화성 수지가 레이저와 닿으면 굳어지는 원리
- 높은 퀄리티 출력물을 생산하는 장점이 있는 만큼 광경화성 수지의 성질을 충분히 이해하고 제품의 뒤틀림이 생기지 않게 형상 설계를 해야 함

정답 35 ① 36 ③ 37 ② 38 ④ 39 ① 40 ④

41 다음 중 슬라이싱 프로그램이 아닌 것은?

① 큐라(CURA)
② FUSION 360
③ 메이커 봇 데스크톱
④ SIMPLEY 3D

해설 | FUSION 360은 제품 설계 및 제조를 위한 클라우드 기반 3D 모델링, CAD, CAM, PCB 소프트웨어 플랫폼이다.
슬라이싱(Slicing)
• 3D 프린팅을 위한 3D 모델링한 디자인 작업물의 출력 방향, 노즐 온도 설정, 프린팅 속도 등을 지정해 주는 과정
• 3D프린터가 가지고 있는 고유의 명령 체계, 즉 G코드 같이 프린터가 인식하는 언어로 바꾸는 단계

42 다음 중 빈칸에 들어가야 하는 용어를 순서대로 바르게 나열한 것은?

> 좌표 지령의 방법은 절대(absolute) 지령과 증분(incremental) 지령으로 구분된다. 두 지령은 모두 모달 그룹 3에 해당되며, 절대 지령은 (   )을 사용하고 증분 지령은 (   )을 사용한다.

① G91, G90   ② G00, G10
③ G90, G91   ④ G10, G00

해설 | • G90 : 절대 지령
• G91 : 증분 지령

43 STL 형식 파일을 G코드로 변환할 때 추가되는 내용이 아닌 것은?

① 적층 두께
② 내부 채움 비율
③ 필라멘트 색상
④ 플랫폼 적용 유무와 유형

해설 | 필라멘트 색상은 준비된 재료의 색상으로 출력이 되므로 G코드 변환과는 무관하다.

44 3D 프린팅은 제작 방식에 따라 제작의 오차 및 오류가 존재하는데 이러한 오류를 제거 하기 위해 지지대를 이용한다. 다음 중 지지대가 필요한 이유와 거리가 먼 것은?

① 지지대가 있으면 형상 제작에 들어가는 재료를 절약할 수 있다.
② 지지대를 이용하면 형상 제작의 오차를 줄일 수 있다.
③ 제품을 제작할 때 윗면이 크면 제품 형상의 뒤틀림이 존재한다.
④ SLA 방식으로 제작할 때, 지지대 유무에 따라 형상의 오차 및 처짐 등이 발생할 수 있다.

해설 | 지지대의 목적은 형상의 뒤틀림이나 처짐 등을 방지하기 위하여 하는 것으로 형상 제작에 들어가는 재료의 절약과는 무관하다.

45 다음 중 안전 보호구와 거리가 먼 것은?

① 차광 보안경
② 방음 보호구
③ 호흡 보호구
④ 작업용 면장갑

해설 | 보호구는 재해나 건강 장해를 방지하고자 작업자가 착용한 후 작업을 하는 기구나 장치를 의미한다. 작업용 면장갑은 보호구의 역할을 못한다.

46 다음에서 설명하는 3D프린터 소재는?

- 금속과 비금속 원소의 조합으로 이루어져 있다.
- 알루미나, 실리카 등이 대표적이다.
- 플라스틱에 비해 강도가 높으면, 내열성이나 내화성이 탁월하다.
- 보통 산소와 금속이 결합된 산화물, 질소와 금속이 결합된 질화물, 탄화물 등이 있다.

① 금속 분말 소재
② 세라믹 분말 소재
③ 나일론 분말 소재
④ TPU 분말 소재

해설 | 세라믹 분말 소재
- 금속과 비금속 원소의 조합으로 이루어져 있다.
- 알루미나(Al_2O_3), 실리카(SiO_2) 등이 대표적이다.
- 플라스틱에 비해 강도가 높으면, 내열성이나 내화성이 탁월하다.

47 슬라이서 프로그램에서 베드 고정 타입 옵션과 거리가 먼 것은?

① None
② Brim
③ Fill Density
④ Raft

해설 | Fill Density는 출력물 내부 채움 비율을 나타내는 것으로 베드 고정 타입 옵션과 거리와는 멀다.

48 입체 모델링을 단면별로 나누어 레이어 및 출력 환경을 설정하고 프린팅 소프트웨어에서 동작할 수 있게 G코드 생성하는 프로그램을 무엇이라 하는가?

① 형상 분석 프로그램
② 슬라이싱 프로그램
③ 모델링 프로그램
④ 조립 분석 프로그램

해설 | 슬라이싱(Slicing) 프로그램은 3D 프린팅을 위해 3D 모델링한 디자인 작업물의 출력 방향, 노즐 온도 설정, 프린팅 속도 등을 지정해주는 과정이다. 또한 3D프린터가 가지고 있는 고유의 명령 체계, 즉 G코드 같이 프린터가 인식하는 언어로 바꾸는 단계이다.

정답 41 ② 42 ③ 43 ③ 44 ① 45 ④ 46 ② 47 ③ 48 ②

49 다음 중 최적의 스캐닝 방식에 대한 설명으로 옳지 않은 것은?

① 표면 코팅이 불가한 경우에는 비접촉식 측정 방법을 사용한다.
② 측정 대상물이 쉽게 변형되는 경우에는 TOF 방식을 사용하는 것이 유리하다.
③ 원거리에 대상물의 일부를 스캔하는 경우에는 이동식 스캐너를 사용하는 것이 유리하다.
④ 큰 측정 대상물의 일부를 스캔하는 경우에는 이동식 스캐너를 사용하는 것이 좋으나 정밀도가 떨어질 수 있다.

해설 | 표면반사가 있는 경우 측정이 안 되기 때문에 반사가 안 되게 표면을 코팅하여 비접촉식 측정을 한다. 하지만 표면 코팅이 불가한 경우에는 접촉식 측정 방법을 사용한다.
  • TOF(Time Of Flight) 방식 : 빛을 물체 표면에 투사하여 그 빛이 돌아오는 시간을 측정
  • 접촉식 측정 : 프루브(Probe)를 측정하는 물체에 직접 닿게 해서 측정

접촉식 측정

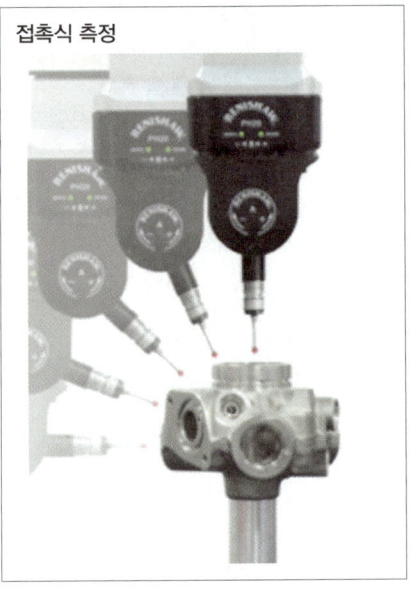

50 다음 중 수조 광경화 3D 프린팅 공정별 출력 방향과 지지대에 대한 설명으로 옳지 않은 것은?

① 플랫폼의 이송 방향에 따라서 출력물이 성형되는 방향은 아래쪽이다.
② 지지대는 출력물과 동일한 재료이며, 제거가 용이하도록 가늘게 만들어진다.
③ 빛이 주사되는 방향으로 플랫폼이 이송되며 층이 성형된다.
④ 액체 상태의 광경화성 수지(photopolymer)에 빛을 주사하여 선택적으로 경화시킨다.

해설 | 출력물이 성형되는 방향은 위쪽 또는 아래쪽으로 생긴다.
  • SLA(Stereo Lithography Apparatus) : 광경화 수지 조형으로 3D프린터 레이저 빔을 통해 액체 형태의 레진을 경화시킨 후 적층하여 조형하는 방식
  • DLP(Digital Light Processing) : 광경화성 수지 조형으로 SLA 방식과 유사하며 자외선 파(UV−A)을 이용해 레진을 쌓아 조형하는 방식

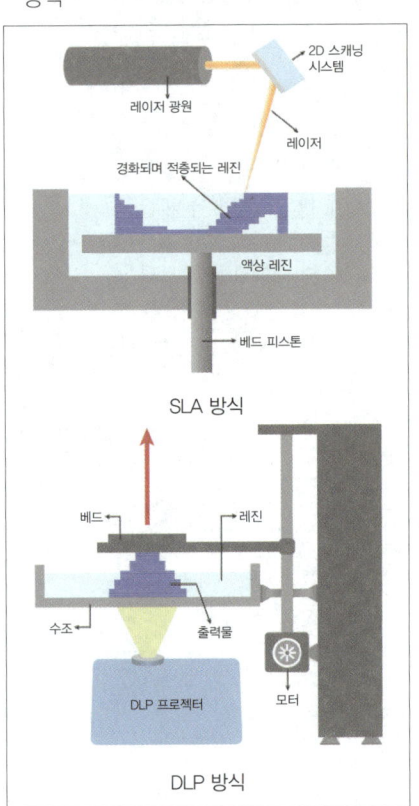

298 PART 07 최신 기출복원문제

51 다음 중 도면 작성 시 사용하는 선의 종류와 설명으로 옳지 않은 것은?

① 가는 1점 쇄선 : 도형의 중심을 표시하는 데 사용한다.
② 은선, 파선 : 대상물의 보이지 않는 부분을 표시할 때 사용한다.
③ 가는 실선 : 치수 기입 또는 지시선에 사용한다.
④ 가는 2점 쇄선 : 단면도의 절단면을 표시하는 데 사용한다.

해설 | 가는 2점 쇄선은 가상선 또는 무게 중심선으로 사용하고, 절단면은 가는 1점 쇄선과 굵은 실선의 조합으로 사용하여 표시한다.

52 M코드 중에서 3D프린터 압출기 온도를 설정하는 것은?

① M102   ② M103
③ M104   ④ M109

해설 | M104는 압출기의 온도를 설정한다.
① M102 : 압출기 전원 ON
② M103 : 압출기 전원 OFF
④ M109 : 압출기 온도 설정 후 해당 온도에 도달하기를 기다림

53 FDM 방식에서 재료를 노즐로 이송하는 역할을 하는 장치는?

① 서보 모터   ② 기어드 모터
③ 스테핑 모터   ④ 유압 모터

해설 | FDM 방식에서 재료를 압출할 때는 스테핑 모터와 노즐을 이용한다.

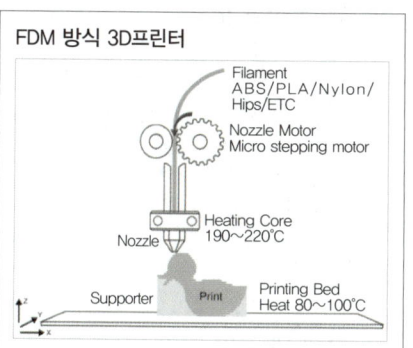

54 SLS 방식에서 제품에 분말을 추가하거나 분말이 담긴 표면을 매끄럽게 해 주는 장치는?

① 레벨링(회전) 롤러
② 레이저 광원
③ 플랫폼
④ X, Y 구동축

해설 | SLS(Selective Laser Sinterring) 방식은 파우더(분말)재료에 고압, 고온으로 레이저를 소결한다. SLS 방식에서는 롤러를 이용하여 분말을 추가하거나 분말이 담긴 표면을 매끄럽게 해준다.

정답 49 ① 50 ① 51 ④ 52 ③ 53 ③ 54 ① **CHAPTER 03** 2020년 기출복원문제-1 **299**

55 3D프린터에서 필요에 의해 공작물 좌표계 내부에 또 다른 국부적인 좌표계가 필요할 때 사용하는 좌표계는?

① 직교 좌표계

② 로컬 좌표계

③ 기계 좌표계

④ 증분 좌표계

해설 | 필요에 의해 공작물 좌표계 내부에 또 다른 국부적인 좌표계가 필요할 때는 로컬 좌표계를 이용하고 공작물 좌표계의 기준으로 설정한다.

56 다음 중 KS 규격에 의한 안전색과 사용 용도를 잘못 연결한 것은?

① 녹색 : 구호, 위생, 피난

② 청색 : 진행, 안전

③ 적색 : 소방, 긴급, 고도위험

④ 노랑 : 주의, 경고

해설 | **KS 규격에 의한 안전색**

🔵	지시	파랑(청색)
🔺	주의 경고	노랑
🟩	안전 피난 위생 구호	초록(녹색)
🟧	소방 긴급 고도위험	빨강(적색)

57 제품 출력 시 진동, 충격에 의한 출력품의 붕괴나 이동을 방지하기 위한 지지대는 무엇인가?

① Ceiling   ② Island

③ Raft   ④ Base

해설 |

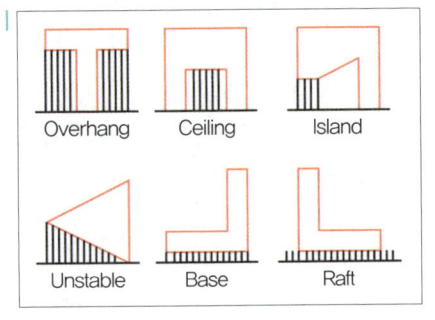

58 3D프린터에서 출력물 프린팅 시 실패하지 않기 위해 고려해야 할 사항이 아닌 것은?

① 출력물이 완성되는 시간

② 지지대 생성 유무

③ 소재에 따른 노즐 온도 파악

④ 출력 시 적층 높이

해설 | 출력물이 완성되는 시간은 출력물의 프린팅의 실패 유무에 큰 영향을 받지 않는다.

59 다음 그림에서 기하 공차와 기호가 틀린 것은?

① 선의 직진도 공차

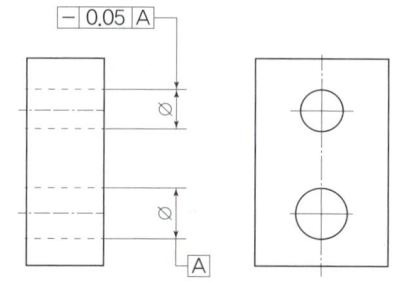

② 점의 위치도 공차

③ 평면도 공차

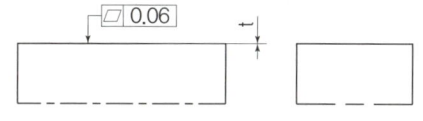

④ 진원도 공차

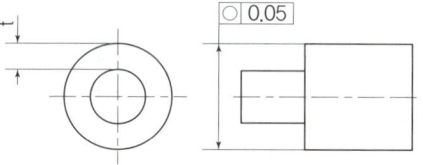

해설 | ②에서 데이텀 A를 기준으로 평행도(∥)공차를 적용해야 한다.

60 접촉식의 대표적 방법으로 터치 프로브 (Touch probe)가 직접 측정 대상물과의 접촉을 통해 좌표를 읽어내는 방식은?

① TOF 방식
② WCL 방식
③ CMM 방식
④ MCT 방식

해설 | CMM(Coordinate Measuring Machine) 방식의 접촉식 3차원 스캐너는 탐촉자로 불리는 프로브(Probe)를 측정하고, 측정 물체와 직접 접촉하여 측정하는 방식이다.

프로브를 이용한 직접 측정

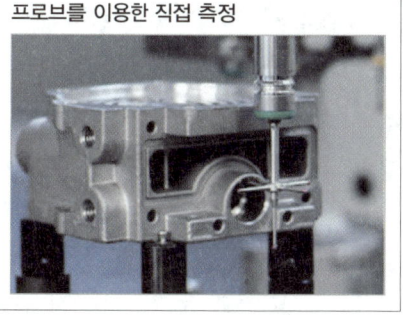

정답 55 ② 56 ② 57 ④ 58 ① 59 ② 60 ③   CHAPTER 03 2020년 기출복원문제-1 **301**

CHAPTER 04 · 2020년 기출복원문제-2

3D프린터운용기능사 자격증 대비과정

01 기하 공차를 기입하는 틀 안에 표시하는 내용과 거리가 먼 것은?

① 위치　　　　② 치수
③ 모양　　　　④ 흔들림

해설 | 기하 공차의 종류에는 모양 공차, 자세 공차, 위치 공차, 흔들림 공차가 있으며 각각의 기하 공차 기호를 기입 틀 안에 기입한다.

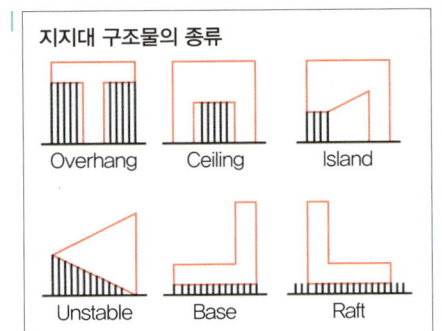

```
// | 0.1 | A
```
└ 데이텀을 지시하는 문자 기호
└ 공차값
└ 공차의 종류 기호

02 스캐닝 데이터를 저장할 때 모든 스캔 소프트웨어 또는 데이터 처리 소프트웨어에서 사용 가능한 포맷이 아닌 것은?

① XYZ　　　　② IGES
③ STL　　　　④ STEP

해설 | 표준 포맷에는 XYZ, IGES, STEP이 있다.
　① XYZ : 가장 단순하며 각 점에 대한 좌푯값을 포함함
　② IGES(Initial Graphics Exchange Specification) : 전혀 다른 CAD 시스템 간에 2D 및 3D 도면 데이터를 전송할 수 있도록 설계된 중립 파일 형식
　④ STEP : ISO 표준 교환 형식인 STEP(제품 데이터 교환 표준)으로 포맷된 3D 모델 파일

03 도면에 표시되는 치수 기입의 원칙에 대한 설명 중 틀린 것은?

① 치수는 계산해서 구할 수 있어야 한다.
② 치수는 주 투상도에 집중한다.
③ 치수는 필요에 따라 기준으로 하는 점, 선 또는 면을 기준으로 하여 기입한다.
④ 치수는 대상물의 크기, 자세 및 위치를 가장 명확하게 표시할 수 있도록 기입한다.

해설 | 치수는 계산할 필요가 없도록 해야 한다.

04 출력 중에 지지대가 특별히 필요한 곳은 없으나 출력 도중 자중에 의해 붕괴되는 형상은?

① Ceiling　　　　② Overhang
③ Unstable　　　　④ Island

해설 |

지지대 구조물의 종류

Overhang　　Ceiling　　Island

Unstable　　Base　　Raft

05 다음 형상을 파트 분할하여 출력하는 경우 가장 적합한 분할 방법은?

파트 분할 모델

① 2분할　　　　② 4분할

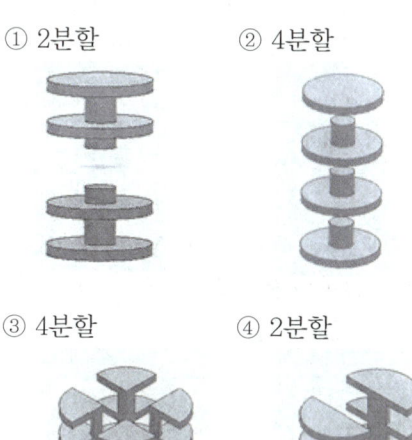

③ 4분할　　　　④ 2분할

해설 | 최소 분할로 지지대(서포터)가 생기지 않도록 한다.

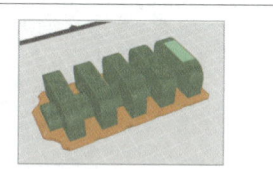

06 다음에서 설명하는 소재는 무엇인가?

작은 분자에서 유도된 단위체는 반복되어 있는 긴 사슬로 이루어진 거대분자(종합체)로 이루어진 합성물질을 말한다. 용융과 고체화를 반복적으로 할 수 있으며, 샐룰로오스 유도체, 첨가중합체(폴리에틸렌, 폴리프로필렌, 비닐, 아크릴, 플루오로카본수지, 플리스티렌), 축합중합체(나일론, 테프탈산폴리에틸렌, 폴리카르보네으트, 폴리아미드) 등이 있다.

① 세라믹　　　　② 열가소성 수지
③ 알루미늄　　　　④ 실리카

해설 |

합성수지	
열경화성 수지	열가소성 수지
열을 가하면 딱딱하게 경화되는 물질	열을 가하면 부드러워지는 물질
페놀수지, 요소수지, 멜라민 수지, 실리콘 수지, 에폭시 수지	폴리에틸렌, 폴리스틸렌, 폴리프로필렌, 스티롤 수지, 아크릴 수지, 염화비닐 수지

정답 01 ② 02 ③ 03 ① 04 ③ 05 ④ 06 ②

07 전기용 안전장갑에 대한 설명으로 틀린 것은?

① 내전압용 절연장갑은 00등급부터 4등급까지 있으며 작을수록 절연성이 높다.

② 이음매가 없고 균질해야 한다.

③ 고무는 열, 빛 등에 의해 쉽게 노화되므로 열 및 직사광선을 피하여 보관해야 한다.

④ 6개월마다 1회씩 규정된 방법으로 절연 성능을 점검하고 그 결과를 기록해야 한다.

해설 | 안전장갑 등급 및 선정 기준
- 용도와 작업내용, 수준에 맞아야 한다.
- 내전압용 절연장갑은 00등급에서 4등급까지이며 숫자가 클수록 절연성이 높다.
- 화학물질용 안전장갑은 1~6급의 성능 수준이 있으며, 숫자가 클수록 보호 시간이 길고 성능이 우수하다.
- 화학물질용 안전장갑은 화학물질 방호 그림을 확인한다.
- 화학물질용 안전장갑은 사용물질에 맞는 보호 성능을 확인한다.
- 사용 화학물질과 제품인증 화학물질이 일치하지 않으면 적합한 것으로 바꾼다.

08 3D프린터 출력 시 한 층의 높이를 0.2에서 0.1로 변경하여 출력하면 일어나는 현상으로 맞는 것은? (단, 소재는 ABS를 사용한다.)

① 노즐 온도는 190℃이며 품질이 좋아진다.

② 노즐 온도는 240℃이며 품질이 떨어진다.

③ 노즐 온도는 190℃이며 출력 시간이 빨라진다.

④ 노즐 온도는 240℃이며 출력 시간이 느려진다.

해설 | ABS 소재의 노즐 온도는 약 220~250℃이며, 레이어의 높이가 0.2에서 0.1로 변경이 되면 품질은 좋아지지만 출력 시간은 느려진다.

09 3D프린터 사용 소재 선정 시 고려하여야 할 사항이 아닌 것은?

① 소재의 무게

② 소재의 녹는점

③ 소재의 직경

④ 소재의 유해성

해설 | 소재의 무게는 선정 시 고려사항이 아니다.

10 아래에서 설명하는 방식은?

- 기본 객체들이 집합 연산을 작용하여 새로운 객체를 만드는 방법이다.
- 집합 연산은 합집합, 교집합, 차집합이 있다.
- 피연산자의 순서가 바뀌면 합집합과 교집합은 동일한 결과를 나타내지만, 차집합의 경우는 다른 객체가 만들어진다.

① 폴리곤 방식
② CSG 방식
③ 로프트 방식
④ 스윕 방식

해설 | CSG(Constructive Solid Geometry)는 도형 단위 요소(Solid Primitive)를 불러와서 조합(합, 차, 적)으로 물체를 표현하는 방식이다.

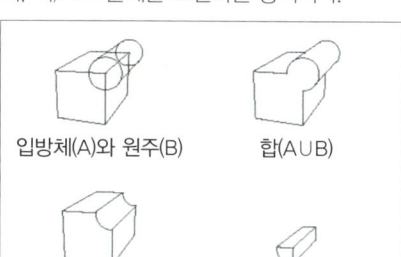

11 다음 중 지지대(서포터)에 대한 내용으로 옳은 것은?

① 제품을 제작할 때 아랫면이 작으면 제품 형상의 뒤틀림이 존재하기 때문에 필요하다.
② 지지대를 과도하게 형성할 경우 제품 품질이 좋아진다.
③ 3D프린터는 적층 성형 방식으로 표면에 레이어가 남게 되고 출력 후에 생긴 지지대를 제거하는 후가공이 필요하다.
④ 디자인에 따라 아래쪽이 넓고 위쪽이 좁은 출력물이라면, 서포터 설정을 통한 지지대가 필요하다.

해설 | ① 아랫면이 작다고 형상의 뒤틀림이 존재하는 것은 아니다.
② 지지대를 과도하게 형성할 경우 후처리 과정에서 제품의 품질이 떨어진다.
④ 디자인에 따라 아래쪽이 넓고 위쪽이 좁은 출력물은 서포터가 필요 없다.

서포터가 필요 없는 형상

정답 07 ① 08 ④ 09 ① 10 ② 11 ③

12 레이어 해상도, 레이어 두께라고도 표현하며 3D프린터가 형상물을 출력하는 데 필요한 기본 설정값을 무엇이라 하는가?

① 공차값 ② 출력값
③ 기본값 ④ 적층값

해설 | 적층값은 레이어 두께라고도 표현하며 3D프린터가 형상물을 출력하는 데 필요한 기본 설정값이다.

13 형상의 완성도를 결정하는 가장 중요한 부분으로 제작할 형상의 가장 기본적인 단면을 생성하기 위해 형상의 레이아웃을 작성하는 단계는?

① 모델링 ② 스케치
③ 슬라이딩 ④ 형상분석

해설 | 모델링 형상을 만들기 위해서는 기본 뼈대(프로파일)를 만들어야 하는데 그 단계를 스케치라고 한다.

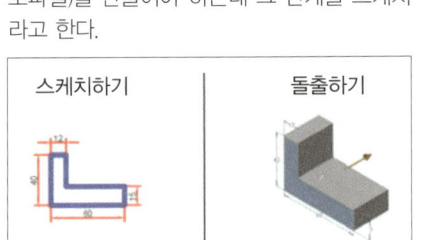

| 스케치하기 | 돌출하기 |

14 기계를 제어, 조정하는 보조 기능인 M코드에서 압출기 온도를 지정된 온도로 설정하는 M코드는?

① M104 ② M103
③ M109 ④ M18

해설 | M104는 압출기 온도를 지정된 온도로 설정한다.
② M103 : 압출기 전원을 끄고 후진
③ M109 : 압출기 온도를 설정한 후 해당 온도에 도달하기를 기다림
④ M18 : 스테핑 모터 OFF

15 3D프린터 출력 전 외부 주변 온도에 대한 설명으로 옳지 않은 것은?

① MJ 방식은 20~25℃ 사이의 온도를 권장하며 냉방 시설은 불필요하다.
② 외부의 온도가 너무 낮거나 높으면 정상적인 출력이 어려울 수 있다.
③ 사용하는 3D프린터에 따라 외부 공기 흐름을 차단시켜 챔버 내부 온도를 올려 출력에 맞는 적정 온도를 유지시켜 주기도 한다.
④ 장비 외부 온도도 내부 온도 조건 못지않게 중요하다.

해설 | MJ(Material Jetting)
• 재료 분사 방식으로 잉크젯 프린터와 유사한 형태의 수백 개의 노즐을 통해 분사되는 액체 상태의 광경화성 수지가 단면 형상으로 도포되고 이를 자외선램프로 동시에 경화시킨다.
• 20~25℃ 사이의 온도를 권장하며 냉방 시설이 필요하다.

16 3D 프린팅할 때의 문제점 중에서 공차에 대한 설명으로 옳지 않은 것은?

① 결합 부분의 치수대로 만들어도 과정에서 수축과 팽창으로 치수가 달라질 수 있다.
② 출력물이 다른 부품이나 다른 출력물과 결합 또는 조립을 필요로 할 때는 공차를 고려해야 한다.
③ 다른 3D프린터로 출력할 경우, 수치가 달라지는 값이 일정하므로 평소 출력물의 수치를 측정해서 달라지는 값을 확인할 수 있다.
④ 출력 전에 미리 늘어나는 값을 확인하고 수정해서 출력함으로써 재수정하고 출력하는 일이 없도록 해야 한다.

해설 | 3D프린터를 다른 것으로 출력할 경우 프린터마다 특성이 다르기 때문에 출력 수치가 일정하지 않다.

17 다음 중 공작물 좌표계를 설정하는 명령은 무엇인가?

① G01　　　② G04
③ G28　　　④ G92

해설 | G92는 공작물 좌표계를 설정하는 명령이다.
　① G01 : 직선 이동
　② G04 : 휴지(Dwell)
　③ G28 : 원점으로 복귀

18 3D프린터 출력물의 한 층의 높이를 설정하는 옵션 기능은?

① BRIM
② LAYER HEIGHT
③ SKIRT
④ THICKNESS

해설 | LAYER(층) HEIGHT(높이)는 3D프린터 출력 시 한 층의 높이를 설정하는 옵션이다.
　① BRIM : 물체가 베드에 좀 더 잘 붙도록 하기 위해 첫 번째 층을 넓게 뽑는 지지대
　③ SKIRT : 미리 필라멘트를 조금 압출하여 비어 있는 노즐을 채울 때 사용되는 필라멘트의 양 설정
　④ THICKNESS : 벽 두께 설정

19 출력용 파일의 오류 종류 중 실제 존재할 수 없는 구조로 3D 프린팅, 부울 작업, 유체 분식 등에 오류가 발생할 수 있는 것은?

① 비매니폴드 형상
② 클로즈 메시 형상
③ 오픈 메시 형상
④ 반전 면 형상

해설 | 비매니폴드 형상은 본질적으로 '실제'에 존재할 수 없는 구조이다.

비매니폴드 형상

20 현재 위치에서 가로 88mm, 세로 33mm 필라멘트를 현재 길이에서 15.5mm까지 압출하면서 이송할 때 해당하는 G코드는?

① G0 X88 Y33 E15.5
② G1 X88 Y33 F15.5
③ G1 X88 Y33 E15.5
④ G0 X88 Y33 F15.5

해설 | • G1 : 지정 위치까지 직선 이송
       • E : 압출되는 필라멘트의 길이

21 일반적으로 CAD 시스템에서 사용하는 좌표계로 거리와 각도를 표현하는 좌표계는?

① 직교 좌표계
② 극 좌표계
③ 구면 좌표계
④ 원통 좌표계

해설 | 극 좌표계의 점은 반지름(r)과 각도(θ)로 표현된다.

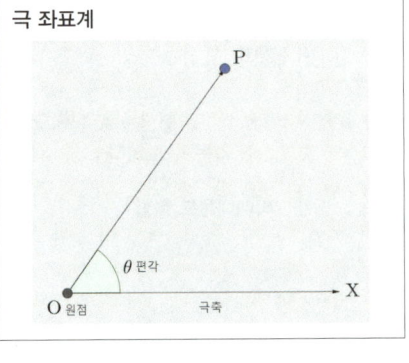

극 좌표계

22 FDM 방식 3D프린터 출력에서 출력 오류를 최소화하기 위해 점검해야 할 내용과 거리가 먼 것은?

① 노즐과 히팅베드의 수명 확인
② 빛샘 현상(light bleeding) 확인
③ 스테핑 모터 압력 부족 확인
④ 노즐 출력 두께 확인

해설 | 빛샘 현상은 빛이 완전히 가려지지 않고 새는 현상이다. 광경화성 수지가 투명하기 때문에 나타나는 현상으로, SLA(광경화성 수지 적층 조형) 방식 3D프린터에서 나타난다.

23 3차원 형상화 기능 명령에서 모델 면에 일정한 두께를 부여하여 속을 만드는 기능은?

① 구멍(Hole) 명령
② 스위프(Sweep) 명령
③ 돌출(Extrude) 명령
④ 셸(Shell) 명령

해설 |

셸(Shell) 명령의 활용

24 FDM 방식 3D프린터에서 출력 오류의 형태로 볼 수 없는 것은?

① 빛이 새어 나가면 경화를 원하지 않는 부분까지 경화되는 현상이 발생할 수 있다.
② 3D프린터를 동작시켰으나, 처음부터 재료가 압출되지 않는다.
③ 스풀에 더 이상 필라멘트가 없으면 재료가 압출되지 않는다.
④ 모터 드라이버가 과열되어 다시 냉각될 때까지 모터의 회전이 멈추기도 한다.

해설 | 빛샘 현상은 SLA(광경화성 수지 적층 조형) 방식 3D프린터에서 나타난다.

25 3D프린터 출력 시 온도 조건은 매우 중요한 요소이다. 온도 조건에 대한 설명으로 틀린 것은?

① 노즐 온도는 사용되는 필라멘트 재질에 따라 달라진다.
② PLA 소재는 히팅베드를 사용하지 않고도 출력이 가능하다.
③ 히팅베드 온도는 소재별로 다르게 설정하지 않아도 된다.
④ 레이저 열원(CO_2 레이저)이 많이 사용된다.

해설 | 히팅베드 온도는 소재별로 다르게 설정해야 한다.

소재	히팅베드 사용
PLA, PVA 소재 등	필요 없음. 사용 시에는 50℃ 이하로 사용
ABS, HIPS, PC 소재 등	필수 사용. 사용 시에는 80℃ 이상으로 설정

26 모델에 치명적인 오류가 있을 경우 자동 오류 수정을 하게 되면 메시가 전부 사라져 버리기 때문에 이런 경우에는 모델링 소프트웨어를 사용해서 수정해야 한다. 이때 필요한 파일은?

① 수정 모델링 파일
② 사본 모델링 파일
③ 원본 모델링 파일
④ 곡면 모델링 파일

해설 | 모델에 치명적인 오류가 생길 경우 원본 모델링 파일을 사용하여 수정해야 한다.

27 전기 작업에 사용하는 절연장갑의 등급과 색상이 맞지 않는 것은?

① 0등급(빨간색)
② 1등급(흰색)
③ 2등급(노란색)
④ 3등급(갈색)

해설 | **절연장갑의 등급과 색상**

등급	색상
00	갈색
0	빨간색
1	흰색
2	노란색
3	녹색
4	등색

정답 20 ③ 21 ② 22 ② 23 ④ 24 ① 25 ③ 26 ③ 27 ④   CHAPTER 04 2020년 기출복원문제-2   **309**

28 3D프린터 출력물 회수 방법으로 옳지 않은 것은?

① 3D프린터에서 출력물을 제거할 때는 마스크, 장갑 및 보안경을 착용한다.
② 분말 방식 3D프린터는 작업이 마무리되면 출력물을 바로 꺼내어 건조해야 한다.
③ 프린터가 출력을 종료한 것을 확인한 후 3D프린터의 문을 연다.
④ 전용 공구를 사용하여 플랫폼에서 출력물을 분리한다.

해설 | 분말 방식(SLS) 3D프린터는 작업이 마무리되면 출력물을 바로 꺼내지 않고 3D프린터 내부에 둔 상태로 건조해야 한다.

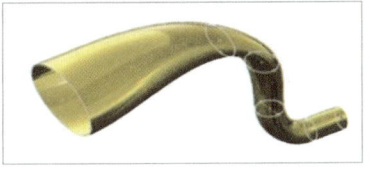

29 다음 보기에서 모델링 방식이 다른 것은?

① 기본 도형을 이용한 모델링
② 로프트 모델링
③ CSG 방식
④ 폴리곤 모델링

해설 | 기본 도형을 이용한 모델링, CSG 방식, 폴리곤 모델링은 모델링을 하는 방법이며, 로프트 모델링은 모델링 과정에서의 편집 방법이다. 로프트 모델링은 2D 도형을 따라 돌출시켜 만든다.

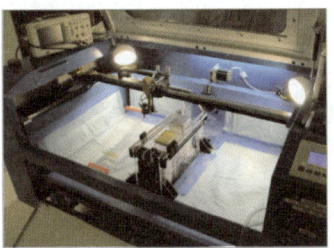

30 삼각형 메시 생성 법칙은 점과 점 사이의 법칙(vertex-to-vertex rule)으로 삼각형들은 꼭짓점을 항상 공유해야 한다. 이 법칙을 위배하는 경우로 틀린 것은?

① 삼각형이 있는 부분, 즉 구멍이 생길 수 없는 부분
② 삼각형들끼리 서로 겹치는 경우
③ 꼭짓점 연결이 안 되는 경우
④ 공간상에서 삼각형이 서로 교차를 하는 경우

해설 | ①은 위배하지 않은 정상적인 경우이다. 위배를 한 경우는 삼각형이 없는 부분, 즉 구멍이 생길 수 있는 부분이다.

31 비접촉 3차원 스캐닝 중에서 측정 속도가 가장 빠른 스캐너는 다음 중 어느 것인가?

① 백색광(White light) 방식의 스캐너
② 핸드헬드(Handheld) 스캐너
③ 패턴 이미지 기반의 삼각 측량 3차원 스캐너
④ TOF(Time-Of-Flight) 방식 레이저 3D 스캐너

해설 | 백색광 방식의 스캐너는 특정 패턴을 물체에 투영시키고 그 패턴의 변형 형태를 파악하고 분석하여 3D 정보를 얻는 스캐너로 측정 속도가 가장 빠르다.
② 핸드헬드 스캐너 : 점 또는 선 타입의 레이저를 피사체에 투사하는 레이저 발송자와 반사된 빛을 받는 수진 장치를 이용
③ 패턴 이미지 기반의 삼각 측량 3차원 스캐너 : 이미지 생성 장치가 이미 알고 있는 패턴의 광을 조사하고 대상물에 변형이 된 패턴을 카메라에서 측정을 하고 모서리 부분들에 대한 삼각 측량법으로 3차원 좌표를 계산. 광 패턴을 바꾸면서 초점 심도 조절
④ TOF 방식 레이저 3D 스캐너 : 레이저가 이용되며 빛을 물체 표면에 조사하여 그 빛이 돌아오는 시간을 측정하여 물체와 측정 원점 사이의 거리를 구하는 방식

32 SLA(Stereo Lithography Apparatus) 방식에서 일정한 빛을 한 점에 집광시켜 구동기가 움직이며 구조물을 제작하는 방식은?

① 전사 방식   ② 반사 방식
③ 주사 방식   ④ 집사 방식

해설 | SLA 방식의 작동 원리는 레진이 담겨 있는 수조에 프린트 베드가 잠겨 있고, 그 위로 UV 레이저를 주사하는 것이다. 레이저가 레진에 닿으면 광경화(Curing) 작용에 의해 레진이 굳어지며 레이어가 만들어진다.

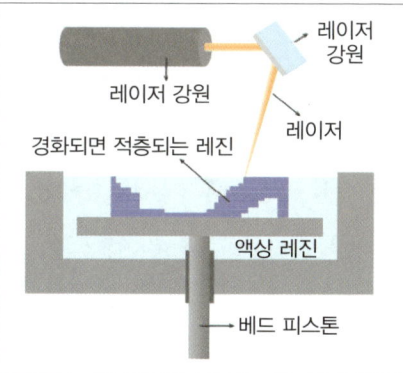

33 스케치 요소 구속 조건에서 서로 크기가 다른 두 개의 원에 적용할 수 없는 구속 조건은?

① 동심   ② 접선
③ 동일   ④ 평행

해설 | 평행은 선택된 선이 서로 평행을 만들도록 구속하는 것으로 두 개의 원에는 적용이 안 된다.
   ① 동심 : 동일한 원 중심을 두 개의 호, 원, 타원이 공유
   ② 접선 : 두 개의 원에 선택된 선을 접선으로 구속
   ③ 동일 : 두 개의 선 또는 원의 축이 동일한 선상에 있도록 구속

34 3D 엔지니어링 소프트웨어는 대부분 솔리드 모델링과 곡면 모델링을 같이 수행할 수 있는 기능을 제공하는데 이 기능은 무엇인가?

① 폴리곤 모델링
② 하이브리드 모델링
③ 서피스 모델링
④ 파라메트릭 모델링

해설 | 하이브리드 모델링은 두 가지나 그 이상의 모델링 스타일을 하나의 프로그램에 접목하여 각각의 장점들을 활용할 수 있도록 하는 것이다.

다면체 모델을 서피스 모델로 변환

35 3D프린트에서 제품을 출력할 때 지지대의 안정적인 설정을 위해 가장 중요한 항목은?

① 지지대의 모양
② 지지대의 적용 각도
③ 지지대의 크기
④ 지지대의 적용 소재

해설 | 지지대의 각도에 따라 적용 면적이 달라지므로 최적의 지지대 각도를 적용할 수 있도록 제품을 배치한다.

36 FDM 방식 3D프린터에서 출력 도중에 재료가 압출되지 않는 경우와 거리가 먼 것은?

① 압출기 내부에 재료가 채워져 있지 않을 때
② 스풀에 더 이상 필라멘트가 없을 때
③ 압출 헤드의 모터가 충분히 냉각되지 못하고 과열되었을 때
④ 필라멘트 재료가 얇아졌을 때

해설 | 압출기 내부에 재료가 미리 채워져 있는 것이 아니라 압출 헤드의 모터가 필라멘트를 밀어낼 때 노즐의 적당한 온도에 따라 압출이 된다.

37 다음에서 설명하는 응급처치 시행자의 행동 수칙은?

> 현장 응급처치 시행자에 의한 1차 처치가 4분 이내에 이루어지고 전문가에 의한 처치가 8분 이내에 이루어질 수 있도록 의료기관이나 119 구조대에 연락하고 신속하게 처치해야 한다.

① 신속한 판단과 처치
② 신속한 예방과 처치
③ 신속한 연락과 상황 파악
④ 신속한 연락과 처치

해설 | 현장 응급 발생 시 우선 119에 연락을 취하고 응급처치를 하도록 한다.

38 다음 사진처럼 출력물 윗부분에 구멍이 생기는 현상이 나타날 때 적절한 대처법은?

① 프린터 출력 속도를 줄인다.
② 서포터 설정을 다시 한다.
③ 내부 채움을 100%로 한다.
④ 노즐 온도를 올린다.

해설 | 재료와 출력 시간을 절약하기 위해 내부 채움을 너무 적게 하면 빈 공간이 많이 생겨 외부 형상에 구멍이 생길 수 있다. 구멍이 생기는 경우 내부 채움을 100%로 올려준다.

39 다음에서 설명하는 후가공 공구는?

> • 출력물의 표면을 다듬기 위해 사용한다.
> • 거칠기마다 번호가 있으며 번호가 낮을수록 표면이 거칠고 높을수록 표면이 곱다.
> • 사용 시에는 번호가 낮은 거친 것으로 시작해서 번호가 높은 고운 것으로 넘어간다.

① 아트 나이프　② 조각도
③ 니퍼　　　　④ 사포

해설 | 사포의 거칠기는 방(Grit, 번)으로 표시하며 이는 일정한 단위 면적당 입자의 수를 말한다. 입도가 낮다는 것은 단위 면적당 적은 수의 입자가 있다는 의미이고 반대로 적은 수의 입자로 채워 만들었다는 의미이다. 따라서 큰 입자를 사용하게 되고 표면이 거칠게 만들어진다. 사포의 방은 숫자가 낮을수록 표면이 거칠고 높을수록 표면이 부드럽고 곱다.

40 3D 프린팅의 G코드로 G1 F250을 바르게 설명한 것은?

① 쿨링펜의 회전 속도를 250rpm으로 설정
② 이송 속도를 250mm/min으로 설정
③ 압출기의 온도를 250℃로 설정
④ F지점으로 빠르게 250mm 이동 설정

해설 | • G1 : 직선 이송
• F250 : 이송 속도를 250mm/min으로 설정

41 3D프린터 출력을 위한 사전 준비에서 매우 중요한 요소로 출력 전에 필수로 살펴봐야 하는 조건은?

① 내 · 외부의 청결 상태
② 소재별 온도 조건 확인
③ 소재의 단가
④ 출력물의 형상

해설 | 열을 이용하여 출력하는 방식으로 온도 조절이 필수이며 노즐 온도, 히팅베드 온도가 중요하고 프린트 별로 내부 온도를 설정하는 경우도 있다.

소재	노즐 온도
PLA	180~230℃
ABS	215~250℃

42 금속 원소에 소량의 비금속 원소가 첨가되거나, 두 개 이상의 금속 원소에 의해 구성된 금속 물질을 무엇이라 하는가?

① 합금   ② 비철금속
③ 실리카   ④ 폴리아미드

해설 | 합금(合金, alloy)은 금속에 다른 금속 또는 원소를 합쳐서 얻는 금속 성질을 띤 물질로 원래의 금속과는 다른 특성을 지닌다.

43 Supporter Type 설정 중 전체 서포터에 대한 설명으로 틀린 것은?

① 서포터를 제거하는 데 어려움이 있어 출력물의 품질이 떨어진다.
② 형상물 전체에 지지대가 필요한 부분에 슬라이서 프로그램으로 서포터를 설정하는 방식이다.
③ 지지대가 필요한 부분을 슬라이서 프로그램이 자동으로 설정해주는 방식이다.
④ 시간이 오래 소모되지만 형상물의 모양을 최대한 유지하여 출력한다.

해설 | 슬라이서 프로그램이 자동으로 서포터를 설정할 때는 전체 서포터를 만드는 것이 아니라 부분 서포터를 만든다.

44 다음 도면의 설명으로 가장 정확한 것은?

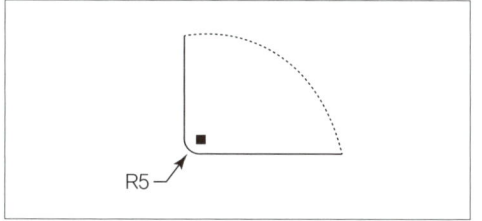

① 객체의 모서리 부분에 반지름 5mm만큼 모깎기가 된다.
② 객체의 모서리 부분에 지름 5mm만큼 모깎기가 된다.
③ 객체의 모서리 부분에 반지름 5mm만큼 모따기가 된다.
④ 객체의 모서리 부분에 지름 5mm만큼 모따기가 된다.

해설 | • R5 : 반지름이 5mm인 모깎기
• C5 : 한쪽 길이가 5mm인 45° 모따기

정답 36 ① 37 ④ 38 ③ 39 ④ 40 ② 41 ② 42 ① 43 ③ 44 ①　CHAPTER 04 2020년 기출복원문제-2　313

45 FDM 방식의 3D프린터 특성상 제대로 출력되지 않는 경우가 있는데 그 원인으로 가장 거리가 먼 것은?

① 간격이 좁은 부품 요소
② 모델링 형상 외벽 두께가 노즐 크기보다 작을 경우
③ 구멍이나 축의 지름이 1mm 이하인 경우
④ 부품 중에서 하나에만 공차를 적용한 경우

해설 | 3D프린터의 제품이 조립품일 경우 모델링 단계에서 부품 중에 하나에만 공차를 적용하여 모델링하여 출력한다.

46 지지대와 관련된 성형 결함으로 소재가 경화되면서 수축에 의해 뒤틀림이 발생하는 현상을 무엇이라 하는가?

① Island
② Warping
③ Ceiling
④ Base

해설 | Warping(뒤틀림, 들뜸)의 원인은 노즐을 통해 나온 수지(resin)가 식으면서 수축을 하기 때문이다. 수축하는 힘이 베드와의 결합력을 넘어갈 경우 들뜸이 발생하게 된다. 이 경우 히팅베드를 사용하거나 브림이나 래프트를 추가하여 방지한다.

47 다음 설명에 해당되는 좌표 지령은?

- G90을 사용한다.
- 좌표를 지정된 원점으로부터의 거리로 나타내는 방식이다.
- 좌푯값으로부터 현재 가공할 위치가 어디인지 직관적으로 알 수 있다.
- 사람이 코드를 읽기 쉬운 장점이 있다.

① 절대 지령
② 상대 지령
③ 증분 지령
④ 대기 지령

해설 | • G90 : 절대 위치로 이동(원점으로부터 거리)
　　　• G91 : 상대 위치로 이동(현재 위치로부터 거리)

48 SLS 방식의 3D프린터에서 세라믹 분말에 대한 특징으로 가장 거리가 먼 것은?

① 금속과 비금속 원소의 조합으로 이루어져 있다.
② 점토, 시멘트, 유리 등도 세라믹이다.
③ 알루미나, 실리카 등이 대표적이다.
④ SLS 방식에서 가장 흔히 사용되는 소재이다.

해설 | SLS(Selective Laser Sintering, 선택적 레이저 소결) 방식 3D프린터는 플라스틱 파우더를 레이저를 통해 선택적인 부분만 소결하여 적층하는 방식이다. 재료로는 일반적으로 플라스틱, 폴리스틸렌, 나일론 등이 사용된다. 세라믹은 고가의 소재이므로 흔히 사용되지는 않는다.

49 SLA 방식 3D프린터에서 빛샘 현상(Light Bleeding)에 대한 설명으로 옳지 않은 것은?

① 광경화성 수지가 어느 정도의 투명도를 가지면 발생한다.
② 경화 부분이 타거나 열을 받아 열변형을 일으켜 출력물에 뒤틀림 현상이 발생한다.
③ 빛샘 현상을 줄이기 위해서는 레진 구성 요소와 경화 시간을 적절히 맞춰야 한다.
④ 빛이 새면 경화를 원하지 않는 부분까지 경화되는 현상이 발생할 수 있다.

해설 | 빛샘 현상은 투명 액상 레진을 사용하는 SLA 및 DLP 방식에서 나타는 것으로 레이저의 빛이 특정 영역에 주사될 때 빛이 새어나가 원치 않는 곳까지 경화되는 현상이다. 경화 부분이 타거나 열을 받아 열변형을 일으켜 뒤틀림 현상이 일어나는 것과는 거리가 멀다.

50 다음 중 FDM 방식의 3D프린터 소재로 가장 거리가 먼 것은?

① 시멘트
② Soft-PLA 소재
③ 플라스틱 분말
④ PVC 소재

해설 | 플라스틱 분말 소재는 SLS(Selective Laser Sintering, 선택적 레이저 소결) 방식 3D프린터에서 사용한다.

시멘트를 이용한 FDM 방식의 3D프린터 건축

51 FDM 방식 3D프린터에서 구현되지 않는 평면 설정 코드는?

① G19　　② G10
③ G90　　④ G17

해설 | G19는 Y-Z 평면 설정으로, 적층 방향이 Z 방향이기 때문에 3D프린터에서는 Z값의 평면 설정이 구현되지 않는다.
　② G10 : 시스템 원점 좌표 설정
　③ G90 : 절대 좌표
　④ G17 : X-Y 평면 설정

52 3D프린터가 구동될 때 헤드가 항상 일정한 위치로 복귀하게 되는 기준점이 있는데, 이 기준점을 좌표축의 원점으로 사용하는 좌표계를 무엇이라 하는가?

① 공작물 좌표계
② 기계 좌표계
③ 로컬 좌표계
④ 증분 좌표계

해설 | 기계 좌표계(Machine Coordinate System)는 헤드가 항상 일정한 위치로 복귀하게 되는 기준점인 X0.0, Y0.0, Z0.0을 가진다.
　① 공작물 좌표계(Work Coordinate System) : 여러 개의 제품을 출력할 때 제품마다 고유의 좌표를 가짐
　③ 로컬 좌표계(Local Coordinate System) : 각 공작물 좌표계 내의 좌표
　④ 증분 좌표계 : 현재 점을 기준으로 다음 점의 좌표를 설정함

정답 45 ④ 46 ② 47 ① 48 ④ 49 ② 50 ③ 51 ① 52 ②　　**CHAPTER 04** 2020년 기출복원문제-2　**315**

53 현재의 좌푯값이 (X100, Y130)이고 이동한 좌푯값이 (X180, Y200)이다. 이동할 좌표로 지정한 값이 (X180, Y200)이면 다음 중 어떤 좌표 방식인가?

① 증분 좌표 방식
② X, Y좌표 방식
③ 평면 좌표 방식
④ 절대 좌표 방식

해설 | 절대 좌표 방식은 모든 점의 위치를 원점 (0, 0)에서 시작한다. 위의 값을 현재 위치에서 좌푯값을 갖는 증분 좌표 방식으로 바꾸면 (X80, Y70)이 된다.

54 압출기 노즐과 플랫폼 사이의 거리가 너무 가까울 때 발생하는 현상과 거리가 가장 먼 것은?

① 노즐의 구멍이 막히게 된다.
② 녹은 플라스틱 재료가 제대로 압출되기 어렵다.
③ 처음에는 압출되지 않다가 3, 4번째 층부터 압출이 되기도 한다.
④ 재료의 일부가 흘러내리는 현상이 생긴다.

해설 | 노즐과 플랫폼이 가까우면 노즐이 막히기 때문에 재료가 흘러내리는 현상은 나타나지 않는다.

55 출력물 출력 중에 단면이 밀려서 성형되는 원인으로 거리가 가장 먼 것은?

① 적절한 전류가 모터로 전달되지 않는 경우
② 프린터 헤드의 속도가 너무 느리게 움직일 때
③ 타이밍 벨트의 장력이 낮은 경우
④ 모터가 과열되어 회전이 멈춘 경우

해설 | 출력물 도중에 단면이 밀려서 성형되는 원인
• 타이밍 벨트가 타이밍 풀리의 이빨을 타고 넘어가서 헤드의 위치가 바뀌는 경우
• 너무 빠른 출력 속도로 인해 헤드의 정렬이 틀어진 경우
• 타이밍 벨트의 장력이 너무 높거나 낮을 때
• 타이밍 풀리가 스테핑 모터의 회전축에 느슨하게 고정된 경우
• 프린터 헤드의 속도가 너무 빠르게 움직일 때
• 모터가 과열되어 회전이 멈춘 경우
• 적절한 전류가 모터로 전달되지 않는 경우

56 스캐닝 준비 단계에서 적용 분야별 스캐너의 설명으로 잘못된 것은?

① 산업용은 매우 높은 수준의 정밀도를 요한다.
② 산업용은 피측정물의 표면 코팅을 통해 난반사를 미리 제거할 수 있다.
③ 일반용은 3차원 프린팅용으로 높은 수준의 정밀도가 요구된다.
④ 일반용은 난반사를 위한 코팅이 필요하지 않을 수 있다.

해설 | 일반용 3차원 스캐너는 낮은 수준의 정밀도로도 스캔이 가능하며, 난반사를 위한 코팅이 반드시 필요하지는 않다.

57 고체 기반(FDM 방식) 3D프린터의 작동 원리(구조)와 관계가 없는 것은?

① 롤러 구동부
② 압출기
③ 필라멘트
④ XY축 구동부

해설 | 롤러 구동부는 분말을 고르게 펴주는 데 이용하는 SLS 방식의 3D프린터에서 사용한다.

58 폴리곤 모델링에서 면(POLYGON)에 대한 편집 명령 설명 중 옳지 않은 것은?

① 면에 높이를 주는 기능
② 면을 따라 면을 돌출시키는 기능
③ 선택한 면의 넓이를 늘리거나 줄이는 기능
④ 면과 면을 연결하는 기능

해설 | 선을 따라 면을 돌출시키는 기능이다. POLYGON은 수학적인 면을 기초로 해서 만들어진 2D로, 도형의 기본 단위는 점(Vertex), 선(Edge), 면(Face)이다. 점과 점 사이를 연결한 것이 선이며 이 선들이 모여 하나의 면을 구성하고 이러한 두께가 없는 2D 면들이 모여서 하나의 3D GEOMETRY를 구성하는 방식이다.

59 3D 엔지니어링 프로그램에서 제약 조건에 대한 내용으로 가장 거리가 먼 것은?

① 디자인 변경 및 수정 시 발생하는 문제를 최소화할 수 있다.
② 매개 변수를 사용하여 제약 조건을 부여할 수 있다.
③ 부품과 부품의 위치 구속을 필요로 할 때 사용한다.
④ 면과 면, 점과 점, 선(축)과 선(축) 등 조건에 맞는 제약 조건을 부여할 수 있다.

해설 | 매개 변수를 사용하여 제약 조건을 부여할 수 없다.

60 다음 중 M코드 용도에 대한 설명으로 잘못된 것은?

① 스테핑 모터 비활성화
② 압출기 온도를 지정된 온도로 설정
③ 지정된 좌표로 직선 이동하며 지정된 길이만큼 압출 이동
④ 압출기 온도를 설정하고 해당 온도에 도달하기를 기다림

해설 | 지정된 좌표로 직선 이동하며 지정된 길이만큼 압출 이동하는 코드는 G1명령이다.
① M18 : 스테핑 모터 비활성화
② M104 : 압출기 온도를 지정된 온도로 설정
④ M109 : 압출기 온도를 설정하고 해당 온도에 도달하기를 기다림

정답 53 ④ 54 ④ 55 ② 56 ③ 57 ① 58 ② 59 ② 60 ③   CHAPTER 04 2020년 기출복원문제-2 **317**

2021년 기출복원문제

3D프린터운용기능사 자격증 **대비과정**

CHAPTER 05

---

01 패턴 이미지 기반의 삼각 측량 3차원 스캐너에 대한 설명으로 옳지 않은 것은?

① 가장 많이 사용하는 방식이다.
② 휴대용으로 개발하기가 용이하다.
③ 한꺼번에 넓은 영역을 빠르게 측정할 수 있다.
④ 광 패턴을 바꾸면서 초점 심도 조절이 가능하다.

해설 | • TOF방식 레이저 3D 스캐너
 –Pulse Laser 사용
 –시간 측정(거리 계산)
• 레이저 기반 삼각 측량 3차원 스캐너
 –일반적으로 가장 많이 사용
 –레이저 주사 후 반사광 측정, 턴테이블 필요
• 패턴 이미지 기반 삼각 측량 3차원 스캐너
 –이미지 생성 장치가 이미 알고 있는 패턴의 광을 조사하고 대상물에 변형이 된 패턴을 카메라에서 측정을 하고 모서리 부분들에 대한 삼각 측량법으로 3차원 좌표를 계산
 –광 패턴을 바꾸면서 초점 심도 조절
 –넓은 영역 빠르게 측정하고 휴대용 개발 용이

02 개별 스캐닝 작업에서 얻어진 데이터를 합치는 과정인 정합에서 사용하는 값은?

① 병합 데이터
② 측정 데이터
③ 최종 데이터
④ 점군 데이터

해설 | • **정합** : 개별 스캐닝 작업에서 정합용 볼이나 마커를 이용하여 얻어진 점군 데이터들을 합쳐서 완전한 데이터를 얻는 과정
• **병합** : 스캐닝 작업에서 중복되는 부분을 합쳐서 완전한 데이터를 얻는 과정

03 3D프린터에 대한 설명으로 옳지 않은 것은?

① 대량생산에 적합한 기술이다.
② 3차원 형상을 2차원 상으로 분해하여 적층 제작한다.
③ 수요자의 설계를 바탕으로 맞춤형 제품을 빠르게 만들 수 있다.
④ 설계도나 디지털 이미지 정보로부터 직접 3차원 입체를 제작할 수 있다.

해설 | 3D프린터는 한층 한층 쌓아 올리는 적층제조 방법으로 만들기 때문에 프로토타입(시제품) 제작과 고도의 기술을 요하는 항공부품 또는 의료용 등 다품종 소량생산에 적합하다.

04 이동식 스캐너를 사용하는 경우가 아닌 것은?

① 측정 대상물이 클 경우에 사용
② 특정 부위만 측정하는 경우에 사용
③ 정밀하게 측정해야 하는 곳에 사용
④ 스캐너를 설치하기 힘든 경우에 사용

해설 | 이동식 3D 스캐너는 움직이면서 측정할 수 있는 스캐너로 광이 못 미치는 경우 스캐너를 설치하기 힘든 경우에 사용한다.
• 장점 : 측정 대상물이 클 경우 이동하며 측정. 특정 부위만 측정할 경우 유용하다.
• 단점 : 고정식 스캐너에 비하여 정밀도는 떨어진다.

이동식 스캐너

05 도면에 사용되는 레이어 치수 스타일, 회사 로고 단위 유형, 도면 이름 등을 미리 정해 놓고 필요할 때 불러서 사용하는 도면 양식은 무엇인가?

① 스케치   ② 매개변수
③ 템플릿   ④ 스타일

해설 | 템플릿(Template) 도면은 신속한 도면 작성을 위해 필요한 서식을 미리 작성하여 저장하여 두고 필요할 때 불러들여 별도의 설정 없이 바로 도면 작업을 실행할 수 있다.

06 3각법 도면에서 정면도 아래쪽에 위치하는 도면은?

① 평면도   ② 저면도
③ 배면도   ④ 좌측면도

해설 |

제3각법 투상도 배치

07 50mm 높이의 모델링을 0.2mm 레이어로 출력할 때 전체 적층 수는?

① 10층   ② 25층
③ 100층   ④ 250층

해설 | 한 층에 0.2mm씩 쌓아서 높이 50mm를 만드는 것으로 전체 적층 수는 50÷0.2=250(층)이 된다.

정답 01 ① 02 ④ 03 ① 04 ③ 05 ③ 06 ② 07 ④   CHAPTER 05 2021년 기출복원문제

08 출력물이 도중에 단면이 밀려서 성형되는 경우에 해당하는 것은?

① 헤드가 느리게 움직일 때
② 상대적으로 크기가 크거나 긴 형상을 가질 때
③ 플랫폼의 상하 방향 움직임이 일시적으로 멈추는 경우
④ 타이밍 풀리가 스테핑 모터의 회전축에 느슨하게 고정되는 경우

해설 | • 출력물 도중에 단면이 밀려서 성형되는 경우
　　　－헤드가 너무 빨리 움직일 때
　　　－타이밍 벨트의 장력이 너무 높거나 낮을 때
　　　－타이밍 풀리가 스테핑 모터의 회전축에 느슨하게 고정된 경우
　　　－모터 드라이버가 과열되어 다시 냉각될 때까지 모터의 회전이 멈추기도 함
　　• 바닥이 말려 올라가는 경우
　　　－출력물의 크기가 크거나 매우 긴 형상을 가질 때 발생
　　　－수평이 맞지 않아 베드에 고정이 잘 되지 않을 때
　　• 일부 층이 만들어지지 않는 경우
　　　－일시적인 3D프린터의 오류로 재료 공급이 되지 않을 때
　　　－플랫폼의 상하 방향 움직임이 일시적으로 멈추는 경우

09 3D프린터로 출력 시 하중으로 인해 아래로 처지는 현상은?

① Sagging
② Warping
③ Healing
④ Cleaning

해설 | • Sagging(처짐) : 하중으로 인해 아래로 처지는 현상
　　• Warping(뒤틀림) : 소재가 경화하면서 수축에 의해서 뒤틀림이 발생하는 현상

10 스케치에서 돌출로 만들 수 없는 현상은?

① ② ③ ④

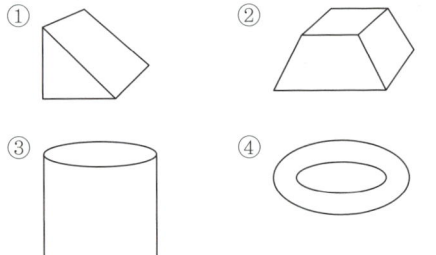

해설 | ④ torus 형상은 중심축을 이용한 회전체로 모델링한다.

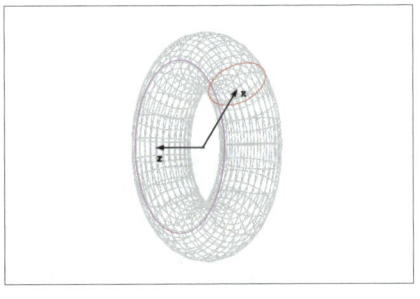

11 3D 모델링을 2차원 유한 요소인 삼각형으로 분할한 후 각각의 삼각형의 데이터를 기준으로 근사시켜 가면 쉽게 STL 파일로 생성할 수 있다. 이때 꼭짓점의 개수가 220개일 때 모서리의 개수는?

① 436개
② 654개
③ 660개
④ 666개

해설 | 모서리의 개수＝(꼭짓점의 개수×3)－6
　　　＝(220×3)－6＝654개

12 3D프린터 출력물의 회수에 대한 설명으로 틀린 것은?

① 전용 공구를 사용하여 플랫폼에서 출력물을 분리한다.
② 분말 방식 프린터는 작업이 끝나면 바로 꺼내어 건조한다.
③ 플랫폼에 남은 분말 가루는 진공 흡입기를 이용하여 제거한다.
④ 액체 방식 프린터는 에틸알코올 등을 뿌려 표면에 남아 있는 광경화성 수지를 제거한다.

해설 | 분말 방식(SLS) 프린터는 작업이 마무리 되면 출력물을 바로 끄지 않고 출력물이 건조될 때까지 기다렸다 꺼내야 한다. 이는 바로 꺼내면 출력물이 부서질 위험이 있기 때문이다. 별도의 서포터는 생성되지 않는다.

13 기계가공 도면에 사용되는 가는 1점 쇄선의 용도가 아닌 것은?

① 중심선   ② 기준선
③ 피치선   ④ 해칭선

해설 | 해칭선은 단면 부위를 나타내는 선으로 45° 빗금을 가는 실선으로 그린다.

14 G코드에서 밀리미터 단위로 설정하는 것은?

① G00   ② G20
③ G21   ④ G28

해설 | G21은 밀리미터(mm) 단위로 설정한다.
① G00 : 급속 이송
② G20 : 인치(inch) 단위로 설정
④ G28 : 원점으로 이동

15 G01 X50 T100 E50에 대한 G코드 설명으로 옳은 것은?

① 헤드를 X50, Y100으로, 이송 속도를 50mm/min로 이송
② 헤드를 X50, Y100으로, 노즐 온도를 50℃로 설정
③ 헤드를 X50, Y100으로, 플랫폼의 온도를 50℃로 설정
④ 헤드를 X50, Y100으로, 필라멘트를 50mm까지 압출하면서 이송

해설 |
• G01 : 직선 이송
• X50 Y100 : 현재 위치에서 주어진 좌표로 이송
• E50 : 필라멘트를 50mm까지 압출

정답 08 ④ 09 ① 10 ④ 11 ② 12 ② 13 ④ 14 ③ 15 ④

16 G코드는 한 번 지령 후 계속 유효한 기능과 1회 유효한 기능으로 나누어진다. 다음 중 계속 유효한 모델 G코드가 아닌 것은?

① G01 ② G28
③ G90 ④ G91

해설 | • One Shot G코드 : 현 블록에서만 유효한 코드
    ※ G28 : 자동 원점 복귀로 원샷 코드
  • Modal G코드 : 한 번 사용한 G코드 명령이 별도 명령 없이 계속 상용하는 코드
    −G01 : 직선 이송
    −G90 : 절대 좌표 지령
    −G91 : 상대 좌료 지령으로 모달 코드

17 스케치에서 2D 객체를 구성하는 선에 대한 수정을 할 수 없는 것은?

① 생성 ② 분할
③ 연결 ④ 연장

해설 | 선을 수정하는 방법에는 이동, 회전, 자르기, 복사, 대칭, 신축, 분할, 연결, 연장, 배열 등이 있다.

18 다음 도면은 물체의 기본 중심선을 기준으로 물체의 1/2을 절단하여 그린 투상도이다. 무엇이라 하는가?

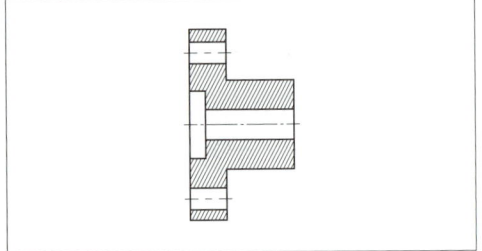

① 온단면도 ② 한쪽단면도
③ 부분단면도 ④ 회전단면도

해설 | 온단면도는 기본 중심선을 기준으로 물체의 1/2을 절단하여 표현하는 단면도법이다.
  ② 한쪽단면도 : 상하 좌우가 대칭인 물체의 1/4을 절단하여 내부와 외부를 표현하는 단면도법
  ③ 부분단면도 : 물체에 필요한 부분을 파단선으로 절단하여 표현하는 방법
  ④ 회전단면도 : 암, 리브, 훅 등의 두께를 표현하기 위한 절단 부위를 90° 회전하여 표현하는 방법

19 다음의 보조 기능에서 헤드의 온도를 지정하는 명령에 해당하는 것은?

① M019 ② M190
③ M104 ④ M126

해설 | M104는 헤드의 온도를 지정한다.
  ① M109 : 재료 압출(ME) 방식 헤드에서 소재를 녹이는 열선의 온도를 지정
  ② M190 : 플랫폼을 가열
  ④ M126 : 헤드의 냉각팬을 ON

20 다음 장치 중 입력장치에 해당하는 것은?

① 스캐너　　　　② CPU
③ 프린터　　　　④ 모니터

해설 | • 입력장치 : 키보드, 마우스, 스캐너 등
　　　• 출력장치 : 프린터, 모니터 등
　　　• 중앙처리장치 : CPU

21 다음 중 3D프린터의 버퍼에 남아 있는 모든 움직임을 마치고 시스템을 종료시키는 명령어로 모든 모터 및 히터가 꺼지는 것은?

① M01　　　　② M18
③ M107　　　　④ M127

해설 | M01은 모터와 히터를 끄고 시스템을 종료시키는 명령어이다.
　　　② M18 : 모든 스테핑 모터의 전원 차단
　　　③ M107 : 쿨링팬의 전원 OFF
　　　④ M127 : 헤드에 부착된 냉각팬 OFF

22 제1각법에 대한 설명 중 틀린 것은?

① 물체를 제1면각 공간에 놓고 투상하는 방법이다.
② '눈 → 물체 → 투상면'의 순서로 투상도를 얻는다.
③ 정면도의 우측에는 우측면도가 위치한다.
④ 도면에 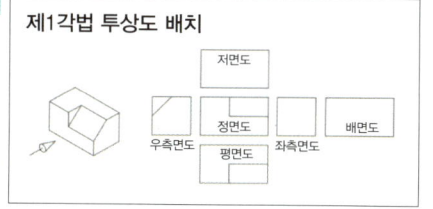 으로 표기가 가능하다.

해설 |

제1각법 투상도 배치

23 다음 중 KS A ISO 128-30 규격이 의미하는 것이 아닌 것은?

① 한국산업표준에 해당한다.
② 투상법에 대한 규격을 나타낸다.
③ KS 부문은 전기 부문에 해당한다.
④ 3D 엔지니어링 프로그램을 작성 시 위의 규격에 따른다.

해설 | • KS A ISO 128-30 : 제도 표시의 일반원칙-투상도의 기본규정에 대한 규격 번호
　　　• KS 부문 기호
　　　　-KS A : 기본
　　　　-KS B : 기계
　　　　-KS C : 전기

24 FDM 방식의 3D프린터에서 ABS 수지를 재료로 사용할 경우 노즐의 온도는?

① 80℃　　　　② 110℃
③ 200℃　　　　④ 230℃

해설 | 소재 종류에 따른 노즐 온도

소재	노즐 온도
PLA	180~230℃
ABS	215~250℃
나일론	235~260℃
PC	250~305℃

정답　16 ②　17 ①　18 ①　19 ③　20 ①　21 ①　22 ③　23 ③　24 ④

25 FDM 3D프린터에서 필라멘트 재료를 선택할 때 고려할 사항이 아닌 것은?

① 표면 거칠기
② 강도와 내구성
③ 용융 온도
④ 열 수축성

해설 | 표면 거칠기는 출력할 때 출력 환경 설정과 적층 높이와 노즐의 직경과 관련이 많으며 출력 후에 후처리 과정에 따라 표면 거칠기를 조절할 수 있다. 필라멘트 재료를 선택할 때의 고려사항은 아니다.

26 FDM 3D프린터 방식에서 필라멘트 재료를 노즐로부터 뒤로 빼주는 기능은?

① Supporter
② Retraction
③ Slicing
④ Backup

해설 | • 리트렉션(Retraction) : 역회전이라는 뜻으로 필라멘트 재료를 순간적으로 역회전시켜 필라멘트의 압출을 일시적으로 멈추게 해준다.
• 스트링(String) : 필라멘트가 고온에서 노즐로부터 자연스럽게 흘러나와 가늘고 긴 선이 이어져 거미줄과 같이 나오는데 이것을 방지하기 위해 리트렉션이 사용된다.

27 FDM 3D프린터에서 노즐 크기가 0.4mm일 때 아래 그림에서 출력 작업이 원활하지 않은 부분은?

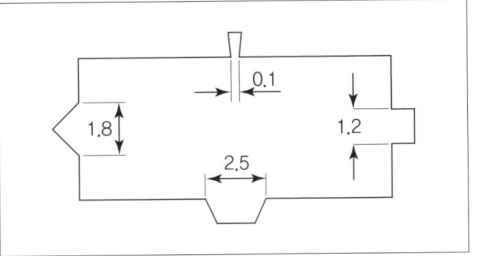

① 0.1mm
② 1.2mm
③ 1.8mm
④ 2.5mm

해설 | 노즐의 크기인 0.4mm보다 작은 크기는 제품의 정밀도가 떨어진다.

28 FDM 방식의 3D프린터에서 출력물의 표면 품질에 미치는 직접적인 원인으로 옳지 않은 것은?

① 압출량 설정이 적절하지 않은 경우
② 타이밍 벨트의 장력이 높은 경우
③ 노즐 설정 온도가 너무 낮은 경우
④ 첫 번째 층이 너무 빠르게 성형될 경우

해설 | FDM 방식에서 첫 번째 층은 플랫폼에 부착되는 부분이 된다. 즉 바닥면이 되기 때문에 출력물 전체의 표면 품질에는 영향이 없지만 첫 번째 층이 빠르게 성형될 경우 플랫폼에 부착력이 떨어질 수 있다.

29 FDM 방식의 3D프린터에서 필라멘트 재료로 ABS 수지를 사용할 경우 베드의 온도는?

① 10℃ ② 30℃
③ 50℃ ④ 110℃

해설 | ABS 재료의 경우 히팅베드의 온도는 80℃ 이상으로 설정한다.

소재	히팅베드 사용
PLA, PVA 소재 등	필요 없음, 사용 시에는 50℃ 이하로 사용
ABS, HIPS, PC 소재 등	필수 사용, 사용 시에는 80℃ 이상으로 설정

30 압축된 금속분말에 열에너지를 가해 입자들의 표면을 녹이고 금속입자를 접합시켜 금속구조물의 강도와 경도를 높이는 공정은?

① 분말 융접 ② 경화
③ 소결 ④ 합금

해설 | 소결(Sintering)은 분말 입자들이 열적 활성화 과정을 거쳐 하나의 덩어리로 되는 과정을 말한다.
① 분말 융접 : 용융 온도가 서로 다른 분말들이 혼합된 분말에 압력을 가한 후 열 에너지를 가해서 상대적으로 용융 온도가 낮은 분말을 녹여 결합시키는 방법
② 경화 : 금속이나 고분자가 단단해지는 현상
④ 합금 : 금속에 다른 금속 또는 원소를 합쳐서 얻는 금속. 원래의 금속과는 다른 특성을 지님

31 조립품 구성 방식 중 모델링된 부품을 현재 조립품 상태로 배치한 상태로 배치하는 방식은?

① 상향식 방식
② 하향식 방식
③ 삽입식 방식
④ 어셈블리 방식

해설 | 상향식 방식은 부품을 미리 모델링해 놓은 상태에서 조립품을 구성하는 방식이다.
② 하향식 방식 : 조립품에서부터 부품을 조립하면서 모델링을 하는 방식

32 다음의 출력용 파일 포맷 방법 중 표준 입력 파일 포맷으로 3차원 데이터의 Surface 모델을 삼각형 면에 근사시키는 방식으로 포맷하는 것은?

① STL ② AMF
③ OBJ ④ DWG

해설 | STL은 3차원 모델링을 무수히 많은 삼각형으로 구성하여 표현해 주는 일종의 폴리곤 포맷으로 컬러에 대한 정보는 저장하지 않고 오직 한 가지 색상만으로 저장한다.
② AMF : 색상, 질감과 표면 윤곽이 반영된 면을 포함해 STL보다 곡면을 잘 표현한다.
③ OBJ : 3차원 좌표, 이진법 형식, 컬러 정보 등으로 저장되고, 3차원 데이터는 벡터형식을 기반으로 아스키코드 혹은 바이너리(Bin) 형식으로 저장된다.
④ DWG : AutoCAD 2D도면 저장 파일이다.

정답 25 ① 26 ② 27 ① 28 ④ 29 ④ 30 ③ 31 ① 32 ①

33 솔리드 모델링으로 표현하기 힘든 기하 곡면을 모델링하고 형상의 표현 데이터만 존재하는 모델링은?

① 파라메트릭 모델링

② 서피스 모델링

③ 파트 모델링

④ 형상 모델링

해설 | 서피스 모델링은 기하 곡면을 작성하는 데 유리하며 표면 형상 데이터를 이용하여 NC가공 데이터를 얻을 수 있다.

34 3D 엔지니어링 소프트웨어를 이용하여 하나의 부품 형상을 모델링하는 곳은?

① 파트

② 도면

③ 어셈블리

④ 파라메트리

해설 | 파트(부품)에서는 하나의 부품 모델링만 가능하다.

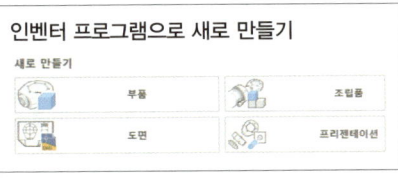

35 다음 기하 공차에 기입 틀에서 좌측 맨 앞의 기호가 의미하는 것은?

| ⊕ | Ø0.02Ⓜ | C |

① 진원도

② 동축도

③ 진직도

④ 위치도

해설 | 데이텀 C를 기준으로 최대실체 공차(M)방식을 적용한 정밀도 Ø0.02의 위치도를 나타낸 것이다.

36 도면에서 가는 실선을 사용하는 곳이 아닌 것은?

① 치수선

② 지시선

③ 파단선

④ 가상선

해설 | 가상선은 가는 2점 쇄선을 사용한다.

가는 2점 쇄선 용도

	• 인접 부분을 참고로 표시하는 데 쓰임
	• 공구, 지그 등의 위치를 참고로 나타낼 때 쓰임
	• 가동 부분을 이동 중의 특정한 위치 또는 이동 한계의 위치로 표시하는 데 사용
	• 가공 전 또는 가공 후의 모양을 표시
	• 되풀이되는 것을 나타내는 데 사용
	• 도시된 단면의 앞쪽에 있는 부분을 표시
	※ 단면의 무게중심을 연결한 선을 표시

37 2D 스케치 환경에서 원을 호로 수정할 때 필요한 명령어는?

① 자르기　　　　② 연장
③ 늘이기　　　　④ 간격 띄우기

해설 ┃
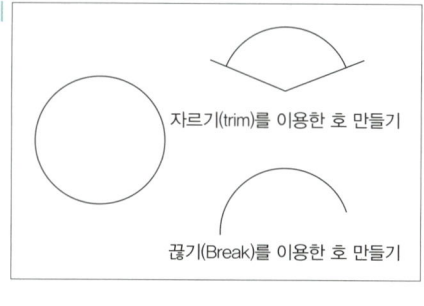

자르기(trim)를 이용한 호 만들기

끊기(Break)를 이용한 호 만들기

38 지름 30mm 구멍에 결합되는 축의 지름이 30±0.2mm일 때, 축과 구멍의 결합이 억지 끼워맞춤이 되는 축의 지름은?

① 29.8mm　　　② 30mm
③ 30.2mm　　　④ 30.8mm

해설 ┃ 억지 끼워맞춤은 구멍보다 축의 지름이 항상 큰 조건으로 죔새가 생긴다. 구멍지름 30mm보다 큰 축의 지름은 ③ 30.2mm와 ④ 30.8mm가 있지만 문제에 주어진 축지름 공차 30± 0.2에서 축의 최대 지름 치수는 30.2mm를 넘어가면 안 되기 때문에 ③이 정답이 된다.

39 CAD시스템을 이용하여 그림을 수정할 때 필요 없는 명령어는?

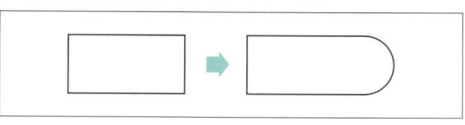

① Chamfer　　　② Arc
③ Circle　　　　④ Trim

해설 ┃ Chamfer(모따기)는 단면의 모서리를 따내는 것을 말한다.

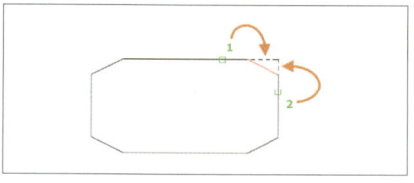

40 그림과 같은 입체도를 3각법으로 나타낼 때 화살표 방향을 정면으로 할 경우 평면도로 옳은 것은?

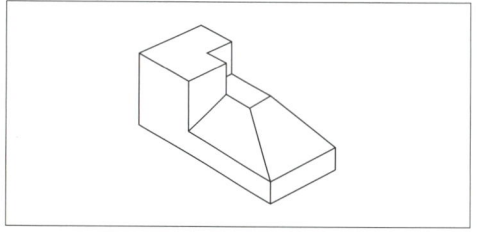

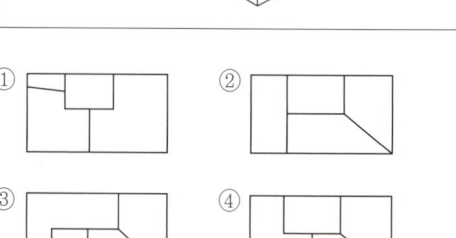

해설 ┃

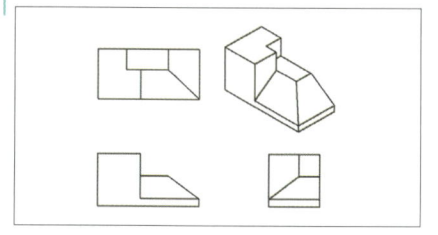

정답 33 ② 34 ① 35 ④ 36 ④ 37 ① 38 ③ 39 ① 40 ④　　**CHAPTER 05** 2021년 기출복원문제 **327**

41 출력물의 형상을 확대, 축소, 회전, 이동을 통하여 지지대 없이 성형되기 어려운 부분을 찾는 방법은?

① 형상 배치　　② 형상 분석
③ 형상 설계　　④ 형상 출력

해설 | 형상 분석은 출력물의 형상을 확대, 축소, 회전, 이동을 통하여 지지대 없이 성형되기 어려운 부분을 찾는 방법이다.

42 3D프린터 출력 시에 분할하여 출력하는 경우가 아닌 것은?

① 모델의 내부를 많이 채울 때
② 지지대를 최소한으로 줄일 수 있을 때
③ 모델의 크기가 플랫폼의 크기를 넘을 때
④ 지지대를 제대로 제거할 수 없는 형상일 때

해설 | 모델의 내부를 많이 채우는 경우는 제품의 강도를 고려할 경우이다.
　　3D프린터 출력 시에 분할하여 출력하는 경우
　　• 지지대를 최소한으로 줄일 수 있을 때
　　• 모델의 크기가 플랫폼의 크기를 넘을 때
　　• 지지대를 제대로 제거할 수 없는 형상일 때

43 SWOT 분석에 대한 설명으로 옳지 않은 것은?

① 약점을 보완하여 기회를 포착한다.
② 강점, 약점, 기회, 위협의 요인이 있다.
③ 기업의 내 · 외부 환경 변화를 동시에 파악할 수 있다.
④ 내부 환경 분석으로는 경쟁, 고객, 거시적 환경이 있다.

해설 | 경쟁, 고객, 거시적 환경은 외부 환경에 대한 분석이다.
　　SWOT(Strength, Weakness, Opportunity, Threat) **분석**
　　내부 환경과 외부 환경 각각 요소를 바탕으로 현황을 분석하는 마케팅 방법이다.

44 PVA(폴리바이닐알코올) 지지대에 대한 설명으로 옳지 않은 것은?

① 독성이 없는 물질이다.
② 저온 열가소성 수지이다.
③ 물에 용해되는 성질을 가지고 있다.
④ 니퍼, 커터 칼 등을 이용하여 제거한다.

해설 | PVA(polyvinyl alcohol, 폴리바이닐 알코올)는 물에 녹는 중합체이다. 지지대를 PVA로 만들 경우 물에다 넣으면 녹아 없어지기 때문에 니퍼나 칼 등을 이용하여 제거할 필요가 없다.

45 CAD 환경에서 일반적으로 사용하는 좌표계가 아닌 것은?

① 직교 좌표계 ② 극 좌표계
③ 구면 좌표계 ④ 원근 좌표계

해설 | ① 직교 좌표계 : 세 축이 서로 90°인 X, Y, Z 좌표계
② 극 좌표계 : 거리와 각도를 이용한 2차원 좌표계
③ 구면 좌표계 : 3차원 공간상의 점을 나타내는 좌표계

구면 좌표계

46 액체 기반 3D프린터의 사용 용도와 거리가 가장 먼 것은?

① 액세서리나 피규어 제장에 활용된다.
② 산업 전반에 걸쳐 폭넓게 활용될 수 있다.
③ 3D프린터를 처음 접하는 사람이나 가정용으로 적당하다.
④ 의료, 치기공, 전자제품 등 정밀한 형상을 제작할 때 사용한다.

해설 | 액체 기반 3D프린터인 SLA(Stereo Lithography Apparatus) 광경화성 수지 적층 조형은 빛을 받으면 고체로 변하는 광경화성 수지(액체 플라스틱)가 들어 있는 수조에 레이저 빔을 쏘아서 필요한 부분만 고체화시키는 방식이다. 다만 작업할 때 재료로 레진을 사용하므로 가스와 미세분지먼지 등이 발생하여 가정용으로는 부적합하다.

47 3D프린터에 따른 형상 설계오류에 관한 설명으로 거리가 먼 것은?

① 3D프린터로 제품을 제작할 때 3D프린터에 따른 형상 설계오류를 고려해야 한다.
② SLA, DLP 방식의 3D프린터는 최대 10~15μm으로 매우 좋은 정밀도를 가진다.
③ 광경화 조형 방식에서 광경화성 수지의 성질을 이해하지 못하면 제품 출력 시 뒤틀림 오차 등이 발생한다.
④ FDM 방식으로 설계 시 정밀도보다 작은 치수 표현은 불가능하다.

해설 | 액체 방식 3D프린터는 액체 상태의 레진을 레이저를 이용하여 한층 한층 굳히는 방식으로 쥬얼리, 덴탈 등 정밀도가 높은 제품 생산에 사용된다. 최대 1~5μm으로 아주 좋은 정밀도를 가진다. SLA(Stereo Lithography Apparatus, 광경화수지)와 DLP(Digital Light Processing, 디지털 광학기술)는 액체 기반 3D프린터이다.

48 3D 프린팅 작업 종료 후 초기점으로 복귀를 의미하는 코드는?

① G00 ② G28
③ G90 ④ G98

해설 | G98은 초기 점에 복귀를 의미하는 코드이다.
① G00 : 급속 이송
② G28 : 기계 원점으로 복귀
③ G90 : 절대 지령

정답 41 ② 42 ① 43 ④ 44 ④ 45 ④ 46 ③ 47 ② 48 ④   CHAPTER 05 2021년 기출복원문제 **329**

49 FDM 방식의 출력물에서 화학적 표면 거칠기 향상법은?

① 프라이머 도장을 한다.
② 아세톤을 이용하여 훈증한다.
③ 사포를 이용하여 돌출부분을 제거한다.
④ 퍼티를 통하여 층과 층 사이의 들어간 부분을 채운다.

해설 | 화학적 방법으로 ABS재료를 아세톤을 이용하여 훈증하여 표면을 매끄럽게 한다.
물리적 방법
• 도장(페인트 칠)을 한다.
• 사포를 이용해 다듬는다.
• 퍼티를 이용하여 틈새를 메꾼다.
※ 퍼티 : 벌어진 틈새를 메꾸거나 움푹 팬 곳을 채우는 일종의 접착제이다. 일본어로 '빠데'라고 한다.

50 PLA 소재 플라스틱에 대한 설명으로 옳지 않은 것은?

① 무독성 친환경 재료이다.
② 열 변형에 의한 수축이 적다.
③ 히팅베드 없이 출력이 가능하다.
④ 서포터 발생 시 제거가 쉽고 표면이 매끄럽다.

해설 | PLA(Poly Lactic Acid)
• 옥수수나 사탕수수 같은 식물에서 전분을 추출하여 원재료로 사용하는 친환경 수지이다.
• 3D프린터에서 서포터 발생 시 서포터 제거가 어렵고 표면이 거칠다.

51 광경화성 수지의 특징에 해당하는 것은?

① 정밀도가 높다.
② 가격이 저렴하다.
③ 관리가 편리하다.
④ 폐기 및 처리가 편리하다.

해설 | **광경화성 수지**
• 자외선(UV ; Ultraviolet), 전자선(EB ; Electron Beam) 등 빛에너지를 받아 경화하는 합성 유기 재료이다.
• 정밀도가 매우 높다.
• FDM에 비하여 가격이 비싸다.
• 빛에 의해 굳는 성질이 있어서 관리를 잘해야 한다.
• 환경호르몬 또는 발암 물질 등이 있어 폐기 및 처리를 철저히 해야 한다.

52 다음 도면에 대한 설명으로 잘못된 것은?

① 긴 축은 중간에서 파단하여 짧게 그렸고, 치수는 실제 치수를 기입하였다.
② 평행키 홈의 깊이 부분을 회전 도시 단면도로 나타내었다.
③ 평행키 홈의 폭 부분을 국부투상도로 나타내었다.
④ 축의 양끝을 1×45°로 모떼기 하도록 지시하였다.

해설 | 도면에 나타난 단면도법은 전부 단면하고 싶은 부분만 파단선을 이용하여 나타낸 부분단면도이다.

330 PART 07 최신 기출복원문제

53 컴퓨터에 의한 통합 가공시스템(CIMS)으로 생산관리 시스템을 자동화할 경우 이점이 아닌 것은?

① 짧은 제품 수명주기와 시장 수요에 즉시 대응할 수 있다.
② 더 좋은 공정 제어를 통하여 품질의 균일성을 향상시킬 수 있다.
③ 재료, 기계, 인원 등의 효율적인 관리로 재고량을 증가시킬 수 있다.
④ 생산과 경영관리를 잘할 수 있으므로 제품 비용을 낮출 수 있다.

해설 | CIMS(Computer-Integrated Manufacturing Systems)는 컴퓨터에 의한 통합 생산 시스템으로 재료, 기계, 인원 등의 효율적인 관리로 재고량을 등을 감소시킨다.

54 작동 중 이상이 생겼을 때 취할 행동과 거리가 먼 것은?

① 프로그램에 문제가 없는가 점검한다.
② 비상정지 버튼을 누른다.
③ 주변상태(온도, 습도, 먼지, 노이즈)를 점검한다.
④ 일단 파라미터를 지운다.

해설 | 자동화 장비에 작동 이상이 생기면 프로그램상의 문제점을 파악하기 위해 파라미터를 확인해야 한다.

55 보호(안전) 장갑의 설명 중 틀린 것은?

① 내전압용 절연장갑은 00등급에서 4등급까지 있다.
② 내전압용 절연장갑은 숫자가 클수록 두꺼워 절연성이 높다.
③ 화학물질용 안전장갑은 1~6급 성능 수준이 있다.
④ 화학물질용 안전장갑은 숫자가 작을수록 보호 시간이 길고 성능이 우수하다.

해설 | 내전압용 절연장갑은 00, 0, 1, 2, 3, 4등급으로 총 6등급이 있으며, 등급이 클수록 장갑도 두꺼워서 안전성과 성능이 우수하다.

장갑 등급	사용 전압(V)
00	500
0	1,000
1	7,500
2	17,000
3	26,500
4	36,000

56 방진, 방독 마스크 선택 시 설명으로 틀린 것은?

① 시야가 넓어야 한다.
② 여과 효율이 좋아야 한다.
③ 흡배기 저항이 높아야 한다.
④ 분진의 체내 축적을 최소화하여야 한다.

해설 | 흡배기 저항이 높다는 것은 숨을 쉬기 어렵다는 것을 의미하므로 흡배기 저항은 낮아야 한다.

57 프린터 출력 중 파워 서플라이(SLMS) 고장으로 전원이 나갈 경우에 가장 먼저 취해야 하는 조치로 옳은 것은?

① 전원 스위치를 끈다.
② 배전반을 먼저 점검한다.
③ 출력 중인 출력물을 회수한다.
④ 전원 공급 장치를 먼저 수리한다.

해설 | 파워 서플라이(Power Supply)는 전원 공급 장치로, 모든 기계장치는 고장이 나서 멈추거나 전원이 나가면 우선적으로 메인 전원 스위치를 끄도록 한다.

58 3D프린터 사용 중에 A씨가 호흡곤란 심정지 증상을 보이며 쓰러졌다. 4분 뒤 직장동료 B씨가 쓰러진 A씨를 발견하여 심폐소생술을 실시하였다. A씨가 살아남을 확률은 얼마인가?

① 5%   ② 50%
③ 75%   ④ 95%

해설 | 심폐소생술을 할 경우 소생률
• 3분 이내 75%
• 4분 이내 50%
• 이후 1분 경과할 때마다 10%씩 감소

59 작업 지시서에 대한 설명으로 옳지 않은 것은?

① 물품의 판매를 요구한다.
② 특정 작업에 대한 요구를 한다.
③ 생산 지지서, 검사 지시서가 있다.
④ 작업완료일, 제품의 규격, 담당자 등이 기록되어 있다.

해설 | 작업 지시서에서 필요한 물품의 구매를 지시할 수는 있지만, 물품의 판매를 요구하는 것은 할 수 없다.

60 화재에 대한 설명으로 옳지 않은 것은?

① 발생원인은 실화와 방화로 나뉜다.
② 합선, 누전, 단락으로 인한 전기화재가 있다.
③ B급 화재인 유류화재 시에는 물을 뿌려 진화한다.
④ 배터리가 폭발하여 발화하는 경우는 금속화재에 해당한다.

해설 | B급(유류/가스화재) 화재에는 포말, 분말, CO_2 소화기를 사용한다.
• A급(일반화재) : 물, 산/알카리 소화기 사용
• C급(전기화재) : 유기성소화기, 분말, CO_2 소화기 사용

2022년 기출복원문제

3D프린터운용기능사 자격증 대비과정

01 스캐닝 설정 단계에서 하는 작업이 아닌 것은?

① 속도 설정　　② 폴리곤 수정
③ 조도 조절　　④ 스캐너 보정

해설 | 폴리곤 수정은 스캐닝을 한 다음 모델링을 수정할 때 실시한다.
스캐닝 설정 단계
• 스캐너 보정
• 노출 설정
• 측정 범위 설정
• 측정 위치 선정
• 스캐닝 간격 설정
• 속도 설정

02 3D프린터로 작업할 형상을 파악하고 배치하는 작업은?

① 형상 설계　　② 형상 스캐너
③ 형상 분석　　④ 형상 가공

해설 | • 형상 설계 : 3D 모델링 프로그램을 이용하여 3차원 형상물을 만드는 것이다.
• 형상 분석 : 3D 프린팅에서 제품의 품질을 향상시키기 위해 최적의 자세와 형태로 배치함으로써 지지대를 최소화하여 제품을 생산해 낼 수 있도록 하는 작업으로 회전(Rotate), 확대 및 축소(Scale), 이동(Move) 등이 있다.

03 경화제가 없고, 작고 미세한 작업에 적합한 퍼티는?

① 우레탄　　② 1액형
③ 에폭시　　④ 폴리에스터

해설 | 1액형은 경화제가 없는 퍼티이다. 경화제가 없기 때문에 경화 속도는 느린 편이고 틈새가 작은 미세한 메움 작업에 사용한다. FDM 방식 3D프린터 출력물의 층을 메울 때 후가공으로 사용한다.
① 우레탄 : 폴리우레탄계 합성수지로 제조되는 퍼티로 탄성력이 아주 좋다. 방수 공사 등 우레탄 계열의 페인트로 도장해야 하는 금 간 부위를 보수할 때 많이 쓰인다.
③ 에폭시 : 에폭시 수지의 강한 강도가 특징으로 콘크리트 균열 보수 등 강한 강도가 필요한 부위에 사용할 수 있다.
④ 폴리에스터 : 목재 가공, 프라모델, 자동차 보수 등 여러 분야에 사용된다. 자동차 표면을 복원(판금)할 때 바르는 녹색의 물질이 바로 폴리에스터 퍼티이다.
※ 퍼티 : 조형, 건축, 공업, 프라모델 등의 분야에서 사용하는 재료로, 벌어진 틈새를 메꾸거나 움푹 패인 곳을 채우는 일종의 접착제이다. 공사장에서는 '빠데'라고 부르기도 한다.

정답 01 ② 02 ③ 03 ②

CHAPTER 06 2022년 기출복원문제 **333**

04 3D프린터를 이용하여 출력물 제작 시 가공 시간이 가장 짧은 것은?

① 내부 채움 50%, 속도 50mm/s
② 내부 채움 50%, 속도 70mm/s
③ 내부 채움 100%, 속도 40mm/s
④ 내부 채움 100%, 속도 60mm/s

해설 | 내부를 적게 채우면서 속도를 빠르게 하면 제품 제작 시간이 짧아진다.

05 〈보기〉와 같은 구조인 마스크의 종류는?

┌──────── 보기 ────────┐
│ 여과제 – 연결관 – 흡기변 – 마스크 – 배기면 │
└────────────────────┘

① 병렬식   ② 격리식
③ 직결식   ④ 혼합식

해설 |

격리식

투시부, 머리끈, 격장, 안면부, 흡기밸브, 연결관, 배기밸브, 여과제

직결식

투시부, 머리끈, 격장, 안면부, 흡기밸브, 여과제, 배기밸브

06 틈새 또는 죔새가 생기는 끼워맞춤은?

① 억지 끼워맞춤
② 헐거운 끼워맞춤
③ 중간 끼워맞춤
④ 조립 끼워맞춤

해설 | 중간 끼워맞춤은 공차에 따라 죔새가 생길 수도 있고 틈새가 생길 수도 있다.
① 억지 끼워맞춤 : 구멍보다 축이 큰 조건으로 항상 죔새만 생긴다.
② 헐거운 끼워맞춤 : 구멍보다 축이 작은 조건으로 항상 틈새만 생긴다.

07 형상 구속에 대한 설명으로 틀린 것은?

① 동일 구속 : 두 개 이상 선택된 스케치 크기를 똑같이 구속
② 접선 구속 : 곡선 또는 직선을 곡선에 접하도록 구속
③ 수평 구속 : 떨어진 두 개의 선을 평행하게 구속
④ 일치 구속 : 2D 또는 3D스케치의 다른 형상에 점을 구속

해설 |

= 동일	선택된 원과 호가 동일한 반지름을 갖거나 선택된 선이 동일한 길이를 갖도록 구속한다.
↺ 접선	스플라인의 끝을 포함하는 곡선을 다른 곡선에 접하도록 구속한다.
⑦ 수평	스케치 좌표계의 X축에 평행이 되도록 선, 타원 축, 점 쌍을 생성 한다.
└ 일치	2D 및 3D스케치의 다른 형상에 점을 일치시켜 구속한다.
⫽ 평행	선택한 선형 형상이 서로 평행으로 놓이도록 구속한다.

334 PART 07 최신 기출복원문제

08 넙스 모델링 방식에 사용되지 않는 것은?

① 차집합 ② 합집합
③ 교집합 ④ 공집합

해설 |

차집합

합집합

교집합

09 비접촉 스캔 방식에 해당하지 않는 것은?

① CT 방식
② 삼각측량 방식
③ TOF 방식
④ CMM 방식

해설 | CMM(Coordinate Measuring Machine, 3차원 측정기)은 대표적인 접촉 스캔 방식이다. 접촉 스캔 방식은 접촉식 센터인 터치 프로브 (Touch prove)를 이용하여 3차원 좌표를 읽어 내는 방식이다.

10 3D 모델링에서 각진 모서리를 라운딩하는 명령어는?

① 오프셋 ② 필렛
③ 모따기 ④ 회전

해설 | • 필렛 : 모서리를 둥글게 만드는 것
   • 모따기 : 모서리를 따내는 것

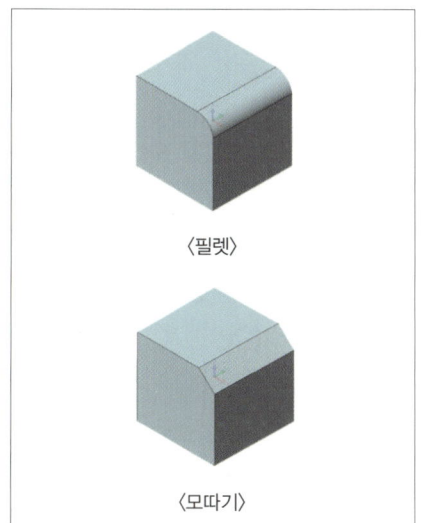

〈필렛〉

〈모따기〉

11 FDM 3D프린터 방식에서 필라멘트 재료를 노즐로부터 뒤로 빼 주는 기능은?

① Support ② Retraction
③ Slicing ④ Backup

해설 | 3D프린터를 사용할 때 거미줄과 같이 나오는 형상을 String이라 하는데 이것을 해결하기 위한 기능이 Retraction(역회전)이다. 노즐이 이동할 때 필라멘트를 뒤로 빼 주어 필라멘트가 녹아 흐르는 것을 방지한다.

정답 04 ② 05 ② 06 ③ 07 ③ 08 ④ 09 ④ 10 ② 11 ②

CHAPTER 06 2022년 기출복원문제 **335**

12 3D 모델링에서 스케치 면을 선택할 수 없는 것은?

① 솔리드 곡면   ② 가상면
③ 작업 평면   ④ 솔리드 평면

해설 | 솔리드 곡면에서는 스케치 작업을 할 수 없다. 스케치 작업은 평면에서만 가능하다.

13 서포터를 생성할 수 없는 프로그램이 아닌 것은?

① SIMPLIFY3D
② Pronterface
③ KISSlicer
④ Cura

해설 | SIMPLIFY3D, KISSlicer, Cura는 별도의 슬라이서 프로그램으로 서포터를 생성한다. Pronterface 프로그램은 프린터를 수동으로 제어하는 프로그램으로 노즐을 상하, 좌우, 위, 아래로 움직일 수 있다.

14 SLA 방식에서 초기에 특정한 빛을 받아 반응을 하는 것은?

① 광억제제   ② 단량제
③ 중간제   ④ 광개시제

해설 | SLA, DLP 방식은 액체 상태의 광경화성(빛을 받으면 경화) 수지를 사용한다. 고분화와 일정한 빛의 파장에 반응하는 광개시제가 합쳐져 레진이 된다. 광개시제에 따라 가시광선에 반응하기도 하고 UV(자외선)에 반응하기도 한다.

15 넙스 모델링 방식에 대한 설명으로 옳지 않은 것은?

① 부드러운 곡면에 유리하며 STEP 파일 등 설계 파일로 전환이 가능하다.
② 면의 기본 단위는 삼각형이며 삼각형을 연결해 3D 객체를 생성한다.
③ 폴리곤 모델링보다 치수적으로 정확하다.
④ 수학 함수를 이용하여 곡면의 형태를 생성한다.

해설 |
- 폴리곤 모델링 : 모든 면이 삼각형으로 되어 있다.
- 넙스 모델링 : 부드러운 모델의 표현이 가능해 주로 동식물 모델링에 많이 사용된다. 조절점과 조절점 사이를 수학적 공식으로 계산하여 곡면을 만든다.

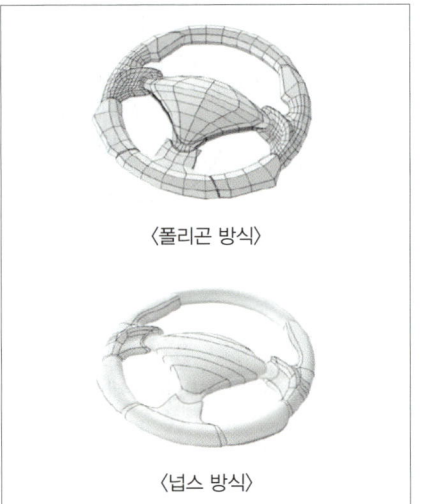

〈폴리곤 방식〉

〈넙스 방식〉

16 3D프린터 사전 준비에 대한 설명으로 옳은 것은?

① 노즐 속 잔여 소재는 예열 전 제거한다.
② SLA 방식은 FDM 방식에 비해 온도 유지가 중요하다.
③ 소재의 종류에 따라 노즐 온도를 조절해야 한다.
④ 장비 외부 온도에 따라 품질 변화가 없다.

해설 | ① 노즐 속 잔여 소재는 예열하여 녹여서 제거하는 방법이 쉽다.
② FDM 방식은 필라멘트를 녹여서 적층하는 방식으로 노즐의 온도 유지가 중요하다. 레이저를 이용하는 SLA 방식에 비하여 FDM 방식이 온도 유지에 더욱 신경을 써야 한다.
④ 장비 외부 온도에 따라 경화 정도가 달라지기 때문에 일정 온도를 유지하는 것이 중요하다.

17 3D프린터에서 출력 오류에 해당하지 않는 것은?

① 재료가 압출이 안 됨
② 서포트가 두껍게 형성됨
③ 바닥이 말려 올라감
④ 플랫폼에 부착되지 않음

해설 | 서포트가 두껍게 형성되는 것은 출력 오류라기보다는 출력 설정을 잘못한 경우이다.

18 3D프린터 데이터를 수정해야 하는 경우가 아닌 것은?

① 조립성을 위해 분할 출력
② 서포트 최소 분할
③ 해상도보다 작은 크기
④ 최대 출력 사이즈보다 작은 경우

해설 | 최대 출력 사이즈보다 작은 경우는 그대로 출력하면 되지만, 최대 출력 사이즈보다 큰 경우는 출력이 안 되기 때문에 모델링을 분할 · 수정하거나 축소 · 수정하여 출력한다.

19 3D프린터의 오류 검출 프로그램이 아닌 것은?

① Netfabb   ② Meshmixer
③ AMF   ④ MeshLab

해설 | 3D프린터의 모델링 파일의 오류를 검출하고 수정할 수 있는 프로그램은 Netfabb, Meshmixer, MeshLab 등이 있다. AMF (Additive Manufacturing File Format)는 모델링 파일을 STL 파일로 출력하는 파일 포맷이다.

20 출력용 파일(STL) 오류가 아닌 것은?

① 반전 면   ② 오픈 메시
③ 매니폴드   ④ 메시 떨어짐

해설 | 매니폴드는 두 개의 면이 공유되는 것으로 정상적인 형상이다.
출력용 파일의 오류 종류
• 클로즈 메시와 오픈 메시
• 비(非)매니폴드 형상
• 메시(Mesh)가 떨어져 있는 경우
• 반전(Reverse) 면

정답 12 ① 13 ② 14 ④ 15 ② 16 ③ 17 ② 18 ④ 19 ③ 20 ③   CHAPTER 06 2022년 기출복원문제 **337**

21 FDM 방식 재료를 노즐에 공급하는 모터의 힘이 부족할 때 발생하는 현상은?

① 공급되는 재료의 양이 많아진다.
② 노즐 온도가 급격히 올라간다.
③ 노즐과 베드 사이의 간격이 좁아진다.
④ 필라멘트 공급이 줄어들어 표면이 불량해진다.

해설 | 노즐 모터의 힘으로 필라멘트를 공급하기 때문에 모터의 힘이 약하면 필라멘트가 적절하게 공급되지 않아 표면이 불량해진다.

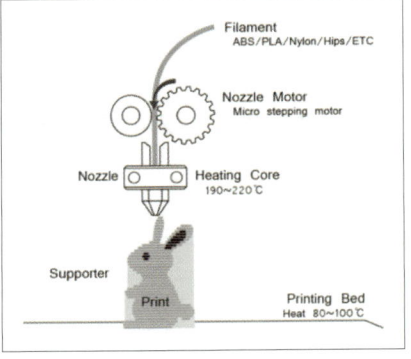

22 LOM 방식이라고 하며 Sheet Lamination 기술을 적용한 3D프린터에 대한 설명은?

① 가열된 노즐을 통해 흘러나오는 재료를 적층하는 방식
② 얇게 가공된 필름 소재를 주로 사용하는 방식
③ 금속 소재를 높은 에너지로 완전히 용융하는 방식
④ 액상의 광경화 수지를 고압으로 분사하고 경화하는 방식

해설 | LOM(Laminated Object Manufacturing) : 적층 물 제조 방식
얇은 두께의 종이나 PVC라미네이트 시트(필름)를 빌드 플랫폼 위에 올려 접착제를 바르거나 가열된 롤러가 박판 위를 지나가면서 압착한다.

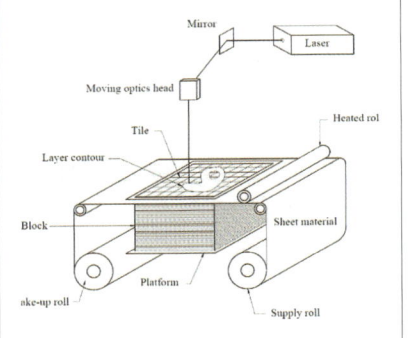

23 FDM 방식의 3D프린터에서 베드에 잘 밀착시키는 방법이 아닌 것은?

① 노즐과 베드의 간격을 노즐 직경 이상으로 조절
② 베드 온도를 적절하게 유지
③ 스프레이, 마스킹 테이프 사용
④ Raft를 사용

해설 | 노즐과 베드의 간격은 압출 노즐과 플랫폼 사이에서 재료가 적절히 눌려 옆으로 퍼지도록 간격을 유지해야 한다. 노즐과 베드의 간격이 크면 압출 재료가 늘어져서 베드에 잘 붙지 않는다.
※ Raft : 바닥의 레벨이 잘 안 맞거나 고정이 잘 안 되는 상황일 때 별도 형상으로 바닥 보조물을 만들어 주는 기능

24 FDM 방식의 3D프린터에서 재료가 압출되지 않는 원인이 아닌 것은?

① 노즐과 플랫폼 사이의 간격이 클 때
② 스풀에 필라멘트가 없을 때
③ 압출기 내부에 재료가 채워지지 않았을 때
④ 압출 노즐이 막혔을 때

해설 | 노즐과 플랫폼 사이의 간격이 클 때는 압출된 재료가 늘어지거나 흘러서 베드에 잘 부착되지 않는다. 하지만 재료가 압출되지 않는 원인은 아니다.

25 버프 가공 기호로 맞는 것은?

① D
② GH
③ SH
④ FB

해설 | 버프란 헝겊, 펠트, 가죽 등 유연성 재료로 만든 휠(wheel)의 외주 면에 숫돌 입자를 접착제 등으로 고정시켜 고속회전으로 표면을 닦아 광택을 내는 연마 작업을 의미한다. 버프 가공(Buffing) 기호는 'FB'이다.
① D : 드릴 가공
② GH : 호닝 가공
③ SH : 세이퍼 가공

26 출력보조물에서 베드와 출력물을 견고하게 접착시키는 지지대의 종류는?

① Overhang
② Island
③ Raft
④ Unstable

해설 |

종류	형상
Overhang (돌출부)	
Island (섬)	
Unstable (불안정한)	
Raft (뗏목, 부교)	

정답 21 ④ 22 ② 23 ① 24 ① 25 ④ 26 ③

CHAPTER 06 2022년 기출복원문제 **339**

27 스캔 데이터를 보정할 때 점 데이터를 합치는 과정은?

① 정합   ② 병합
③ 결합   ④ 매칭

해설 | 스캔 데이터는 보통 여러 번의 측정에 따른 점군 데이터를 서로 합친 최종 데이터이다. 정합(Registration)은 이렇게 개별 스캐닝 작업에서 얻어진 점 데이터들이 합쳐지는 과정이다.
② 병합(Merging) : 정합을 통해서 중복되는 부분을 서로 합치는 과정이다.

28 다음 중 오브젝트를 생성하거나 바꿀 수 없는 도구는?

① 복사   ② 회전
③ 이동   ④ 대칭

해설 | 이동은 오브젝트를 생성하거나 바꿀 수는 없으며 단순히 위치만 이동시킬 수 있다.
① 복사 : 오브젝트를 여러 개 생성할 수 있다.
② 회전 : 오브젝트를 회전시켜 자세를 바꿀 수 있다.
④ 대칭 : 오브젝트의 대칭 형상을 생성할 수 있다.

29 오픈 메시에 대한 설명으로 옳은 것은?

① 메시 사이에 한 면이 비어 있는 형상이다.
② 인접한 면이 서로 반대 방향으로 입력되는 경우이다.
③ 하나의 모서리를 3개 이상의 면이 공유하는 경우이다.
④ 모서리를 공유하지 않은 서로 다른 면에 의해 공유되는 정점이 있는 경우이다.

해설 | • 클로즈 메시 : 메시의 삼각형 면의 한 모서리가 2개의 면과 공유하는 것
• 오픈 메시 : 메시의 삼각형 면의 한 모서리가 한 면에만 포함되는 경우

〈클로즈 메시〉

〈오픈 메시〉

30 패턴 이미지 기반 스캐너에 대한 설명으로 틀린 것은?

① 휴대용으로 개발하기 용이하다.
② 삼각측량법으로 좌표를 계산한다.
③ 대상물의 외관이 투명할 때도 측정이 가능하다.
④ 광 패턴을 이용하기 때문에 한꺼번에 넓은 영역을 빠르게 측정할 수 있다.

해설 | 대상물의 외관이 투명할 때는 표면처리 코팅제를 뿌려서 측정하거나 접촉식 스캐너를 이용한다.
패턴 이미지 기반의 삼각 측량 3차원 스캐너
이미 알고 있는 패턴의 광을 이미지 생성 장치(레이저 인터페로미터)를 이용하여 측정 대상물에 조사하고 측정 대상물의 변형된 패턴을 카메라에서 측정하여 모서리 부분들에 대한 삼각 측량법으로 3차원 좌표를 구하는 방식
• 장점
 – 광 패턴을 바꾸면서 초점의 심도 조절이 가능하다.
 – 한꺼번에 넓은 영역을 빠르게 측정할 수 있다.
 – 휴대용으로의 개발이 용이하다.

31 상호 호환이 가능한 파일로 변환할 때 사용하는 확장자로 묶은 것은?

① igs(iges), stp(step)
② stp(step), psd
③ psd, igs(iges)
④ x_t, psd

해설 | 상호 호한이 가능한 파일 포맷은 XYZ, IGES, STEP 등이 가장 많이 사용된다.
• XYZ : 각 점에 대한 XYZ 좌푯값을 포함하는 가장 단순한 포맷
• IGES : 1980년 그래픽 정보의 교환을 위해 미국 상무부의 국가표준국에서 제정한 표준규격
• STEP(Standard for the Exchange of Product Data) : ISO 표준 교환 포맷으로, 3D 모델링과 인쇄에 사용됨

32 다음의 문제점을 해결하는 방법은?

> 조립 시 수축과 팽창으로 치수가 달라질 수 있다.

① 채우기　　② 크기
③ 서포트　　④ 공차

해설 | 3D프린터의 환경과 재료의 특성에 따라 출력물이 원하는 크기보다 수축하거나 팽창할 수 있다. 이런 특성을 미리 파악하여 모델링할 때부터 조립에 맞게 공차를 부여하여 해결하도록 한다.

33 다음 중 모따기 기호는?

① R　　　　② C
③ □　　　　④ ø

해설 | ① R : 반지름 기호
② C : 45° 모따기 기호
③ □ : 정사각형의 한 변의 크기
④ ø : 원의 지름 기호

정답 27 ① 28 ③ 29 ① 30 ③ 31 ① 32 ④ 33 ②

34 STL 포맷에서 꼭짓점의 개수가 220개일 때 모서리의 개수는?

① 104개   ② 112개
③ 654개   ④ 662개

해설 | STL 포맷의 꼭짓점 수와 모서리 수를 구하는 법은 다음과 같다.

- 꼭짓점 수 = $\dfrac{삼각형의\ 수}{2}$ + 2
- 모서리 수 = (꼭짓점의 수 × 3) − 6

따라서 모서리 수 = (꼭짓점의 수 × 3) − 6 = (220 × 3) − 6 = 654(개)이다.

STL(STereo Lithography) 파일
입체 모형을 삼각형 면으로 구성하는 것이 특징이다.

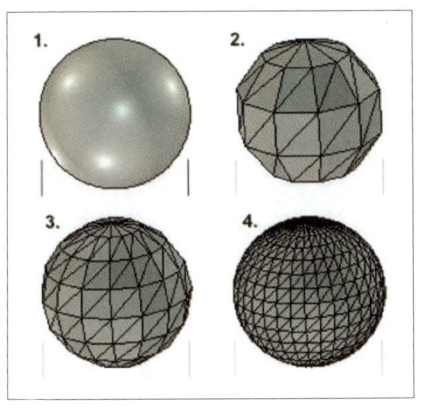

35 2D 스케치에서 가능한 작업이 아닌 것은?

① 돌출   ② 원
③ 곡선   ④ 호

해설 | 돌출은 3D 모델링 작업에서 2D 스케치한 프로파일에 두께나 깊이를 넣어 3D 모델링을 완성한다.

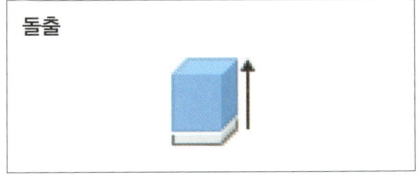

36 다음 3D프린터 프로그램에 대한 설명으로 옳은 것은?

> G90 G1 X80.5 Y12.3 E12.5

① 현재 위치에서 X=80.5mm, Y=12.3mm 로 이동한다.
② 이송은 급속 이송을 나타낸다.
③ 필라멘트는 12.5mm 압출한다.
④ 좌표는 상대 좌표를 나타낸다.

해설 | • G90 : 절대 좌표
- G1 X80.5 Y12.3 : 원점에서 X=80.5mm, Y=12.3mm 위치로 필라멘트를 압출하면서 직선 이동
- E12.5 : 압출되는 필라멘트의 길이는 12.5mm임
- 급속 이송 코드는 G00임

37 2D 스케치에 높이를 지정하여 3차원 형태를 만드는 명령어는?

① 돌출   ② 회전
③ 이동   ④ 스윕

해설 | 형상 입체화에 필요한 피처 명령

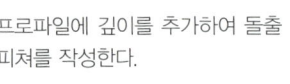	
돌출	프로파일에 깊이를 추가하여 돌출 피쳐를 작성한다.
회전	축을 기준으로 하나 이상의 스케치된 프로파일을 회전하여 피쳐를 작성한다.
스윕	경로 스케치와 단면 스케치를 이용하여 경로를 따라가는 형상을 작성한다.

③ 이동은 3차원 형태를 만드는 명령어가 아니라 2D 스케치에서 객체를 이동하는 명령어이다.

38 출력용 파일로 변환하는 과정에 대한 설명으로 틀린 것은?

① 2차원 단면 생성 시 윤곽 데이터의 폐루프끼리 교차하면 안 된다.
② 대부분 적층 두께를 일정하게 슬라이싱한다.
③ 3차원을 2차원으로 슬라이싱하여 분해한 뒤 적층하여 3차원 형상을 얻는다.
④ 2차원 단면 생성 시 윤곽의 데이터가 연결되지 않는다.

해설 | 2차원 단면 생성을 할 때는 윤곽이 폐루프로 모두 연결되어 있어야 한다.

39 출력물이 베드에 견고하게 안착하는 것과 거리가 먼 것은?

① Bed Heating
② Brim
③ Skirt
④ Bed Leveling

해설 | Skirt는 출력물이 베드에 견고하게 안착하는 목적보다는 출력물이 정확하게 출력되는 것을 목적으로 압출기 내주에 재료를 채워준다.
① Bed Heating : 출력물이 생성되는 베드의 온도를 적절히 유지시켜 수축하지 않고 견고하게 안착시킬 수 있다.
② Brim : 출력물과 베드에 출력물보다 넓게 바닥보조물을 생성하여 안정적으로 적층이 되도록 해 준다.
④ Bed Leveling : 베드의 수평을 정확하게 맞춰 출력물이 베드에 견고하게 안착하도록 도와준다.

40 액체 방식 3D프린터의 출력물 회수 방법이 아닌 것은?

① 마스크, 장갑 및 보안경을 착용한다.
② 3D프린터가 출력을 종료한 후 동작을 완전히 멈춘 것을 확인한다.
③ 광경화성 수지가 피부에 닿았을 때는 즉시 비누로 씻어준다.
④ 출력물의 후경화 없이 바로 사용이 가능하다.

해설 | 액체 방식의 3D프린터로 출력한 출력물은 겉은 딱딱하더라도 속은 경화되지 않은 상태로 있기 때문에 자외선 경화기에 넣거나 자연 경화될 때까지 기다려야 한다. 바로 사용하면 변형 또는 파손될 우려가 있다.

41 넙스 방식에 대한 설명이 아닌 것은?

① 다각형을 이용하여 곡면 형태를 만들 수 있다.
② 지오메트리 구현 방식 중 하나이다.
③ B-spline과 원추곡선을 표현할 수 있다.
④ 수학 함수를 이용하여 곡면의 형태를 만들 수 있다.

해설 | • 폴리곤(Polygon, 다각형)
  - 형태를 구성하는 점, 선, 면의 집합이다.
  - 메시(Medh)를 제작하는 방식이다.
• 넙스(Nurbs) 모델링
  - NURBS(Non-Unifrom Rational B-Spline, 비정형 유리 B-스플라인)
  - 폴리곤의 단점을 보완하기 위해 만들어진 기술이다.
  - 높은 품질의 곡면체를 만들 수 있다.
  - 제품디자인에 많이 쓰인다.
  - 먼저 선(Curve)을 이용해 형태를 잡고 선들을 Loft시켜서 면(Surface)을 만든다.
  - 제어점(Control Vertex)을 이용해 형태를 수정, 접합하는 방식으로 모델링을 한다.

정답 34 ③ 35 ① 36 ③ 37 ① 38 ④ 39 ③ 40 ④ 41 ①   CHAPTER 06 2022년 기출복원문제 **343**

42 부품이 조립되는 부위에서 고려해야 하는 것은?

① 두께   ② 부피

③ 공차   ④ 체적

해설 | 부품이 조립이 되기 위해서는 조립 조건에 따라 공차가 부여되어야 한다. 특히 3D프린터의 출력물은 모델링 치수보다 수축 또는 팽창하여 원하는 크기가 나오지 않을 수 있기 때문에 환경에 따른 오차를 감안하여 모델링을 해야 한다.

43 안전점검의 종류에서 기계와 기구 설비를 신설하거나 현장 고장 수리를 할 때 실시하는 부정기적 점검은?

① 특별점검

② 정기점검

③ 일상점검

④ 임시점검

해설 | 특별점검은 기계 기구 및 설비의 신설, 이동, 교체 시 숙련된 자가 이상 유무를 점검하는 것이다.
② 정기점검 : 1개월, 6개월, 1년 등 일정한 기간을 정해서 대상 기계 및 설비를 점검
③ 일상점검: 작업 전, 작업 중, 작업 종료 후에 일상적으로 하는 점검
④ 임시점검 : 기계 설비의 갑작스런 이상 발견 시에 실시

44 사업주가 기계 장치 등의 설비뿐만 아니라 직장의 옥외를 불문하고 작업 환경을 정비하도록 의무화된 사항과 거리가 먼 것은?

① 작업장 인근 외부 도로

② 통로, 바닥, 면, 계단 등의 보전

③ 환기, 채광, 조명, 보온, 방습

④ 휴게시설

해설 | **작업 환경 정비 의무사항**
• 통로, 바닥, 면, 계단 등의 보전
• 환기, 채광, 조명, 보온, 방습
• 휴게시설, 피난시설, 청소
• 근로자의 건강, 풍기 및 생명 유지 등

45 3D프린터 운용 중 감전 시의 조치로 적절하지 않은 것은?

① 목격한 즉시 재해자를 관찰하기 위해 신체를 흔들어 의식을 확인한다.

② 전기 위험을 제거한 후, 심폐소생술을 실시한다.

③ 전원을 차단하여 위험을 제거한다.

④ 응급구조기관에 연락한다.

해설 | 감전사고가 일어난 즉시 재해자를 만지면 구조자 자신도 감전이 될 수 있다. 감전 사고가 일어나면 가정 먼저 전원을 차단하고 환자의 상태에 따라 심폐소생술을 하며 응급구조기관에 연락한다.

46 다음을 3D프린터의 작업 순서에 따라 나열한 것은?

> ㄱ. STL 포맷 변화
> ㄴ. 3D 모델링
> ㄷ. STL 파일 오류 검사
> ㄹ. G코드 생성

① ㄱ → ㄴ → ㄷ → ㄹ

② ㄴ → ㄱ → ㄷ → ㄹ

③ ㄴ → ㄱ → ㄹ → ㄷ

④ ㄴ → ㄷ → ㄹ → ㄱ

해설 | **3D프린터의 작업 순서**
3D 모델링 → STL 포맷 변화 → STL 파일 오류 검사 → G코드 생성

47 필라멘트 선별 시 고려사항이 아닌 것은?

① 소재　　　　　② 표면 거칠기

③ 녹는점　　　　④ 재질 종류

해설 | 필라멘트의 소재나 재질에 따라 녹는점이 달라지고 출력물의 품질이 달라진다. 표면 거칠기는 layer의 두께에 따라 결정된다.

48 다음에서 설명하는 3D 모델링 방식은?

> (　　　　)이란 3D프린터에서 3차원 형상을 표현하는 데 기하곡면을 처리하는 기법으로 형상 표면 데이터만 존재하며 산업디자인 분야에서 사용한다.

① 폴리곤 모델링

② 솔리드 모델링

③ 넙스 모델링

④ 섭디비젼 모델링

해설 | **넙스(Nurbs) 모델링**
- NURBS(Non-Unifrom Rational B-Spline)
- 폴리곤의 단점을 보완하기 위해 만들어진 기술이다.
- 높은 품질의 곡면체를 만들 수 있다.
- 산업제품디자인에 많이 쓰인다.
- 먼저 선(Curve)을 이용해 형태를 잡고 선들을 Loft시켜서 면(Surface)을 만든다.
- 제어점(Control Vertex)을 이용해 형태를 수정, 접합하는 방식으로 모델링한다.

49 주파수가 다른 빛을 비추어 반사되어 오는 빛의 주파수 차이를 이용하는 스캐너 방식은?

① 백색광 방식

② 핸드헬드 방식

③ 광 삼각법 방식

④ 변조광 방식

해설 | 변조광(Structured light) 방식은 물체 표면에 지속적으로 주파수가 다른 빛을 쏘고 수신광부에서 이 빛을 받을 때 주파수의 차이를 검출하여 거리 값을 구하는 방식이다.
① 백색광(White light) 방식 : 특정 패턴을 물체에 투영하고 그 패턴의 변형 형태를 파악해 3D 정보를 얻어 내는 방식
② 핸드헬드(Handheld) 방식 : 3D 이미지를 얻기 위해 레이저 기반 삼각법을 주로 이용함. 손으로 움직여서 그림이나 문서, 사진 등을 이미지 형태로 읽어 내는 스캐너
③ 광 삼각법 방식 : 레이저를 측정 대상물에 주사하여 레이저 발진부, 수광부, 측정 대상물로 이루어진 삼각형에서 한 변과 2개의 각으로부터 나머지 변의 길이를 계산하는 방식

정답 42 ③ 43 ① 44 ① 45 ① 46 ② 47 ② 48 ③ 49 ④

50 스캔 데이터를 보정하여 노이즈를 제거하는 것은?

① 노이즈 캔슬
② 노이즈 클리닝
③ 데이터 캔슬
④ 데이터 클리닝

해설 | 데이터 클리닝(Cleaning)
- 노이즈가 생기는 원인
  - 측정 환경
  - 측정 대상물의 표면 상태
  - 스캐닝 설정
- 노이즈 제거 방식
  - 자동 필터링 기능을 사용
  - 수동으로 필요 없는 점들을 제거

51 FDM 방식 3D프린터에 사용되는 재료의 형태는?

① 액상 　　　　② 기체
③ 파우더 　　　④ 고체

해설 | 재료에 따른 분류
- 고체 기반(FDM : Fused Deposition Modeling) : 필라멘트라고 불리는 얇은 플라스틱 실을 녹여서 아래부터 위로 층층이 쌓아 가는 방식
- 액체 기반(Vat Photopolymerization, 광경화수지조형)
- 분말(파우더) 기반(SLS : Selective Laser Sintering, 선택적 레이저 소결)

52 가상 적층 보기 기능에 대한 설명으로 틀린 것은?

① 서포터 종류를 확인할 수 없다.
② Brim이나 Raft의 모양을 확인할 수 있다.
③ 출력 실패를 줄여준다.
④ 헤드 경로를 알 수 있다.

해설 | 가상 적층 보기
슬라이싱 소프트웨어를 이용하여 3D프린터로 출력하기 전에 가상으로 출력물을 확인할 수 있다. 이때 서포터의 종류나 브림, 래프트의 모양을 확인할 수 있다. 가상의 헤드 경로를 통하여 출력물의 실패를 줄일 수 있다.

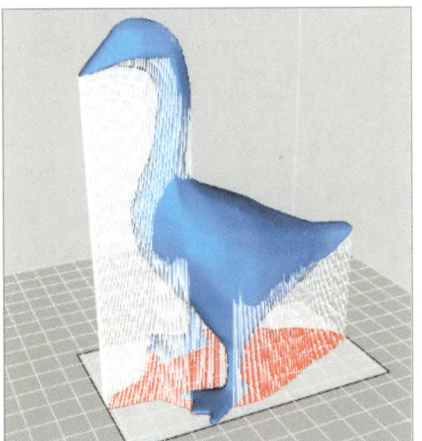

53 3D 모델링에 대한 설명으로 틀린 것은?

① 3D 형상 간 치수를 측정하여 설계 의도를 점검할 수 있다.
② 곡면 모델링에서 평면이 아닌 가상 평면을 형성하여 스케치 면을 설정한다.
③ 3D 파트 모델링 시 내부 구조를 파악하기 위해 특정 부분에 대해 3D 단면을 확인한다.
④ 스케치를 끝내고 형상을 작업한 후에는 형상의 치수 변경이 불가능하다.

해설 | 3D 모델링에서 스케치 작업을 끝내고 3D 형상을 작업한 후에도 형상의 치수를 변경하여 수정할 수 있다.

346　PART 07 최신 기출복원문제

54 패션 분야에서의 3D프린터 활용에 해당하는 것은?

① 3차원 텍스트뷰 제작
② 캐릭터 제작
③ 샘플 의류
④ 보청기

해설 | 패션 분야에서 3D프린터는 샘플 의류 제작에 활용할 수 있다.

55 3D 모델링에서 부품 조립 후 육안으로 파악되지 않는 미세한 간섭을 검토하는 기능은?

① 간섭 분석
② 공간 분석
③ 치수 분석
④ 부품 분석

해설 | 3D 모델링에서 부품을 조립하였을 때 육안으로 파악이 안 되는 부분도 간섭 분석을 통하여 검토할 수 있다.

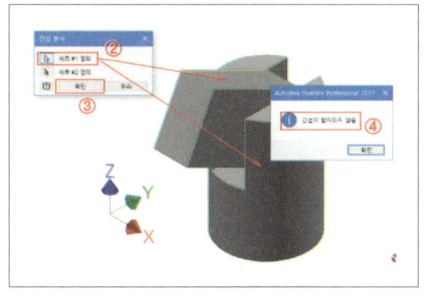

56 FDM 노즐 막힘 현상 해결 방법이 아닌 것은?

① 얇은 철사 등을 노즐 내부에 밀어 넣어 막힌 것을 제거한다.
② 노즐을 해제하여 토치로 강하게 달궈 노즐 내부를 완전 연소시킨다.
③ 토치로 노즐을 가열한 뒤 물에 담가 놓는다.
④ 노즐의 온도를 실제 사용 온도보다 좀 더 높여서 막힌 물질을 녹여낸다.

해설 | 토치로 노즐을 가열한 뒤 물에 담가 놓으면 녹아 있던 필라멘트가 다시 굳어져서 막히게 된다.
　　 ※ FDM : 실처럼 가느다란 필라멘트를 녹여서 적층하는 방법

57 다음의 보조 기능 중 현재의 위치를 화면에 나타내는 명령어는?

① M107
② M109
③ M114
④ M104

해설 | 보조 기능
• M107 : 냉각팬 OFF
• M109 : 압출기 온도 설정 후 대기
• M114 : 현재의 위치를 화면에 표시
• M104 : 압출기 온도 설정

정답 50 ④ 51 ④ 52 ① 53 ④ 54 ③ 55 ① 56 ③ 57 ③

CHAPTER 06 2022년 기출복원문제 **347**

58 슬라이서 프로그램이 인식할 수 있는 파일 종류로 바르게 묶은 것은?

① STL, OBJ, AMF
② DWG, STL, AMF
③ STL, OBJ, IGES
④ DWG, IGES, STL

해설 | 슬라이서 프로그램이 인식할 수 있는 파일은 STL, OBJ, AMF이다.

59 도면의 제도 방법에 관한 설명 중 옳지 않은 것은?

① 도형의 중심선은 가는 2점 쇄선이다.
② 물체의 보이지 않는 부분은 숨은선으로 나타낸다.
③ 물체에 대한 정보를 가장 많이 주는 투상도를 정면도로 사용한다.
④ 도면의 단위는 mm이며 도면에 단위는 표시하지 않는다.

해설 | 도형의 중심선은 가능 1점 쇄선을 사용한다.

60 그림과 같은 형태의 도형을 FDM 방식의 3D프린터로 출력 시 옵션 설정에 해당하지 않는 것은?

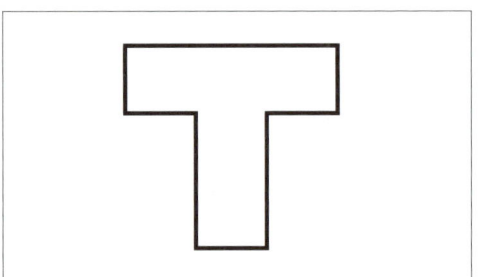

① 채우기
② 서포터 없음
③ 브림
④ 부분 서포터

해설 | 외팔보와 같이 돌출되어 새로 생성되는 층이 받쳐지지 않아 아래로 휘게 되는 경우를 방지하기 위한 서포터가 생성되어야 한다.

Overhang(돌출부)

CHAPTER
07

3D프린터운용기능사 자격증 대비과정

2023년 기출복원문제

01 스캐닝 설정 단계에서 하는 작업이 아닌 것은?

① 역설계
② 문화재 복원
③ 의료 분야
④ 도금

해설 | 3D 스캐닝 작업은 측정 대상으로부터 3차원 좌푯값을 얻는 것이 목적이다. 도금은 금속 표면에 얇은 막을 입히는 것으로 스캐닝 설정 단계에서 하는 작업이 아니다.
① 역설계 : 리버스 엔지니어링이라고도 불리며, 제품만 있고 제작도면이 없거나, 3D 데이터가 없을 때 스캐닝 또는 측정을 하여 제작데이터를 만든다.
② 문화재 복원 : 오래되어 마모되거나 부서진 문화재를 스캐닝하여 원래의 형태대로 데이터를 만들고 그 데이터를 기반으로 문화재를 복원하기도 한다.
③ 의료 분야 : 환자 맞춤형 깁스. 임플란트 등을 제작한다.

02 슬라이서 프로그램이 인식할 수 있는 파일 종류로 바르게 묶인 것은?

① STL, OBJ, AMF
② DWG, STL, AMF
③ STL, OBJ, IGES
④ DWG, IGES, STL

해설 | 슬라이서 프로그램은 3D 모델링된 작업물을 G코드와 같이 프린터가 인식하는 언어로 바뀌는 단계를 말한다. 이때 슬라이서 프로그램이 인식할 수 있도록 3D 모델링 파일을 STL, OBJ, AMF파일로 변환해 줘야 한다.

03 프린터처럼 전기를 사용하는 장비사용 시 안전관리 사항으로 적절하지 않은 것은?

① 장비의 결함 여부를 수시로 체크한다.
② 사전 점검을 실시한다.
③ 스위치 부근에 인화성·가연성인 에탄올, 아세톤 등의 취급을 금지한다.
④ 접지형 플러그와 콘센트 사용 후, 콘센트를 바닥에 방치하는 것을 지향한다.

해설 | 콘센트를 바닥에 방치하는 것은 안전관리 사항에 맞지 않는다.
※ 지향하다 : 정해진 방향으로 나아간다.
지양하다 : 어떠한 행동을 하지 않는다.

정답 01 ④ 02 ① 03 ④

CHAPTER 07 2023년 기출복원문제 **349**

04 노즐이 토출 없이 가로 30mm, 세로 25mm 이동할 때 G코드로 옳은 것은?

① G0 A30, B25
② G0 X30, Y25
③ G1 A30, B25
④ G1 X30, Y25

해설 | 토출 없이 급속 이동은 G0, 가로 이동은 X축, 세로 이동은 Z축이다. G1은 토출하며 지정된 위치로 직선 이동을 의미한다.

05 자세 공차가 아닌 것은?

① 경사도   ② 대칭도
③ 평행도   ④ 직각도

해설 | 기하 공차

자세 공차	평행도	∥
	직각도 공차	⊥
	경사도 공차	∠
위치 공차	위치도 공차	⊕
	동심도 공차	◎
	대칭도 공차	═

06 AMF 포맷에 대한 설명으로 옳지 않은 것은?

① 같은 모델일 때 STL에 비해 용량이 매우 크다.
② STL 포맷의 단점을 보완하여 STL에 비해 곡면을 잘 표현한다.
③ 메시마다 각각의 색상 지정이 가능하다.
④ Additive Manufacturimg File의 약자이다.

해설 | AMF(Additive Manufacturimg File) 파일
• XML에 기반해 STL의 단점을 다소 보완한 파일 포맷이다.
• STL 포맷은 표면 메시에 대한 정보만을 포함하지만 AMF 포맷은 색상, 질감과 표면 윤곽이 반영된 면을 포함해 STL 포맷에 비해 곡면을 잘 표현할 수 있다.
• 색상 단계를 포함하여 각 재료 최적의 색과 메시의 각 삼각형의 색상을 지정할 수 있다.
• 3D 모델링을 할 때 모델의 단위를 계산할 필요가 없고, 같은 모델을 STL과 AMF로 변환했을 때 AMF의 용량이 매우 작다.

07 출력용 STL 파일 오류가 아닌 것은?

① 메시가 붙어 있는 경우
② 반전 면
③ 오픈 메시
④ 비매니폴드 형상

해설 | 출력용 파일은 메시가 붙어 있는 글로즈 메시 형태로 되어 있어야 한다(메시의 삼각형 면의 한 모서리가 2개의 면과 공유).
② 반전 면 : 인접된 면과 노멜 벡터의 방향이 반대 방향인 경우 오류가 나타난다.
③ 오픈 메시 : 메시의 삼각형 면의 한 모서리가 한 면에만 포함되는 경우 오류가 생긴다.
④ 비매니폴드 형상 : 실제 존재할 수 없는 구조로 오류가 생긴다.

08 공작물 좌표계를 나타내는 G코드는?

① G28
② G90
③ G91
④ G92

해설 | 공작물 좌표계 설정은 G92이다.
① G28 : 자동 원점 복귀
② G90 : 절대 지령
③ G91 : 증분 지령

09 CAD 프로그램을 이용하여 변경 전의 도형을 변경 후의 모양으로 바꿀 수 있는 기능은?

(변경 전) → (변경 후)

① Trim
② Offset
③ Chamfer
④ Fillet

해설 | 모서리를 둥글게 만드는 모깎기 기능은 Fillet이다.
① Trim : 자르기
② Offset : 간격띄기
③ Chamfer : 모따기

10 분말 방식 3D프린터 출력물 회수 순서는?

ㄱ. 보호장구
ㄴ. 플랫폼에서 출력물 회수
ㄷ. 3D프린터의 작동이 멈춘 것을 확인
ㄹ. 출력물 및 플랫폼에 남아있는 분말가루 제거

① ㄱ → ㄷ → ㄹ → ㄴ
② ㄱ → ㄴ → ㄷ → ㄹ
③ ㄱ → ㄷ → ㄴ → ㄹ
④ ㄷ → ㄱ → ㄹ → ㄴ

해설 | **분말 방식(SLS) 출력물 회수 순서**
보호장구 착용 → 3D프린터 작동 중지 → 3D프린터 문 열기 → 플랫폼에서 출력물 회수 → 플랫폼과 출력물 분말가루 제거

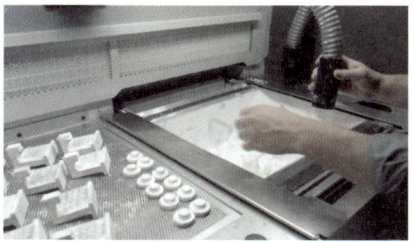

11 3D 모델링에서 구멍 기능에 대한 설명으로 옳은 것은?

① 형상을 관통하는 경우만 사용할 수 있다.
② 평면에만 사용 가능하다.
③ 두께가 10mm 이상인 형상에만 사용 가능하다.
④ 2D 스케치 작업 없이 생성된 3차원 형상에 직접 수행 가능하다.

해설 | ① 관통도 하며 거리값을 주어 일부만 뚫을 수도 있다.
② 3D 모델링에서 구멍 기능(hole)은 3차원 형상에 직접 구멍을 만들 수 있다.
③ 구멍 가공에 두께는 상관이 없다.

정답 04 ② 05 ② 06 ① 07 ① 08 ④ 09 ④ 10 ③ 11 ④

12 FDM 방식 품질개선 방법이 아닌 것은?

① 출력 전 노즐 막힘 방지를 위해 온도를 높여 노즐 내부에 굳어 있는 필라멘트를 제거 후 출력한다.
② 노즐 높이 조절을 위해 틈새게이지를 사용하여 세팅한다.
③ 스타팅 모터 고정이 느슨해지는 것을 방지하기 위해 고정나사로 조여준다.
④ 노즐 토출 구멍의 직경과 관계없이 레이어 두께를 가능한 얇게 설정한다.

해설 | 노즐 구멍의 직경은 적층값(레이어)을 정하고 출력품질과 시간에 많은 영향을 주므로 상황에 따라 적절히 설정해야 한다.

13 FDM 방식 3D프린터에서 압출기 전원 On 기능 M코드는?

① M106　　　　② M101
③ M0　　　　　④ M1

해설 | 압출기 전원 On은 M101 코드이다.
① M106 : 팬 전원 켜기
③ M0 : 프로그램 정지
④ M1 : 휴면(시스템 종료)

14 FDM 방식 3D프린터로 출력한 후 제품을 조립하여 동작시킬 때 확인사항이 아닌 것은?

① 출력 속도　　　② 소재 종류
③ 설정 온도　　　④ 레이저 광원

해설 | 고체 기반(FDM ; Fused Deposition Modeling) 방식 3D프린터는 열가소성 재료를 가는 실형태로 만든 필라멘트형에 열을 가해 녹인 후 노즐을 거쳐 압출되는 재료를 적층하는 방식으로 레이저 광원과는 관계가 없다.

15 기계가 특정 시간 동안 아무 변화 없이 대기할 경우 사용하는 G코드는?

① G00　　　　② G28
③ G04　　　　④ G92

해설 | 미리 정해 둔 시간만큼 지연할 경우 사용하는 코드는 G04(Dwell, 휴지)이다.
① G00 : 급속 이송
② G28 : 원점으로 복귀
④ G92 : 공작물 좌표계 설정

16 3D 모델링 방법 중 축을 기준으로 2D라인을 회전하여 만드는 방식은?

① 회전　　　　② 스윕
③ 돌출　　　　④ 로프트

해설 | 회전(Revolve)은 작성된 2D 스케치의 단면과 작성한 중심축을 기준으로 회전시켜 형상을 완성한다.
② 스윕(Sweep) : 스윕은 돌출이나 회전으로 작성하기 힘든 자유 곡선이나 하나 이상의 스케치 경로를 따라가는 형상을 모델링함
③ 돌출(Extrude) : 2D로 제작된 스케치를 단순히 그 모양 그대로 입체화시키는 기능
④ 로프트(Loft) : 단면이라는 여러 프로파일을 혼합하여 부드러운 쉐이프로 만드는 것

로프트의 예

352 PART 07 최신 기출복원문제

17 3D프린터 데이터를 저장하기 위한 3D 모델링 파일 형식은?

① DXF   ② GIF
③ PDF   ④ STL

해설 | STL(STereo Lithography)은 3D 모델링된 데이터를 표준형식의 파일로 저장하는 데 제공하는 파일 형식으로 삼각형 구조로 되어 있다.
① DXF : AutoCAD에서 만들어지는 2D CAD 파일 포맷
② GIF(Graphics Interchange Format) : 움직이는 그림 파일 형식의 하나. 네트워크상에서 그래픽을 압축하여 빠르게 전송하려는 목적으로 개발
③ PDF : Acrobat Reader에서 사용되는 파일 포맷

18 내경이 30mm인 구멍과 결합하는 축을 3D프린터를 이용하여 가공할 때 축 지름을 얼마로 설정해야 하는가? (단, 출력물의 공차는 +0.2mm이다.)

① 31.2mm   ② 30.2mm
③ 30mm   ④ 29.8mm

해설 | 구멍에 축이 결합하기 위해서는 내경의 구멍보다는 작아야 한다. 출력물 공차가 +0.2이므로 내경이 30mm인 구멍은 30.2mm가 될 것이고 이것에 결합되는 축은 29.8mm로 설정하여 출력하면 30mm가 나와서 결합하는 데 문제가 없다.

19 증분 명령에 해당하는 것은?

① G0   ② G28
③ G90   ④ G91

해설 | G91은 증분 지령에 해당한다.
① G0 : 급속 이송
② G28 : 원점으로 이동
③ G90 : 절대 지령

20 다음 척도에 대한 설명은?

2 : 1

① 축척   ② 배척
③ NS   ④ 실척

해설 | 배척은 실제 크기보다 큰 척도이다(2:1).
① 축척 : 실제 크기보다 작은 척도(1:2)
③ NS : 크기가 비례하지 않음(Non Scale)
④ 실척 : 실제 크기와 같음(1:1)

21 2D 단면을 지정된 경로를 따라 입체화하여 3D 모델링하는 방식은?

① 스윕   ② 로프트
③ 돌출   ④ 회전

해설 | 스윕(Sweep) 모델링
경로를 따라 2D 단면을 돌출시키는 방식이다. 스윕 모델링을 하기 위해서 경로와 2D 단면이 있어야 한다.

22 G코드 명령어에서 이동 거리를 밀리미터 (mm)로 변환하는 것은?

① G91　　　② G90
③ G20　　　④ G21

해설 | G21은 mm 단위로 설정한다.
① G91 : 상대 좌표로 설정
② G90 : 절대 좌표로 설정
③ G20 : inch 단위로 설정

23 옥수수 전분을 이용하여 만든 재료는?

① PLA　　　② ABS
③ HIPS　　　④ PVA

해설 | PLA(Poly Lactic Acid)는 옥수수 전분을 이용해 만든 재료로서 무독성 친환경 재료이다.
② ABS(Acrylonitil Butadiene Styrene) : 유독 가스를 제거한 석유 추출물을 이용해 만든 재료이며, 일상적으로 사용하는 플라스틱의 소재이다.
③ HIPS(High-Impact Polystyrene) : 신장률이 뛰어나며 ABS와 PLA의 중간 정도의 강도를 지니며 광택이 난다.
④ PVA(Polyvinyl Alcohol) : 고분자 화합물로 폴리아세트산비닐을 가수 분해하여 얻어지는 무색 가루이다. 물에 녹기 때문에 주로 서포트로 이용된다.

24 그림과 같이 중심을 기준으로 회전하면서 배열하는 명령어는?

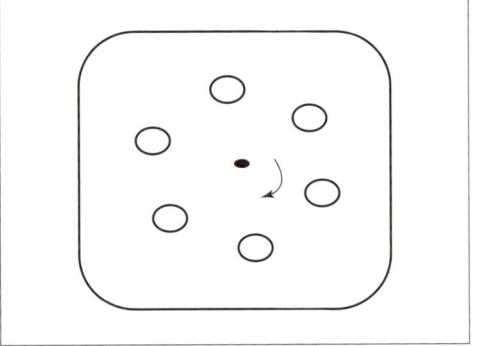

① Array　　　② Copy
③ Mirror　　　④ Move

해설 | Array는 배열(원형, 사각)하는 명령어이다.
② Copy : 복사
③ Mirror : 대칭
④ Move : 이동

25 FDM 방식 3D프린터에서 레이어 출력 후 이동 시 익스트루터 스텝모터의 역회전을 통해 필라멘트 토출을 방지하는 것은?

① Attraction
② Retraction
③ Infill
④ Chamfer

해설 | Retraction은 익스트루터 스텝모터의 역회전을 통해 필라멘트 토출을 방지한다.
① Attraction : 끌어당김
③ Infill : 내부 채움
④ Chamfer : 모따기

26 3D 모델링에서 작업내용을 순서 또는 항목별로 정렬하여 나타낼 수 있는 것은?

① 모델링
② 이력
③ 메뉴
④ 선택

해설 | 일반적으로 3D 모델링을 하는 과정은 화면 왼쪽에 이력(히스토리)으로 남는다.

27 출력물의 성형 시 처음부터 재료가 압출되지 않는 원인이 아닌 것은?

① 노즐이 막혔을 경우
② 필라멘트 재료가 얇아졌을 경우
③ 노즐의 온도가 너무 낮은 경우
④ 노즐과 플랫폼 사이의 거리가 너무 먼 경우

해설 | 노즐과 플랫폼이 사이의 거리가 너무 떨어진 경우는 재료가 압출되지 않는 원인으로 볼 수는 없다. 다만 제품이 베드에 잘 안착되지 않아 출력 불량이 될 수 있다.

28 STL포맷의 정사면체 꼭짓점을 구하는 공식은?

① (총삼각형의 수/2)−2
② (총삼각형의 수/2)+2
③ (총삼각형의 수−2)/2
④ (총삼각형의 수+2)/2

해설 |

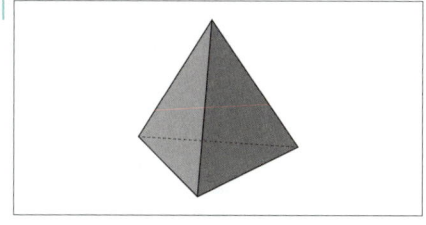

• 꼭짓점 개수=(총삼각형의 수/2)+2
    =(4/2) +2=4
• 모서리의 수=(꼭짓점의 수×3)−6
    =(4×3) −6=6

29 연속 유효 G코드가 아닌 것은?

① G01
② G02
③ G03
④ G04

해설 | 연속 유효 G코드는 동일 그룹의 다른 G코드가 명령될 때까지 유효한 코드이다. G04는 1회만 유효한 코드로 지령시간만큼 정지한다.
① G01 : 직선 보간
② G02 : 원호 보간(CW, 시계 방향)
③ G03 : 원호 보간(CCW, 반시계 방향)

30 비매니폴드에 대한 설명으로 옳은 것은?

① 실제 존재할 수 없는 구조이다.
② 하나의 모서리를 2개의 면이 공유한다.
③ 오픈 메시가 없는 클로즈 메시로 구성되어 있다.
④ 불 작업, 유체 분석 등을 했을 때 오류가 생기지 않는다.

해설 | **비(非)매니폴드(Manifold, 다양체) 형상**
• 비매니폴드 형상은 실제 존재할 수 없는 구조로 3D 프린팅 부울 작업 유체 분석 등에 오류가 생길 수 있음
• 비매니폴드 메시의 일반적인 조건
  − 구멍 또는 내부 면에서 떨어져 있는 가장자리
  − 분리된 토폴로지 및 중복 면들
  − 적어도 3면의 접합을 만드는 둘 이상의 가장자리 또는 가장자리를 공유하지 않는 면에 의해 공유되는 모든 정점을 포함하는 경우 이 메시는 비매니폴드로 간주 가능

정답 22 ④ 23 ① 24 ① 25 ② 26 ② 27 ④ 28 ② 29 ④ 30 ①

31 노즐 내부가 막혔을 때 해결 방안으로 옳지 않은 것은?

① 노즐의 온도를 올려 청소 바늘로 구멍을 찔러 뚫는다.
② 노즐을 새로운 노즐로 교체한다.
③ 노즐의 온도를 사용 온도보다 높게 하여 막힌 물질을 녹인다.
④ 노즐을 분해하여 토치로 노즐을 가열한 뒤에 물에 담가둔다.

해설 | 토치로 가열한 노즐을 물에 담가 두면 다시 막힐 수 있다. 따라서 가열한 노즐을 청소 바늘로 뚫어주거나 막힌 물질이 흘러내릴 수 있도록 해야 한다.

32 제품의 출력 도중 플랫폼에 부착되지 않는 원인으로 옳지 않은 것은?

① 플랫폼의 수평이 맞지 않을 경우
② 첫 번째 층이 너무 빠르게 성형될 경우
③ 온도 설정이 맞지 않을 경우
④ 출력물과 플랫폼 사이의 부착 면적이 큰 경우

해설 | 재료가 플랫폼에 부착되지 않는 경우
• 플랫폼의 수평이 맞지 않을 때
• 노즐과 플랫폼 사이의 간격이 너무 클 때
• 첫 번째 층이 너무 빠르게 성형될 때
• 온도 설정이 맞지 않은 경우
• 플랫폼 표면의 문제가 있는 경우
• 출력물과 플랫폼 사이의 부착 면적이 작은 경우

33 접촉식과 비교한 비접촉식 스캐너의 특징으로 옳은 것은?

① 거울과 같이 전반사가 일어나는 경우에 적합하다.
② 측정물이 투명한 경우에 적합하다.
③ 터치 프로브를 이용하여 좌표를 읽어낸다.
④ 먼 거리의 대형 구조물을 측정하는 데 용이하다.

해설 | 비접촉식 스캐너는 제품과 직접 접촉하지 않고 레이저와 같은 광학 방식으로 제품을 측정하는 방식으로 먼 거리의 대형 구조물 측정도 가능하다. 반면 접촉식 스캐너는 터치 프로브(Touch prove)를 이용하여 3차원 좌표를 읽어내는 방식으로 대상물이 투명하거나 거울과 같이 반사가 일어나는 제품도 측정이 가능하다.

34 분말재료 사용방식으로 서포트가 필요 없는 것은?

① CJP, SLA
② CJP, SLS
③ SLA, SLS
④ FDM, SLS

해설 | • 컬러젯 조형(CJP ; Color Jet Printing) : 프린터 헤드의 노즐에서 액체 상태의 컬러 잉크를 층마다 분사하여 컬러를 입히고 액상의 바인더인 경화 물질을 재료에 분사하여 분말을 경화시켜 제품을 완성함
• 분말(파우더)기반(SLS ; Selective Laser Sintering, 선택적 레이저 소결) : 파우더(미세한 플라스틱, 금속가루)가 담겨 있는 수조에 레이저를 쏴서 얇은 층(Layer)을 형성하는 원리

35 3D 모델링에 대한 설명으로 옳지 않은 것은?

① 스케치를 끝내고 형상 치수를 수정할 수 없다.
② 곡면 모델링에서 평면이 없을 경우 가상 평면을 형성하여 스케치 면을 설정한다.
③ 내부 구조를 확인하기 위하여 측정 부분의 3D 단면 확인이 가능하다.
④ 3D 형상 간의 치수를 확인하여 설계의 점검이 가능하다.

해설 | 스케치를 끝내고 형상 치수는 언제든 수정이 가능하다.

36 다음 명령어 중 압출 재료의 사용량이 가장 큰 것은 무엇인가?

① infill 0%
② infill 25%
③ infill 50%
④ infill 100%

해설 | infill은 출력물의 내부를 채우는 정도를 나타내는 것으로 100% 채울 때 재료가 가장 많이 소요된다.

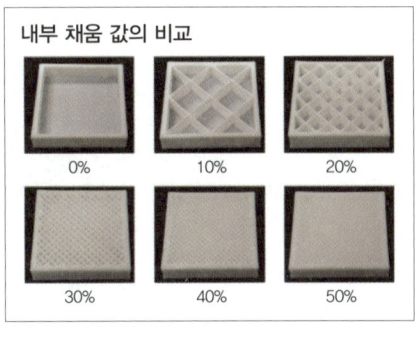

내부 채움 값의 비교

37 제3각법에 대한 설명으로 옳지 않은 것은?

① 평면도는 정면도의 위쪽에 위치한다.
② 우측면도는 정면도의 좌측에 위치한다.
③ 저면도는 정면도의 아래쪽에 위치한다.
④ 배면도는 우측면도의 오른쪽에 위치한다.

해설 |

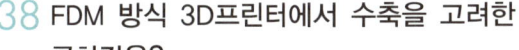

38 FDM 방식 3D프린터에서 수축을 고려한 공차값은?

① 0.2~0.5mm
② 0.001~0.005mm
③ 2~3mm
④ 1~1.5mm

해설 | FDM(플라스틱 적층 방식) 방식은 필라멘트가 열을 받아 녹아서 굳어지는 방식으로 열에 의한 수축이 일어난다. 실제 크기보다 줄어들기 때문에 일반적으로 공차값 0.2~0.5mm 정도를 고려하여 제품을 제작한다.

39 슬라이서 프로그램 최적 적층값을 얻기 위해 고려할 사항이 아닌 것은?

① Retraction의 Speed
② 모델의 재료 및 스케일
③ 모델면 Open 및 Close
④ Surface 출력 두께

해설 | Retraction의 Speed는 적층값에 영향을 주기보다는 품질에 끼치는 영향이 크다.

정답 31 ④ 32 ④ 33 ④ 34 ② 35 ① 36 ④ 37 ② 38 ① 39 ①

CHAPTER 07 2023년 기출복원문제 **357**

40 3D 모델링의 어셈블리 기능이 아닌 것은?

① 단면보기를 하여 설계검증을 할 수 있다.
② 각 부품의 조립 상태를 검증할 수 있다.
③ 파트를 수정할 수 없다.
④ 부품 간의 간섭을 확인할 수 있다.

해설 | 3D 모델링의 어셈블리(조립) 기능에서도 각 부품(파트)을 수정할 수 있다.

41 출력 방식에 따른 서포트 설명이 아닌 것은?

① 소결 방식 : 별도의 지지대가 필요 없다.
② 압출 방식 : 서포트와 출력물의 재료가 다를 수 있다.
③ 광경화 방식 : 서포트 소재와 동일하여 서포트를 얇게 할 수 있다.
④ 재료 분사 방식 : 출력 소재와 서포트 소재가 동일하다.

해설 | 재료 분사 방식(CJP)은 프린트 헤드의 노즐에서 액상의 컬러 잉크와 바인더라는 경화 물질을 분말 상태 재료에 분사하여 모델을 제작하는 방식이다. 출력 소재와 서포트 소재가 다르다.
  ① 소결 방식(SLS) : 분말 형태의 재료를 레이저를 이용하여 소결 또는 융해하여 형상을 제작한다. 별도의 지지대가 필요없다.
  ② 압출 방식(FDM) : 열가소성 재료를 녹인 후 노즐을 거쳐 압출되는 재료를 적층해가는 방식으로 서포터를 물에 녹이는 것 등으로 사용할 수 있다.
  ③ 광경화 방식(SLA) : 거울을 이용하여 레이저의 각을 조절하며 빛에 민감한 반응을 하는 광경화성 수지가 들어 있는 수조에 자외선 레이저를 주사하여 모델을 제작하는 방식이다.

재료 분사 방식

```
재료 공급 튜브
UV 램프
UV 광선
조형 모델
조형판 피스톤
재료 공급 장치
서포터 재료
                    헤드 구동부
                    프린트 헤드
                    서포터 재료
                    조형판
                    모델 재료
```

42 3D프린터가 인식할 수 있는 G코드로 변환할 때 포함되지 않는 정보는?

① 내부 채움 비율
② 서포트 형상
③ 분말 재료의 종류
④ 적층 두께

해설 | G코드 값은 제품 형상을 만들기 위한 위칫값을 제어한다. 분말 재료의 종류는 3D프린터의 기종에 따라 선택되기 때문에 G코드와는 무관하다.

43 설명과 같은 특징을 가지는 3D 프린팅 소재는?

- 열가소성 수지 재료로서 생분해성 고분자인 폴리락트산이고 최종적으로 H_2O, CO_2로 분해된다.
- 3D 프린팅 시 이산화탄소 발생량이 적고 출력물의 힘과 수축 현상이 적고 점착성이 우수하고 기포 발생이 적다.

① PLA   ② HDPE
③ PP   ④ ABS

해설 | PLA(Poly Lactic Acid)
  - 옥수수나 사탕수수에서 얻어지는 젖당을 중합하여 만들어내는 고분자 화합물이며 합성수지, 플라스틱이다.
  - 생분해 플라스틱으로 잘 알려져 있으며 일반 플라스틱과 달리 미생물에 의해 분해가 될 수 있다.

44 FDM 방식의 3D프린터에서 출력물이 한쪽으로 밀려서 성형되는 경우에 대한 설명이 틀린 것은?

① 한쪽으로 밀려서 성형되는 경우 자동으로 감지가 가능하다.
② 헤드가 너무 빨리 움직이는 경우 헤드 정렬이 틀어져 발생한다.
③ 타이밍 벨트의 높은 장력이 모터의 원활한 회전을 방해하여 발생한다.
④ 타이밍 풀리가 스테핑 모터의 회전축에 느슨하게 고정되는 경우 발생한다.

해설 | 한쪽으로 밀려서 성형되는 것을 자동으로 감지하는 기능은 없다.

45 플라스틱 수지를 얇게 뽑거나 압출하여 사용하는 FDM 방식 3D프린터의 재료를 통칭하는 것은?

① 필라멘트　　　② 파우더
③ 왁스　　　　　④ 폴리머

해설 | 필라멘트는 FDM, 재료 압출 방식이다.
② 파우더 : SLS, 분말 소결 방식
③ 왁스 : CJP, 재료 분사 방식
④ 폴리머 : SLA, DLP, 광경화 수지

46 FDM 방식에서 내부 채우기 정도를 나타내는 것은?

① Quality　　　② Fill
③ Support　　　④ Machine

해설 | Fill은 Infill이라고도 하며 내부 채움의 정도에 따라 경도와 무게가 달라진다.
① Quality : 레이어의 높이를 조절하여 높은 품질의 제품을 출력할 수 있다.
③ Support : 지지대로 제품의 처짐을 방지한다.

47 3D프린터 소재 중 유해요소를 가장 적게 가지고 있는 것은?

① PLA　　　　　② ABS
③ TPU　　　　　④ HIPS

해설 | PLA(Poly Lactic Acid)는 옥수수 전분을 이용해 만든 재료로서 무독성 친환경 재료이다.
② ABS(Acrylonitil Butadiene Styrene) : 유독가스를 제거한 석유 추출물을 이용해 만든 재료
③ TPU(Thermo Plastic Polyurethane) : 내마모성이 우수한 고무와 플라스틱의 특징을 고루 갖추고 있어 탄성 투과성이 우수하며 마모에 강함
④ HIPS(High−Impact Polystyrene, 고강도 폴리스틸렌) : ABS와 PLA의 중간 정도의 강도를 지니며 광택이 남

48 FDM 필라멘트 선별에 해당하지 않는 것은?

① 재질 종류
② 표면 거칠기
③ 녹는점
④ 소재 직경

해설 | 표면 거칠기는 출력 과정에서 레이어의 높이와 속도 등에 영향을 받는다.

정답 40 ③　41 ④　42 ③　43 ①　44 ①　45 ①　46 ②　47 ①　48 ②　　**CHAPTER 07** 2023년 기출복원문제　**359**

49 다음 보기 중 ㉠, ㉡에 들어갈 내용으로 옳은 것은?

> • 개별 스캐닝 작업에서 얻어진 점 데이터들이 합쳐지는 과정을 (㉠)이라고 한다.
> • (㉠)의 과정을 통해 중첩되거나 불필요한 점의 개수를 줄여 데이터 사이즈를 줄이는 것을 (㉡)이라고 한다.

① 정합, 클리닝
② 병합, 정합
③ 정합, 병합
④ 클리닝, 병합

해설 | • 정합(Registration) : 전체 데이터를 회전 이송하면서 같은 좌표계로 통일하는 과정
• 병합(Merging) : 정합을 통해서 중복되는 부분을 서로 합치는 과정

50 FDM 방식 3D 프린팅 작업을 위해 3D 형상 데이터를 분할하는 경우 고려해야 할 항목으로 가장 거리가 먼 것은?

① 3D프린터 출력 범위
② 서포터의 생성 유무
③ 출력물의 품질
④ 익스트루더의 크기

해설 | 익스트루더(압출기)의 크기는 분할 출력과는 관계가 없다.

익스트루더

51 3D프린터에서 모델을 분할하여 출력하는 경우에 대한 설명으로 옳지 않은 것은?

① 지지대를 최소한 줄일 수 있는 경우 분할한다.
② 모델의 분할은 모든 부품에 적용이 가능하다.
③ 지지대의 제거를 손쉽게 할 수 있는 경우 분할한다.
④ 모델링 내부 공간에 조립이나 동작이 이루어지는 경우 분할하여 출력한다.

해설 | 분할 출력을 할 경우는 대부분 제품이 커서 한 번에 출력이 어려운 경우이다. 모든 부품에 모델의 분할을 적용할 필요는 없다.

52 서포트 효과로 옳지 않은 것은?

① 형상의 처짐 등을 줄일 수 있다.
② 서포트가 많으면 제품의 오차가 커진다.
③ 서포트가 많으면 제품 출력 시간이 단축된다.
④ 제품에 뒤틀림이 존재할 때 뒤틀림을 줄일 수 있다.

해설 | 서포트가 많이 생기면 제품 출력 시간이 늘어난다. 출력 시간을 단축하기 위해 서포트가 생기지 않는 자세로 출력하는 것이 좋다.

360 PART 07 최신 기출복원문제

53 방진 마스크 선정기준으로 옳지 않은 것은?

① 흡기 저항이 낮아야 한다.
② 배기 저항이 높아야 한다.
③ 여과재 포집효율이 높아야 한다.
④ 안면에서의 밀착성이 커야 한다.

해설 | 방진 마스크는 분진 또는 미스트 등의 입자가 호흡기를 통해 체내에 유입되는 것을 방지하기 위하여 사용하는 마스크이다. 배기 저항이 높다는 것은 호흡하기가 힘들다는 것이므로 배기 저항이 낮아야 사용이 편하다.

54 2개 이상 동시에 출력할 경우 고려사항이 아닌 것은?

① 각 제품마다 각각의 좌표계를 설정한다.
② 기계 좌표계를 기준으로 공작물 좌표계를 설정한다.
③ 모델 사이에 0.1mm 이상의 공간을 두어야 한다.
④ 플레이트에 Brim을 크게 깔아 주어야 한다.

해설 | Brim(브림)은 바닥접지력을 향상시켜 출력물을 안정시켜주고 수축에 대한 대항력도 높여준다. 제품을 2개 출력하더라도 각각의 제품마다 출력되는 것이기 때문에 브림을 크게 깔아 줄 필요는 없다.

55 FDM 방식 3D프린터 출력 시 필라멘트가 제대로 응용되지 않을 경우 해결 방식으로 옳지 않은 것은?

① 사용하는 재료에 알맞은 온도를 설정하여 사용한다.
② 외부의 온도는 출력물이 잘 냉각되도록 낮은 온도를 유지한다.
③ 노즐 장치의 온도를 고온으로 유지시킬 수 있는 히터 및 제어기를 확인한다.
④ 노즐 헤드(핫 엔드)의 고장 유무를 확인한다.

해설 | 오픈형 3D프린터는 외부 온도에 민감하다. 특히 주변 온도가 너무 낮은 경우 바닥이 들떠 일어나는 현상이 생길 수 있다.

56 3D프린터가 의류산업에서 사용되는 경우로 옳지 않은 것은?

① 장신구 제작
② 의류 샘플 제작
③ 보청기 제작
④ 액세서리 제작

해설 | 보청기는 의류산업에 속하지 않는다.

57 2D 스케치 수정에서 가능한 것이 아닌 것은?

① 구속 조건
② 추가 및 삭제
③ 두께 변경
④ 크기 변경

해설 | 2D 스케치에서는 두께에 대한 치수가 없기 때문에 수정을 할 수 없다.

정답 49 ③ 50 ④ 51 ② 52 ③ 53 ② 54 ④ 55 ② 56 ③ 57 ③   **CHAPTER 07** 2023년 기출복원문제 **361**

58 레이저빔을 투사했을 때 스팟 표시가 안
되는 것은?

① 가죽의자
② 회색 자동차
③ 썬팅하지 않은 유리창
④ 원목가구

해설 | 레이저빔을 투사하여 스캐닝을 할 때 유리처럼 빛을 투과하거나 거울처럼 빛을 반사하는 물체는 스팟이 표시가 안 되어 스캐닝을 할 수 없다. 이럴 경우 현상액을 뿌려서 투과나 반사를 못하게 처리하여 스캔 작업을 한다.

59 ABS 소재에 대한 설명을 옳지 않은 것은?

① 유독가스를 제거한 석유 추출물을 이용해 만든 재료이다.
② 강하고 오래가면서 열에 상대적으로 강한 편이다.
③ 가열할 때 냄새가 나기 때문에 출력 시 환기가 필요하다.
④ 전기부품 제작에 가장 많이 사용된다.

해설 | ABS 소재는 일상적으로 사용하는 플라스틱 소재로 가전제품, 자동차 부품, 장난감 등에 많이 사용된다. 전기 부품 제작에는 PC(폴리카보네이트) 소재인 무정형 열가소성 플라스틱 재료가 많이 사용된다.

60 다음과 같이 전기 제품의 통전 시 인체의 심리적 반응 전류 범위는?

• 전류를 감지하는 상태에서 자발적으로 이탈이 불가능하게 된 상태
• 심장박동 리듬과 신체 계통 병행하지 않음

① Ⅰ(25mA 이하)
② Ⅱ(25mA~80mA)
③ Ⅲ(80mA~3,000mA)
④ Ⅳ(3,000mA)

해설 | 통전전류의 크기에 따른 감전의 영향
• 1mA : 전기를 느낄 정도
• 5mA : 상당한 고통을 느낌
• 10mA : 견디기 어려운 정도의 고통
• 20mA : 근육 수축이 심해 자신의 의사대로 행동 불능
• 50mA : 상당히 위험
• 100mA : 치명적인 결과 초래

362 PART 07 최신 기출복원문제

58 ③ 59 ④ 60 ① 정답

2024년 기출복원문제

3D프린터운용기능사 자격증 대비과정

01 다음에서 설명하는 3D 프린팅 방식은 무엇인가?

> 일반적인 3D 프린팅 방식과 같이 적층형으로 소재를 사용하지만, 종이나 라미네이트 소재 등 시트 형태의 소재를 사용하여 절단하는 방식으로 두께를 형성하는 방식의 3D 프린터이다.

① PBP
② LOM
③ Polyjet
④ DMLS

해설 | LOM(Laminated Object Manufacturing, 박막 적층 방식)은 디자인한 모형의 단면 모양대로 종이나 필름을 층 단위로 커팅 및 접합하여 형상을 출력하는 방식이다.
① PBP(Power Bed anf Inkjet head 3D Printing) : 액상접착제와 컬러잉크를 분사하여 선택적으로 결합시켜 3차원 형상을 만든다.
③ PolyJet : 잉크젯 프린팅과 유사하지만 PolyJet 3D프린터는 종이에 잉크 방울을 분사하는 대신 조형 트레이에 경화되는 액상 포토폴리머 레이어를 분사한다.
④ DMLS(Direct Metal Laser Sintering) : 고정밀 레이저가 금속 파우더 입자에 조사되어 얇은 수평 금속 레이어를 선택적으로 층층이 쌓는다.

02 다음에서 설명하는 3D 스캐너 방식은 무엇인가?

> 레이저 또는 적외선 빔이 스캐너에서 방사되어 다시 반사되는 데 걸리는 시간을 측정한다. 주로 건물과 같은 대형 측정물이나 토목현장에서 사용되며, 매쉬를 생성하기 위해 많은 스캔이 필요하다.

① 백색광 방식 3D 스캐너
② 변조광 방식 3D 스캐너
③ 광 삼각법 방식 3D 스캐너
④ TOF 3D 스캐너

해설 | TOF(Time Of Flight) 방식 3D 스캐너는 스캐너에서 발사된 레이저가 대상체에 반사되어 돌아오는 시간을 계산하는 방식으로 먼 거리의 대형 구조물을 측정하기 용이하다.
① 백색광(White light) 방식의 스캐너 : 특정 패턴을 물체에 투영하고 그 패턴의 변형 형태를 파악해 3D정보를 얻어 낸다.
② 변조광(Structured light) 방식의 3D 스캐너 : 물체 표면에 지속적으로 주파수가 다른 빛을 쏘고 수신광부에서 이 빛을 받을 때 주파수의 차이를 검출하여 거리 값을 구하는 방식의 레이저 기반 삼각 측량 3차원 스캐너이다.
③ 광 삼각법 3D 레이저 스캐너 : 스캐너 레이저가 얼마 나 멀리 있는 물체에 부딪혔는가에 따라 레이저를 수신하는 CCD 카메라 소자에는 레이저가 다른 위치에 보여지게 된다. 전체 형상을 스캔하기 위해 턴테이블을 이용하여 회전한다.

정답 01 ② 02 ④

03 다음과 같은 방식의 3D프린터가 조형 과정에서 사용되는 광원은 무엇인가?

LCD / DLP / Polyjet

① 자외선
② 적외선
③ X선
④ 가시광선

해설 | DLP(Digital Light Process), LCD(Liquid Crystal Display), Polyjet 방식 Printer의 공통점은 광경화성 수지를 UV(자외선)의 광원을 이용하여 이미지를 한 층씩 적층(Layering)하는 방식이라는 것이다.

04 3D 스캔 작업은 3차원 형상을 3D 모델링으로 변화하는 작업이다. 3D 스캐너는 한 번에 모든 방향이 형태를 특정하지 못하기 때문에 대상물을 다양한 각도에서 측정하게 되는데, 이러한 데이터를 하나의 3D 모델링으로 합치는 작업을 무엇이라 하는가?

① 배치   ② 고형화
③ 정렬   ④ 정합

해설 | • 정합(Registration) : 여러 점군들이 합쳐지는 과정
       • 병합(Merging) : 중복을 제거하고 데이터를 하나로 통합하는 과정, 정합을 수행한 후 병합 수행

05 아래 도면과 같이 배치되어 있는 도면의 투상도 법은 무엇인가?

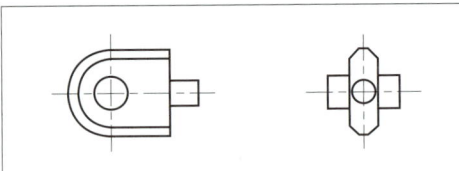

① 1각법
② 2각법
③ 3각법
④ 4각법

해설 | 제3각법을 나타낸 것이다.

06 다음 도형을 화살표 방향으로 정면도로 설정할 때 정면도가 올바른 것은?

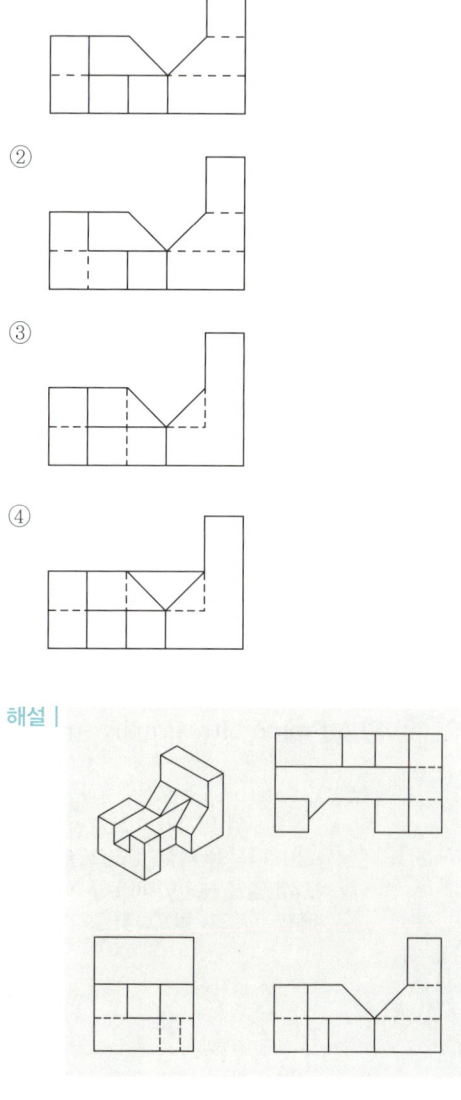

07 치수표 기법에서 구(Sphere)의 지름을 나타내는 치수 보조 기호는 무엇인가?

① ∅   ② R
③ S∅   ④ SR

해설 | 구의 지름을 나타내는 치수 보조 기호는 S∅ 이다.
   ① ∅ : 원의 지름
   ② R : 원의 반지름
   ④ SR : 구의 반지름

08 충격과 긁힘, 마찰 등에 강하고 내열성, 내화학성 등이 좋아 오래 전부 터 기어 등 내구성 부품이나, 가구의 바닥 소재를 비롯하여 식품 용기, 섬유 등에 사용되는 소재는 무엇인가?

① PA   ② PE
③ PC   ④ PLA

해설 | PA(PolyAmide)는 나일론 소재로 밀도가 낮고 열안정성, 기계적 물성, 내충격성, 내마모성이 우수하며, 낮은 마찰계수로 인해 가장 많이 사용되는 결정성 열가소성 플라스틱이다.
   ② PE(Polyethylene) : 아주 높은 인성과 우수한 내화학성을 가지는 결정성 열가소성 플라스틱이지만, 다른 플라스틱과 비교하였을 때 낮은 기계적 강도와 내열성을 보인다.
   ③ PC(Polycarbonate) : 열가소성 플라스틱, 내충격성, 내열성, 내후성, 자기소화성, 투명성 등의 특징이 있다.
   ④ PLA(Poly Lactic Acid) : 옥수수에서 추출한 글루코스(포도당)를 발효 및 정제해 가공한 젖산(Lactic Acid)을 원료로 만드는 대표적인 플라스틱으로 물과 이산화탄소 등으로 자연 분해되는 친환경 생분해성 소재이다.

해설 |

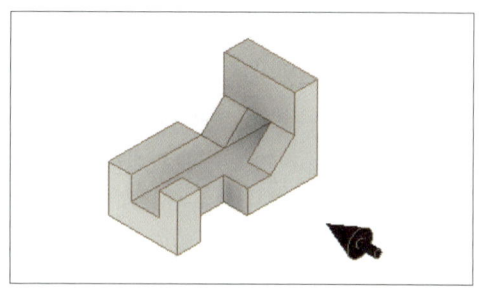

정답 03 ① 04 ④ 05 ③ 06 ① 07 ③ 08 ①

CHAPTER 08 2024년 기출복원문제 **365**

09 SLA 방식의 3D프린터와 Poyjet 방식의 3D프린터는 액상의 소재를 사용하지만, 후처리 방법에서 차이가 있다. 다음 후처리 과정 중에서 Polyjet 방식에는 필요 없지만, SLA 방식에서 반드시 필요한 후처리 과정은 무엇인가?

① UV 경화
② 표면 세척
③ 서포트 제거
④ 폴리싱

해설 | SLA(Stereo Lithography Apparatus) 기술은 광경화 재료를 사용하여 물체를 생성하는 방식으로 UV광원 아래에 위치한 수지통에 광선을 조사함으로써 용융된 수지층을 형성한다. UV에 민감하여 추가 후경화를 하는 후처리 과정이 필요하다.

10 3D 프린팅 작업에 같은 소재를 사용하여 부가출력물을 생성하는 경우, 출력물과 부가출력물이 붙어서 분리가 어려운 경우가 있다. 따라서 이러한 작업을 편리하게 하기 위하여 다른 소재를 이용하여 부가출력물을 출력하기도 하는데, 다음 소재 중에서 PLA와 같이 사용되며, 수용성이라는 특징으로 물을 이용하여 분해, 제거할 수 있는 소재는 무엇인가?

① PP   ② HIPS
③ PLA   ④ PVA

해설 | PVA(Polyvinyl alcohol)는 수용성 서포트 재질로 PLA와 함께 사용되며 출력이 완료되면 물에 녹여 제거할 수 있다. 충격에 약해 주로 서포터용 재료로 된다.
① PP(Polypropylene) : 전기 특성, 내약품성 특히 알칼리에 강하고 투명도가 높아 냉장고 음식보관용기 등에 사용한다.
② HIPS : 특징은 리모넨 용액에 담그면 용해되는 성질을 가졌다.

11 광경화성 수지를 보관하는 방법으로 잘못된 것은 무엇인가?

① 자주 사용하지 않는 경우 장비에서 소재를 보관 용기로 옮겨서 보관한다.
② 밀폐가 되어 있는 용기에 담아서 통기가 잘 되는 창가에서 보관한다.
③ 서로 다른 소재는 섞어서 보관하지 않으며, 유통기한을 지켜서 사용한다.
④ 용기는 빛이 차단될 수 있도록 불투명한 재질을 사용해야 한다.

해설 | SLA(광경화성 수지) 3D 프린팅은 광원으로 액상 레진을 3차원적인 물체로 경화시키는 과정에서 액층이나 레진 탱크를 광원에 노출시켜 딱딱하게 굳히는 방식이다. 그래서 보관할 때는 빛이 차단되는 불투명한 용기에 보관하며 통기가 잘 되는 창가에 보관을 하면 안 된다.

12 다음 중 금속, 유리, 세라믹 등의 다양한 종류의 소재를 사용하며, 가루 소재를 레이저로 가공하는 3D 프린팅 방식은 무엇인가?

① Polyjet
② LOM
③ SLS(Selective Laser Sintering)
④ SLA(Stereo Lithography Apparauts)

해설 | SLS(Selective Laser Sintering)는 고출력 레이저를 사용하여 입자가 미세한 폴리머 분말을 용융하여 제품을 제작한다. 프린팅 과정 내내 용융되지 않은 분말이 파트를 지지하므로 전용 서포트 구조가 필요하지 않다.

366 PART 07 최신 기출복원문제

13 스케치 과정에서 도형의 위치를 구속하는 조건 중, 아래 그림과 같이 도형을 배치하는 구속조건은 무엇인가?

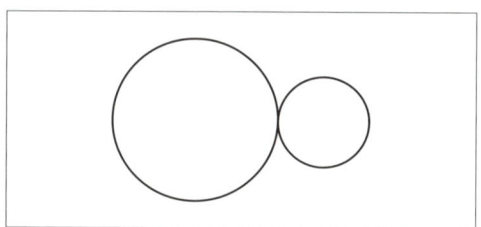

① 탄젠트　　② 수평
③ 평행　　　④ 동심원

해설 | 두 원이 접해 있는 탄젠트(tangent, 접선) 구속 조건이다.

14 SLA 방식에 대한 설명으로 맞지 않은 것은 무엇인가?

① 레이저를 사용하여 소재를 경화한다.
② 출력 파일은 흑백의 이미지 형상을 사용한다.
③ 매우 높은 수준의 표면 출력 품질을 만들 수 있다.
④ 적층 높이는 0.0125mm~0.05mm 정도를 사용한다.

해설 | SLA(Stereo Lithography Apparatus)는 UV(자외선)를 이용하여, 레진 용액에 UV를 쬐어줌으로써 굳히고 이를 층층이 쌓아서 형태를 만든다. 다양한 재료 선택 가능하여 용액에 첨가하는 물감으로 제품의 투명, 불투명을 조정 가능하고 원하는 색상대로 뽑아낼 수 있다.

15 FDM 3D프린터를 이용하여 ABS 소재를 출력할 경우 출력물의 안착과 변형을 막기 위해서, Build Plate를 가열해야 한다면 어느 정도 온도를 사용하는 것이 가장 적절한가?

① 240℃　　② 210℃
③ 110℃　　④ 50℃

해설 | 베드의 온도는 PLA의 경우 60℃, ABS의 경우 110℃가 적절하다.

16 3D프린터 사용 안전수칙에 따라서 FDM 3D프린터를 이용하여 ABS 소재를 출력할 경우 필요한 최소한 안전조치의 수준은 무엇인가?

① 개방형 장비를 사용할 수 있고, 자연적 환기를 한다.
② 밀폐형 장비를 사용할 수 있고, 국소 배기 장치를 갖춘다.
③ 밀폐형 장비를 사용할 수 있고, 실내 환기 시설을 갖춘다.
④ 밀폐형 장비를 사용할 수 있고, UV 차단을 위한 밀폐공간과 함께 국소 배기 장치를 갖춘다.

해설 | ABS 소재는 열가소성 플라스틱 소재로 열을 가하면 냄새가 많이 난다. 이런 소재를 사용할 경우 최소한 3D프린터는 밀폐형 장비를 사용하고 필터를 설치한 국소 배기 장치를 갖추도록 한다.

정답 09 ① 10 ④ 11 ② 12 ③ 13 ① 14 ② 15 ③ 16 ②

17 STL 포맷에 대한 설명 중 틀린 것은 무엇인가?

① 표면에 색상 값을 저장할 수 있다.
② 곡선의 형상은 치수가 부정확해질 수 있다.
③ 모델링의 곡면을 정확하게 표현할 수 있다.
④ 모델링의 형상을 3차원 좌표의 점을 이용하여 표현한다.

해설 | STL 파일은 3차원 형상을 무수히 많은 3각형면으로 구성하여 표현해 주는 일종의 폴리곤 포맷이기 때문에 곡면을 정확하게 표현할 수는 없다.

18 보기에 묶여 있는 두 가지 방식의 특징에 대한 공통점으로 옳은 것은?

SLS / PBP

① 동일한 형상(분말)의 소재를 사용한다.
② 레이저를 활용하여 3D 프린팅한다.
③ 색상을 표현할 수 있다.
④ 소재를 압착하는 특징이 있다.

해설 | • SLS : 분말을 레이저로 경화시키는 방법이다.
• PBP : 분말을 접착제로 경화시키고 색상을 표현할 수 있다.

19 다음과 같은 형태의 3D 모델링 형상을 만들려면 어떠한 명령이 가장 효율적인가?

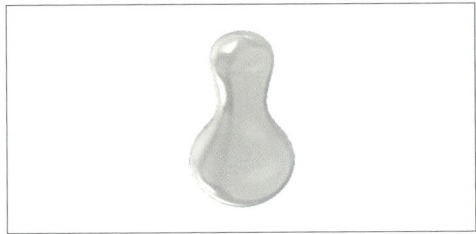

① Extrude
② Revolve
③ Sweep
④ Surface

해설 | 'Revolve(회전)'이 가장 효율적인 명령이다.
① Extrude : 돌출
③ Sweep : 경로를 따라 모델링
④ Surface : 외부 면을 만드는 모델링

20 그림과 같이 3차원 모델링을 수정하려면 어떤 Modify 명령이 필요한가?

① Boundary Fill
② Chamfer
③ Shell
④ Split

해설 | 'Shell(두께를 지정하여 속을 비우는 방법)' 명령어가 필요하다.

368 PART 07 최신 기출복원문제

21 3차원 모델링에서 Extrude 명령에 대한 설명으로 잘못된 것은 무엇인가?

① 평면의 스케치 단면이 필요하다.
② 회전하는 방향으로 단면을 전개할 수 있다.
③ 길이 값을 입력하여 필요한 만큼의 크기를 만들 수 있다.
④ 기존에 3차원 모델링된 평면이 있다면 단면으로 활용할 수 있다.

해설 | Extrude는 돌출 명령으로 회전하는 방향과는 관계가 없다.

22 다음은 STEP, STP 형식의 3D 모델링 데이터 포맷에 대한 설명이다. STEP 포맷에 대한 설명으로 옳은 것은?

① STEP 포맷은 다양한 설계, 디자인을 3D 모델링 툴에서 호환한다.
② STEP 포맷은 모델링의 히스토리(모델링 순서) 정보를 저장할 수 있다.
③ STEP 포맷은 치수 정보가 정확하지 못하고 근삿값을 가진다.
④ STEP 포맷은 STL 포맷과 비교 시 편집이 힘들어 보안성이 있다.

해설 | STEP(Standard for the Exchange of Product Data)는 ISO 표준 교환 포맷으로, 3D 모델링과 인쇄에 사용된다. CAD 툴 및 소프트웨어와 호환되므로 간편하게 공유하고 편집할 수 있다.

23 3D 프린팅 제품제작 프로세스에서 괄호에 들어갈 적절한 작업 단계는 무엇인가?

> 데이터 준비 → (   ) → 머신 세팅 → 출력 설정 → 출력 준비 → 출력 → 후처리

① 소재 점검
② 데이터 수정
③ 장비 점검
④ 제품 점검

해설 | 데이터를 준비한 후 데이터 점검을 통하여 수정하는 작업을 한다.

24 3D 모델링 데이터의 두께가 2.0mm인 경우, 3D프린터의 Layer Height가 0.1mm라면 출력 데이터에 형성되는 Layer의 숫자는 총 몇 개인가?

① 5개
② 10개
③ 15개
④ 20개

해설 | 두께 2mm를 0.1mm씩 적층한다면 총 20개의 레이어가 필요하다.

정답 17 ③ 18 ① 19 ② 20 ③ 21 ② 22 ① 23 ② 24 ④　　　**CHAPTER 08** 2024년 기출복원문제 **369**

25 아래와 같은 형태를 가진 3D 모델링을 출력할 경우, 서포트가 필요 없을 것으로 예상하는 형태는 무엇인가?

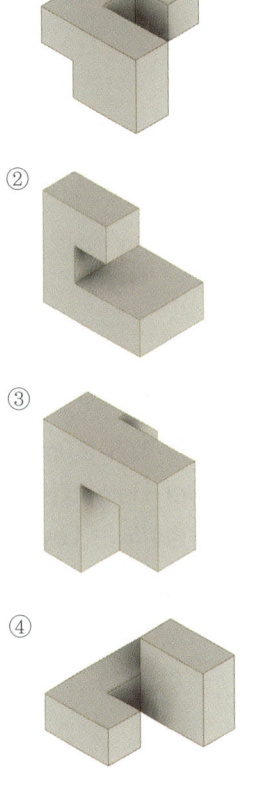

① ② ③ ④

해설 | ④ 형상에는 서포트가 필요가 없다.

26 서포트 부가출력물 생성 방법 중에서 Touching의 용도를 올바르게 설명한 것은?

① 설정된 각도에서만 서포트가 생성되도록 제한하는 기능이다.
② 서포트를 생성시키지만 출력판에 닿지 않는 위치만 생성시켜 준다.
③ 서포트가 필요한 모든 부위에 서포트를 생성시켜 준다.
④ 서포트가 무조건 출력판에 닿는 위치에서부터 생성되도록 제한한다.

해설 | Support의 생성 위치를 'Everywhere'와 'Touching Build Plate'로 설정할 수 있다. 예를 들어 눈알이 빈 해골을 출력한다고 가정했을 때, 이 해골은 다음과 같은 두 가지 유형의 '공중에 뜬 부분'을 가진다.
• 바닥(Build Plate)에서 떠 있는 부분. 예를 들어 턱뼈
• 다른 출력물로부터 떠 있는 부분. 예를 들어 눈구멍(Eye Socket)
'Everywhere'은 두 유형 모두에 대해서 Support를 만들고, Touching Build Plate는 오직 1유형에 대해서만 만든다.

27 3D프린터 방식과 소재 형상의 연결이 잘못된 것은 무엇인가?

① SLS – 액상
② SLA – 액상
③ FDM – 필라멘트
④ Polyjet – 액상

해설 | SLS(Selective Laser Singtering)는 선택적 레이저 소결 방식레이저를 사용해 고분자 파우더(분말)의 작은 입자를 3D 모델을 기반으로 고체 구조로 소결하는 기술이다.

370 PART 07 최신 기출복원문제

28 아래 보기는 육면체의 가로(mm)×세로 (mm)×높이(mm) 치수이다. 크기를 보았을 때, 가장 출력 시간이 길 것으로 예상되는 출력물은 무엇인가?

① $20 \times 25 \times 30$
② $15 \times 30 \times 30$
③ $40 \times 10 \times 10$
④ $30 \times 20 \times 10$

해설 | 각 문항의 체적을 계산하면 다음과 같다.
- $20 \times 25 \times 30 = 15,000(mm^3)$
- $15 \times 30 \times 30 = 13,500(mm^3)$
- $40 \times 10 \times 10 = 4,000(mm^3)$
- $30 \times 20 \times 10 = 6,000(mm^3)$

체적이 크면 출력 시간도 오래 걸리므로 가장 출력 시간이 길 것으로 예상되는 출력물은 ① 이다.

29 같은 크기의 3차원 모델링을 아래의 방향과 같이 배치하여 3D 프린팅할 경우, 가장 출력 시간이 짧을 것으로 예상되는 출력물은 무엇인가?

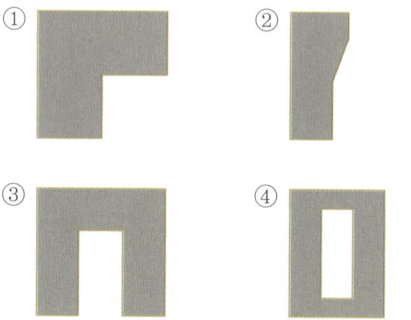

해설 | 같은 크기의 제품이라면 서포터가 생기지 않는 출력물이 출력 시간이 짧아진다.

30 도면 작성 시 대상물이 너무 길어서 시작과 끝부분만을 표시하거나, 대상물 일부분만을 도시하는 경우 경계에 사용되는 선의 종류는 무엇인가?

① 가상선
② 해칭선
③ 파단선
④ 숨은선

해설 | 파단선은 불규칙한 파형의 가는 실선으로 대상물의 일부를 파단한 경계선 또는 일부를 떼어낸 경계를 표시한다.

31 바닥 부가출력물 중에서 출력물이 바닥에 강하게 붙을 수 있도록 하는 순서대로 나열한 것은 무엇인가?

① 브림－스커트－래프트
② 브림－래프트－스커트
③ 래프트－브림－스커트
④ 래프트－스커트－브림

해설 |
- 래프트(Raft) : 물체가 인쇄되기 전에 인쇄물과 베드 사이에 있는 구조물. 기본적으로 인쇄물의 가장 밑바닥 면보다 XY기준 넓은 면적과 Z축 기준으로 일정 두께를 가지게 됨
- 브림(Brim) : 인쇄물의 밑바닥 면적을 넓혀주는 구조물
- 스커트(Skirt) : 프린팅이 시작되기 전 인쇄물 바닥면을 기준으로 최외곽 둘레에 출력되는 구조물

정답 25 ④ 26 ④ 27 ① 28 ① 29 ② 30 ③ 31 ③

32 그림과 같이 소재가 정상보다 납작하게 토출이 된다면 어떠한 조치를 취해야 하는가?

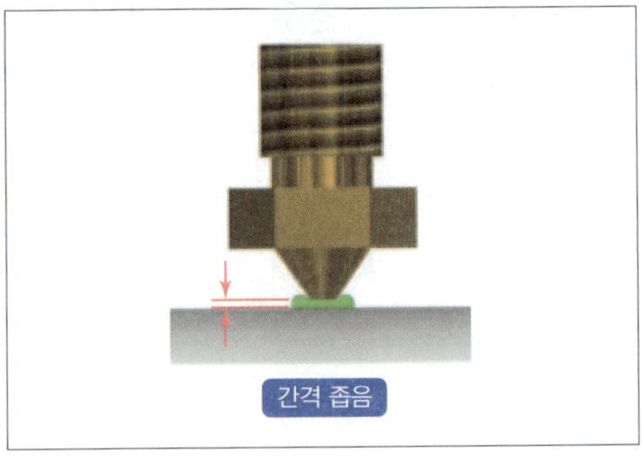

간격 좁음

① 출력 온도를 조절해 본다.
② 출력베드를 조금 낮추어 본다.
③ 노즐의 기본 높이 값을 낮추어 본다.
④ 출력 파라미터에서 Flow를 증가시켜 본다.

해설 | 소재가 정상보다 납작하게 토출이 된다면 출력베드의 높이를 조금 낮추어 조정한다.

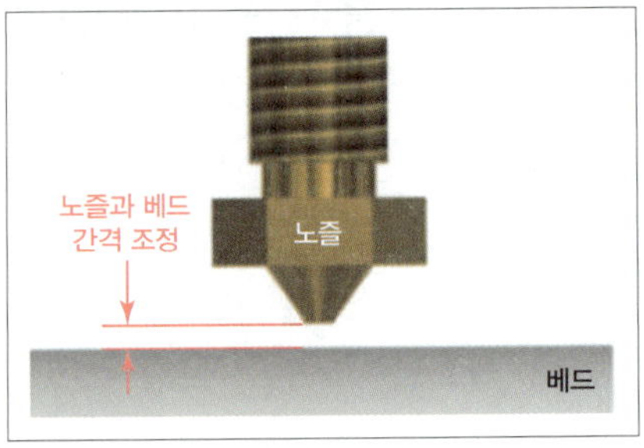

노즐과 베드 간격 조정
노즐
베드

33 ABS 출력물을 아세톤 증기를 이용한 훈증 마감을 하는 이유는 무엇인가?

① 서포트를 제거하기 위한 목적이다.
② 출력물의 표면 강도를 향상시키기 위한 목적이다.
③ 출력물의 표면을 매끄럽게 하기 위한 목적이다.
④ 출력물의 청결성을 위한 소독 목적이다.

해설 | 밀폐된 공간에서 ABS를 녹일 수 있는 아세톤의 성질을 이용해 ABS 출력물 표면에 보이는 레이어를 매끄럽게 만들 수 있다.

34 3D프린터로 조립형 제품을 제작할 경우 3D 모델링의 크기가 출력베드보다 크다면 취해야 하는 적절한 것은 무엇인가?

① 3D 모델링 수정, 편집 프로그램으로 3D 모델링을 분할한다.
② 슬라이싱 프로그램에서 베드의 크기를 확대한다.
③ 슬라이싱 프로그램에서 3D 모델링의 크기를 축소시킨다.
④ 펌웨어에서 3D프린터의 가로, 세로 한계 수치를 조정한다.

해설 | 제품이 출력베드보다 클 때는 3D 모델링 수정, 편집 프로그램으로 3D 모델링을 분할하여 출력한다.

35 다음은 FDM 3D프린터 출력 파일인 *.gcode 파일에 대한 설명이다. 설명이 틀린 것은?

① G코드와 M코드 두 가지 명령어로 구성되어 있다.
② Start G코드와 End G코드가 시작과 끝나는 위치에 포함되어 있다.
③ G코드에는 온도를 제어하는 명령어가 포함되어 있다.
④ 출력 파일의 대부분은 노즐을 이동시키기 위한 좌푯값으로 구성되어 있다.

해설 | 온도 제어는 보조 기능(M코드)으로 한다.
  • M104 : 핫엔드 온도 설정
  • M109 : 익스트루더가 지정 온도가 될 때까지 대기
  • M33 : 특정 헤드를 M109로 설정한 온도로 다시 가열하도록 하는 기능
  • M140 : 플랫폼(베드) 온도 설정
  • M141 : 챔버 온도 설정

36 델타 방식의 FDM 3D프린터 G28 명령을 수행하였을 경우 노즐의 좌표는 어디인가? [단, 3D프린터 사양서의 출력 크기는 200(가로)×200(세로)×200(높이)이다.]

① 0, 0, 0
② 200, 200, 200
③ 0, 0, 200
④ 200, 20, 0

해설 | • G28 : 원점으로 이동
  • G28 홈 위치로 이동(X0, Y0, Z200), 노즐의 위치를 프린터가 설정된 원점으로 이동한다.

37 3D프린터를 사용하기 위해서는 슬라이싱 프로그램에 장비 정보를 입력해야 한다. 다음 보기 중에서 Machine Setting에서 입력하는 정보가 아닌 것은?

① 출력베드의 크기
② 노즐의 직경
③ 소재의 직경
④ 3D프린터의 크기

해설 | 3D프린터의 크기는 세팅 정보로 입력하는 것이 아니라 프린터 기종에 따라 정해져 있다.

38 FDM 3D프린터에서 노즐의 직경이 0.6mm인 경우 출력 시 생기는 문제에 대한 설명으로 틀린 것은?

① 0.6mm 직경의 노즐이 표현할 수 있는 최소 모서리의 R(라운드) 치수는 0.3mm이다.
② 0.4mm 직경에 비해서 더 빠르게 출력물을 만들 수 있다.
③ 3D 모델링에서 0.6mm 미만의 두께는 출력이 안 될 수 있다.
④ 출력 설정에서 두 겹으로 출력 설정을 하면 벽의 두께는 0.8mm가 된다.

해설 | 두겹으로 출력 설정을 하면 벽의 두께는 1.2mm가 된다.

정답 32 ② 33 ③ 34 ① 35 ③ 36 ③ 37 ④ 38 ④

39 부품을 모두 모델링한 상태에서 조립(어셈블리) 형상을 만드는 방식의 모델링 조립 방식은 무엇인가?

① 귀납적 설계 방식
② 상향식 설계 방식
③ 하향식 설계 방식
④ 역 설계 방식

해설 | • 상향식 설계 : 개별적인 구성 요소나 모듈을 먼저 설계한 후, 이를 조합하여 전체 시스템을 구축하는 방식
• 하향식 설계 : 시스템의 전반적인 구조를 먼저 정의한 다음, 점차 세부적인 부분으로 내려가며 설계하는 방식

40 3D프린터 출력 중 전기부나 기계부품 등의 전선이 단락된 경우, 가장 먼저 취해야 하는 안전조치는 무엇인가?

① 소재 공급을 중단시킨다.
② 단락된 전선을 긴급히 연결해 준다.
③ 전원을 차단한다.
④ 퓨즈를 제거한다.

해설 | 전선이 단락된 경우 안전을 위해 우선적으로 전원을 차단하고 수리하도록 한다.

41 3D프린터 소재는 작업자의 안전을 위해서 작업장에 화학물질 정보 및 성분 등을 비치되어야 한다. 비치되어야 할 재료로 맞는 것은?

① CE   ② KS
③ MSDS   ④ KC

해설 | MSDS(Material Safety Data Sheet, 물질안전보건자료)는 화학물질의 유해, 위험성, 취급방법, 응급조치 요령 등을 상세히 설명해 주는 자료로서 화학물질을 안전하게 사용하기 위한 설명서이다.

42 다음의 소화기 등급 중에서 음식 조리용 기름 등에서 발생하는 화재에 사용이 적합하여 주로 조리 공간 등에 비치되어 있는 소화기 등급은?

① A   ② B
③ C   ④ K

해설 | **소화기 등급**
• A급 : 일반
• B급 : 유류
• C급 : 전기
• D급 : 금속
• E급 : 가스
• K급 : 주방

43 3D 프린팅 방식과 사용 안전 주의사항의 연결이 올바른 것은?

① SLS-미세분진 발생할 수 있으므로 높은 등급의 방진 마스크를 착용한다.
② PBP-작업 후 출력물 회수 시 액상 소재가 인체에 닿지 않도록 니트릴 장갑을 착용한다.
③ FDM-작업 시 UV가 안구에 노출될 수 있으므로, UV보안경을 착용한다.
④ PolyJet-후처리 과정에 UV경화과정이 필요하므로 UV보안경을 착용한다.

해설 | 선택적 레이저 소결(SLS)은 파우더(분말) 기반 3D 프린팅 기술로 레이저가 재료 레이어를 최종 부품으로 융합하는 기술로 미세분진이 발생할 수 있어 방진 마스크를 착용해야 한다.

44 FDM 3D프린터의 익스트루더는 3D프린터 소재를 녹여서 토출하는 역할을 한다. 익스트루더의 노즐은 금속 소재로 이루어져 있어서 3D프린터 소재와 융착되는 경우가 많은데, 이를 방지하기 위해서 내열성 튜브를 사용한다. 이 내열성 튜브의 소재는 무엇인가?

① 실리콘
② PU 우레탄
③ PLA
④ PTFE 테프론

해설 | 내열성이 좋은 PTFE 테프론 재질을 사용한다. 이 재질은 내열성이 좋고 열전도가 적고 마찰이 적어 필라멘트의 통로로 사용하기에 좋다.

45 FDM 3D프린터에서 필라멘트 형태로 많이 사용되는 소재는 PLA와 ABS가 있다. 이 두 소재의 특징에 대한 설명으로 틀린 것은?

① PLA는 ABS에 비해서 내열성이 좋다.
② ABS는 PLA에 비해서 가공성이 좋다.
③ ABS는 PLA에 비해서 유연한 편이다.
④ PLA는 친환경 소재를 사용하여 제조된다.

해설 | PLA는 ABS보다 강하고 단단하지만 내열성이 좋지 않다.

46 3D프린터의 부가출력물 중에서 바닥(Platform)에 출력되는 부가출력물에 대한 설명으로 옳은 것은?

① Brim은 서포트에서 붙지 않으므로 서포터의 바닥 설정은 별도로 한다.
② Raft는 출력물의 옆면에 붙어서 같은 높이로 출력되며, 접지력을 향상시킨다.
③ Skirt는 출력물의 몸통에 붙여서 출력된다.
④ Brim은 수축에 대응할 수 있으며 출력물의 접지력을 향상시킨다.

해설 | Brim은 바닥 밑면적이 작거나 바닥에 고정이 잘 안 되는 형상의 경우 출력물의 첫 번째 레이어를 연장하여 지정한 크기만큼 얇은 바닥을 만들어 출력물의 접지력을 향상시킨다.

정답 39 ② 40 ③ 41 ③ 42 ④ 43 ① 44 ④ 45 ① 46 ④

CHAPTER 08 2024년 기출복원문제 **375**

47 다음 설명 중 수용성 부가출력물을 효과적으로 제거하는 방법으로 적절한 것은?

① UV를 조사하여 분해시킨다.
② 공구를 이용하여 제거한다.
③ 아세톤을 이용하여 제거한다.
④ 출력물을 물 안에 필요 시간만큼 넣어 둔다.

해설 | 물에 녹는 수용성 PVA필라멘트는 주로 서포터용으로 사용되며 필요 시간만큼 물에다 담가 놓으면 서포터가 제거된다.

48 3D프린터의 바닥 부가출력물의 세부 파라미터에 대한 설명으로 틀린 것은?

① Skirt Line Count−스커트의 개수를 정한다.
② Raft Extra Margin−래프트의 크기를 정한다.
③ Brim Line Amount−브림의 두께를 정한다.
④ Skirt Start Distarcp−출력물과 스커트의 거리를 정한다.

해설 | • Brim : 모델 주위에 보강대를 만들어 줌
• Brim line amount : 가장자리에 사용되는 라인의 양(두께가 아니라 너비)

49 FDM 3D프린터로 출력할 때 지지대의 효과로 볼 수 없는 것은 무엇인가?

① 출력물이 바닥에서 떨어지지 않도록 한다.
② 열에 의한 출력물의 처짐을 예방할 수 있다.
③ 출력물의 오차나 변형을 줄일 수 있다.
④ 지지대가 많아지면 후가공 시간이 늘어난다.

해설 | 출력물이 바닥에서 떨어지지 않도록 하는 것은 래프트나 브림의 역할이다.

50 다음의 G−Code 중에서 온도와 관련이 없는 G−Code 보조명령은 무엇인가?

① M104　　　　② M109
③ M140　　　　④ M501

해설 | M501은 3D프린터 설정 복원하는 명령어이다.
① M104 : 핫엔드 온도 설정
② M109 : 익스투르더가 지정 온도가 될 때까지 대기
③ M140 : 플랫폼(베드) 온도 설정

51 3D 모델링 실제 크기가 100×100×100(mm) 정육면체를 출력한 경우, 3D 프린팅된 실측 사이즈가 80(X축)×100×100으로 측정되었다면, M92파라미터를 어떻게 변경해야 출력물의 크기를 보정할 수 있는가? (단, 해당 3D프린터는 직교방식이며 M92 값은 X80, Y80, Z400이다.)

① M92 X64　　　② M92 X90
③ M92 X100　　④ M92 X125

해설 | M92 : 단위 축 설정 단계

52 다음은 3D프린터의 출력 파라미터이다. 3D프린터의 출력시간과 관련이 없는 파라미터는 무엇인가?

① FIow
② Shell Thickness
③ Top Thicknass
④ Print Speed

해설 | Flow는 필라멘트의 압출량을 조절하는 것으로 온도와도 관계가 있다. 압출량은 제품의 품질에는 영향이 있지만, 출력 시간과는 관련이 없다.

53 그림은 3D프린터 슬라이싱 프로그램을 이용하여 3D 모델링을 출력경로로 변환한 모습이다. A와 같은 경로를 B와 같은 경로로 변환하기 위해서는 어떤 출력 파라미터를 수정해야 하는가?

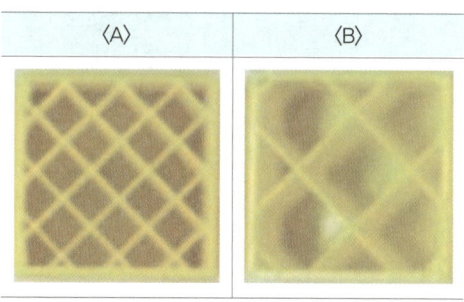

① Fill Density
② Line Thickness
③ Shell Thickness
④ Layer Height

해설 | 'Fill Density(내부 채움)' 출력 파라미터를 수정해야 한다.

54 아래와 같은 명령을 3D프린터에 실행하였을 경우 일어나는 동작에 대한 설명으로 적절하지 않은 것은?

> G1 X100 Y100 Z2 F3600

① 노즐이 X100, Y100의 위치로 이동한다.
② 소재가 1mm 토출이 된다.
③ 노즐과 베드의 간격은 2mm가 된다.
④ 노즐은 60mm/sec의 속도로 이동한다.

해설 | 소재의 토출과는 상관이 없다.
① G1 : 선형 이동
④ F3600 : 3,600(mm/min) → 60(mm/sec)

55 FDM 3D프린터로 출력 시 출력물이 베드에 한쪽 부분만 안착이 되고, 다른 부분이 들뜨는 경우에 대한 설명으로 옳지 않은 것은?

① 노즐의 온도가 적정한지 살펴본다.
② 베드의 수평이 정확한지 살펴본다.
③ 3D 모델링이 평평한 상태가 아니라 기울어져 있는지 살펴본다.
④ 3D 모델링이 바닥이 기울어진 상태라면 서포트가 있는지 살펴본다.

해설 | 출력물이 한쪽만 붙고 다른 쪽이 들뜨는 경우는 베드의 수평이 맞지 않으면 나타나는 현상으로 노즐의 온도와는 무관하다.

정답 47 ④ 48 ③ 49 ① 50 ④ 51 ③ 52 ① 53 ① 54 ② 55 ①
CHAPTER 08 2024년 기출복원문제 **377**

56 FDM 방식의 3D프린터는 출력 경로상 출력을 하지 않고 다른 출력 위치로 노즐이 이동해야 하는 경우가 많다. 노즐이 이동하는 동안 소재가 계속 토출되는 문제를 예방하기 위해서 사용하는 동작 기능은 무엇인가?

① Retraction
② Reaction
③ Z Hop
④ Minimal Layer Time

해설 | 거미줄현상(Stringing)은 3D 출력된 출력물에 미세한 필라멘트 줄이 생기는 것을 말한다. 일반적으로 익스트루더가 새로운 위치로 이동하는 동안에 노즐에서 필라멘트가 새어 나가면서 발생하는 현상으로, 리트렉션(Retraction) 설정과 익스트루더 온도 설정 등을 통해 거미줄현상을 방지할 수 있다.

57 FDM 3D프린터로 출력을 하는 경우 소재를 용융하기 위한 필요 온도보다 낮은 온도로 동작하는 경우 나타날 수 있는 증상이 아닌 것은?

① 적층면끼리 접합이 불량할 수 있다.
② 적층면 온도 차이에 의한 수축 현상은 완화된다.
③ Build Plate에 출력물 접합이 잘 안 된다.
④ 익스트루더의 토출량이 설정값보다 많아질 수 있다.

해설 | 필라멘트 소재의 출력 온도가 낮으면 토출이 잘 되지 않아 토출량이 적어질 수 있다.

58 FDM 3D프린터로 출력하는 중 노즐에서 소재가 잘 토출되지 않는 경우 점검사항으로 잘못된 것은?

① 익스트루더의 노즐이 물리적으로 막혔는지 점검한다.
② 슬라이싱 프로그램에서 노즐 사이즈, 소재 직경을 확인한다.
③ 익스트루더의 노즐 온도가 적정한지 확인한다.
④ 바닥의 높이가 적절히 맞는지 점검한다.

해설 | 노즐에서 소재가 토출되는 것과 바닥의 높이와는 관계가 없다. 바닥의 높이는 소재가 접착하는 것과 관련이 있다.

59 아래 내용은 G-Code 형태의 출력 파일의 마지막(End Gcode) 부분이다. 내용에 대한 설명으로 틀린 것은?

```
;End Gcode
M104 S0
M140 S0
G91
G1 E-1 F300
G1 Z+0.5 E-5 X-20 Y-20 F{travel_speed}
G28 X0 Y0
M84
G90
```

① 노즐의 온도를 제거한다.
② 디스플레이에 End G-Code를 출력한다.
③ 출력물에서 노즐을 분리하기 위해 이동한다.
④ 스테핑 모터에서 전기를 제거한다.

해설 | 디스플레이에 End G-Code를 출력하는 내용은 없다.
　① M104, M140 : 노즐의 온도를 제거한다.
　③ G1 Z+0.5~ : 출력물에서 노즐을 분리하기 위해 이동한다.
　④ M84 : 스테핑 모터에서 전기 제거한다.

60 DLP/LCD 방식의 3D프린터를 사용할 경우에 대한 설명 중 틀린 내용은?

① 출력이 끝나면 표면 세척과정과 UV경화과정이 필요하다.
② 소재는 밀폐하여 빛이 없는 어두운 곳에 적정한 온도로 보관해야 한다.
③ 보안경, 보호장갑, 방독면 등의 보호장비가 필요하다.
④ 슬라이싱 프로그램은 Toolpath 형태의 출력 파일을 생성시킨다.

해설 | DLP(Digital Light Processing) 기술은 디지털 프로젝터를 사용하여 3D 모델을 형성하는 방식이다. 특정 영역에 광선을 조사하여 광경화 재료를 용융시켜 제품을 만드는 방법으로 흑백 이미지 형태로 출력한다. Toolpath 형태의 출력 파일은 노즐이 지나다닌 흔적이 남는 FDM 방식으로 프린터에서 생긴다.

CHAPTER

09

3D프린터운용기능사 자격증 대비과정

2025년 기출복원문제-1

01 다음은 공제식 가공(Subtractive Manufacturing)과 첨가식 가공(Additive Manufacturing)에 대한 비교 설명이다. 공제식 가공과 첨가식 가공의 특징과 거리가 먼 것은?

① 공제식 가공은 첨가식 가공에 비해서 대량생산에 유리하다.

② 첨가식 가공은 적층 제조 방식이라고도 불리며 3D 프린팅 기술이 활용된다.

③ 첨가식 가공은 제품의 제조 과정에서 소재를 버리는 부분이 지속적으로 생기며, 실제 사용되는 소재의 분량을 수율이라고 한다.

④ 첨가식 가공은 제품의 내부를 비워서 제품을 경량화하기에 유리한 방식이다.

해설 | 공제식은 여분을 깎아내는 것이기 때문에 손실되는 재료가 있는 반면에 첨가식은 여분 재료의 손실이 없다는 것이 가장 큰 차이점이다.
- 공제식 가공(Subtractive Manufacturing) : 절삭가공을 의미하는 것으로 공구를 사용하여 재료의 절삭을 통해 원하는 형상을 만드는 제조 방식
- 첨가식 가공(Additive Manufacturing) : 3D 프린터와 같이 공구를 사용하지 않고 재료를 첨가 또는 부가 및 가공하여 원하는 형상을 만드는 제조 방식

02 다음은 3D프린터를 활용할 수 있는 분야이다. 다음 분야 중에서 3D 프린팅 제조 특성에 부합하지 않는 제품은 무엇인가?

① 규격화된 제품 케이스

② 제품 사용성 사전 테스트를 위한 제품

③ 의료용 치아

④ 주조를 위한 세라믹 금형

해설 | 3D프린터는 다품종 소량생산이며, 정교하고 빠른 제품 생산을 할 때 필요하다. 규격화된 제품 케이스는 대량생산에 적합하기 때문에 3D프린터로 생산하는 것은 효율이 떨어진다.

03 3D 프린팅 제조 방식은 사출성형을 이용한 제조 방식에 비해, 몇 가지 상대적인 장점을 가지고 있다. 다음 중 사출성형과 비교하여 3D프린터의 장점이라고 할 수 없는 내용은 무엇인가?

① 표면 품질

② 색상(Full-Color) 구현

③ 경량성

④ 다품종 소량생산

해설 | 사출 성형은 금형을 이용해 플라스틱 등의 재료를 녹이고, 금형에 주입해 냉각시켜 원하는 형상의 제품을 만드는 제조 공정으로 표면이 매우 매끄럽게 만들어진다. 일반적으로 적층으로 제작되는 3D프린터의 경우 사출성형에 비하여 표면 품질이 떨어진다.

380 PART 07 최신 기출복원문제

04 다음 3D 프린팅 방식 중 FDM 3D프린터와 같이 출력 데이터의 형상이 경로(Tool path)의 형태를 가지고 있어, FDM 방식과 슬라이싱 S/W를 공유하기도 하는 3D 프린팅 방식은 무엇인가?

① PBF   ② DLP

③ Polyjet   ④ SLA

해설 | SLA(Stereo Lithography Apparatus)는 광경화 재료를 사용하여 물체를 생성하는 방식이다. UV 광원 아래에 위치한 수지 통에 광선을 조사함으로써 용융된 수지층을 형성한다. FDM 방식의 익스투르더의 경로와 SLA 방식의 레이저의 이동 경로와 적층을 만드는 과정이 같아 슬라이싱 S/W를 공유하기도 한다.
   ① PBF(Powder Bed Fusion) : 분말 용융 소결 방식이다.
   ② DLP(Digital Light Processing) : 디지털 프로젝터를 사용하여 3D 모델을 형성하는 방식으로, 특정 영역에 광선을 조사하여 광경화 재료를 용융한다.
   ③ PolyJet 방식 : 액상 광경화성 수지를 μm 단위로 분사하고 자외선으로 경화하여 제품을 제작한다.

05 다음의 소재 중에서 아래와 같은 특징을 가지는 열가소성 소재는 무엇인가?

> • 유백색 반투명의 소재로 비중이 1보다 작고 가벼우며 물에 뜬다.
> • 사출성형에 많이 사용되며, 충격에 강하고 영하에서도 강도가 잘 유지된다.
> • 산, 알칼리, 물 등에 강하고 유연하며, 투명도가 높아 식품 용기에도 사용된다.
> • 고밀도, 중밀도, 저밀도 소재가 있다.

① ABS   ② PE

③ PMMA   ④ PA

해설 | PE(Polyethylene)는 강도, 내수성, 전기 절연성이 우수하고 내충격도 크며 저온 유연성도 좋다.
   ① ABS(Acrylonitil, Butadiene, Styyrene) : 석유 추출물로 만들어지며 강도와 내구성이 뛰어나지만 냄새가 심하고 유독물질이 발생할 수 있다.
   ③ PMMA(Polymethyl mathacrylate) : 아크릴로 만들어지고 내후성이 우수하며 열 또는 일광에서 변색되거나 퇴색되지 않는다. 무색 투명하게 제조 가능하며 선명하고 착색이 자유롭다. 기계 가공성이 우수하며 가격이 저렴하다. 광학렌즈, 안경, 콘택트렌즈, 판유리, 간판, 형광등, 명패, 각종 케이스 등에 활용된다.
   ④ PA(Polyamide) : 나일론 재질이다.

06 3D 프린팅 방식은 여러 가지가 있다. 3D 프린터는 방식에 따라서 소재의 형상이 달라지는데, 아래 보기 중 3D프린터 소재의 형상이 다른 것끼리 묶인 것은 무엇인가?

① DLP, Polyjet

② SLA, PBP

③ FDM, FFF

④ SLS, DMT

해설 | ① DLP, Polyjet : 액상의 재료
   ② SLA : 액상의 수지, PBP : 분말 타입의 재료
   ③ FDM, FFF : 고체 필라멘트
   ④ SLS, DMT : 분말 타입의 재료

정답   01 ③   02 ①   03 ①   04 ④   05 ②   06 ②   CHAPTER 09 2025년 기출복원문제-1

07 FDM 3D프린터를 이용하여 출력하는 경우, 서포터의 제거로 인해 품질이 저하될 수 있다. 이때 수용성 소재 등을 이용하여 서포트를 출력할 수 있는데, 이를 위해 3D 프린터 장비가 갖추어야 할 조건으로 다음 중 옳은 것은?

① 240도 이상 가열할 수 있는 노즐
② 가열을 할 수 있는 출력 베드
③ 300mm 이상의 출력 공간
④ 두 개의 노즐

해설 | 수용성 PVA 재료를 이용하여 FDM 프린터에서 출력하기 위해서는 두 개의 노즐이 필요하다. 수용성 재질은 서포터로 사용되어 물에 넣으면 녹아버리기 때문에 서포터 제거에 대한 부담이 없고 표면에 품질이 저하되지도 않는다.

08 FDM 방식의 3D프린터를 사용하는 경우, 출력물의 출력 방향을 변경해야 하는 경우가 있다. 출력 방향을 변경하는 이유로 거리가 먼 것은?

① 서포트의 생성 유무
② 출력 소재의 종류
③ 출력물의 방향에 따른 강도
④ 출력 Layer의 결 방향에 따른 표면 품질

해설 | 출력 소재의 종류는 출력 방향을 변경하는 이유와는 거리가 멀다. 제품의 출력 자세에 따라 서포터의 생성 유무가 많이 좌우되며 출력물의 강도도 다르게 된다. 적층 제품은 자세에 따라 결 방향이 생기기 때문에 표면 품질을 고려하여 출력 방향을 결정한다.

09 DLP 3D 프린팅 방식의 3D프린터를 이용한 출력 과정에 대한 설명 중 잘못된 것은?

① 프로젝터 램프가 정상 작동하는지 사전에 확인한다.
② 출력물의 표면은 세척 및 경화가 필요하다.
③ 주변 온도가 높은 경우 소재 민감도가 낮아져서 노광 시간을 늘려준다.
④ 출력이 끝나면 소재는 빛이 통하지 않는 통에 넣어 그늘에 보관한다.

해설 | DLP(Digital Light Processing)는 디지털 프로젝터를 사용하여 3D 모델을 형성하는 방식으로, 특정 영역에 광선을 조사하여 광경화 재료를 용융시킨다. 주변 온도가 높은 경우 소재 민감도가 높아져서 노광 시간을 줄여준다.

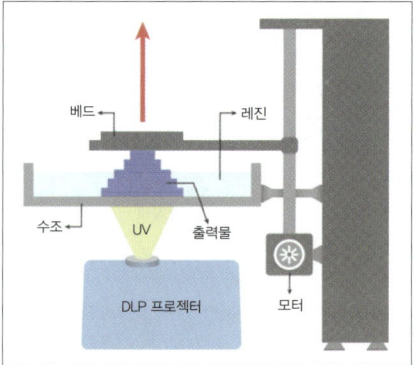

10 다음 중 SLS(Selective Laser Sintering) 3D 프린팅 방식에 대한 설명과 거리가 먼 것은?

① SLS 방식은 지면을 향하는 면에 대해서, 일반적으로 서포트(Support)를 필요로 한다.
② SLS 방식은 파우더(가루)를 소재로 사용하며 레이저로 소재를 결합한다.
③ SLS 방식은 금속 소재의 출력에도 활용될 수 있다.
④ SLS 방식은 소재의 입자의 크기가 적층 두께와 직접적인 관련을 가진다.

해설 | SLS(Selective Laser Sintering)는 분말 소재를 사용하여 물체를 형성 기술로, 레이저를 사용하여 분말을 부분적으로 용융시켜 층을 형성한다. 분말 자체가 지지대 역할을 하여 별도의 서포터가 필요 없이 복잡한 형태의 물체도 쉽게 제작할 수 있다.

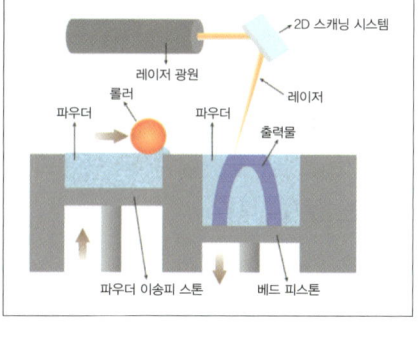

11 광경화성 수지를 사용하는 3D프린터에 대한 설명 중 잘못된 내용은 무엇인가?

① 대체적으로 출력물에 소재가 묻어 있기 때문에 세척 과정이 필요하다.
② 수직 방향 서포트는 선(Line)형 형태로 만들어 준다.
③ 베드가 거꾸로 되어 있는 경우, 출력물의 고정을 위한 래프트(Raft)를 사용할 수 있다.
④ 출력 초반부에 출력물이 잘 안착되었는지 베드를 확인하여야 한다.

해설 | 수직 방향 서포트는 면(Surface) 형태로 만들어 준다.

12 REPRAP 프로젝터에 대한 설명으로 사실과 다른 내용은 무엇인가?

① 최초의 3D 프린팅 방식인 SLA 특허가 완료되는 시점인 2004년에 조립형 제품을 공개하였다.
② 영국의 아드리안 보이어 교수가 3D프린터의 민간 보급을 위해 시작하였다.
③ FDM 방식을 기반으로 직교 및 델타 방식의 설계 제품을 공개하였다.
④ 3D프린터에 대한 지식을 공유함으로써, 저렴한 제품이 보급될 수 있도록 하였다.

해설 | 렙랩(RepRap) 프로젝트는 3D프린터의 오픈소스 개념을 고안하여 모든 사람들과 기술을 공유하고 3D프린터를 저가에 일반인도 사용할 수 있게 되었다. 처음 특허가 등록된 것은 FDM 기술이다. 이 특허가 완료된 시점에 공개되었다.

정답 07 ④ 08 ② 09 ③ 10 ① 11 ② 12 ①　　　CHAPTER 09 2025년 기출복원문제-1 **383**

13 3D프린터로 제조되는 제품은 설계상 정해진 치수와 달리 차이가 생기게 되는데, 이러한 차이에 대해 실용상 허용되는 제품을 정해 놓고 양품과 불량품으로 제품을 나눈다. 이러한 기준이 되는 범위를 무엇이라 하는가?

① 오차　　　　② 편차
③ 공차　　　　④ 표준

해설 | 공차(公差) 또는 허용 오차(tolerance)는 이상적인 치수 또는 자세와 실제의 차이를 규격에서 허용하는 범위이다. 일반적으로 부품을 똑같이 만든다고 해도 여러 가지 제어할 수 없는 조건들 때문에 완벽하게 똑같이 가공하는 것이 불가능하기 때문에 완전히 똑같이 만들다기보다는 어느 정도 허용치를 주는 것이 공차의 필요성이다.

14 현재 우리나라 도면 표기법에서 가장 우선 적용되는 표준 규격은 무엇인가?

① ISO　　　　② ANSI
③ KC　　　　④ KS

해설 | KS(Korean Industrial Standards)는 한국산업표준으로 KS B0001과 KS A0005에서 도면에 대한 것을 규정하고 있으며 가장 우선 적용하도록 한다.
① ISO(International Organization For Standardization) : 국제 표준화 기구
② ANSI(American National Standards Institute) : 미국 국립 표준 협회
③ KC(Korea Certification Mark) : 전기용품 안전 인증

15 아래 도면에 A 자리에 적합한 표기 방법은 무엇인가?

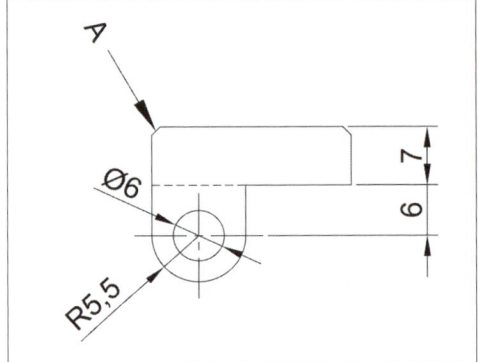

① 2x ∅2　　　② 2 − R2
③ C2　　　　④ 2x C2

해설 | 45° 모따기(Chamfering) 기호는 'C'로 표기하며 모따기가 2개일 경우 2x로 표현한다. 도면에는 모따기 2개가 표현되어 있고 모따기의 크기가 2mm일 경우 2x C2로 기입한다.

16 도면의 표기법 중 움직인 물체의 상태를 가상으로 표현할 경우 사용되는 선의 종류는 무엇인가?

① 가는 2점 쇄선
② 가는 1점 쇄선
③ 파선
④ 가는 실선

해설 | 가상선
• 가는 2점쇄선으로 표기
• 인접 부분을 참고로 표시하는 데 사용
• 공구, 지그 등의 위치를 참고로 나타내는 데 사용
• 가동 부분을 이동 중의 특정한 위치 또는 이동 한계의 위치로 표시하는 데 사용
• 가공 전 또는 가공 후의 모양을 표시하는 데 사용
• 반복적인 것을 나타내는 데 사용
• 도시된 단면의 앞쪽에 있는 부분을 표시하는 데 사용

384　PART 07 최신 기출복원문제

17 아래 도면을 참고하여 그린 투시도 중에서
올바른 형태는 무엇인가?

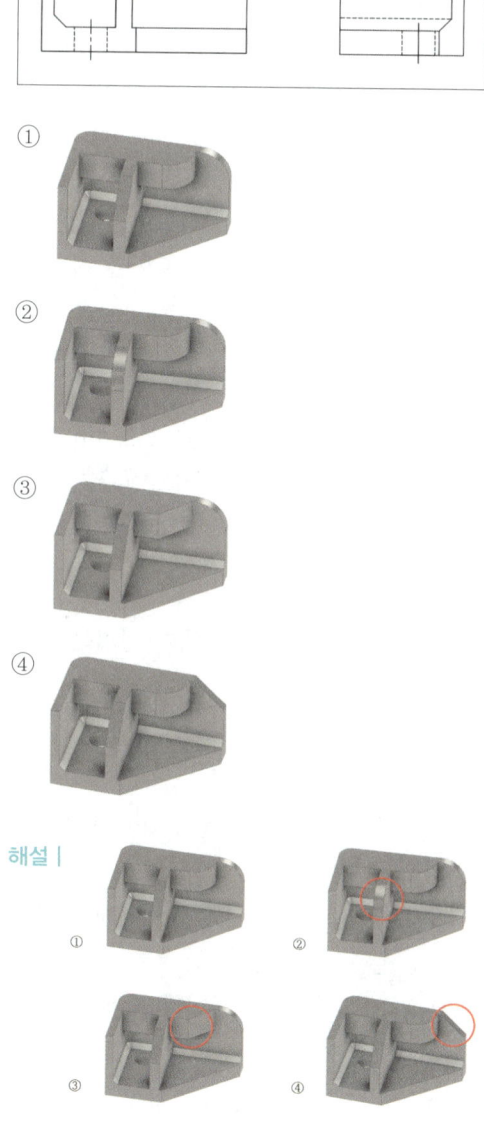

①
②
③
④

해설 |

18 아래 선의 종류 중에서 치수를 표기하기
위해서 사용하거나 치수선과 형태의 위치
보조를 위해 사용하는 치수보조선 등에 사
용되는 선의 종류는 무엇인가?

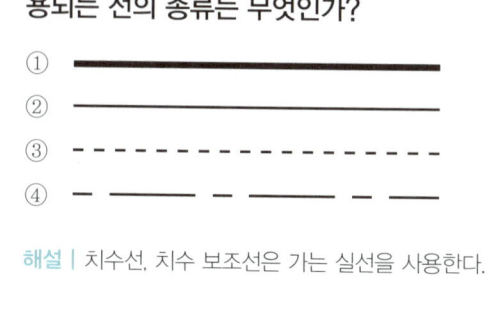

해설 | 치수선, 치수 보조선은 가는 실선을 사용한다.

19 3D 스캐너 사용 시, 측정 결과물의 정확도
향상을 위해서 마커를 활용한다. 다음 중
마커에 대한 설명으로 틀린 것은?

① 마커는 3D 스캐너에 잘 인식될 수 있도
록 금속성 소재를 사용한다.
② 결과물을 정합(Merging)하는 과정에서
정확한 위칫값을 제공할 수 있다.
③ 측정 대상물이 작을 경우 측정값을 보정
하는 역할을 하며 정확한 측정 형태를 얻
을 수 있다.
④ 핸디 타입의 3D 스캐너에서 스캐너 장비
의 흔들림 등에 의한 오차를 줄인다.

해설 | 3D 스캐닝 시 마커를 사용하면 별도의 3차원
측정기 없이도 마커(Marker)를 자동으로 인
식하여 정교한 정합이 가능하다. 광학 추적을
위한 고반사 접착식 필름으로 만들어져 있다.

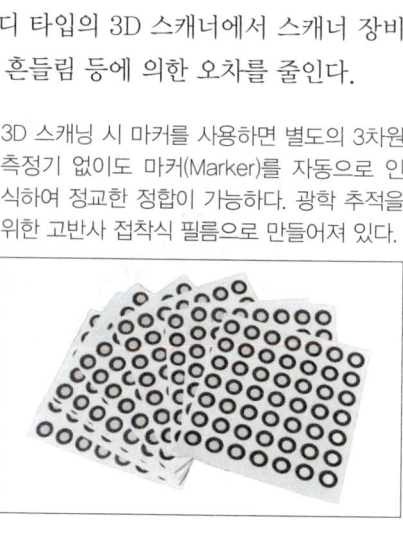

정답 13 ③ 14 ④ 15 ④ 16 ① 17 ① 18 ② 19 ①

20 아래에서 설명하는 3D 스캐너 방식은 무엇인가?

> 레이저 또는 적외선 빔이 스캐너에서 방사되어 다시 반사되는 데 걸리는 시간을 측정한다. 주로 건물과 같은 대형 측정물이나 토목현장에서 사용되며 메쉬를 생성하기 위해 많은 스캔이 필요하다.

① 백색광 방식 3D 스캐너
② 변조광 방식 3D 스캐너
③ 광삼각법 방식 3D 스캐너
④ TOF 3D 스캐너

해설 | 광삼각법 방식 3D 스캐너는 레이저가 얼마나 멀리 있는 물체에 부딪혔는가에 따라 레이저를 수신하는 CCD 카메라 소자에는 레이저가 다른 위치에 보여지게 된다.
① 백색광 방식 3D 스캐너 : 특정 패턴을 물체에 투영하고 그 패턴의 변형 형태를 파악해 3D 정보를 얻어낸다.
② 변조광 방식 3D 스캐너 : 물체 표면에 지속적으로 주파수가 다른 빛을 쏘고 수광부에서 이 빛을 받을 때, 주파수의 차이를 검출해 거리 값을 구해내는 방식이다.
④ TOF 3D 스캐너 : 레이저를 물체 표면에 조사하고 그 빛이 돌아오는 시간을 측정하여 물체와 측정 원점 사이의 거리를 구하는 기술이다. 토목 측정이나 건물 등 대형물 측정에 많이 활용한다.

21 3D 스캔 데이터는 측정된 데이터를 정렬(Alignment) 및 정합(Merging) 과정을 통해서 입체의 형상으로 만들어지고, 고형화 작업을 통해 솔리드 데이터로 변환된다. 다음 중 고형화 작업이 이루어지지 않았을 경우의 데이터 상태로 옳은 것은?

① 측정된 데이터는 슬라이싱 된 레이어의 형상으로 남아있게 된다.
② 측정된 데이터는 형태가 합쳐지지 못하고 측정 위치별로 흐트러져 있게 된다.
③ 측정된 데이터는 표면 데이터만 남겨져 있으며 측정되지 않은 위치는 빈 공간으로 남겨져 있다.
④ 측정된 데이터는 벡터(넙스) 상태인 표면으로 남아있으며 고형화를 하면 폴리곤으로 변환된다.

해설 | 고형화란 속이 찬 덩어리(솔리드)로 만드는 과정을 의미한다. 3D 스캔 데이터에서 고형화 작업이 이뤄지지 않으면 표면 데이터만 남고 속이 채워지지 않은 상태가 된다.

22 PLA와 ABS 소재에 대한 상대적 비교 설명으로 옳은 것은?

① PLA 소재는 ABS에 비해서 상대적으로 저렴하다.
② ABS 소재는 PLA 소재에 비해서 가공성이 좋다.
③ PLA 소재는 ABS에 비해서 연질로 수축현상이 크다.
④ PLA 소재는 ABS에 비해서 높은 출력온도를 필요로 한다.

해설 | ABS는 강도, 유연성, 가공성, 높은 온도저항이 장점이다. PLA 소재는 프린팅 온도가 210° 정도이고 ABS는 250° 정도이다.
- PLA : 옥수수에서 추출한 글루코스(포도당)를 발효 및 정제해 가공한 젖산(Lactic Acid)을 원료로 만드는 대표적인 플라스틱
- ABS : 아크릴로나이트릴, 뷰타다이엔, 스타이렌의 세 가지 성분으로 이뤄진 스타이렌수지

23 주어진 그림은 폴리곤(Polygon)과 솔리드(Solid)의 특징을 모두 갖추고 있는 3D 모델링 데이터이다. 해당 데이터에 대한 설명 중 틀린 것은?

① 폴리곤 데이터는 곡면을 표현할 경우 근삿값을 가진 형상이 된다.
② 폴리곤 데이터는 복잡한 형상을 점의 형상으로 표현하여 용량을 줄일 수 있다.
③ 주어진 그림의 형상은 솔리드 상태인 데이터임을 확인할 수 있다.
④ 솔리드는 표면의 데이터도 포함하고 있다.

해설 | 주어진 그림만 보고서는 솔리드 상태인지를 확인할 수 없다. 데이터를 회전시켜 전체적인 입체 상태를 확인해야 알 수 있다.

24 아래 설명 중 STEP 3D 모델링 데이터 포맷에 대한 설명으로 틀린 것은?

① STEP 포맷은 폴리곤과 비교 시 편집이 힘들어서 형상에 대한 보안성을 확보할 수 있다.
② STEP 포맷은 모델링의 히스토리(모델링 순서) 정보를 저장할 수 있다.
③ STEP 포맷은 치수 정보를 정확히 저장할 수 있다.
④ STEP 포맷은 3D 플린팅 출력 파일로 사용하기 위해서는 폴리곤 형태로 변환해야 한다.

해설 | STEP 파일은 서로 다른 CAD 프로그램 혹은 3D 모델링 프로그램 등에서 데이터를 교환할 경우 사용할 수 있는 중간 매개 포맷으로도 사용하며, 편집이 편하다는 장점이 있다.

25 3D 모델링 데이터 포맷에는 폴리곤과 넙스 형상의 포맷이 존재한다. 이 두 가지 포맷에 대한 설명 중 틀린 것은?

① 넙스 상태에 비해서 폴리곤 데이터는 컴퓨터에 보다 많은 처리 용량을 요구한다.
② 넙스 상태의 데이터는 폴리곤에 비해서 보다 정확한 형상을 표시할 수 있다.
③ 복잡한 유기적 형상인 경우 넙스 상태의 데이터가 유리하다.
④ 3D 프린팅을 위해서는 넙스 상태의 데이터는 폴리곤으로 변환되어야 한다.

해설 |
- 폴리곤 : 다각형(면)을 잘게 모아 표면을 표현하거나 근사화하여 객체를 모델링하는 방식이다.
- 넙스 : 비정형 유리 B－스플라인(Non－Uniform Rational B－spline)의 약자이다. 폴리곤의 단점을 보완하기 위해 만들어진 기술로 폴리곤에 비하여 데이터양이 적다.

정답 20 ③ 21 ③ 22 ② 23 ③ 24 ① 25 ①

CHAPTER 09 2025년 기출복원문제－1 387

26 다음 중 3D 데이터 포맷 방식과 포맷의 형태가 다른 하나는?

① STL　　② OBJ
③ STEP　　④ PLY

해설 | STL, OBJ, PLY는 폴리곤 형식이고, STEP은 넙스 형식으로 되어 있다.

27 정육면체를 최소 면을 가진 폴리곤 형태로 변환할 때 폴리곤과 선분의 수는 각각 몇 개인가?

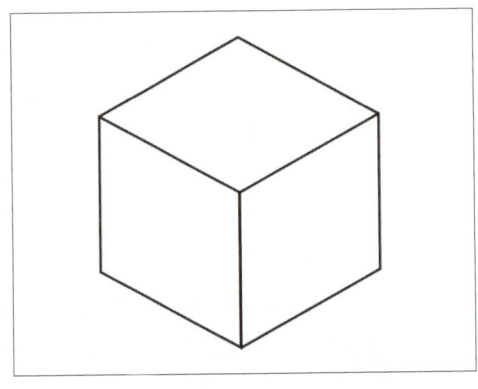

① 폴리곤 6개, 선분 12개
② 폴리곤 6개, 선분 15개
③ 폴리곤 12개, 선분 12개
④ 폴리곤 12개, 선분 18개

해설 | 폴리곤(삼각형 면)은 12개이고, 선분은 18개가 나타난다.

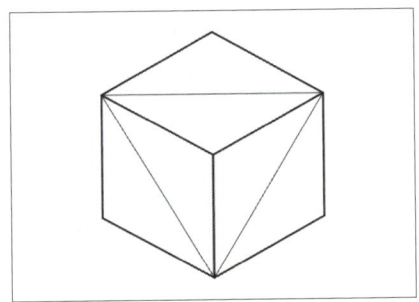

28 3D 모델링을 하기 위해서는 치수 정보를 담은 스케치가 필요하다. 아래 그림처럼 스케치 과정에서 좌측의 도형을 우측과 같이 배열하기 위해서 필요한 구속 조건은 무엇인가?

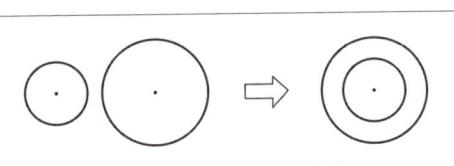

① 평행(Parallel)
② 동심원(Concentric)
③ 탄젠트(Tangent)
④ 일치(Coincident)

해설 | 두 개 원의 중심을 맞추는 동심원 구속 조건이다.

29 3D 모델링을 하기 위해서는 치수 정보를 담은 스케치가 필요하다. 아래 그림처럼 스케치 과정에서 좌측의 도형을 우측과 같이 배열하기 위해서 필요한 구속 조건은 무엇인가?

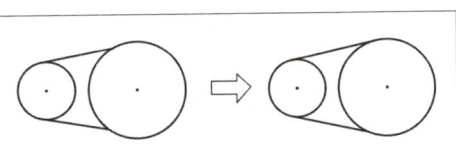

① 평행(Parallel)
② 동심원(Concentric)
③ 탄젠트(Tangent)
④ 일치(Coincident)

해설 | 선을 원에 접하게 구속하는 탄젠트(접선) 구속 조건이다.

30 덩어리 형태의 Solid 형상으로 만들어진 3D 모델링을 살빼기하여 속이 빈 용기와 같은 형태로 만들 때, 사용되는 3D 명령어는 무엇인가?

① Extrude
② Shell
③ Subtract
④ Surface

해설 | Shell 명령어는 지정한 외벽에 두께만 남기고 속을 비우는 명령어이다.

31 3D 모델링에서 Loft(로프트) 명령어를 사용할 경우 반드시 필요한 요소는 무엇인가?

① 단면, 경로
② 단면1, 단면2
③ 단면, 높이
④ 경로, 높이

해설 | 로프트(Loft)는 두 개 이상의 프로필(단면)을 연결하여 3D 객체를 만드는 기법이다.

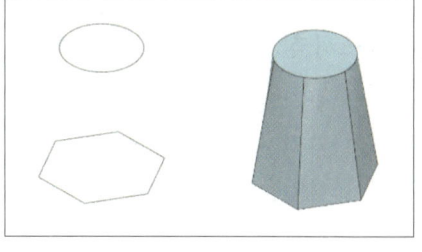

32 3D프린터 출력 파일의 높이가 12.2mm일 때, 아래와 같이 설정할 경우 3D프린터 출력 파일에서 레이어는 모두 몇 개가 생성되는가?

- Layer Height 0.15
- Shell Thickness 0.4
- Bottom/Top thickness 1
- Initial Layer Thickness 0.2
- Filament Diameter 1.5
- Nozzle Size 0.4

① 80
② 81
③ 82
④ 83

해설 | Layer Height 0.15는 레이어 한 층의 높이가 0.15mm라는 것으로 12÷0.15=80(개)이다. Initial Layer Thickness 0.2는 3D프린터에서 첫 번째 레이어의 두께를 0.2mm로 하라는 것이다. 따라서 제품의 높이는 12.2mm가 되며, 총 레이어의 수는 81개가 된다.

정답 26 ③ 27 ④ 28 ② 29 ③ 30 ② 31 ② 32 ②

33 그림과 같이 수직 부가출력물(서포트)을 생성할 경우 부가축력물의 생성 범위를 조정한다면 고쳐야 할 파라미터는 무엇인가?

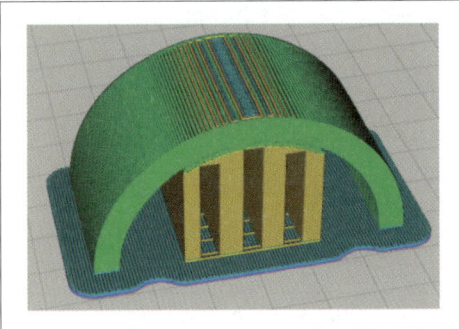

① Base Line Width
② Support Fill Amount
③ Brim Line Count
④ Overhang Angle

해설 | Overhang Angle은 출력물의 경사각에 따라 서포터 구조물이 얼마나 추가되는지 결정한다. 각도가 작을수록 서포터 구조물이 많이 생긴다. 0도로 설정했을 경우 수직인 구조물을 제외하고 모든 곳에 서포트 구조물이 생기며 90도의 경우 서포터 구조물이 생기지 않는다.

Overhang Angle을 0°로 설정한 경우

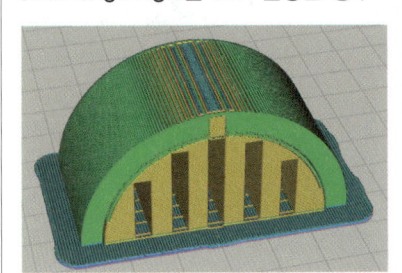

34 감전 사고의 분류 중 전격을 받았음을 느끼지만 스스로 그 전원으로부터 떨어질 수 없는 전류를 뜻하며, 근육의 격렬한 수축을 유발하는 이탈 불능 전류에 해당하는 전류량은?

① 2~8mA
② 8~15mA
③ 15~50mA
④ 50~100mA

해설 | • 이탈 불능 전류 : 전류치가 15~50mA 정도일 때 발생한다. 감전이 되었음을 느낄 수 있지만 스스로 그 전원과 떨어질 수 없는 교류로 근육의 수축이 격렬해진다.
• 심실 세동 전류 : 전류치가 51~100mA 정도일 때 발생한다. 심장의 기능을 잃게 되어 전원으로부터 떨어져도 수분 이내에 사망한다.

35 3D프린터 출력 작업 시, 안전수칙에 따라서 장비를 사용해야 한다. FDM 방식의 3D 프린터와 달리 액상 소재를 출력하는 SLA, DLP 등의 장비를 사용할 경우 사용자가 반드시 착용해야 하는 보호 장비는 무엇인가?

① 방진 마스크
② 자외선 차단 보안경
③ 작업용 장갑
④ 알콜 세정제

해설 | SLA, DLP 방식은 액상 광경화성 수지에 빛의 조사로 광중합 반응을 유발하여 선택적 경화를 일으키는 방식이다. 광경화성 물질 또는 광경화성 물질이 혼합된 물질을 사용하여, 자외선 또는 가시광선 영역의 빛을 조사하여 원하는 형태로 고체화하기 때문에 자외선 차단 보안경을 반드시 착용하도록 한다.

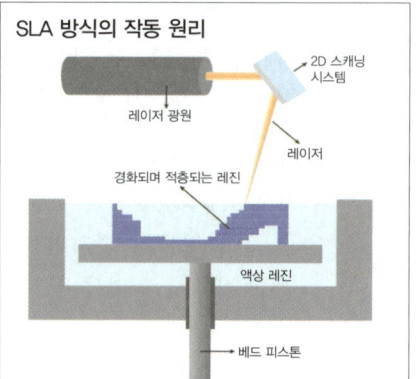

SLA 방식의 작동 원리

2D 스캐닝 시스템
레이저 광원
레이저
경화되며 적층되는 레진
액상 레진
베드 피스톤

36 다음 중 소화기 등급과 화재 종류가 옳게 짝지어진 것은?

① A급 화재 – 일반 화재
② B급 화재 – 유류 화재
③ C급 화재 – 전기 화재
④ D급 화재 – 주방 화재

해설 | **소화기 등급**
- A급 – 일반 화재
- B급 – 유류 화재
- C급 – 전기 화재
- D급 – 금속 화재
- E급 – 가스 화재
- K급 – 주방 화재

37 3D프린터를 사용하기 위해서는 반드시 장비 설정(Machine Setting)을 해야 한다. 다음 중 장비 설정에서 입력하는 정보가 아닌 것은?

① 출력 공간의 크기
② 소재의 출력 온도
③ 소재의 직경
④ 좌표계

해설 | 장비 설정을 할 때 소재의 출력 온도는 설정하지 않는다.

38 다음 중 3D프린터의 장비 설정(Machine Setting) 정보에 사용자가 소재의 굵기(Filament Diameter)를 실제의 굵기보다 크게 입력하였을 경우 발생할 수 있는 증상은 무엇인가?

① 압출기 모터가 느린 속도로 작동하며, 소재의 공급량이 부족해진다.
② 압출기 모터가 빠른 속도로 작동하여, 소재 공급량이 많아진다.
③ 압출기의 온도가 높아져서 소재의 출력 온도가 맞지 않게 된다.
④ 압출기의 온도가 낮아져서 소재가 잘 나오지 않는다.

해설 | 3D프린터의 장비 설정에서 소재의 굵기를 실제의 굵기보다 크게 입력하였을 경우 압출기의 모터가 느린 속도로 작동하면서 소재의 공급량이 부족해 진다.

정답 33 ④ 34 ③ 35 ② 36 ④ 37 ② 38 ①

CHAPTER 09 2025년 기출복원문제-1 **391**

39 다음 중 3D프린터 출력 파일을 생성하기 위한 슬라이싱 SW의 화면에 대한 설명으로 잘못된 것은?

① 슬라이싱 SW의 출력 공간을 벗어난 위치에 모델링이 위치한다면, 3D프린터에서 출력할 수 없다.

② 슬라이싱 SW의 바닥은 격자가 있으며 이 격자의 크기는 보통 10mm 단위로 출력물의 크기를 가늠할 수 있게 해 준다.

③ 슬라이싱 SW의 화면의 바닥 형태를 3D프린터의 바닥 형태와 일치시켜 놓지 않으면 3D프린터가 오동작할 수 있으므로 정확히 일치시켜야 한다.

④ 슬라이싱 SW의 화면은 3D 모델링을 불러올 수 있지만, 출력되는 과정을 미리볼 수 없기 때문에 주의가 필요하다.

해설 | 슬라이싱 SW 화면에서는 레이어 형성 과정 등 출력 미리보기를 지원한다.

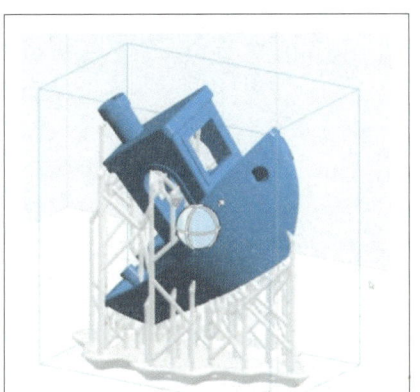

40 3D 프린팅 출력 과정에서 바닥 보조출력물로 Brim을 사용할 수 있다. 다음 중 Brim에 대한 설명으로 잘못된 것은?

① Brim은 3D프린터 베드와 출력물 사이에 위치하며, 가장 먼저 출력된다.

② Brim은 출력물의 접지력을 향상시켜서 출력 과정에서 출력물이 이탈하는 것을 방지한다.

③ Brim은 수직 부가출력물에도 붙을 수 있으며 수직 방향의 부가출력물이 전도 되는 것을 막아 준다.

④ Brim의 개수는 사용자가 정의할 수 있으며, 개수가 커질수록 Brim의 기능은 좋아진다.

해설 | 베드와 출력물 사이에 위치한 것은 래프트이다.
• 브림(Brim) : 바닥 밑면적이 작거나 바닥에 고정이 잘 안되는 형상의 경우 출력물의 첫 번째 레이어를 연장하여 지정한 크기만큼 얇은 바닥을 만들어 준다(출력물 사이드에 형성).
• 래프트(Raft) : 바닥의 레벨이 잘 안 맞거나 고정이 잘 안되는 상황일 때 별도 형상으로 바닥 보조물을 만들어 주는 기능이다. 완성 후 출력물을 떼어 내기 쉽도록 형상과 래프트 간의 간격이 유지되면서 출력된다.

41 다음 Raft 관련 파라미터 중에서 Raft의 면적이 좁아서 넓혀야 할 경우 수정해야 하는 파라미터는 무엇인가?

① Extra Margin
② Line Spacing
③ Base Thickness
④ Base Line Width

해설 | ① Extra Margin : Raft의 면적을 수정
② Line Spacing : Raft의 선 간격을 수정
③ Base Thickness : Raft의 두께를 수정
④ Base Line Width : Raft의 선 폭을 수정

42 3D프린터의 출력 과정에서 하나의 Layer (층)를 출력하는 시간이 너무 짧은 경우, 토출된 소재가 냉각되는 시간이 부족해서 아래쪽으로 처짐이 발생하거나, 노즐과의 마찰로 형태가 변형되는 등의 문제가 발생한다. 이러한 증상을 개선하는 조치로 적합한 것은?

① Support의 생성 범위를 넓혀 준다.
② Shell Thickness를 이용하여 Shell을 두껍게 한다.
③ 익스트루더(압출기)의 Fan Speed를 낮추어 준다.
④ Minimal Layer time을 큰 숫자로 고쳐 준다.

해설 | Minimal Layer time을 큰 숫자로 고쳐주면 노즐을 천천히 움직이게 해 준다.

43 3D프린터의 출력 속도 설정에서 'A-가장 빠르게 설정되는 속도'와 'B-가장 느리게 설정되는 속도'의 파라미터로 옳은 것은?

① A-Support Speed, B-Outer Shell Speed
② A-Travel Speed, B-Bottom Layer Speed
③ A-Travel Speed, B-Inner Shell Speed
④ A-Infill Speed, B-Outer Shell Speed

해설 | • Support Speed : 지지대 출력 속도(벽 출력 속도보다 빠르게 설정)
• Travel Speed : 출력 중에 필라멘트 압출 없는 이동 속도. 출력 속도보다 이송 속도를 빠르게 설정하면 출력 시간을 단축할 수 있음
• Bottom Layer Speed : 제품의 마무리 단계인 천정 출력 속도. 가장 느린 속도로 설정됨
• Infill Speed : 내부 채움 속도(출력 속도의 절반으로 설정됨)
• Wall Speed : 벽 출력 속도(출력물 품질 향상에 중요한 설정)

44 FDM 3D프린터로 제품을 출력할 경우 첫 번째 레이어는 출력물을 지지하는 매우 중요한 역할을 한다. 이 첫 번째 레이어에 대한 설명으로 틀린 것은?

① 첫 번째 레이어는 출력물 안착을 위해 압출기의 냉각팬을 정지하는 경우가 많다.
② 익스트루더(압출기)와 베드(출력판)가 일정한 간격이어야 한다.
③ 일반적인 Layer Height보다 높은 숫자로 Initial Layer의 두께를 설정하기도 한다.
④ 바닥 보조출력물로 Skirt를 사용하여 안정적으로 접지되도록 하는 경우가 많다.

해설 | • 스커트(skirt) : 제품과 조금 떨어진 형태로 선을 긋는다. 세팅에 따라 보통 1줄 또는 2줄을 긋는다. 노즐에 묻어 있는 이물질을 닦거나 노즐 끝까지 와있지 않은 필라멘트를 압출하여 출력준비를 하는 단계이다.
• 브림(brim) : 가장 아랫면을 넓게 붙여주는 옵션이다. 출력물이 바닥에 잘 안 붙을 때 안정성을 높이기 위해 사용한다.

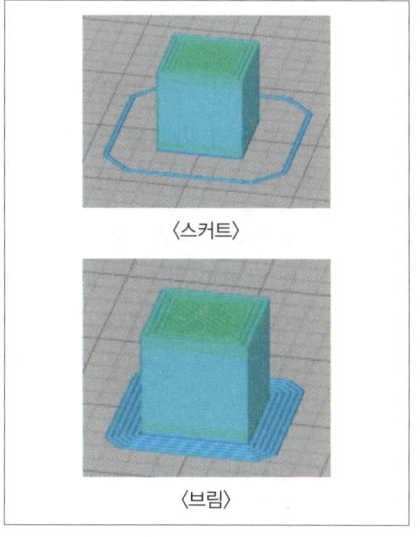

〈스커트〉

〈브림〉

45 FDM 3D프린터 출력 시, 사진과 같이 수축이 오는 경우 대처할 방법과 거리가 먼 것은?

① 히팅베드의 온도를 낮춰본다.
② 노즐 팬을 사용한다.
③ Brim과 같은 바닥 부분의 출력보조물을 활용한다.
④ 베드와 출력물의 사이에 접지력을 높일 수 있는 보완 조치를 한다.

해설 | 출력물에 수축이 오는 경우 히팅베드의 온도를 올려야 한다.

46 SLA 3D프린터를 사용할 경우 슬라이싱 SW에서 출력 파일을 생성하면 어떤 형상의 데이터가 생성되는가?

① Toolpath 형상의 경로 데이터
② 흑백 단면 이미지의 데이터
③ 3차원 형상의 입체 모델링 데이터
④ 수직 방향의 높이 값을 포함한 입체 데이터

해설 | **SLA(Stereo Lithography Apparatus)**
· 광경화 재료를 사용하여 물체를 생성하는 방식이다.
· UV 광원 아래에 위치한 수지 통에 광선을 조사함으로써 용융된 수지층을 형성한다.
· 레이저의 움직임이 Toolpath 형상의 경로 데이터를 갖고 있다.

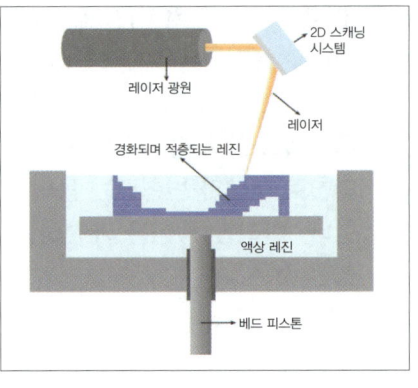

47 DLP, SLA 등의 방식으로 3D 프린팅을 한 경우 출력물을 후처리, 후가공하는 순서가 정확한 것은?

① 표면 경화 → 표면 세정 → 서포트 제거
② 서포트 제거 → 표면 세정 → 표면 경화
③ 서포트 제거 → 표면 경화 → 표면 세정
④ 표면 세정 → 표면 경화 → 서포트 제거

해설 | DLP, SLA 방식은 액상 광경화성 수지에 빛의 조사로 광중합 반응을 유발하여 선택적 경화를 일으킨다.
후처리 순서
㉠ 표면 세정 : 표면의 잔여 레진을 알코올이나 에테르 세척제로 제거하는 작업
㉡ 표면 경화 : 프린트물을 빛과 열에 노출시키는 작업
㉢ 서포트 제거

394 PART 07 최신 기출복원문제

48 다음 중 3D프린터 방식에 따른 후처리, 후가공 방법에 대한 설명으로 맞는 것은?

① PBP(석고) 방식의 3D프린터는 출력 후, 강도 향상을 위해 점착성 용액에 침전한다.
② Polyjet(MJM) 방식의 3D프린터는 출력 후, 표면 경화를 해주어야 한다.
③ SLS 방식의 3D프린터는 출력 후, 훈증 기법을 사용하여 표면 마감을 한다.
④ FDM 3D프린터의 경우 UV 경화기를 이용하여 서포트를 제거한다.

해설 | PBP(Powder Bed and inkjet head 3D printing) 분말 타입의 재료에 컬러 본드를 뿌려 재료를 응고시키면서 컬러 표현이 된 결과물을 만들어 낸다. 출력 후, 강도 향상을 위해 점착성 용액에 침전한다.

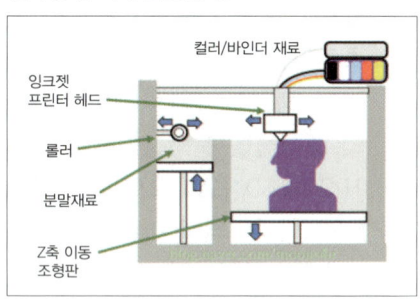

49 3D프린터는 온도의 측정을 위해서 서미스터라는 센서를 사용한다. 아래 위치 중에서 서미서터가 위치하지 않는 부품은?

① End Stop
② Build Plate(출력판)
③ Extruder
④ Build Volume temperature 측정 위치

해설 | • 서미스터(thermistor) : 온도에 따라 저항값이 변하는 열가변 저항기로 온도 센서로 사용한다. Build Plate, Extruder, Build Volume temperature 측정 위치(실내 온도 측정)에는 모두 온도 센서가 부착되어 있다.
• 엔드스탑(End Stop) : 프린터에서 출력 공간의 끝이 어디인가를 알기 위한 센서로 온도 센서와는 무관하다.

50 FDM 3D프린터의 출력이 종료되는 과정에서 몇 가지 명령이 수행되는데, 다음 중 3D 프린팅의 종료 과정에 해당하지 않는 동작은 무엇인가?

① 익스트루더(압출기)의 노즐 위치가 지정된 위치로 이동한다.
② 냉각을 위한 팬이 동작 후, 멈추게 된다.
③ 익스트루더(압출기)의 필라멘트를 장비에서 제거하기 위해 압출기 모터를 역회전시킨다.
④ 익스트루더(압출기) 및 출력베드(출력판)의 온도를 제거한다.

해설 | 익스트루더(압출기)의 필라멘트를 장비에서 제거하기 위해 압출기 모터를 역회전시키지는 않고 필라멘트의 압출만 멈추게 한다. 필라멘트를 따로 제거하지는 않는다.

51 타이밍 벨트를 돌리는 스테핑모터와 연결된 풀리의 간격과 타이밍 벨트의 간격(피치)이 맞지 않을 때 생길 수 있는 현상은 무엇인가?

① 모터의 동력이 전달되지 못하여, 익스트루더가 정지한다.
② 익스트루더에서 소재의 출력이 불안정하여 출력물의 품질이 저하된다.
③ Z축 모터에서 해당 부품의 규격이 일치하지 않을 경우, 익스트루더의 가로 방향 운동성이 저하된다.
④ 출력 시, 탈조 현상이 발생되어 출력물의 크기가 달라지거나 틈이 생긴다.

해설 | 탈조현상은 스텝모터와 동력 전달의 실패로 나타난다. 말 그대로 힘이 부족해서 원하는 위치에 못 가고, 이상한 위치에서 출력을 하거나 출력물의 크기가 달라지거나 틈이 생긴다.

52 FDM 3D프린터에는 소재를 토출해 주는 익스트루더(압출기)라는 부품이 있다. 아래 부품 중에서 익스트루더를 구성하는 부품이 아닌 것은 무엇인가?

① 히터　　　　② 서미스터
③ 엔드스탑　　④ 냉각팬

해설 | 엔드스탑(End Stop)은 프린터에서 출력 공간의 끝이 어디인가를 알기 위한 센서이다.

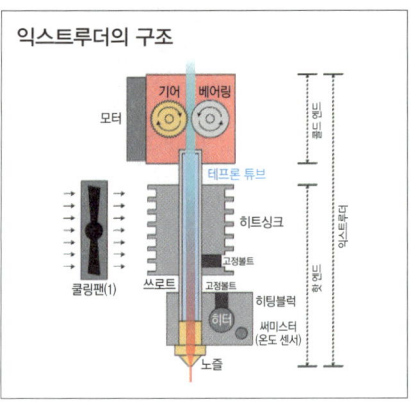

53 다음은 G-Code에 대한 설명이다. G-Code와 기능에 대한 연결이 잘못된 것은?

① G28 – 익스트루더(압출기)를 초기 위치로 정렬한다.
② G91 – 3D프린터의 좌표를 상대 좌표계로 적용한다.
③ M107 – 냉각팬을 정지시킨다.
④ M140 – 익스트루더(압출기)의 온도를 변경한다.

해설 | • M140 : 플랫폼(베드) 온도 설정
　　　• M104 : 익스트루더 온도 설정

54 3D프린터를 사용하여 출력된 출력물을 실측하였을 때, 실제 3D 모델링의 값과 차이가 생겼다. 80×100×200(mm) 크기의 대상물을 출력하였는데 실측 사이즈가 100×150×200으로 나온 경우, 아래의 M92 파라미터를 어떻게 변경하여야 하는가? (단, 해당 3D프린터는 직교방식이며 M92 값은 X90, Y90, Z400이다.)

① M92 X72 Y60 Z400
② M92 X100 Y150 Z400
③ M92 X112.5 Y135 Z400
④ M92 X120 Y150 Z200

해설 | • M92 : steps per unit, 단위 축 설정
　　　• X축 변경 값 : 80/100=0.8, 90×0.8=72
　　　• Y축 변경 값 : 100/150=0.67, 90×0.67=60
　　　• Z축 변경 값 : 200/200=1, 200×1=200

55 다음 중 하드웨어 캘리브레이션(교정) 사항에 해당하지 않는 내용은 무엇인가?

① 출력 속도의 가속 및 Jerk 설정
② 출력 온도의 설정
③ Step per Unit 값 설정
④ 출력 베드의 높이 설정

해설 | 3D프린터에서 구조적인 오차를 측정하고 교정하는 것을 캘리브레이션(Calibation)이라 한다. 출력 온도의 설정은 캘리브레이션 사항이 아니다.

56 아래 내용은 G-Code 형태의 출력 파일의 시작 부분이다. 내용에 대한 설명 중 틀린 것은?

```
M190 S45.000000
M109 S210.000000
G21
G90
M82
M107
G28
G1 Z15.0 F3000
```

① 히팅베드의 온도는 45도로 가열한다.
② 거리의 단위는 mm를 사용한다.
③ 출력 초기에 냉각팬을 작동시킨다.
④ 노즐 위치 정렬 후, 50mm/sec 속도로 이동한다.

해설 | F3000은 3,000mm/min이다.
3,000/60(sec)=50(mm/sec)
• M190 : 히팅베드의 온도 설정
• M109 : 익스트루더 지정 온도까지 대기
• M82 : 절대 좌표
• M107 : 팬 전원 끄기
• G21 : 밀리미터 단위
• G90 : 절대 위치
• G28 : 자동 원점 복귀
• G1 : 급속 이동

57 다음 중 'A-PID 온도 셋팅 값을 찾아주는 명령'과 'B-노즐의 온도가 지정한 온도가 될 때까지 기다리는 명령'으로 맞는 것은?

① A-M301, B-M104
② A-M301, B-M109
③ A-M303, B-M104
④ A-M303, B-M109

해설 | • M303 : PID 오토 튜닝을 시작하는 명령어
• M109 : 익스트루더가 지정 온도에 도달할 때까지 대기
• PID 값 조정 : 히터가 목표 온도에 도달할 때까지 시간을 측정

58 3D프린터의 압출기 이동 가속도 값이 너무 빠른 경우 나타날 수 있는 증상이 아닌 것은?

① 압출기 모터에 부하가 생겨 소재 토출이 불량해진다.
② 출력물이 바닥에 안착이 잘 안될 수 있다.
③ 압출기의 이동 원심력에 의해 출력 과정에서 소재가 바깥으로 나가려는 힘을 받는다.
④ 3D프린터의 진동이 커져 출력물의 품질이 저하된다.

해설 | • M202 : Set max travel acceleration, 압출기 이동 가속도 설정
• 압출기의 가속도 값이 크다고 하여 압출기 모터에 부하가 생겨 토출이 불량해지지는 않는다.

정답 51 ④ 52 ③ 53 ④ 54 ① 55 ② 56 ③ 57 ④ 58 ①

CHAPTER 09 2025년 기출복원문제-1 **397**

59 3D프린터로 출력한 결과물의 치수가 아래와 같이 측정될 때 사용자가 조치해야 할 사항은 무엇인가?

	3D 모델링의 가로 크기(mm)	출력물 결과물의 가로 크기(mm)
측정값 A	150	150.2
측정값 B	100	100.2
측정값 C	50	50.2
측정값 D	30	30.2

① M92 Code의 X축(가로) 값을 변경해 본다.
② 3D 모델링 파일의 치수 단위(Unit) 호환성 문제를 검토해 본다.
③ 슬라이싱 SW에서 토출량이나 수평 확장(Horizental Expansion) 등의 파라미터를 검토한다.
④ 3D프린터의 X축 동력을 전달하는 타이밍 벨트를 점검한다.

해설 | 가로 크기가 0.2(mm)씩 크게 출력되므로 토출량이나 수평 확장(Horizental Expansion) 등의 파라미터를 검토한다.

60 3D프린터의 압출기 노즐이 막혀서 소재가 토출되지 않는 경우, 점검해야 하는 내용과 거리가 먼 것은?

① 압출기 노즐이 막혔는지 노즐을 점검한다.
② 타이밍 벨트의 동력 전달에 문제가 있는지 점검해 본다.
③ 출력 설정에서 노즐 사이즈, 소재 크기 등이 잘못 입력됐는지 점검한다.
④ 출력 온도가 올바른지 점검해 본다.

해설 | 타이밍 벨트의 동력 전달에 문제와 노즐이 막히는 문제와는 관련이 없다.

CHAPTER
10
3D프린터운용기능사 자격증 대비과정

2025년 기출복원문제-2

01 3D 스캐닝 방식 중 레이저 광선을 물체에 투사하고 반사된 빛을 카메라로 측정하여 삼각측량 원리로 좌표를 얻는 방식은?

① 광삼각법(Triangulation)
② TOF(Time of Flight)
③ 광간섭법(Interferometry)
④ 구조광(Structured Light)

해설 | • 광삼각법 : 빛을 물체에 투사하고 반사된 빛을 센서로 받아들인 뒤, 빛이 투사된 각도와 센서에 맺힌 반사광의 위치를 분석하여 물체까지의 거리와 3차원 형상을 알아내는 기술

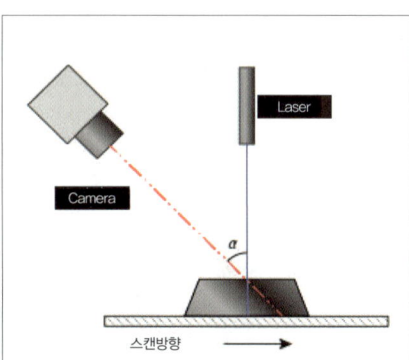

• TOF(Time of Flight) : 빛이 매질에서 일정 거리를 이동하는 데 걸리는 시간을 계산하여 거리를 측정하는 방법

02 3D스캐닝 데이터의 주요 파일 형식 중, 메시(Mesh) 데이터를 표현하는 대표적인 파일 형식은?

① STEP
② STL
③ IGES
④ DWG

해설 | STL은 작은 삼각형을 연결하여 3D 모델 또는 개체의 기하학적 표면 구조를 표현한다.
① STEP : 서로 다른 CAD 프로그램 혹은 3D 모델링 프로그램 등에서 데이터를 교환할 경우 사용할 수 있는 중간 매개 포맷으로도 사용
③ IGES : 서로 다른 CAD 시스템 간에 2차원 및 3차원 데이터를 교환하기 위한 표준 파일 형식
④ DWG : 오토캐드에서 2차원/3차원 도면 정보를 저장하는 데 사용되는 파일 형식

정답 01 ③ 02 ②

CHAPTER 10 2025년 기출복원문제-2 **399**

03 3D 스캐너로 획득한 데이터에서 발생하는 노이즈를 제거하는 과정 중, 메시의 구멍을 채우는 작업을 무엇이라고 하는가?

① 스무딩(Smoothing)
② 홀 필링(Hole Filling)
③ 데시메이션(Decimation)
④ 리메시(Remesh)

해설 | 홀 필링(Hole Filling)은 3D 스캔 데이터 후처리 과정에서 발생하는 구멍이나 빈 공간을 채워 완전한 3D 모델을 만드는 과정이다.
① 스무딩 : 스캔한 3D 데이터의 노이즈나 불필요한 요철을 제거하고 표면을 매끄럽게 만드는 후처리 과정
③ 데시메이션(Decimation) : 스캔된 3D 모델의 폴리곤(메시) 개수를 줄여 파일 크기를 최적화하고, 렌더링 속도를 향상시키는 후처리 과정
④ 리메시 : 스캔으로 생성된 원본 3D 메시(mesh) 데이터를 더욱 효율적이고 정밀한 형태의 데이터로 재구성하는 과정

04 3D 프린팅에서 사용되는 STL 파일 형식에 대한 설명으로 올바른 것은?

① 솔리드 모델의 표면을 삼각형 폴리곤으로 근사화하여 표현한다.
② 모델의 색상 정보를 포함하고 있다.
③ CAD 파일의 치수 정보를 그대로 보존한다.
④ 곡면을 완벽한 곡선으로 표현한다.

해설 | STL(STereo Lithography)은 3D 디자인의 표면을 삼각형으로 표현하는 3D 모델 파일 형식이다.

05 3D 프린팅에서 사용되는 제3각법에서 정면도를 기준으로 평면도는 어느 방향에 배치되는가?

① 정면도 위쪽
② 정면도 아래쪽
③ 정면도 왼쪽
④ 정면도 오른쪽

해설 |

제3각법 투상도 배치

		평면도	
	좌측면도	정면도	우측면도	배면도
		저면도	

06 3D 프린팅에서 서포트(Support) 구조물을 설계할 때 가장 중요하게 고려해야 할 사항은?

① 출력물의 색상
② 오버행(Overhang) 각도
③ 프린터의 속도
④ 적층 방향의 높이

해설 | 오버행이 수직에서 45도 미만의 각도로 기울어지면 3D 프린팅 지지 구조를 사용하지 않고 오버행을 인쇄할 수 있다.

07 스케치에서 평행 구속조건을 나타내는 기호는?

① //
② ✓
③ ⌒
④ ◎

해설 | 스케치 구속조건 기호
- // : 평행
- ✓ : 직각
- ⌒ : 접선
- ◎ : 동심

08 3D 모델링에서 스케치 구속조건 중 두 선이 서로 평행하도록 만드는 구속조건 기호는?

① //
② ✓
③ =
④ ∟

해설 | 스케치 구속조건 기호
- // : 평행
- ✓ : 직각
- = : 같음(원이나 선의 크기를 같게 구속)
- ∟ : 일치(다른 형상에 점으로 구속)

09 2D 스케치에서 '구속조건'에 대한 설명으로 올바른 것은?

① 스케치의 형상과 치수를 고정하는 조건이다.
② 한번 적용된 구속조건은 절대 수정할 수 없다.
③ 구속조건은 자동으로만 적용된다.
④ 구속조건은 색상 정보만 포함한다.

해설 | 2D 스케치에서 구속조건은 기하학적 형상과 위치(치수)를 제어하고 유지하는 기능이다. 크게 기하 구속조건과 치수 구속조건으로 나뉜다.

10 3D 모델링에서 'Extrude(돌출)' 명령어의 설명으로 올바른 것은?

① 2D 스케치를 회전시켜 3D 형상을 만드는 명령어
② 2D 스케치를 직선 방향으로 끌어올려 3D 형상을 만드는 명령어
③ 두 개의 단면을 이어서 3D 형상을 만드는 명령어
④ 곡선을 따라 2D 형상을 이동시켜 만드는 명령어

해설 | 3D 모델링에서 돌출(Extrude)은 2D 프로파일(스케치, 면, 커브 등)을 특정 방향으로 밀어 3D 형상(솔리드, 곡면)을 만드는 기본적인 기능이다.

정답 03 ② 04 ① 05 ① 06 ② 07 ① 08 ① 09 ① 10 ②

11 3D 프린팅된 조립품에서 스냅핏(Snap-fit) 체결 설계 시 권장되는 언더컷(Undercut)의 깊이는 벽 두께(t) 대비 몇 배가 적절한가?

① 0.5t

② 1.0t

③ 2.0t

④ 3.0t

해설 | 3D 프린팅된 조립품에서 스냅핏은 부품을 조립할 때 나사나 접착제 없이 걸쇠(재료)와 훅(걸쇠가 걸리는 부분)을 맞물리게 하여 고정하는 방식이다. 스냅핏 설계 시 언더컷의 깊이는 일반적으로 벽 두께의 0.5배 정도가 적절하다.

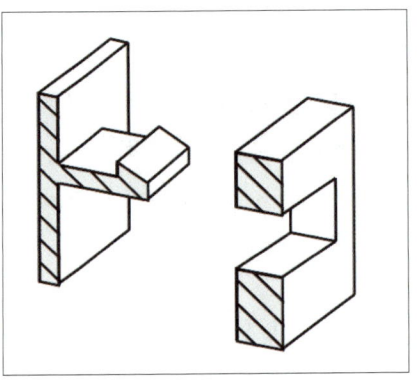

12 3D 프린팅에서 파트 배치 시 서포트 생성을 최소화하기 위한 가장 효과적인 방법은?

① 수직 방향으로 모델 배치

② 45도 각도로 모델 배치

③ 가장 넓은 면이 베드에 닿도록 배치

④ 가장 좁은 면이 베드에 닿도록 배치

해설 | 가장 넓은 면이 베드에 닿도록 배치하면 모델의 안정성이 높아지고, 오버행이 최소화되어 서포트 생성이 줄어든다.

13 3D 프린팅된 파트 조립 시 스냅핏(Snap-fit) 체결 설계에서 중요한 고려사항이 아닌 것은?

① 소재의 탄성계수

② 후크의 각도

③ 부품의 색상

④ 체결부의 두께

해설 | 부품의 색상은 설계할 때 중요한 고려사항은 아니다.

스냅핏의 예

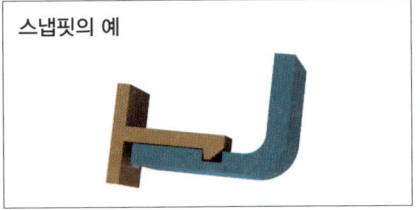

14 3D 프린팅에서 서포트 구조를 최소화하기 위한 설계 수정 방법으로 가장 적절한 것은?

① 오버행이 45도 이상이 되도록 모델의 방향을 조정한다.

② 모든 면을 수직으로 설계한다.

③ 모델의 크기를 최대한 크게 한다.

④ 모든 구멍을 원형으로 변경한다.

해설 | 오버행이 45도 이상으로 모델의 방향을 조절하면 서포트를 생성하지 않고 출력할 수 있다.

15 3D 모델링에서 'Pattern(패턴)' 기능을 사용할 때의 이점으로 가장 적절하지 않은 것은?

① 동일한 형상을 반복적으로 생성할 수 있다.
② 원본 형상이 수정되면 패턴 된 모든 형상이 자동으로 수정된다.
③ 각각의 패턴 요소를 개별적으로 삭제할 수 있다.
④ 패턴 생성 후에는 원본 형상을 수정할 수 없다.

해설 | 3D 모델링에서 '패턴(Pattern)' 기능은 특정 객체나 형상을 규칙적으로 반복하여 배치하는 기능이다. 패턴 기능은 원본 형상의 수정이 언제든 가능하며, 수정 시 패턴 된 모든 형상에 자동으로 반영된다.

16 3D 프린팅을 위해 큰 모델을 여러 부분으로 나눌 때, 가장 먼저 고려해야 할 사항은?

① 분할된 각 부분의 크기가 동일한지 여부
② 프린터의 최대 출력 크기와의 호환성
③ 분할된 부분의 개수
④ 분할 면의 색상

해설 | 3D 프린터의 출력 베드 크기를 넘어서는 대형 모델을 한 번에 출력할 수 없을 때, 여러 부품으로 나누어 출력한 뒤 조립하여 완성한다. 이때 가장 먼저 고려할 것은 분할 된 모델의 크기가 3D프린터의 최대 출력 크기 안에 들어오는지를 확인해야 한다.

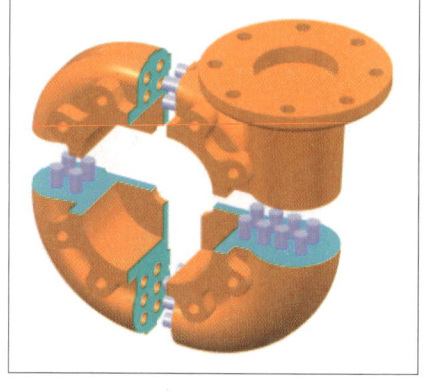

17 3D 스캐닝 시 대형 건축물이나 지형을 스캔할 때 가장 적합한 방식은?

① 광삼각법(Triangulation)
② TOF(Time Of Flight)
③ 포토그라메트리(Photogrammetry)
④ 접촉식 프로브(Contact Probe)

해설 | 3D 스캐닝의 TOF(Time Of Flight) 방식은 레이저 펄스를 물체에 발사하고 돌아오는 시간을 측정하여 물체까지의 거리를 계산하는 방식이다. 토목 측정이나, 건물 등 대형물 측정에 많이 활용된다.

18 도면에서 사용되는 선의 종류 중 숨은선(파선)의 용도로 가장 적절한 것은?

① 물체의 절단면을 나타낼 때
② 물체의 외형을 나타낼 때
③ 치수보조선을 나타낼 때
④ 보이지 않는 부분의 윤곽을 나타낼 때

해설 | ① 물체의 절단면을 나타낼 때 : 절단선.
② 물체의 외형을 나타낼 때 : 외형선, 굵은실선
③ 치수보조선을 나타낼 때 : 치수선, 가는실선

정답 11 ① 12 ③ 13 ③ 14 ① 15 ④ 16 ② 17 ② 18 ④

19 3D 모델링에서 '필렛(Fillet)' 기능을 사용하는 주된 목적으로 가장 적절한 것은?

① 부품의 강도를 약화시키기 위해
② 응력 집중을 감소시키기 위해
③ 부품의 무게를 증가시키기 위해
④ 제작 시간을 늘리기 위해

해설 | 필렛(Fillet) 기능은 날카로운 모서리를 둥글게 만들어 응력 집중을 줄여 부품의 강도와 내구성을 높이고, 부상 위험을 예방하여 취급 시 안전성을 향상시키며, 부품의 외관을 개선하고 미적으로 더 매력적으로 만드는 목적이 있다.

20 3D 프린팅에서 빌드 플레이트에 여러 파트를 배치할 때 가장 적절한 방법은?

① 파트 간 적절한 간격을 유지하고 Z축 높이를 최소화한다.
② 모든 파트를 가능한 높게 배치한다.
③ 파트들을 최대한 붙여서 배치한다.
④ 파트들을 빌드 플레이트 가장자리에만 배치한다.

해설 | 3D 프린팅에서 빌드 플레이트(베드)에 여러 파트를 배치하려면 슬라이싱 소프트웨어에서 여러 STL 파일을 가져와 각 파트의 Z축 위치를 최소화하여 조정하고, 빌드 플레이트 공간을 효율적으로 활용하도록 서로 겹치지 않고 배치한다. 또한, 인쇄 시간을 줄이고 지지대 생성을 최소화하며, 파트 간 간섭을 방지하기 위한 최적의 위치를 설정하는 것이 중요하다. Z축의 높이를 최소화하면 출력시간을 단축할 수 있다.

21 3D 프린팅 중 출력물의 첫 레이어가 제대로 출력되지 않고 필라멘트가 노즐에 뭉치는 현상이 발생했다. 가장 적절한 해결 방법은?

① 익스트루더 모터 속도 증가
② 베드 레벨링 재조정
③ 출력 속도 증가
④ 노즐 온도 증가

해설 | 노즐이 빌드 플레이트에 너무 가까우면 필라멘트가 빠져나갈 공간이 없어 뭉치고, 첫 레이어가 제대로 증착되지 않을 수 있다. 해결방법은 베드 레벨링을 재조정한다.

22 3D 프린팅에서 STL 파일의 대표적인 오류 유형 중, 메시가 서로 교차하거나 겹치는 현상을 무엇이라고 하는가?

① Non-manifold edges
② Intersecting triangles
③ Inverted normals
④ Shell defects

해설 | 3D 프린팅에서 STL 파일의 메시가 서로 교차하거나 겹치는 현상은 "교차면(intersecting triangles)" 오류라고 하며, 이는 슬라이싱 과정에 문제를 일으키고 3D 프린터로 출력이 불가능하게 만드는 주요 오류 중 하나이다.

404 PART 07 최신 기출복원문제

23 3D 프린팅을 위한 STL 파일에서 발생할 수 있는 '매니폴드(Manifold) 오류'의 정의로 가장 적절한 것은?

① 모델의 표면에 구멍이 있는 상태

② 두 개 이상의 면이 하나의 모서리를 공유하지 않는 상태

③ 모델의 법선 벡터가 반대 방향을 향하는 상태

④ 모델의 크기가 프린터 출력 영역을 초과하는 상태

해설 | STL 파일의 매니폴드(Manifold) 오류는 3D 프린팅이 불가능하도록 만드는 모델의 결함을 의미한다. 주로 구멍, 겹쳐진 면, 분리된 면, 자기 교차 등의 형태로 나타난다. 두 개 이상의 면이 하나의 모서리를 공유하지 않는 상태이며 이러한 오류는 3D 모델 내부가 비어 있거나, 표면이 올바르게 닫혀 있지 않아 3D 프린터가 내부 구조를 제대로 인식하지 못하게 한다.

24 3D 프린팅을 위한 STL 파일에서 발생한 '구멍(Hole)'을 수정하는 가장 적절한 도구는?

① Mesh Doctor

② Scale Tool

③ Move Tool

④ Color Tool

해설 | STL 파일의 '구멍(Hole)'을 수정하는 가장 적절한 도구는 Mesh Doctor 같은 전용 메시 편집 도구이다. 이 도구들은 자동화된 메시 복구 기능과 함께 수동으로 구멍을 메우거나, 불필요한 삼각형을 제거하는 등의 기능을 제공하여 3D 프린팅에 적합한 파일로 만들어준다.

25 3D 프린팅에서 서포트(Support)를 반드시 추가해야 하는 경우는?

① 수직 벽면을 출력할 때

② 45도 이상의 오버행이 있을 때

③ 바닥면이 평평한 모델을 출력할 때

④ 원기둥 형상을 수직으로 출력할 때

해설 | 일반적으로 45도 이상의 오버행(매달린 부분)이 있는 경우, 중력의 영향으로 필라멘트가 처짐 현상이 발생하므로 반드시 서포트가 필요하다.

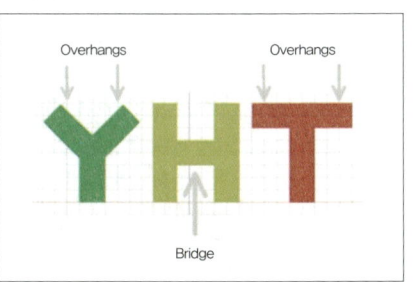

정답 19 ② 20 ① 21 ② 22 ② 23 ② 24 ① 25 ②

26 3D 프린팅에서 브림(Brim)을 사용하는 가장 주된 목적은 무엇인가?

① 출력물의 상단부 변형 방지
② 출력물과 베드의 접착력 향상
③ 출력물 내부 강도 보강
④ 출력 시간 단축

해설 | 3D 프린팅에서 브림(Brim)을 사용하는 가장 주된 목적은 출력물이 베드에 잘 안착(안정적으로 붙도록)하게 하여 안정성을 높이고 출력 실패율을 줄이기 위함이다. 특히 출력물의 바닥 면적이 좁거나 얇아 베드에 불안정하게 붙는 경우, 브림은 출력물 주위에 넓은 테두리를 형성하여 바닥 면적을 넓힘으로써 안착력을 강화하고 출력 과정 중 발생할 수 있는 떨어짐, 들뜸 등의 문제를 방지한다.

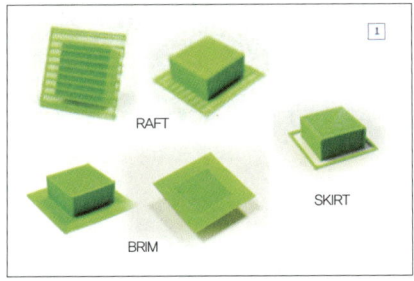

27 슬라이싱 소프트웨어에서 'Infill Density'를 높이는 것과 가장 관련이 깊은 것은?

① 출력 속도
② 모델의 강도
③ 표면 품질
④ 필라멘트 색상

해설 | 슬라이싱 소프트웨어에서 'Infill Density(내부채움 밀도)'를 높이면 출력물의 강성과 인장강도가 높아져 더 튼튼해지지만, 필라멘트 사용량이 늘고 출력 시간이 증가하는 단점이 있다. Infill 값을 높이는 가장 중요한 이유는 모델의 강도를 높이기 위해서이다.

28 3D 프린팅에서 제품의 형상 분석 시 '언더컷(Undercut)'이 발생하는 상황으로 가장 적절한 것은?

① 모델의 상단부가 하단부보다 넓은 경우
② 모델의 두께가 일정하지 않은 경우
③ 모델의 표면이 거칠게 설계된 경우
④ 모델의 높이가 너무 높은 경우

해설 | 언더컷은 모델의 상단부가 하단부보다 넓어 아래에서 위로 출력할 때 지지대가 필요한 구조를 의미한다.

29 FDM 방식의 3D 프린터에서 일반적인 노즐 직경이 0.4mm일 때, 권장되는 최적의 적층 높이는?

① 0.32mm
② 0.2mm
③ 0.05mm
④ 0.8mm

해설 | 적층 높이는 노즐 직경의 절반 정도를 사용하는 것이 일반적이며, 이는 인쇄 품질을 최적화하는 데 도움이 된다. 0.4mm 노즐에는 0.2mm 적층 높이가 가장 무난한 선택이다.

30 슬라이싱 소프트웨어에서 'Infill Density'(내부 채움 밀도)를 높이는 것과 가장 관련이 깊은 것은?

① 출력 속도 향상
② 표면 품질 개선
③ 구조적 강도 증가
④ 필라멘트 사용량 감소

해설 | 내부 채움 밀도를 높이면 출력물 내부의 격자 구조가 더 조밀해져 구조적 강도가 증가한다.

31 G코드에서 'G92 E0' 명령어의 기능으로 올바른 것은?

① 익스트루더 모터의 회전 속도를 0으로 설정
② 익스트루더의 위치값을 0으로 재설정
③ 익스트루더의 온도를 0도로 설정
④ 익스트루더의 압출량을 0으로 초기화

해설 | 'G92 E0'은 현재의 위치에서 투입된 필라멘트 양을 0으로 설정한다.

32 3D 프린터의 G코드에서 'G1' 명령어의 기능으로 올바른 것은?

① 원점으로 이동
② 선형 이동
③ 원호 이동
④ 절대좌표계 설정

해설 | 3D 프린터의 G1 명령어는 프린터 헤드의 직선(선형)이동을 제어한다.

33 3D 프린터의 G코드에서 'G92' 명령어의 기능으로 올바른 것은?

① 프린터의 현재 위치를 지정된 좌표로 설정
② 프린터를 원점으로 이동
③ 프린터의 이동 속도 설정
④ 프린터의 가속도 설정

해설 | 3D 프린터의 G코드에서 'G92' 명령어는 현재 프린터의 위치를 기준으로 특정 축의 좌표를 설정하는 기능이다. 'G92 X0'은 현재의 위치를 X축 방향 0 위치로 설정한다.

34 ABS 필라멘트의 가장 큰 특징으로 올바른 것은?

① 생분해성이 있다.
② 내열성과 내구성이 우수하다.
③ 출력 시 특별한 장비가 필요 없다.
④ 습기에 매우 민감하다.

해설 | ABS 필라멘트 재료의 가장 큰 특징은 뛰어난 내열성, 내충격성, 그리고 우수한 기계적 특성에 있다.

정답 26 ② 27 ② 28 ① 29 ② 30 ③ 31 ④ 32 ② 33 ① 34 ②

35 다음 중 ABS 필라멘트의 특징으로 옳지 않은 것은?

① PLA보다 내열성이 우수하다.
② 습기에 민감하지 않다.
③ 출력 시 수축이 발생하기 쉽다.
④ 아세톤으로 후처리가 가능하다.

해설 | ABS 소재는 습기를 흡수하는 경향이 있어, 공기 중의 습기나 물과 접촉하면 수분을 흡수하게 된다.

36 PLA 필라멘트 출력 중 아래와 같은 현상이 발생했다. 가장 적절한 원인은?

출력물 표면이 매우 광택이 나고 반짝임, 레이어 간 접착이 약함, 출력물이 쉽게 부서짐

① 노즐 온도가 너무 낮음
② 노즐 온도가 너무 높음
③ 출력 속도가 너무 느림
④ 냉각팬 속도가 너무 빠름

해설 | 노즐 온도가 너무 높으면 필라멘트가 과열되어 광택이 심하게 나고, 적절한 점도를 유지하지 못해 레이어 간 접착력이 약해지며, 재료의 물성이 변화하여 쉽게 부서지는 현상이 발생한다.

37 3D 프린터의 노즐 직경이 0.4mm일 때, 일반적으로 권장되는 레이어 높이는?

① 0.05mm
② 0.2mm
③ 0.4mm
④ 0.8mm

해설 | 일반적으로 노즐 직경의 50% 정도인 0.2mm 가 표준 레이어 높이로 권장된다.

38 슬라이싱 소프트웨어에서 'Shell(외벽)' 설정과 관련하여 가장 올바른 설명은?

① 모델 내부를 채우는 패턴을 결정하는 설정
② 모델의 바닥면 두께를 결정하는 설정
③ 모델의 외벽 두께와 레이어 수를 결정하는 설정
④ 모델의 상단면 두께를 결정하는 설정

해설 | Shell 두께는 3D 프린터가 출력할 때 물체의 겉면을 구성하는 벽의 두께와 쌓는 횟수(레이어)를 의미한다.

39 FDM(Fused Deposition Modeling) 방식의 3D 프린터에 대한 설명으로 옳지 않은 것은?

① 열가소성 수지를 노즐에서 녹여 적층한다.
② 레이저를 이용하여 재료를 경화시킨다.
③ 가장 보편적인 3D 프린팅 방식이다.
④ 서포트가 필요한 구조물이 있을 수 있다.

해설 | 레이저를 이용하여 재료를 경화시키는 것은 SLA(광경화) 방식의 특징이다. FDM은 열로 필라멘트(열가소성수지)를 녹여 적층하는 방식이다.

408 PART 07 최신 기출복원문제

40 3D 프린터의 베드 레벨링(Bed Leveling)이 부적절할 때 발생하는 현상으로 가장 거리가 먼 것은?

① 첫 레이어가 베드에 제대로 붙지 않는다.
② 출력물 바닥면이 고르지 않다.
③ 레이어 사이에 공백이 생긴다.
④ 필라멘트 압출량이 증가한다.

해설 | 3D 프린터의 베드 레벨링은 출력물의 첫 번째 레이어가 베드에 잘 안착되도록 노즐과 베드 사이의 간격을 균일하게 맞추는 과정이다. 베드가 수평이 되지 않으면 첫 번째 레이어가 들뜨거나 잘 붙지 않아 출력 실패로 이어지는데, 이를 방지하고 성공적인 3D 프린팅을 위해 필수적인 과정이다. 필라멘트의 압출량과는 무관하다.

41 3D 프린팅 중 'Layer Shifting' 현상의 주요 원인이 아닌 것은?

① 벨트 장력 부족
② 노즐 막힘
③ 스텝 모터 과열
④ 프린팅 속도가 너무 빠름

해설 | 3D 프린팅 시 '레이어 시프팅(Layer Shifting)'은 프린팅 중 X축 또는 Y축으로 프린터 헤드나 베드가 정확한 위치를 잃어 레이어들이 어긋나는 현상이다. 이 문제는 벨트 느슨함, 모터 과부하, 과도한 진동, 벨트 풀리 헐거움, 혹은 프린터의 기구적인 문제로 인해 발생한다. 노즐의 막힘과는 무관하다.

42 3D 프린팅 중 발생하는 'Stringing' 현상의 주요 원인은?

① 출력 속도가 너무 느린 경우
② 리트랙션 설정이 부적절한 경우
③ 베드 온도가 너무 낮은 경우
④ 냉각 팬 속도가 너무 빠른 경우

해설 | 3D 프린팅 스트링(거미줄) 현상의 주요 원인은 부족한 리트랙션 설정, 너무 높은 노즐 온도, 그리고 필라멘트의 과도한 흐름이다. 프린터가 다른 위치로 이동할 때 노즐에서 녹은 필라멘트가 새어 나와 얇은 실처럼 남게 되는데, 이를 막기 위해서는 리트랙션(Retraction) 설정을 조정하여 필라멘트가 이동 중에 새어 나오는 것을 방지하고, 적절한 노즐 온도를 설정하여 필라멘트의 점도를 조절해야 한다.

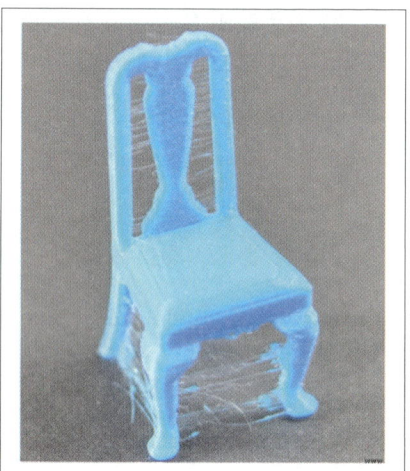

43 3D 프린팅 중 발생하는 'Layer Shifting(레이어 시프팅)' 현상의 주요 원인으로 가장 적절한 것은?

① 노즐 온도가 너무 높은 경우
② 베드 레벨링이 맞지 않은 경우
③ 벨트 장력이 부적절한 경우
④ 필라멘트 습도가 높은 경우

해설 | 레이어 시프팅은 주로 벨트의 장력이 너무 느슨하거나 타이트한 경우, 또는 스테퍼 모터의 문제로 발생한다.

정답 35 ② 36 ② 37 ② 38 ③ 39 ② 40 ④ 41 ② 42 ② 43 ③ | CHAPTER 10 2025년 기출복원문제-2 **409**

44 3D 프린팅 중 '워핑(Warping)' 현상이 발생했을 때 가장 적절한 해결 방법은?

① 출력 속도를 높인다.
② 베드 온도를 낮춘다.
③ 브림(Brim)이나 래프트(Raft)를 적용한다.
④ 냉각팬 속도를 높인다.

해설 | 3D 프린팅 시 워핑(뒤틀림) 현상이 발생하면 베드 접착력 강화(브림이나 래프트 적용), 베드 온도 적절히 설정, 재료 수축률 관리, 프린터 베드 수평 조정, 출력물 주변 환경 온도 조절 등의 방법으로 해결할 수 있다.

45 3D 프린터의 E-steps 캘리브레이션을 하는 주된 목적은?

① 출력 속도 최적화
② 정확한 압출량 설정
③ 베드 레벨링 조정
④ 노즐 온도 보정

해설 | 3D 프린터의 E-스텝(Extruder steps per millimeter) 캘리브레이션의 주된 목적은 스테퍼모터가 지정된 양의 필라멘트를 정확하고 일관되게 압출하도록 보정하여, FDM 3D 프린팅의 품질과 정밀도를 높이는 데 있다.

46 3D 프린터의 출력물 회수 시 가장 먼저 해야 할 일은?

① 베드 온도 상승
② 베드 온도를 실온으로 냉각
③ 출력물을 즉시 제거
④ 노즐 청소

해설 | 출력 후에도 프린터 베드와 노즐은 매우 뜨거울 수 있으므로, 화상 위험을 방지하기 위해 충분히 식을 시간을 주어야 한다.

47 PLA 출력물을 베드에서 제거할 때 가장 적절한 방법은?

① 베드가 뜨거울 때 바로 제거
② 베드를 40℃ 이하로 식힌 후 제거
③ 아세톤을 분무한 후 제거
④ 망치로 충격을 가해 제거

해설 | PLA는 베드가 식으면서 자연스럽게 수축하여 떨어지는 특성이 있다. 40℃ 이하로 식히면 대부분 쉽게 떨어지며, 무리한 힘을 가하지 않아도 된다.

48 PLA 출력물 회수 시 가장 적절한 절차는?

① 베드 온도 유지-출력물 즉시 제거-후처리
② 베드 완전 냉각-출력물 제거-후처리
③ 베드 부분 냉각-출력물 제거-후처리
④ 베드 가열 증가-출력물 제거-후처리

해설 | 출력물이 식으면 도구로 조심스럽게 베드에서 떼어내고, 얇거나 복잡한 부분에 형성된 서포트를 니퍼나 스크래퍼로 제거한다. 이후, 사포질, 퍼티, 도색 등의 후가공을 통해 원하는 품질을 완성한다.

49 3D 프린팅된 PLA 출력물의 표면 처리 방법으로 적절하지 않은 것은?

① 사포로 연마하기
② 아세톤 증기 처리
③ 프라이머 도포 후 도색
④ XTC-3D와 같은 에폭시 코팅

해설 | 아세톤 증기 처리는 ABS 필라멘트에 효과적인 방법이며, PLA는 아세톤에 반응하지 않는다.

50 3D 프린팅 출력물의 후가공 준비 과정에서 가장 먼저 해야 할 작업은?

① 프라이머 도포
② 서포트 제거
③ 사포 작업
④ 도색 작업

해설 | 3D 프린팅 출력물의 후가공 준비 과정에서 가장 먼저 해야 할 작업은 서포터 및 이물질 제거이다. 이 과정은 3D 프린팅 후 생긴 지지대(서포터)를 떼어내고, 프린팅 과정에서 발생한 이물질을 제거하여 후가공을 위한 깔끔한 표면을 만드는 것을 목표로 한다.

51 3D 프린팅 후 서포트 제거 시 가장 적절한 도구는?

① 망치
② 니퍼와 핀셋
③ 드릴
④ 사포

해설 | 3D 프린팅 서포트 제거에는 니퍼, 핀셋, 롱로우즈와 같은 도구가 가장 일반적이며, 특히 니퍼는 작은 부품을 자르거나 분리하는 데 유용하다. 또한, 도구용 칼이나 스크라이버는 틈새에 끼어 있는 서포트를 제거하는 데 도움이 되고, 사포나 멀티툴은 제거 후 표면을 다듬는 데 사용된다.

52 3D 프린터 작업 시 화재 예방을 위한 가장 적절한 조치는?

① 출력 중 프린터를 환기가 잘 되는 실외에 배치한다.
② 프린터 주변에 소화기를 비치하고 정기적으로 점검한다.
③ 출력물 제거 시 물을 뿌려 온도를 낮춘다.
④ 출력 속도를 최대한 높여 작업시간을 단축한다.

해설 | 3D 프린터 작업 시 가장 중요한 화재 예방 조치는 적절한 환기 시설을 갖추고, 사용 전후로 프린터의 전선과 부품 상태를 점검하며, 사용 중에는 스파크가 발생하거나 휘발성 물질을 사용하는 것을 피하고, 유사시를 대비해 물로 끄지 않는 소화기를 비치하고 정기적으로 점검하는 것이다.

정답 44 ③ 45 ② 46 ② 47 ② 48 ② 49 ② 50 ② 51 ② 52 ②

53 3D 프린터 작업장에서 보호구 착용이 면제되는 구역으로 가장 적절한 곳은?

① 프린터와 5m 이상 떨어진 휴게실
② 필라멘트 보관실
③ 프린터 제어 컴퓨터실
④ 후처리 작업실

해설 | 3D 프린팅 중 발생하는 유해 물질과 초미세먼지 때문에 작업 공간은 항시 환기 및 개인보호구 착용이 필수이다. 특히, 3D 프린터 사용 중에는 작업 공간에 머무르지 않도록 하고, 작업 전후에는 1시간 이상 환기하며, 출입 시에는 안전 보호구를 착용해야 한다. 다만 프린터와 5m 이상 떨어진 별도의 공간으로 분리된 휴게실은 예외이다.

54 3D 프린터 작업 중 화상을 입었을 때 응급처치 순서로 가장 적절한 것은?

① 화상연고 도포 → 소독 → 찬물 치료
② 찬물 치료 → 화상연고 도포 → 소독거즈 부착
③ 얼음 찜질 → 화상연고 도포 → 붕대 감기
④ 소독 → 찬물 치료 → 화상연고 도포

해설 | 3D 프린터 작업 중 화상을 입었을 경우, 가장 먼저 화상 부위를 흐르는 찬물에 20분 이상 담가 열기를 식히고, 시계나 반지 등 부어오를 수 있는 장신구를 신속히 제거해야 한다. 화상연고를 도포하고 이후 깨끗한 거즈 등으로 화상 부위를 덮고 붕대로 고정하여 감염을 막고, 빠른 시일 내에 병원을 방문하여 전문의의 진료를 받아야 한다.

55 3D 프린터 작업 중 화재 발생 시 가장 먼저 취해야 할 조치는?

① 물을 뿌린다.
② 전원을 차단한다.
③ 창문을 연다.
④ 소화기를 찾는다.

해설 | 3D 프린터 작업 중 화재가 발생하면, 즉시 인쇄를 중지하고 전원을 차단하며, 소화기를 사용해 화재를 초기 진압해야 한다.

56 3D 프린팅 시 발생할 수 있는 유해물질 중 가장 위험한 것은?

① PLA 증기
② ABS 증기
③ 수용성 서포트 잔여물
④ 청소용 알코올

해설 | ABS는 아크릴로니트릴(A), 부타디엔(B), 스타이렌(S)의 세 가지 화합물로 구성된 합성수지이다. 특히, 열에 노출될 때 발생하는 증기의 흡입은 유해할 수 있으므로, 신선한 공기가 있는 곳으로 이동하고 필요시 산소 공급과 의료적 조치를 취해야 한다.

57 3D 프린터의 정기적인 예방점검 주기로 가장 적절한 것은?

① 1년에 1회
② 매일 작업 시작 전
③ 출력물 완성 후 매번
④ 필라멘트 교체 시에만

해설 | 매일 작업 시작 전 점검은 기본적인 안전과 품질 관리를 위해 필수적이다. 베드 레벨링, 노즐 상태, 각종 부품의 이상 유무를 확인해야 한다.

58 3D 프린터의 노즐이 막혔을 때 가장 먼저 시도해야 할 조치는?

① Cold Pull 작업 수행
② 노즐 분해 및 교체
③ 와이어 브러시로 외부 청소
④ 노즐 토치로 가열

해설 | 3D 프린터 노즐 막힘 시 콜드 풀(Cold Pull) 작업은, 노즐에 남아 있는 이물질이나 탄소 찌꺼기를 제거하는 방법으로, 노즐을 분해하지 않고도 3D 프린팅 막힘을 해결하는 가장 먼저 시도하는 조치이다. 이 작업은 노즐을 녹는점보다 살짝 낮은 온도까지 가열한 후, 필라멘트를 빠르게 당겨 노즐 안쪽의 이물질과 함께 필라멘트를 뽑아내는 방식이다.

59 3D 프린터 작업장의 적정 습도 범위로 가장 적절한 것은?

① 20~30%
② 30~50%
③ 60~80%
④ 80~90%

해설 | 3D 프린터 작업장의 적정 습도 범위는 일반적으로 30~50%이다. 특히 필라멘트는 습기에 매우 민감하므로, 습한 환경에 노출될 경우 흡습하여 품질 저하의 원인이 된다.

60 3D 프린터의 베드 레벨링 작업 시 가장 먼저 확인해야 할 사항은?

① 노즐 온도
② 베드 온도
③ 베드의 청결 상태
④ 베드와 노즐 간의 간격

해설 | 베드에 먼지, 기름, 잔여물이 있으면 재료의 접착력을 방해하여 출력이 잘 안 되거나 베드에 붙지 않을 수 있다. 베드를 깨끗하게 유지해야 레벨링 작업의 성공률을 높일 수 있다.

정답 53 ① 54 ② 55 ② 56 ② 57 ② 58 ① 59 ② 60 ③   CHAPTER 10 2025년 기출복원문제-2

참고 사이트

- https://m.ncs.go.kr/unity/th03/ncsSearchMain.do
- https://m.post.naver.com/viewer/postView.nhn?volumeNo=16989889&memberNo=25379965
- https://bitbong.tistory.com/923
- https://www.opentutorials.org/module/1468/12598
- https://knowledge.autodesk.com/ko/support/inventor-product
- https://m.post.naver.com/viewer/postView.nhn?volumeNo=16990704&memberNo=25379965
- https://m.blog.naver.com/PostView.naver?isHttpsRedirect=true&blogId=nms200299&logNo=221127617532
- https://3dplife.tistory.com/108
- https://why-not-now.tistory.com/entry
- https://madeinneverland.tistory.com/
- https://slkiroun.tistory.com
- https://m.blog.naver.com/erke2000/222190174852
- https://www.3dmon.co.kr/main/board.php?bo_table=tutorial&wr_id=19
- https://m.blog.naver.com/PostView.naver?isHttpsRedirect=true&blogId=fslin_&logNo=220942406542

MEMO

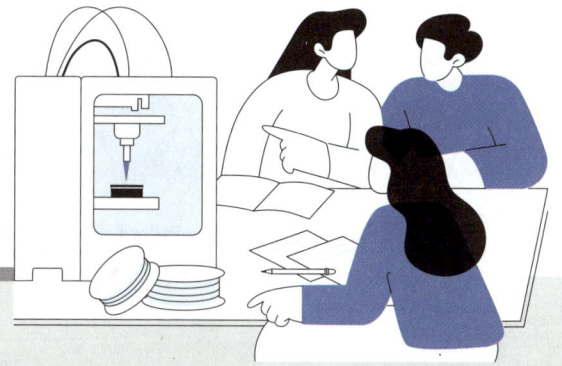

3D프린터운용기능사 필기

초 판 발 행	2021년 09월 30일
개정5판1쇄	2026년 01월 20일
저 자	이빛샘
발 행 인	정용수
발 행 처	(주)예문아카이브
주 소	경기도 파주시 광인사길 79 4층(문발동)
T E L	031) 955 - 0550
F A X	031) 955 - 0660
등 록 번 호	제2016 - 000240호
정 가	26,000원

• 이 책의 어느 부분도 저작권자나 발행인의 승인 없이 무단 복제하여 이용할 수 없습니다.
• 파본 및 낙장은 구입하신 서점에서 교환하여 드립니다.

홈페이지 http://www.yeamoonedu.com

ISBN 979-11-6386-515-5 [13580]